国家社科基金
GUOJIA SHEKE JIJIN HOUQI ZIZHU XIANGMU
后期资助项目

双重结构与俄罗斯的地区一体化政策

Dual Structure and Russia's Regional Integration Policy

顾 炜 著

社会科学文献出版社
SOCIAL SCIENCES ACADEMIC PRESS (CHINA)

国家社科基金后期资助项目
出版说明

后期资助项目是国家社科基金设立的一类重要项目，旨在鼓励广大社科研究者潜心治学，支持基础研究多出优秀成果。它是经过严格评审，从接近完成的科研成果中遴选立项的。为扩大后期资助项目的影响，更好地推动学术发展，促进成果转化，全国哲学社会科学工作办公室按照“统一设计、统一标识、统一版式、形成系列”的总体要求，组织出版国家社科基金后期资助项目成果。

全国哲学社会科学工作办公室

目录

导　论

苏联的解体开启了一场“分”的进程，甚至一度引领了欧亚大陆的发展趋势。但与此同时，“合”的进程依然存在。每个国家对“分”与“合”都存在不同的看法和诉求，当各种看法与行动汇聚时，整个地区在国与国之间的互动中呈现出不同的走势。中国有句古语讲“合久必分，分久必合”，但在国际事务中，这句话似乎很难作为一条规律，然而它却能够反映出国家在“分”与“合”的问题上存在着矛盾心理。这种矛盾心理影响了国家的地区一体化政策。

第一节　问题的提出

苏联在 1991 年的突然解体，给世界格局带来了巨大的冲击和变革。苏联所在的这片广袤区域分裂为 15 个主权国家，并开始走上各自独立的发展道路。与此并行发展的是世界不同区域的地区一体化进程，西欧的欧共体发展为欧盟并发行了统一货币欧元，北美自由贸易区成立，东南亚国家联盟扩容并与中国成功建成自由贸易区，非洲共同体也推进为非洲联盟。这种地区一体化，不仅带来经济上的收益，更促进地区局势的稳定，并使相当多国家的自身发展也受益于此。对这一现象带来的形势变化，俄罗斯著名外交官卢金曾不无感慨地评价道：“我们发现自己已不再处于‘现代化的欧洲’和‘落后的亚洲’之间，而是处于‘两个欧洲’之间的一个奇怪的中间地带。”① 卢金所指的“中间地带”即是后苏联空间，其地区发展明显缓慢，甚至在某些时期呈现停滞的状态。因此，地区发展方向的再定位和发展模式的重新选择就成为后苏联空间需要着力解决的问题，也是该地区的各个国家在谋求发展的过程中反复思考的

① 《我们的安全困境》，美国《外交政策》季刊，1992 年秋季 88 卷，第 60 页，转引自〔美〕兹比格纽·布热津斯基《大棋局——美国的首要地位及其地缘战略》，上海：上海人民出版社，1998，第 126 页。

重要课题。近30年间，后苏联空间内的国家在“分”与“合”的问题上一直存在着矛盾心理，重新进行地区一体化的声音也不时出现。

但世界上不同地区的地区化路径并不一定一样。[①] 独联体空间的一体化很难符合传统的理论模式，一方面它的总体发展水平较低，另一方面却在某些领域发展了较深的经济合作。[②] 造成此种局面的原因是多方面的，其中的重要一点是这一地区的独特结构，该地区存在一个核心大国——俄罗斯，呈现某种“一强多弱”的格局。因此，俄罗斯对后苏联空间发展地区一体化具有十分重要的影响，甚至可以认为“俄罗斯对独联体经济一体化的政策在某种程度上决定了独联体经济一体化进程中的‘涨潮’和‘退潮’”。[③] 冷战后期，苏联国力的不断衰弱，是造成其自身解体的重要原因之一，而作为加盟共和国之一的俄罗斯也是在追求本国强大的目标指引下选择独立出苏联，推动了苏联的最终解体。此后的近30年间，俄罗斯经历了不断坠入低谷又不断爬升的过程，其核心目标是追求国家的强大，作为曾经的超级大国——苏联的继承者，俄罗斯保留着对苏联强大国家实力和国际地位的深切怀念。为了实现国家强大，重塑昔日辉煌，俄罗斯的对外政策，特别是对后苏联空间的政策也几经变化，从抛弃“小伙伴”到重新重视“近邻国家”再到支持欧亚一体化等等，作为地区主导国家，俄罗斯的不同政策影响了整个区域的地区一体化进程。本书以俄罗斯的政策和后苏联空间的地区一体化进程为例，研究的核心议题是如何解释俄罗斯在地区一体化问题上的态度和政策的变化。以国家复兴为目标的俄罗斯，为何在20世纪90年代初选择抛弃苏联各加盟共和国，采取脱离战略，在日后又选择回归后苏联空间，提出开展地区一体化？为何俄罗斯推动地区一体化的意愿不是一贯强烈，而是存在强弱起伏？为何俄罗斯发展地区一体化的方式和政策措施也存在差别？

---

① Bjorn Hettne and Fredrik Soderbaum, “Theorising the Rise of Regionness,” in Shaun Breslin et al., *New Regionalism in the Global Political Economy*, *Warwick Studies in Globalisation*, London: Routledge, 2002, p. 38.

② *Гурова И.* О теоретической модели торговой интеграции на пространстве СНГ. // Вопросы Экномики. 2014. №. 1.

③ 潘广云:《独联体框架内次区域经济一体化问题研究》，北京：北京师范大学出版社，2011，第41页。

第二节 研究的范围和意义

一 研究范围的界定

本研究以俄罗斯为对象和切入视角，研究的时间起点为苏联解体的1991年，终点为2019年，探讨俄罗斯在独立之后的近30年间对后苏联空间发展一体化的政策。普京2012年3月再次成为总统并在2018年成功连任，此间积极推动了欧亚经济联盟的建设，并“在俄罗斯对外安全战略中愈发以回归传统的后苏联地区为重点”，[①] 这使人们更加关注“后苏联空间”的政治走势。

本研究的地域范围就是所谓的“后苏联空间”，即苏联加盟共和国中除去波罗的海三国之外的12个国家。该地区现存一个成员最为广泛的区域组织——“独联体”，既有的大部分研究都围绕独联体的“联”或“独”的趋势进行讨论，但在本研究设定的时间范围内，独联体的成员国发生过变化，阿塞拜疆1991年是《阿拉木图宣言》的签字国，但在1992年10月宣布退出独联体，1993年9月又正式重新加入；而格鲁吉亚在1993年才加入独联体，但2009年因与俄罗斯的矛盾而正式退出该组织。并且该地区的一体化方式并没有囿于“独联体”的框架，普京的“欧亚联盟”设想也并非以“独联体”为依托，[②] 俄罗斯要实现整合该地区的目标也需要依靠发展双边关系以及政治、军事和经济工具的运用等，[③] 因此，本研究不使用“独联体”这个称谓指代该地区。使用“后苏联空间”的表述，意在表明历史对现实的影响，[④] 一方面，这一地区曾经密切地结合

---

① 郑润宇：《从俄哈视角解读阿斯塔纳峰会前后的欧安组织》，《国际观察》2011年第3期，第58~65页。

② *Путин В. В.* Новый интеграционный проект для Евразии—будущее, которое рождается сегодня. http://www.izvestia.ru/news/502761.

③ Ingmar Oldberg, "Aims and Means in Russian Foreign Policy," in Roger E. Kanet, *Russian Foreign Policy in the 21st Century*, New York: Palgrave Macmillan, 2011, p. 39.

④ 2011年10月28日，在莫斯科国际关系学院召开的讨论欧亚联盟方案的会议上，相当一部分与会者表达了需要重视历史经验的看法，笔者曾旁听此次会议，另可参见 *ЦСКП*, Стенограмма конференции на тему: «Развитие через интеграцию. Российский проект для Евразии». http://www.cskp.ru/recs/11360/。

为同一个国家，苏联的影响仍然在某些方面发挥着重要作用，历史遗产为地区一体化奠定了相应的基础；但另一方面，未来的机制设计和发展途径都需要有别于苏联才有可能有效地推进一体化进程。而本研究强调不能割裂历史与现实之间的联系，因此使用“后苏联空间”一词表示这一地区。[①]研究的视角将从俄罗斯切入，梳理俄罗斯对后苏联空间的政策或战略变化，分析“地区主导国”如何促进地区发展和稳定以谋求自身发展，而地区一体化是可供地区主导国选择的重要方式。本书涉及的地区一体化，不仅包含经济领域，也包括政治安全、文化认同等其他领域。

从横向地区比较和纵向历史比较来看，在一定程度上可以认为，二战后的德国和日本采取不同方式实现了国家复兴，日本脱离亚洲，德国则参与并推动了西欧的地区一体化。俄罗斯及其所在的后苏联空间，与德日两国面对的国际和地区环境显然不同，因此，本书主要研究俄罗斯在后苏联空间开展地区一体化的意愿和政策变化的原因，通过对这一核心问题的回答，将进一步分析大国在追求强大或崛起的过程中应该采取何种地区战略的问题。

二 研究意义

从理论上看，本研究的意义主要体现在以下两个方面。第一，地区一体化的研究是与地区主义的相关理论和发展密切联系的。从地区主义研究本身看，既有研究很少关注俄罗斯和后苏联地区，主要集中于欧盟和东亚，但也正如利布曼所言——后苏联地区的地区主义是难以从世界上其他地区找到案例的。[②] 这就使研究该地区具有重要的理论价值，这一价值明显体现在地区结构上——该地区是一个中心化的地区，存在一个核心大国俄罗斯。按照现实主义的观点，大国有能力为其他国家提供

① 在俄罗斯的文献中，还有一个常见的名词是“欧亚空间”，在相当多的场合“欧亚空间”与“后苏联空间”指代相同，但按照普京的文章所述，“欧亚空间”在最大范围上是一个从葡萄牙首都里斯本到俄罗斯东部城市符拉迪沃斯托克的横跨欧亚的大空间，并且从整个近30年的历史看，“欧亚空间”一词的使用也过于宽泛，有指代不明的问题，所以本书不使用这个名词，严谨地使用“后苏联空间”的概念。近年来，俄罗斯调整思路，不再局限后苏联空间，“欧亚地区”一词的使用更加频繁。详见本书第七章的分析。

② 侯敏跃、〔俄〕亚历山大·利布曼主编《转型时代联邦主义与地区主义研究》，上海：上海人民出版社，2009，第10页。

一个互动的框架,[①] 因此后苏联空间的地区一体化在很大程度上受到俄罗斯的影响，这也是本研究选择俄罗斯切入的主要原因之一。作为地区主导国的俄罗斯，是否遵循“在地区中占优势地位的国家通常寻求控制其周围的弱小国”的行为模式,[②] 值得研究。通常，“在一个中心化地区，主导性国家对外政策的推动因素显然具有特殊的重要性”,[③] 也即是说，推动俄罗斯做出参与地区一体化政策的因素，对“中心化”的后苏联空间发展一体化具有重要影响。对此问题的分析，也能够丰富有关大国参与一体化的动力的理论解释。而该地区的“独特”还在于它们曾经相当紧密地联合过，历史积累出的经验和问题对新形势下的地区发展都具有重要影响，所以，后苏联空间发展地区主义的路径必将有别于欧盟和东亚,[④] 对该地区的研究应当能够为地区主义研究的发展提供新的案例和思路。

第二，历史经验表明有相当多的国家在崛起或复兴的过程中受益于稳定的地区环境，又或者可以说，“没有一个真正的世界大国不是先从自己所在地区的事务中逐渐占据主导地位而发展起来的”,[⑤] 而稳定的地区环境和主导地位的获得可以通过地区一体化。对于丧失往昔辉煌地位的俄罗斯而言，“要在全球范围内保持大国地位，俄罗斯的对外政策应树立的目标之一是为国家内部转型创造有利的外部环境”,[⑥] 瓦尔多姆斯基（Л. Б. Вардомский）认为“在地缘政治结构中，（后苏联）空间对俄罗

---

① Kenneth N. Waltz, *Theory of International Politics*, New York: McGraw-Hill, 1979, Chapter 5, “Political Structure”.

② S. Neil Macfarlane, “Russian Policy in the CIS under Putin,” in G. Gorodetsky, ed., *Russia between East and West: Russian Foreign Policy on the Threshold of the Twenty-first Century*, London: Frank Cass, 2003, p. 126.

③ 〔英〕巴里·布赞、〔丹〕奥利·维夫：《地区安全复合体与国际安全结构》，潘忠岐等译，上海：上海人民出版社，2009，第 388 页。

④ 欧洲的区域主义被认为是一种结构区域主义，而东亚的地区主义则是多层次的、复杂的或者是开放的地区主义，有关西欧与东北亚地区主义比较的论著可参见仇发华《地区多边安全合作：西欧与东北亚比较研究》，北京：世界知识出版社，2009。俄罗斯学者的比较研究著作，可参见 *Песцов С. К.* Современный международный регионализм: сравнительная историческая динамика. Владивосток: Мор. гос. ун-т, 2004。

⑤ 叶自成：《中国实行大国外交战略势在必行——关于中国外交战略的几点思考》，《世界经济与政治》2000 年第 1 期，第 10 页。

⑥ 〔法〕妮科尔·涅索托、〔意〕吉奥瓦尼·格雷维：《2025 年世界将发生什么》，范炜炜译，北京：东方出版社，2010，第 78 页。

斯恢复世界强国的地位是重要的",① 沃洛布耶夫（С. Г. Волобуев）更直言不讳地指出："最重要的任务是在欧亚一体化的过程中形成新的一极，借助欧亚一体化的进程，找到俄罗斯在国际上的位置。"② 而俄罗斯发展地区一体化的意愿和推动一体化进程的能力在很大程度上决定着其所在地区的一体化发展前景。因此，从地区战略的角度，探讨俄罗斯选择地区一体化战略的原因及其对地区一体化进程施加的影响具有重要的理论价值，并且俄罗斯如何"通过积聚自己的地区影响，来提高它的国际分量"③ 也是值得研究的问题，并将提供更多的经验与教训。

本研究的现实意义同样明显。苏联解体后，俄罗斯失去了竞争全球霸权的实力与地位，尽管它仍然是一个大国，但如何维持"家门口"甚至是"屋内"的秩序一度成为俄罗斯面临的首要问题。因此，从地区层次审视俄罗斯的对外政策或地区战略就具有一定的必要性和现实性。尽管俄罗斯一度陷入低谷，但这不能成为轻视俄罗斯的理由，过去近 30 年的历史已然证明，俄罗斯不可能允许自己一再沉沦，更何况它还拥有庞大的领土和雄厚的资源。因此，关注俄罗斯的发展趋势以及它所在的欧亚大陆中心地带是否会出现一个新的强大实体就成为现实摆在人们面前的一个重要问题。俄罗斯外交学院在 2010 年出版的著作中旗帜鲜明地表示："欧亚空间是新世纪的 100 年中最有前景的空间。"④ 虽然带有自我标榜的成分，但不可否认的是对这一地区的任何忽视都是错误的。因此，本研究的成果将有助于判断俄罗斯进行地区一体化的意愿是持续的还是阶段性的或可逆的，继而可以判断欧亚地区一体化的发展前景。

第三节 文献综述

本书的核心任务是解释俄罗斯参与或支持后苏联空间地区一体化的

① *Вардомский Л. Б.* Регионализация постсоветского пространства: факторы, особенности, тенденции. М.: Ин-т экономики, 2008. С. 22.

② *ЦСКП*, Стенограмма конференции на тему: «Развитие через интеграцию. Российский проект для Евразии». http://www.cskp.ru/recs/11360/.

③ *Федор Лукьянов*, Крепкие объятия соперничества, 18 - 06 - 2009. http://www.globalaffairs.ru/redcol/0/11848.html.

④ *Дипломат. акад. МИД России*, Вопросы теории и истории международных отношений. М. [б. и.], 2010. С. 251.

政策变化。要找到这些变化的原因，首先必须梳理清楚这近 30 年间俄罗斯的政策发生过怎样的变化，但现有的研究限于篇幅等问题多带有动态跟踪和碎片化的特点，只研究了部分时段俄罗斯的政策及特点，解释了某个节点政策变化的原因，分析了后苏联空间发展地区一体化的现状和前景，但缺乏具备充分解释力和比较全面的论述。

一 从内容角度看既有研究

从研究内容上看，日尔诺夫（О. А. Жирнов）较为系统地综述了俄罗斯对后苏联空间的政策，认为俄罗斯不应该采取分化独联体的做法，其领导人应该认识并试图解决俄罗斯与后苏联空间内各国关系中存在的一系列问题。[①] 柯西科娃（Л. С. Косикова）的报告全面分析了 1992 ~ 2007 年俄罗斯有关后苏联空间一体化的理论与实践。她以俄罗斯的不同态度为出发点将全部发展时期分为近邻国家、后苏联空间和世界市场中的竞争区域三个阶段加以研究。她观察到“2000 ~ 2007 年，官方对独联体对俄作用的评价不止一次地发生实质变化”，2005 年初俄罗斯领导人对独联体发展前景的悲观论调来自“颜色革命”。尽管“承认独联体作为地区一体化机制的弱有效性”，但颜色革命也刺激莫斯科努力“将所有独联体国家团结到一个由俄罗斯领导的强有力的政治、防御和经济联盟中”。在结论中，柯西科娃认为欧亚地区一体化战略不可能是一种包罗万象的战略。[②] 这一结论实际上是很多学者的共识，因此，一些研究只涉及单一的问题领域。

一般而言，“国家对地区一体化的兴趣在于它能改善参加国的地缘经济形势，促进经济增长，提升国家经济的竞争能力”，[③] 这也是俄罗斯参与地区一体化的重要原因。但与其他地区不同，后苏联空间的经济地区化过程具有其自身的特点，并对俄罗斯的战略选择造成影响。瓦尔多姆

---

① *Жирнов О. А.* Политика России на постсоветском пространстве: Прошлое, настоящее, будущее. (обзор) //Актуальные проблемы Европы: Научн. журнал, М.: ИНИОН, 2011. №2: Евросоюз и Росстя: Политика на постсоветском пространстве. С. 124 – 163.

② *Косикова Л. С.* Интеграционные проекты России на постсоветском пространстве: идеи и практика [науч. докл.]. М.: Ин-т экономики РАН, 2008. С. 15, 5 – 8, 59.

③ *Вардомский Л. Б.* Регионализация постсоветского пространства: факторы, особенности, тенденции. С. 7.

斯基比较全面地总结出 6 个方面的特点：地区化的参加者是苏联的加盟共和国，它们过去是一个统一国家的组成部分；地区合作在广袤的欧亚空间进行，这个区域人口较少，且缺乏发达的基础设施；该空间在西面与最成功的一体化组织——欧盟直接相邻，在东面则与世界上最有活力并且经济快速增长的中国接壤；参加国没有在国家间水平上发展相互关系的历史经验；所有国家的建立和功能实践都带有明显的政治成分；这些国家难以推动更高水平的经济一体化。在分析了以上特点后，瓦尔多姆斯基总结道：决定后苏联一体化进程的一个重要因素是俄罗斯在该空间的经济优势。[①] 尽管俄罗斯的经济水平不高，但瓦尔多姆斯基还是注意到其中存在的结构问题。

在解释普京 2011 年提出的“欧亚联盟”方案时，冯绍雷认为“对于长期受到欧亚主义熏陶的俄罗斯政治思想界来说，在政治、经济以及外部条件成熟的背景下，迟早会出现这样一种对欧亚地区一体化过程的明确诉求”。[②] 李新在分析了“欧亚联盟”方案的背景、可能性和相关制约因素后，认为“在肯定俄罗斯在该地区起着重要作用的同时，也要看到俄罗斯不再是苏联地区国家发展合作的唯一战略伙伴，俄罗斯并不支配足够的资源也没有达到将这些国家主要的对外经济利益‘拴在自己身边’所必须的经济诱惑力。”[③] 可见，俄罗斯在一体化进程中作用重要，但效用有限。

在安全领域，卢金（А. В. Лукин）在 1993 年的文章中提出，俄罗斯应寻求与“近邻”国家实现一个复杂的利益平衡，类似美国的“睦邻”体系——大国与其小邻国之间一种极为明确的、相互承担义务的形式——有助于实现这一利益平衡。[④] 这一观点表明卢金注意到后苏联空间的结

---

① *Вардомский Л. Б.* Регионализация постсоветского пространства: факторы, особенности, тенденции. С. 11， 13.

② 冯绍雷：《普京倡建“欧亚联盟”地区一体化前景可期》，《中国社会科学报》2011 年 10 月 20 日。

③ 李新：《普京欧亚联盟设想：背景、目标及其可能性》，《现代国际关系》2011 年第 11 期，第 10 页。

④ 阿·弗·鲁金：《俄罗斯的对外政策和安全问题》，《现代国际关系》1993 年第 11 期，第 52 页。目前习惯将 А. В. Лукин 翻译成阿·弗·卢金，所以本处使用他的常用中文译名，特此说明。

构问题，但他并未将其归结为俄罗斯政策转变的原因，而只是作为可供选择的政策方向。中国的两位学者在2011年发表的文章都注意到后苏联空间的结构问题。王彦从主权国家和区域性组织两个视角分析了独联体地区安全结构的独特性，在主权国家视角中，独联体地区形成了以俄罗斯为核心的“伞”状安全结构，而以区域性组织为分析单元，则呈现出集体安全条约组织、上海合作组织和北大西洋公约组织“三足鼎立”的结构模式。① 同样是安全问题，刘军则以俄罗斯为主体，认为“帝国观念是贯穿沙俄到今日俄罗斯的一根主线”，从沙俄帝国到苏联再到今日俄罗斯的共同特点都是通过空间扩张来维持并保障国家的运转，通过控制空间来确保国家安全，不同之处在于，今日的俄罗斯是通过维护后帝国传统的、有特殊利益的地理区域——后苏联空间，并拓展多边的、区域性安全组织来保障自身安全的。② 因此，历史积累出的帝国观念是解释俄罗斯政策变化的一个重要因素。同样强调历史惯性的两位俄罗斯学者认为，“为了适应变化着的历史环境，并能在21世纪拥有竞争力，俄罗斯应该参加某一战略集团或创建自己的集团，这是由20世纪的历史现实所决定的。当时他曾参加过协约国同盟、反希特勒同盟以及华沙条约集团”。③ 所以，结构和观念对于分析俄罗斯的政策变化尤为重要。

二 从范围和层次角度看既有研究

从空间范围看，虽然“后苏联空间”最能涵盖本研究涉及的地域，④ 但现有研究以独联体为对象的较多。21世纪第二个十年开始后，随着实践中更多地使用“欧亚”一词构成组织名称（如欧亚经济共同体、欧亚联盟、大欧亚伙伴关系等），一些研究也开始使用“欧亚一体化”的短

① 王彦：《独联体地区安全结构分析》，《俄罗斯中亚东欧研究》2011年第3期，第75～82页。

② 刘军：《空间、帝国与俄罗斯国家安全》，《华东师范大学学报》（哲学社会科学版）2011年第4期，第37～41页。

③ 〔俄〕西夫科夫、莫罗佐夫：《俄罗斯21世纪地缘政治利益的实现》，杨伟民译，《国外社会科学文摘》2000年第9期，第52～55页。

④ *Валестани И.* Проблемы интеграции и формирования региональной системы на постсоветском пространстве. М.: Эпикон, 2002; *Вардомский Л. Б.* Регионализация постсоветского пространства: факторы, особенности, тенденции. М.: Ин-т экономики, 2008.

语来表示后苏联空间的一体化进程。[①] 这一变化反映了实践发展对研究议程的影响。

针对独联体各个方面的研究相当丰富，有关独联体是“联”还是“独”的发展趋势，特别是在独联体成立一年多后发生由“独”向“联”的转变时，学者们大多从各国的需求出发解释形势转变的原因。[②] 在不同的时间节点或截取某个单一时间段，学者们对俄罗斯的独联体政策及其变化原因进行了评估。[③] 姜毅将1994年前后俄罗斯态度转变的原因归结为5个方面，包括俄罗斯调整全面倒向西方的政策、对北约和其他势力介入的反应、现实经济利益的要求、国内政治力量格局的变化、保障周边安全和自身稳定的需要等。[④] 叶自成和刘东方认为，一方面由于境外俄罗斯人问题、边界划分、经济联系和各国局势的影响，俄罗斯无法放弃独联体各国，另一方面由于国力的掣肘、西方的不悦和独联体的独立意识的存在，使俄罗斯无法恢复帝国。他们的结论是——无论是“放弃论”还是“帝国论”都注定不能成为长期主导俄罗斯对独联体政策的基本原则，必然会被更加务实的外交原则取代，[⑤] 而这种务实的外交原则被称为俄罗斯的新“门罗主义”。[⑥] 赵龙庚提到了俄罗斯政策转变的3

---

① C. 比留科夫：《“丝绸之路”与欧亚一体化两大战略项目相结合的前景》，《俄罗斯研究》2015年第6期，第31~57页；黄登学、王骏腾：《俄罗斯的欧亚一体化政策：目标、风险及影响因素》，《当代世界社会主义问题》2018年第3期，第94~103页。

② 胡延新：《国内“独联体”问题研究综述》，《东欧中亚研究》1995年第2期，第86页。

③ 王新俊、王用林：《独联体十年发展与俄罗斯的选择》，《俄罗斯研究》2001年第4期，第42~47页；郑羽：《俄罗斯的独联体政策：十年间的演变》，《东欧中亚研究》2001年第4期，第1~11页；王郦久：《俄罗斯的独联体政策及其走势》，《现代国际关系》2005年第11期，第34~39、56页；顾志红：《评俄罗斯的新独联体政策》，《俄罗斯中亚东欧研究》2006年第2期，第28~33页；陈新明：《俄罗斯与独联体国家关系：新趋势与新战略》，《俄罗斯中亚东欧研究》2009年第4期，第71~75页；柳丰华：《普京时期俄罗斯的独联体政策》，《国际论坛》2008年第5期，第62~67页；王郦久：《试析俄罗斯外交政策调整》，《现代国际关系》2010年第12期，第30~35页。

④ 姜毅：《俄罗斯对独联体的政策》，《东欧中亚研究》1995年第4期，第70~71页。

⑤ 叶自成、刘东方：《俄罗斯的“门罗主义”评析》，《国际政治研究》1996年第1期，第1~2页。

⑥ Mette Skak, “Russia’s New ‘Monroe Doctrine’,” in Roger E. Kanet, *Russian Foreign Policy in the 21st Century*, pp. 138 – 154.

点原因：俄罗斯地位的变化、发展双边关系的需要和国内斗争的影响。[①] 沃罗比约夫（В. П. Воробьев）在 2009 年的著作中谈道，"未来的独联体，按照大多数分析者的观点，俄罗斯将很有可能被认可为后苏联空间的领导者"，他进一步指出，"俄罗斯成为独联体一体化的核心取决于俄罗斯经济改革的成功、在国际舞台上权威的提高以及团结独联体国家相互合作稳定发展的能力"。[②] 柳丰华讨论了俄格冲突和金融危机对俄罗斯独联体政策的影响，认为"未来独联体仍将是俄罗斯外交的优先方向"。[③]

事实上，"俄罗斯可以借助独联体减轻因苏联解体造成的破坏，却很难以之为基础实现更紧密的国家联合"，[④] 也即是说，独联体并不是一个很好的可供俄罗斯推动地区一体化的工具，独联体发展的滞后也在很大程度上受制于它所带有的苏联色彩。独联体也并不能完全涵盖俄罗斯对待后苏联空间发展地区一体化的意愿，所以后苏联空间内存在的其他次地区机制也是本研究的关注对象。既有研究已经在此方面进行了富有启发性的探索。例如，王彦将俄白联盟放在后苏联空间地区化的大背景下研究，认为俄罗斯力图使俄白联盟成为后苏联空间一体化的核心；[⑤] 张弘关注了古阿姆集团对独联体发展走向的影响。[⑥] 潘广云认为，"独联体内出现了不同类型的地区集团"，"形成了多水平、多发展速度、多层次的一体化局面"。[⑦] 针对空间内次地区组织林立的情况，巴尼科夫（В. С. Паньков）认为"后苏联空间的地区化与独联体和欧亚经济共同体的改革密切相关"，[⑧] 而其他组织则不具有关键性影响。

---

① 赵龙庚：《俄罗斯在前苏联地区安全环境的变化及对策》，《和平与发展》1996 年第 1 期，第 12 页。

② *Воробьев В. П.* Проблемы развития и реформирования СНГ. С. 156，57.

③ 柳丰华：《"梅普组合"的外交战略》，北京：中国社会科学出版社，2012，第 128 ~ 149 页。

④ 许志新：《独联体向"灰色区域"演变——论俄罗斯对独联体政策的危机》，《欧洲研究》2005 年第 3 期，第 45 页。

⑤ 王彦：《后苏联空间地区化视角下的俄白联盟》，《西伯利亚研究》2007 年第 1 期，第 52 ~ 54 页。

⑥ 张弘：《"古阿姆"与独联体的未来走向》，《国际论坛》2009 年第 3 期，第 1 ~ 6 页。

⑦ 潘广云：《独联体框架内次区域经济一体化问题研究》，第 6 页。

⑧ *Паньков В. С.* Интеграция и дезинтеграция на постсоветском пространстве//Мир перемен.，2007. №3，С. 141 – 142.

此外，研究单一问题领域的次地区一体化的文章并不少见，[①] 但比较系统的专著为柳丰华的《俄罗斯与中亚——独联体次地区一体化研究》。作者集中于中亚地区，从政治、经济、军事等多个方面全面讨论了后苏联空间的次地区一体化问题，将俄罗斯政策演变的原因归结为美国及其主导的北约对俄罗斯的地缘战略挤压、俄罗斯总体外交政策的调整、中亚地区安全和地缘政治形势的变化等，同时，作者从多边和双边等不同外交方式和层次进行分析，并注意同欧盟和北约的经济与军事一体化进行比较。[②] 特罗费莫夫（Dmitry Trofimov）将俄罗斯在中亚的主要利益归结为5个方面，包括地区稳定、共同经济空间的维持、与主要国家交往的中亚通道不受阻碍、军事存在确保俄的地区和世界大国地位以及国际上对俄在该区域主导地位的认可等。[③] 这些显然是促使俄罗斯转变其中亚战略的重要因素。[④] 俄罗斯外交学院的著作认为，决定俄与中亚国家关系的因素有俄罗斯的经济和对外政策、欧亚国家的经济和对外政策、独联体内的国际关系系统等，而外部因素如世界和地区大国、跨国公司等对这一关系的影响在增强。[⑤] 而俄罗斯经济学院的学者们则认为，“后苏联空间发展的最重要因素是俄罗斯与世界主导力量中心——美国和欧盟——之间的地缘政治竞争的增强”。[⑥] 整体上看，美国和欧盟被学者们认为是最重要的外部因素，而其他的具有重要影响的相关国家则包括中国、土耳其、伊朗、日本等，[⑦] 也有学者提

---

① 潘广云：《独联体框架内的次地区经济一体化》，《欧洲研究》2005年第1期，第116～130页。

② 柳丰华：《俄罗斯与中亚——独联体次地区一体化研究》，北京：经济管理出版社，2010。

③ Dmitry Trofimov, "Russia and the United States in Central Asia: Problems, Prospects and Interests," *Central Asia and the Caucasus*, Vol. 19, No. 1, 2003, p. 76.

④ Roy Allison, "Strategic Reassertion in Russia's Central Asia Policy," in Dave Bhavna, ed., *Politics of Modern Central Asia*, V. 4, *The Changing Geopolitical Context*, London: Routledge, 2010, pp. 77－95.

⑤ *Дипломат. акад. МИД России*, Вопросы теории и истории международных отношений. С. 250.

⑥ *Глинкина С. П.* Страны СНГ между Россией и ЕС. М. ［б. и.］, 2007. С. 8.

⑦ *Воробьев В. П.* Проблемы развития и реформирования СНГ. С. 50－58; *Быков А. Н.* Россия и СНГ: вызовы глобализации и стратегия евразийской интеграции. М.: ИМЭПИ РАН, 2005. С. 21.

出从南向北蔓延的伊斯兰势力的威胁也是影响独联体深化合作的重要政治形势。①

从以上分析可以看到，既有研究虽然注意到后苏联空间的结构，也强调后苏联空间地区一体化的进展在相当大程度上与俄罗斯有关，但俄罗斯政策与战略的变化与后苏联空间的结构存在怎样的关联性是以往研究中比较缺乏论述的部分，关于俄罗斯政策变化的原因散见于分析不同阶段局势变化的文章中，大多数都是亮出观点，缺乏比较系统的阐释，也没有提供一个全面理解俄罗斯对后苏联空间政策的方法。本研究期望在这些问题上能够有所推进。

三 从方法角度看既有研究

麦克法兰（S. Neil Macfarlane）以普京治下的俄罗斯对独联体的政策为例，论述霸权与俄罗斯外交政策的关系，但仅仅提供了一个分析框架，并未全面展开论述。② 梅特·斯卡克（Mette Skak）借用帕特南的双层博弈模型分析了1985～2003年的俄罗斯对外政策，他将叶利钦执政时期的俄罗斯对外政策划分为1992～1993年、1993～1997年、1998～1999年三个阶段，并把截至2003年的普京总统任期以“9·11”事件为界划分成两个阶段，强调不同时期的俄罗斯领导人在制定对外政策时面临的内外双重压力。③ 索伦（Christian Thorun）讨论了如何理解俄罗斯对西方外交政策的变化问题，认为现实主义理论、社会建构主义者以及国内层次变量的引入都不能完全解释俄罗斯外交政策变化的原因，他把外部约束（external constraints）和集体观念（collective ideas）作为最重要的解释变量，外部强制迫使俄罗斯采取相对合作的态度，观念的不同导致俄罗斯对自我身份、国际地位和主要利益的界定发生变化，并继而引起其对西

---

① *Вардомский Л. Б.* Регионализация постсоветского пространства: факторы, особенности, тенденции. С. 13.

② S. Neil Macfarlane, “Russian Policy in the CIS under Putin,” in G. Gorodetsky, ed., *Russia between East and West: Russian Foreign Policy on the Threshold of the Twenty-first Century*, pp. 125 – 131.

③ Mette Skak, “The Logic of Foreign and Security Policy Change in Russia,” in Jakob Hedenskog et al., eds., *Russia as a Great Power: Dimensions of Security under Putin*, New York: Routledge, 2005, pp. 81 – 106.

方的外交政策发生变化，由此他把后苏联时期俄罗斯的对外政策划分为4个阶段，1992～1993/94年为自由主义时期，1993/94～2000年为地缘政治现实主义时期，2000～2004年为务实的地缘经济现实主义时期，2004～2007年为文化地缘战略现实主义时期。[①] 尽管上述作者的分析并不直接涉及本研究的核心议题，但其对俄罗斯对外政策变化原因的解释以及案例节点的选择为本研究提供了参考。

现实主义、自由主义和建构主义是国际关系理论的三大流派，但本研究并不打算按照三大理论划分展开论述，但不同理论学说能够对本研究的核心问题提供怎样的解释是笔者在研究初期思考过的重要问题。宋伟在其博士论文中回答了作为霸权国的美国将在何种情况下支持某个地区一体化进程的问题，[②] 他选择西欧、北美和东亚一体化作为案例，讨论美国对上述地区发展一体化采取的战略，不仅考虑到实力差距的变化对美国战略的影响，更进一步提出制度利益对美国决策变化的作用。本研究将有一部分内容讨论俄罗斯对待次地区一体化的政策，作为地区主导国的俄罗斯对次地区一体化的态度，在结构上类似于宋伟所选择的案例，不过对俄罗斯的研究将提供新的解释和视角。郑润宇在讨论了俄罗斯与哈萨克斯坦安全模式的基础上，将俄哈安全模式同北美大陆上美国与加拿大之间的安全模式进行了比较研究，认为俄哈之间建立某种类似"美加模式"的安全关系是可能的。[③] 尽管其比较并不充分，但笔者注意到俄罗斯在后苏联空间的地位与美国在美洲特别是北美的地位具有相似之处，这种结构上的相似不仅有利于进行比较研究，也能丰富我们对相关问题的认识。

弗里德曼（George Friedman）曾预言说，未来，大约到2020年，俄罗斯将会把主要精力投放在重建俄罗斯联邦和重振本国在这一区域的声

① Christian Thorun, *Explaining Change in Russian Foreign Policy: The Role of Ideas in Post-Soviet Russia's Conduct towards the West*, Basingstoke [England]; New York: Palgrave Macmillan, 2009.

② 宋伟：《霸权体系与美国国家利益：以美国对地区一体化的战略为例》，博士学位论文，北京大学，2007年6月。

③ 郑润宇：《从俄罗斯全球战略视角剖析俄哈关系安全模式》，《俄罗斯研究》2011年第5期，第118～132页。

威上。[1] 目前看来，弗里德曼的预言似乎将成为现实。苏联解体后的近30年间，俄罗斯的主要目标都是追求国家的强大，谋求恢复以往国际地位。俄罗斯从脱离后苏联空间到支持地区一体化的转变以及支持某种方式或水平的地区一体化，其背后的真正目的都是俄罗斯国家的重新强大。在失去了争夺世界霸权的能力后，俄罗斯必须首先处理好自己所在地区的问题，才能实现国家复兴和强大的目标。二战后，德国通过与法国等国家开展有效的地区一体化，恢复了本国在地区和国际上的实力地位；冷战后，特别是21世纪以来，中国与东盟的自贸区建设也在相当程度上促进了中国经济的飞速发展；而美国的崛起过程与其稳定和平的地区环境密不可分，特别是冷战后北美自由贸易区的建立和发展更加有力地推动了20世纪末美国经济的发展。因此，俄罗斯与后苏联空间的地区一体化，不仅是俄罗斯谋求自身复兴的途径之一，也是观察并判断俄罗斯及该地区未来发展走势的重要依据。以往的研究在此问题上处于比较零散和薄弱的状态，本书希望通过较为系统、全面的分析，对有关问题的研究有所推进。

第四节　本书的结构

本书共分9个部分。导论部分主要是提出全书的研究问题和研究意义，并从研究的内容、范围、层次和方法等角度回顾既有研究。第一章至第七章是全书的核心部分。

第一章在界定基本概念的基础上，搭建本研究的分析框架。本书提出“一超多强”的体系结构和“一强多弱”的地区结构共同构成了影响俄罗斯地区一体化政策的双重结构，且每一种结构的特点和性质都表现在物质性结构和社会性结构两个方面。衡量物质性结构变化情况的是俄罗斯在结构中的相对权力地位的变化，社会性结构的变化情况则由结构中的主导观念的变化加以衡量。双重结构提供了不同程度的激励，影响了俄罗斯对后苏联空间发展地区一体化的意愿和政策。

① 〔美〕乔治·弗里德曼：《未来100年大预言：21世纪各国大派位》，魏宗雷、杰宁娜译，深圳：海天出版社，2009，第97页。

第二章至第七章，为本研究的具体论证章节，从 1991 年苏联解体开始，直到 2019 年，根据俄罗斯的不同表现，划分为 6 个时间段。在每段时间内，本书将分析双重结构所呈现的不同形态，讨论俄罗斯对地区一体化的不同意愿和政策表现，找到双重结构提供的不同激励与俄罗斯政策表现之间的关系，从而验证分析框架的可行性。

第二章讨论的是 1991～1996 年的情况。这一时期，苏联完成了解体过程，后苏联空间成为国际关系意义上的地区，“一强多弱”的地区结构也被逐渐塑造成形。受“地区主导国”身份的影响，俄罗斯追随西方的战略最终失败。俄罗斯的国力在 20 世纪 90 年代中前期不断下行，造成了相对权力地位在双重结构中的不同变化，它与西方大国的关系也开始逐步回归理性。而后苏联空间内的各国因自身发展的需要，再次寻求俄罗斯的帮助，地区向心趋势增强。由此，俄罗斯回到后苏联空间，试图推动地区的“再一体化”。

第三章讨论的是 1997～1999 年的变化情况。原本信心满满要推动地区一体化的俄罗斯，受到 1997 年金融危机等事件的沉重打击，经济发展再次跌入低谷。与西方国家的矛盾也因北约东扩、科索沃危机、车臣战争等问题日渐突出，地区内部以古阿姆集团的建立为标志，出现了明显的分裂和离心趋势。在此形势下，俄罗斯不得不开始对地区一体化采取有限支持的态度，优先发展以俄白联盟为代表的次地区一体化。

第四章涉及 2000～2003 年的变化情况。普京成为总统后，俄罗斯开始了一系列改革，并收到了良好效果，国家的凝聚力增强，国力迅速提升，使俄罗斯的相对权力地位在双重结构中出现新的变化。反对恐怖主义成为这一时期凝聚俄美和俄欧关系的重要因素，俄中关系也获得了新的发展。在地区内部，向心趋势增强，俄罗斯借此形势，不仅推动了独联体的改革，也积极发展了后苏联空间内不同领域的各种次地区一体化进程。由于俄罗斯采取了分领域推动的政策，次地区一体化在不同领域取得相应发展，并呈现出机制繁多、组织性加深等积极发展的态势。

第五章涉及 2004～2008 年年中的发展情况。以颜色革命为显著标志，外部势力加大了对后苏联空间的介入和影响，导致地区形势明显恶化。北约和欧盟的东扩，加深了俄罗斯与西方主要国家的矛盾，由反恐建立起的良好氛围逐渐散去。与此同时，俄罗斯仍然保持着继续向前的发展势头，国力的提升增强了它的自信心，也使其产生了更多的单独行动意愿。俄罗斯在地区一体化问题上的积极性相较 21 世纪初出现减弱的趋势，不愿意发展全领域的地区一体化，更多是在维持现状，并强调一体化面临着诸多问题。最终，2008 年 8 月的一场俄格冲突，直接导致了地区内外形势的急剧恶化。

第六章讨论了 2008 年年中至 2013 年年底的变化情况。俄格冲突后，俄罗斯与西方国家和地区内一些国家的关系出现严重恶化的局面。但 2008 年下半年开始的金融危机，又迫使地区内各国重新寻求合作，国际形势也逐渐呈现出有利于俄罗斯的新变化。在地区内部，俄罗斯着力推动俄白哈三国统一经济空间的建设，这一次地区一体化的快速发展起到了示范效应，增强了后苏联空间的向心趋势。由此，俄罗斯在 2011 年提出了欧亚联盟的发展战略，显示出积极发展地区一体化的强烈意愿。作为欧亚联盟的初级阶段，欧亚经济联盟在 2011 ~ 2013 年获得了较快发展。

第七章讨论 2014 ~ 2019 年的政策发展。2014 年，乌克兰危机的演变使俄罗斯趁势收回了克里米亚，却由此导致地区内外形势发生新的剧烈变化。一方面，美国和欧盟对俄罗斯祭出制裁的大旗，俄罗斯与西方关系跌入冷战结束以来的最低谷。俄罗斯经济也遭受了 21 世纪以来的最大挫折，油价大跌、卢布贬值，陷入困境。另一方面，乌克兰危机在地区内部造成恶劣影响，俄罗斯的威信遭到损害，哈白吉亚等国虽然愿意同俄罗斯建设欧亚经济联盟，但很难发展深度一体化。这迫使俄罗斯重新思考地区一体化的思路。在推动欧亚经济联盟向外拓展的同时，2016 年，俄罗斯提出了建设“大欧亚伙伴关系”的倡议，并与中国合作，开始共同推动欧亚经济伙伴关系的建设，显示了俄罗斯发展地区一体化的新思路。

结论部分主要从三个方面对全书进行总结。首先是回顾全书的内容，讨论双重结构对俄罗斯一体化政策造成的两方面影响。然后从理论上总结本书的贡献与不足，提出理论研究的发展方向，最后展望了俄罗斯的作用与欧亚一体化的发展趋势。

第一章　理解俄罗斯的地区一体化政策

理解俄罗斯地区一体化政策的基础，首先需要明确基本概念和问题归属。本章从层次分析法入手，明确“地区”、地区一体化等基本概念的内涵，梳理相关研究。俄罗斯对地区一体化问题的政策和立场，从属于“国家支持或参与地区一体化的原因”这一问题的研究，因此对普遍性原因的解释和对其他大国政策的横向比较分析，能够为我们研究俄罗斯的政策提供参考，但也存在一定的问题。本书提出双重结构及其提供的激励程度对于我们理解俄罗斯的地区一体化政策具有重要帮助。本章的主要任务是构建起本书的分析框架。

第一节　层次分析与地区一体化

国际关系研究通常建立在既有理论的基础上。对俄罗斯地区一体化政策的研究，应从明确“地区”的概念和梳理地区一体化的相关理论开始。

一　层次分析与地区

国际关系学科从政治学中独立出来，不过百余年的历史，其间，学者们形成的重要思维方式和研究方法是“层次分析”。“地区”作为其中重要的一个分层，在二战后特别是冷战后，日益受到学界的重视。

（一）国际关系研究中的层次分析法

不同流派的国际关系理论，为人们观察这个复杂多变的世界提供了丰富多元的视角。然而，无论是著作等身的理论界泰斗，还是一个只受过基本专业训练的学生，他们都有一个明显的思维路径或研究习惯，就是从划分层次开始思考国际问题，而任何一种国际关系理论也都将自身逻辑的起点落于某个分析层次。因此，层次分析法（levels of analysis）从空间这个维度将国际关系现象分为若干层次，为人们提供了“理论思考的空间基础和出发点”，是“迄今国际关系学中最为简明、最为中立，也最方便交流的分析方法”；[①] 秦亚青认为“层次分析法是一种比较行之有效的科学研究方法”；[②] 巴里·布赞（Barry Buzan）等人也曾明确提出，“国际关系理论的所有争论都受到分析层次的影响”。[③]

1959 年，肯尼思·华尔兹（Kenneth N. Waltz）出版了专著《人、国家与战争》，提出国际关系研究的三个层次——体系、国家和个人，[④] 并在此基础上发展出结构现实主义理论，将主要研究视角落于国际体系层面。1961 年，戴维·辛格（J. David Singer）在文章中集中探讨了层次分析问题，将关注重点放在国际系统和国家两个层次。[⑤] 这本书和这篇文章奠定了“层次分析法”在国际关系研究中运用的基础。在此后的发展过程中，部分学者根据研究需要也提出过不同的分层方法，即在华尔兹和辛格的基础上，缩小层次之间的间隔，并加入新的分析层次。其中比较具有代表性的分层方式有：詹姆斯·罗西瑙（James N. Rosenau）加入了角色和社会两个层次，提出了 5 个层次的划分方式，即个人、角色、政府、社会、国际系统；[⑥] 布鲁斯·拉西特（Bruce Russett）和哈维·斯塔尔（Harvey Starr）提出了 6 个层次，即世界系统、国际关系、国内社会、国家政府、决策者角色、决策者个人。[⑦] 这些层次的划分为我们更清晰地认识世界奠定了基础。而不同的国际关系理论由于聚焦层次的差异而具有了或宏观或微观的视野，[⑧] 在分析具体问题时，来源于不同层

---

① 耿协峰：《新地区主义的核心价值》，《国际经济评论》2004 年第 2 期，第 60 页。

② 秦亚青：《层次分析法与国际关系研究》，《欧洲》1998 年第 3 期，第 4 页。

③ Barry Buzan, Ole Waver and Jaap de Wilde, *Security—A New Framework for Analysis*, London: Lynne Rienner Publisher, 1998, p. 5.

④ Kenneth N. Waltz, *Man, the State, and War: A Theoretical Analysis*, New York: Columbia University Press, 1959, Chapters 6&7.

⑤ J. David Singer, "The Level-of-Analysis Problem in International Relations," in Klans Knorr and Sidney Verba, eds., *The International System: Theoretical Essays*, Princeton: Princeton University Press, 1961, pp. 77 – 92.

⑥ James N. Rosenau, *The Scientific Study of Foreign Policy*, London: Frances Printer, 1980, pp. 115 – 169.

⑦ Bruce Russett and Harvey Starr, *World Politic: A Menu for Choice*, New York: W. H. Freeman, 1992, pp. 11 – 17.

⑧ 有关不同理论聚焦不同分析层次的总结，参见秦亚青《层次分析法与国际关系研究》，《欧洲》1998 年第 3 期，第 7 页。

次的解释丰富了人们的认识，使我们能够从多种不同角度思考问题。

理论的发展总是随着现实的变化不断向前。冷战的结束和苏联的突然解体，不仅急剧地改变了世界的面貌，也使得理论家们开始重新思考国际关系研究的发展方向，这其中也包括有关层次分析问题的探索。他们从多个方向推进了理论研究。第一个方向是国内政治研究的回归，即所谓“国际关系研究层次的回落”，[①] 不再仅仅从体系层次思考问题，而是回落到单元层次，将国内政治分析和比较政治学的理论引入国际关系领域。[②] 赞同层次回落的学者，大约最初都是受到苏联解体的深刻影响，无论是华尔兹本人，还是其他体系理论的拥护者都无法从体系层次对这一令人震惊的事件提供有力的解释，于是目光自然落回到国家层次，以苏联国内的严重危机作为导致其解体的重要解释性变量。[③] 第二个方向是建立跨层次研究的努力，即“研究不同层次之间（主要是国内政治与国际政治之间）的相互关系”，[④] “将国内政治与国际政治融合进一个理论”，[⑤] 处理好两者之间的关系，从而使理论能够打破单一层次和传统方法的束缚，具有更强的解释力。[⑥] 第三个方向是次体系层次的引入，巴里·布赞等人提出了一个完整的分析框架，在纵向上划分为国际体系、

① 李巍、王勇：《国际关系研究层次的回落》，《国际政治科学》2006 年第 3 期，第 112 ~ 142 页。

② 李巍：《层次回落与比较政治学的回归》，《世界经济与政治》2008 年第 7 期，第 52 ~ 56 页。

③ 从理论上看，层次的回落不仅是指落回到国家层次，也可能直接回落到个人层次，以领导人的不同特质来解释相关的问题，部分学者倡导“把政治家找回来”就体现了回落到个人层次的研究路径，参见 Daniel L. Byman and Kenneth M. Pollack, “Let Us Now Praise Great Men: Bringing the Statesman Back In,” *International Security*, Vol. 25, No. 4, 2001, pp. 107 - 146。这里主要探讨国内政治研究回归的问题，所以未能涉及有关层次回落的全部情况。

④ 吴其胜：《国际关系研究中的跨层次分析》，《外交评论》2008 年第 1 期，第 89 页。

⑤ 〔美〕肯尼思·华尔兹：《反思〈国际政治理论〉——对我的批评的答复》，〔美〕罗伯特·基欧汉主编《新现实主义及其批判》，郭树勇译，北京：北京大学出版社，2002，第 298 页。

⑥ 研究层次的回落并不意味着抛弃体系层次的结构分析，结构分析有其适用的范围（参见刘丰《结构分析的范围与限度》，《世界经济与政治》2008 年第 7 期，第 57 ~ 61 页），而建立跨层次分析的重要目的之一就是为了实现理论研究的平衡。有关跨层次分析的研究参见吴其胜《国际关系研究中的跨层次分析》，《外交评论》2008 年第 1 期，第 88 ~ 97 页；李巍和王勇的论文中也部分涉及跨层次分析，李巍、王勇：《国际关系研究层次的回落》，《国际政治科学》2006 年第 3 期，第 129 ~ 142 页。

国际子系统（international subsystems）、单元、子单元、个人等层次，其中的“国际子系统”就是次体系层次。[①] 笔者认为这一层次的引入是同由西欧肇始的地区一体化实践紧密相连的，代表了国际关系研究层次的再度上升，其初衷与跨层次研究相同，[②] 但上升的幅度不大，并未回归到传统的体系层次，而是一种“半上升”。[③] 因此，次体系层次的引入为层次分析提供了新的视角，并推动了层次分析法的发展。

综合看来，无论何种分层方法，无论划分出几个层次，其所遵循的基本逻辑都是从宏观到微观的逐层缩小，不仅关注各层次之间的区别与联系，也关注层次之间的互动和跨层次问题。层次分析逻辑的基础性作用，促进了国际关系研究的清晰化和科学化，而“国际关系研究层次的上升与回落清楚地表明，国际关系是一个复杂的动态的综合体系，不能单从一个层面去研究，而必须进行多层面的综合研究”。[④]

（二）层次分析中的地区

学者们将次体系层次引入层次分析中，是源于对“地区”发展的关注。早在20世纪70年代，赫德利·布尔（Hedley Bull）就曾将没有冷

---

① Barry Buzan, Ole Waver, Jaap de Wilde, *Security—A New Framework for Analysis*, pp. 5－7；也可见该书的中文版，〔英〕巴瑞·布赞、〔丹〕奥利·维夫和〔丹〕迪·怀尔德：《新安全论》，朱宁译，杭州：浙江人民出版社，2003，第7～8页。

② 吴其胜在其文章中认为，跨层次分析的模式也广泛存在于“地区一体化研究”中（吴其胜：《国际关系研究中的跨层次分析》，《外交评论》2008年第1期，第90页），笔者基本赞同这一观点，因为地区一体化的过程中存在许多跨层次的实践活动，需要进行跨层次分析。笔者在这里之所以将“次体系层次的引入”作为层次分析法发展的一个方向，是因为次体系层次的引入有助于我们更加深刻地理解冷战后的国际现实，“次体系层次”提供的是一个认识论上的新视角，而地区一体化与地区主义存在差别，次体系层次的分析与地区一体化、地区主义的概念本身同样存在差别，所以，有必要将“次体系层次”的视角单列出来，后文还将对这一问题进一步展开。

③ 陈小鼎认为，“所谓研究层次的上升就是研究层次从单元、互动等层次分离、上升到结构层次的过程，而回落正与之相反”，他所谓的结构层次是体系结构，因此，上升到“次体系层次”的过程可以被定义为一种“半上升”。既有的有关层次分析法的讨论几乎很少涉及“次体系层次”，但次体系层次的研究同样可以在一定程度上运用结构分析的方法，后文将进一步展开对这一点的论述。参见陈小鼎《国际关系研究层次的上升与回落》，《世界经济与政治》2008年第7期，第48～51页；左希迎《层次分析的反思与研究领域的拓展》，《世界经济与政治》2008年第7期，第62～66页。

④ 尚劝余：《国际关系层次分析法：起源、流变、内涵和应用》，《国际论坛》2011年第4期，第52页。

战的世界设想为一个“更为地区化的世界体系”。[①] 冷战的终结打破了原有的两极格局，使世界更加多元化，且随着西欧一体化进程的推进，地区逐渐获得了更多的重视。而“地区”作为认识国际现实的一个重要分析层次，在冷战后更明显地具有了独立性。[②]

1. 地区及其特点

“地区”的概念最初源自地理学，整个大陆随着板块漂移进程的发展被分成若干部分，就将世界分成了不同的地区。但在政治学，特别是国际关系领域，“地区”并不是最早被人们关注的概念。在一般的语境中，“地区”（region）包含两个含义，既可以指国家内部的不同地方，也可以指国家之间的地区。[③] 在国际关系领域，特别是地区主义和地区一体化的研究中，“地区”一般都是由一些国家组成的集合体，即组成地区的国家数目至少要在两个以上，约瑟夫·奈（Joseph S. Nye）用“国际地区”（international regions）一词进行了更为精确的表达，他所指的“国际地区”就是由“一定数目的国家因地理关系和一定程度的相互依存而联系在一起”所形成的。[④]

按照这个概念，构成地区的首要因素是“在地理上（空间上）的接近性和密切性”。[⑤] 例如，欧亚大陆是一个包含众多国家、地理面积广大的地区，地区内的国家或者直接接壤，或者有陆路相通；有时，地区内的国家位于同一片海域，在海洋上毗邻，例如太平洋地区和加勒比海地区；也有的地区海陆相邻，包含了位于海洋和陆地上的不同国家，例如

---

① Hedley Bull, *The Anarchical Society: A Study of Order in World Politics*, New York: Columbia University Press, 1977, p. 261.

② David A. Lake and Patrick M. Morgan, "The New Regionalism in Security Affairs," in David A. Lake and Patrick M. Morgan, eds., *Regional Orders: Building Security in a New World*, University Park: Penn State University Press, 1997, pp. 6–7.

③ 庞中英：《中国与亚洲——观察、研究、评论》，上海：上海社会科学院出版社，2004，第146页。中文语境中，“区域”与“地区”时常混用，本书统一使用“地区”进行论述。

④ 转引自俞正樑、陈玉刚、苏长和《21世纪全球政治范式》，上海：复旦大学出版社，2005，第16页。较早研究“国际地区”问题的著作有：Bruce M. Russett, *International Regions and the International System: A Study in Political Ecology*, Chicago: Rand McNally & Company, 1967; L. J. Cantori and S. L. Spiegal, *The International Politics of Regions: A Comprehensive Approach*, Eaglewood Cliffs, N. J. Prentice-Hill, 1970。

⑤ 庞中英：《中国与亚洲——观察、研究、评论》，第146~147页。

东亚地区不仅包含大陆上的中国、韩国等国家，也包括位于海洋上的岛国日本。但仅有地理邻近还不够，地区内的国家通常还在历史、文化、语言等方面具有接近性，此时，地区就不纯粹以地理因素划界，例如人们时常把“西亚和北非地区”连在一起讨论，因为这里的大多数人共同信仰伊斯兰教。此外也必须强调的是，地区是“在时间上得以持续的历史区域”,① 例如，本研究涉及的后苏联空间，实际上包括了地理上的中亚、北亚和属于东欧的一些国家，因为它们之前共同构成了苏联，又有很多民众使用俄语，历史和现实的诸多联系让这里可以作为一个地区进行研究。

以上这些，反映了地区的第一个特点——“内部接近性”，不仅在地理上接近，更重要的是在政治、经济、文化等方面接近。这种内部接近的特点，一方面使地区内国家之间的经贸往来和人员流动较为频繁和便捷，有利于开展地区合作、增进彼此之间的理解，但另一方面也对地区安全提出了更高的要求，因为“历史上安全的最大的隐患主要来自国家间地理位置的相邻或相近”,② “毗邻国家对彼此在能力、优势和权力上的差异比较敏感”,③ 且“很多威胁在近距离传播比在远距离传播更容易”。④ 因此，地区内国家通常关注于扩大内部接近性的优势，同时降低内部接近对安全的不利影响。

既然是由一定数目的国家组成了地区，那么某个“地区”就当然未能涵盖全部的国家，且随着现实的发展，在地区之外，不仅存在着国家，同时也存在着由国家组成的地区或组织。因此，地区的另一个特点就是“外部不完全性”，即地区不是一个封闭的区域，不能完全与外界隔离，地区外的国家或组织有可能介入地区内部，所以任何有关地区问题的讨论都要关注外部因素的影响。反过来，当地区内国家对外部因素采取相同政策时，也能够增强各国的接近性，增加对地区的

① 〔日〕中鸠岭雄：《国际关系理论——当代史指南》，中央公论社，1992，第82页，转引自〔日〕星野昭吉《全球化时代的世界政治：世界政治的行为主体与结构》，刘小林、梁云祥译，北京：社会科学文献出版社，2004，第238页。

② 朱锋：《区域主义与东亚安全》，《当代亚太》1998年第4期，第10~15页。

③ 〔美〕罗伯特·阿特：《美国大战略》，郭树勇译，北京：北京大学出版社，2005，第133页。

④ 〔英〕巴里·布赞、〔丹〕奥利·维夫：《地区安全复合体与国际安全结构》，第45页。

认同感。[①]

2. 地区层次在层次分析法中的特点

地区的“内部接近性”和“外部不完全性”等特点，使得地区层次在层次分析中占据了一个特殊的位置，是“一种介于个别国家和全球整体之间的中间层次或过渡层次”。[②] 学者们对“子系统”——地区进行了大量的研究，在描述和界定地区时所选择的变量也存在差别，[③] 但从层次分析的角度，地区具有如下的鲜明特点。

第一，它研究的不是单个国家，而是高于国家的地区体系，通过一种“半上升”的方式，由单元层次上升到地区层次展开研究。此时，惯常使用的“结构层次”可以更规范地被称为“体系结构层次”。通常来说，“结构层次作为国际政治的宏观层次，天然地具有自上而下地进行理论演绎的能力”，[④] 有利于进行高度抽象和简化的理论研究，“是很好的分析的起点”。[⑤] 而这种“半上升”的次体系层次的引入，构成了一个完整独立的“地区体系”：其基本特征是无政府状态，缺乏合法的权威，享有主权的国家是地区内部的主要行为体。且“地区体系担负两方面的责任：抵御外来攻击，确保内部和平”，[⑥] 也即是说要减少“外部不完全性”和“内部接近性”对地区内外安全造成的影响。由此，已有的体系结构理论可以用来解释地区内部的国际关系现实，对国际机制、观念认同的研究成果也可以用来研究地区机制、地区认同与地区内国家之间的关系，例如东南亚国家联盟内部可以被视为各国平等的“均势结构”，北大西洋公约组织则可被简约地理解为“美国及其保护下的欧洲联盟”而类似“霸权体系”，等等。总之，已有的理论成果可以在相当程度上

① L. J. Cantori and S. L. Spiegal, *The International Politics of Regions: A Comprehensive Approach*, pp. 6 – 7.

② 耿协峰：《新地区主义与亚太地区结构变动》，北京：北京大学出版社，2003，第 23 页。

③ 有关地区子系统的早期研究的总结，可参见〔美〕詹姆斯·多尔蒂、小罗伯特·普法尔茨格拉夫《争论中的国际关系理论》（第五版），阎学通等译，北京：世界知识出版社，2003，第 144 ~ 145 页。

④ 陈小鼎：《国际关系研究层次的上升与回落》，《世界经济与政治》2008 年第 7 期，第 49 页。

⑤ 〔美〕小约瑟夫·奈：《理解国际冲突：理论与历史》，张小明译，上海：上海人民出版社，2002，第 55 页。

⑥ 〔美〕罗伯特·阿特：《美国大战略》，第 130 页。

应用于地区体系的分析，并能在一定程度上保持理论的抽象和简化。而现有的地区研究已经至少部分地采用了系统分析的有效成果，[①] 后续研究也可以进一步发掘和验证相关理论在地区体系中的适用性。

第二，与宏观的体系理论不同，“次体系层次”使得“地区”不得不像一个“国家”那样思考它的对外问题，毕竟地区之外还有其他国家和国际组织，地区内的任何一项活动都不可避免地、或多或少地受到地区外实体的影响。例如，欧盟同美国、东盟同中国之间的关系就是地区组织同地区外国家关系的典型例证；又如，阿拉伯国家联盟和非洲联盟存在共同的成员国，两个地区组织在处理地区问题和对外问题时需要彼此协商与合作。地区的“外部不完全性”造成了地区体系本质上的开放性，[②] 容易受到外界影响，因此，任何“地区”在处理地区事务时，都必须思考它同全球“体系”之间的关系，这种思考显然与国家单元处理同“体系”之间关系的方式存在近似之处，即是说，地区和体系的关系与国家单元和体系的关系存在可类比性。因此，“每个层次都需要从层次本身和该层次如何同其他层次互动的角度加以理解”。[③]

次体系层次的上述两个特点，使得针对“地区”相关问题的研究可以在现有理论和成果的基础上展开。现有的地区研究围绕以下三个重点进行：第一，确定地区内单位之间的互动模式；第二，对两个或多个地区进行比较分析；第三，研究地区与国际体系之间的关系。[④] 秦亚青指出，“层次分析法的目的是帮助研究人员辨明变量，并在两个或多个变量之间建立起可供验证的关系假设”。[⑤] 而不同的分析层次实际是代表那些不同的“解释来源”（自变量）所处的、不同类型的位置，[⑥] 因此，次体系层次的引入意味着相关研究可以增加一个来自“地区层次”的解释，

---

① Michael Banks, "Systems Analysis and the Study of Regions," *International Studies Quarterly*, 13 (4), December 1969, p. 357.

② David A. Lake and Patrick M. Morgan, "The New Regionalism in Security Affairs," in David A. Lake and Patrick M. Morgan eds., *Regional Orders: Building Security in a New World*, p. 9.

③ 〔英〕巴里·布赞、〔丹〕奥利·维夫：《地区安全复合体与国际安全结构》，第 44 页。

④ 〔美〕詹姆斯·多尔蒂、小罗伯特·普法尔茨格拉夫：《争论中的国际关系理论》（第五版），第 129 页。

⑤ 秦亚青：《层次分析法与国际关系研究》，《欧洲》1998 年第 3 期，第 5 页。

⑥ 吴征宇：《关于层次分析的若干问题》，《欧洲》2001 年第 6 期，第 3 页。

尽管增加了研究的难度与复杂性，但有助于丰富研究成果。

二 地区主义与地区一体化

通常，层次分析法所提供的视角更多地涉及变量的来源和界定，为研究提供一个基础和起点。而本部分讨论的两个核心概念“地区主义”和“地区一体化”则与本研究的因变量密切相关。想要明确“国家为何要参与或支持地区一体化”，首先必须了解“地区主义”理论和地区一体化的基本研究。

（一）地区主义理论

如果把“地区”从国际关系的一个分析层次转变为各个国家实践与互动所追求的一项目标的话，那么对“地区主义”这一概念的理解将变得更为容易，但这种理解并不能涵盖该概念的全部内容。

“地区主义”（regionalism）是一个同“地区”一样被广泛使用并具备多重含义的概念。[①] 梅斯（Gordon Mace）和得赫彦（Jean-Philippe Thérien）将学者们的观点分为三类，一些学者使用了“战略地区主义”（strategic regionalism）的术语，认为地区的建立是对产品、市场和观念的全球化的反应；另一些学者认为地区主义是一组国家政策（a set of states' policies），试图促进彼此关联的地区单元的出现，也就是说建立一个“地区”是国家的目标；还有一些学者认为它是一个多维的过程（a multidimensional process），导致国家间相互依存的加强。通过分析，梅斯和得赫彦认为：地区主义是指在给定的地理区域内使不同类型的行为者（国家、地区机制、社会组织）分享核心的基本价值的变化过程。[②] 赫利尔（Andrew Hurrell）对地区主义概念的理解同样具有代表性，他把地区主义分为5个范畴进行解释，包括地区化（regionalization）、地区意识和地区认同（regional awareness and identity）、地区内的国家间合作（re-

① 参见以下著作或其相关部分对“地区主义”概念的回顾和总结：Louise Fawcett and Andrew Hurrell eds., *Regionalism in World Politics: Regional Organization and International Order*, Oxford, UK: Oxford University Press, 1995；耿协峰：《新地区主义与亚太地区结构变动》，第34～38页；肖欢容：《地区主义：理论的历史演进》，北京：北京广播学院出版社，2002，第8～14页。

② Gordon Mace and Jean-Philippe Thérien, *Foreign Policy and Regionalism in the Americas*, Boulder: Lynne Rienner Publishers, 1996, p. 2.

gional interstate cooperation）、由国家推动的地区一体化（state-promoted regional integration）、地区聚合体（regional cohesion）。[①] 这 5 个范畴基本上涵盖了地区主义所涉及的多种行为体的不同活动。肖欢容将地区主义定义为“在地缘意义上接近的、彼此间有着复杂关系的民族国家之间的一种交往、自愿的联合与合作进而一体化的过程，是国家之间通过合作（建立国际制度或建立国家间的安排）实现调节国际关系的一种组织控制形式”，[②] 这一定义强调了国家参与地区主义的自愿性质和地区主义发展形式的多样性。

尽管存在不同角度的理解，但归结起来，地区主义都根本地包含了对“地区”的强调，认为“地区已经成为更加重要的冲突与合作的场所”，[③] “坚持地区层次的安排是实现国家利益的最有效方法”，[④] 把地区放在优先的和重要的地位，从地区的角度思考问题。这一视角既克服了从国家的微观层次分析带来的局限性，扩大了研究的视野，同时又减少了从体系的宏观层次分析引发的不切实际性，增加了研究的实践功能。而“地区性”（regionness）的增进是地区主义活动的目标，这种“地区性”包含了 5 个递进层次：首先是地区区域（region area），即根植于领土空间的地区；第二层是地区复合体（region complex），地区化过程由此正式开始；第三层是地区社会（region society），不同行为体开展多层面的地区化，国家之外的行为体在积极从事地区建构的进程；第四层是地区共同体（region community），“地区”借以日益变为积极的主体；第五层是地区国家（region state），此时的地区是一种多元文化和多元主义的地区。[⑤] “地区性”的增长意味着地区主义活动在程度上的加深和广度上的扩展，并塑造了不同的地区形态。由此看来，地区主义内涵丰富，涉

---

① Andrew Hurrell, “Regionalism in Theoretical Perspective,” in Louise Fawcett and Andrew Hurrell eds., *Regionalism in World Politics: Regional Organization and International Order*, pp. 39 - 45.

② 肖欢容：《地区主义：理论的历史演进》，第 10 ~ 11 页。

③ David A. Lake and Patrick M. Morgan, “The New Regionalism in Security Affairs,” in David A. Lake and Patrick M. Morgan, eds., *Regional Orders: Building Security in a New World*, p. 7.

④ 肖欢容：《地区主义：理论的历史演进》，第 9 页。

⑤ 赫特、索德伯姆：《地区主义崛起的理论阐释》，《世界经济与政治》2000 年第 1 期，第 66 ~ 71 页。

及地区内各个方面的合作和互动。

（二）地区一体化的基本研究

与地区主义密切相关的另一个重要概念是地区一体化（regional integration）。根据上一部分的定义，地区主义所涉及的领域和范围更广，[①] 地区一体化则是地区主义的其中一个范畴。从一定意义上说，地区主义是对地区整合进程的理论建构，而地区一体化是对实际进程的描述与研究。“对一体化问题研究的兴起应该说是受到二战后国际组织的蓬勃发展和欧洲一体化运动的展开所驱使”，[②] 因此，有关地区一体化的基本研究也延续了数十年。本研究的核心问题从属于“国家为何支持或参与地区一体化”这一问题，这部分将回顾有关一体化的基本研究，为进一步分析奠定基础，但必须要说明的是，这里的回顾并不包含全部的理论内容，而仅仅是与本研究密切相关的一些议题。

1. 地区一体化的概念

有关一体化（integration）的概念，首先要追溯至多伊奇（Karl W. Deutsch）对安全共同体的研究。多伊奇给一体化所下的定义为“在一定领土范围内，足够强大和广泛传播的、能够确保长时间内其全体居民之间进行和平变化的共同体意识、制度及实践的实现”。[③] 新功能主义的代表人物哈斯（Ernst B. Haas）对一体化的研究贡献卓著，他认为一体化是一种说服几个国家内的政治行为体把它们的效忠、期望和政治活动转移到一个新的中心的过程，该中心的机制拥有或要求拥有高于现存国家的管辖权。[④] 尽管在“一体化的发展目标是什么”这一问题上存在较

---

① 有学者认为地区主义包含3个分支：地区一体化、地区跨国主义（regional transnationalism）、地区安全复合体（regional security complex）（参见 Michael Smith, “Regions and Regionalism,” in Brian White, Richard Little and Michael Smith, eds., *Issues in World Politics*, Macmillan Press Ltd., 1997, p. 73），笔者赞同地区主义比地区一体化范围更广的观点，因此，本部分进一步缩小和精确了需要讨论的概念和内容。

② 陈玉刚：《国家与超国家——欧洲一体化理论比较研究》，上海：上海人民出版社，2001，第2页。

③ Karl W. Deutsch, et al., *Political Community and the North Atlantic Area: International Organization in the Light of Historical Experience*, Princeton, N. J.: Princeton University Press, 1957, p. 5.

④ Ernst B. Haas, *The Uniting of Europe: Political, Social and Economic Forces, 1950 - 1957*, Stanford, CA: Stanford University Press, 1958, p. 16.

大分歧，但大多数学者都赞同“一体化进程说”，将一体化作为国家间关系发展的一种进程，即“一体化是一种国家间把有关事务的决策、执行和监督汇集到一个共同机制下进行的进程”。①

一般而言，“一体化趋向既包含区域性，也包含全球性”，② 与遍及全球的大范围一体化不同，地区一体化发生在地理范围有限的地区水平上。因此，在既有研究的基础上，本研究对“地区一体化”的定义是：在一个地区内，一定数目的主权国家在自愿的基础上开展涉及经济、安全、社会等诸多领域的合作，把有关权力汇集到一个地区机制或组织以不断增强地区性的进程。这个定义是围绕本研究的主题——国家参与地区一体化的原因——给出的。第一，参与地区一体化的主体是主权国家，个人、非政府组织等非国家行为体在促进地区一体化进程中虽然发挥了越加重要的作用，但它们不是主体；第二，地区一体化是国家自愿开展的合作，也就意味着“是以成员的共同意志为合法基础”，③ 对彼此主权的尊重是一体化开展的重要政治基础；第三，地区一体化是涉及多领域并呈现多种发展形态的合作活动，其不同表现不仅可以反映地区一体化本身的发展水平，而且能够体现国家参与地区一体化的不同态度。因此，从这一定义出发，研究地区一体化的不同发展阶段，考察历史与现实中地区机制或地区组织的建立和发展，将能够反映地区一体化的不同发展程度。

2. 地区一体化的发展阶段

按照克拉斯纳（Stephen D. Krasner）的定义，国际机制（international regimes）是“一系列隐含的或明确的原则、规范、规则以及决策程序”，④ 强调了国际机制的多种构成形态。基欧汉（Robert Keohane）将国际机制定义为“涉及国际关系特定问题领域的、政府同意建立的有明确规则的制度”，⑤ 强调了国际机制的明示性。总之，各国政府经过

① 陈玉刚：《国家与超国家——欧洲一体化理论比较研究》，第 9 页。

② 〔日〕星野昭吉：《全球化时代的世界政治：世界政治的行为主体与结构》，第 231 页。

③ 〔美〕詹姆斯·多尔蒂、小罗伯特·普法尔茨格拉夫：《争论中的国际关系理论》（第五版），第 543 页。

④ Stephen D. Krasner, *International Regimes*, Beijing: Peking University Press, 2005, p. 2.

⑤ Robert Keohane, *International Institutions and State Power: Essays in International Relations Theory*, Boulder: Westview Press, 1989, pp. 3 – 4.

谈判协商、签订文件等形式创建一些规则，或者将隐含的行为方式明确化，将建立起国际机制，促进彼此间合作的开展。通常而言，国际机制可以降低不确定性和交易成本，提高信息沟通的效果和质量，从而有助于合作；[①] 也可以促进负担共享，防止逃避责任；并有助于通过外交途径获得利益，也能增强政策的连续性。[②] 因此，国家通过创设或参与国际机制实现自身利益。随着一体化机制的发展和成熟，相应的国际组织应运而生，在组织化运行的基础上，一体化的程度逐渐加深，实现深度一体化的发展目标。因此，一体化的过程通常表现为从临时机制、长期机制到常设组织的建立和该组织的组织化程度不断加深等阶段。

在不同领域，地区一体化的发展表现为不同的阶段和形态。观察现有的实践，经济一体化通常是国家参与地区一体化时的首选领域，各国在充分协商的基础上签订条约、协议、备忘录等文件，打破彼此之间的贸易壁垒，实现商品、资本、人员、劳务的自由流动，从而以经济合作促进实现本国利益。在现有的路径中，经济一体化的发展形态主要有自由贸易区（免除关税）、关税同盟（在免除关税的基础上，对外实行共同关税）、共同市场（相关要素内部自由流动）、经济和货币联盟（实行共同的经济货币政策）等。按照表 1 - 1 所示，这四个阶段是经济一体化逐渐深入的过程，一体化的参加国是否愿意将经济一体化从低层次阶段推向高层次阶段，反映了国家对一体化的不同态度。丁伯根（J. Tinbergen）将一体化区分为消极一体化和积极一体化两个阶段，前者指各国为了实现自由贸易而消除现存的障碍，而当态度由消极转为积极时，各国将主动采取相关措施并建立新的机制来促进一体化的实现。[③] 由此，可以对经济一体化的四个发展形态进行进一步的区分，自由贸易区、关税同盟和共同市场是“去负”的过程，将阻碍一体化发展的“负因素”排除，属于消极一体化；从经济和货币联盟开始，则是积极一体

① 〔美〕罗伯特·基欧汉：《霸权之后——世界政治经济中的合作与纷争》，苏长和等译，上海：上海人民出版社，2001，第 104 ~ 133 页。

② 〔美〕罗伯特·基欧汉、约瑟夫·奈：《权力与相互依赖》（第 3 版），门洪华译，北京：北京大学出版社，2002，第 352 ~ 353 页。

③ Jan Tinbergen, *International Economic Integration*, 2nd rev. ed., Amsterdam-London-New York: Elsevier, 1965, pp. 76 - 78.

化，进入一个“添正”的阶段，为一体化增加“正因素”。因此，各参加国是否将经济和货币联盟作为经济一体化的发展目标，或者是否愿意并积极地将一体化推进到这一形态，也能够反映出其对一体化发展的态度和意愿。

表 1-1　经济一体化的基本形态

形态＼特征	成员国之间的自由贸易	针对一体化地区外国家的统一关税	生产要素的自由流动	经济政策的融合或联合
自由贸易区	√			
关税同盟	√	√		
统一市场	√	√	√	
经济联盟	√	√	√	√

资料来源：J. E. Blank, H. Clausen und H. Wacker, *Internationale ökonomische Integration*, München, 1998, S. 35，转引自〔德〕克劳斯·海涅、沃尔夫冈·克贝尔《一体化理论和竞争联邦主义》，〔德〕迪特·卡塞尔、保罗·J. J. 维尔芬斯主编《欧洲区域一体化：理论纲领、实践转换与存在的问题》，许宽华等译，武汉：武汉大学出版社，2007，第35页。

在经济领域之外，各国建立的军事或准军事合作组织、安全论坛、安全对话机制等带有一定的整合军事资源的意味，是军事和安全领域一体化的尝试和体现。以政治整合为目标的地区法院和议会等相关组织的建立、共同政策的出台等，是政治一体化的体现。尽管政治和军事一体化的发展程度远远落后于经济一体化，但国家的重要目标依然是增进本国利益并确保国家安全。在经济和政治领域之外，各国采取多种措施促进彼此之间的文化交流、增进相互了解，体现了以观念和认同为核心的文化一体化的发展。且不同领域的地区一体化，在实现难度上存在差别，因此，国家对不同领域一体化的不同态度也能够反映出它对地区一体化本身的态度和意愿。例如，某国只参与经济一体化，回避或反对安全一体化，通常意味着该国的态度并不积极。一般而言，地区一体化涉及的领域越多，证明该地区一体化的发展程度相对越高。而地区一体化之所以呈现出不同的发展阶段和发展程度，是与一体化的动因和动力问题密切相关的。

3. 地区一体化的动因和动力

一体化在本质上是一种“合作”，其“核心是合作的动力或收益要超过单独行动的动力或收益”,[①] 使得国家愿意“积极地努力去调整政策,以满足其他人的需要”,[②] 并在一定程度上牺牲本国的独立自主而谋取更大的收益。因此,国家参与一体化并推动一体化的发展必然经历了一个权衡和比较的过程。按照阿诺德·沃尔弗斯(Arnold Wolfers)的观点,合作来源于两种不同的激励因素:第一种激励来自内部,其目标是为了加强合作性集团的内部关系,此时的合作收益是内向性的;第二种激励来自外部,其目标是通过彼此合作来应对共同的外部威胁,此时的合作依赖于威胁的持续存在。[③] 一般而言,来自外部的合作激励更多涉及军事安全领域,而在内部的合作收益则可能涉及政治、安全、经济等多重领域。当内外激励同时存在并发挥作用,即“当外部压力增加、成员国利益一致时,特别是在内部综合力量相对平衡和相互关系保持协调的情况下”,[④] 一体化的发展将具有较强的动力。

不同理论针对不同领域的地区一体化的动因和动力做出了相应的研究与解释。地区内实施自由贸易,不仅促进了地区经济的增长和整体实力的提升,也有利于每个国家获得相应的发展;国家为了确保彼此的安全,参与军事一体化,将发动战争的资源交由地区机构共管,减少了地理邻近导致的摩擦,能够实现地区和平,也有利于调配军事资源,使国家获得更好的安全保障;有时,一些国家为了排斥第三方,通过联合的方式增强自身抵御来自地区外威胁的能力。这些来自地区内外的激励是地区一体化的基本动因,同时,它们也体现出一体化合作能够满足各种功能需求。从某种功能领域发展起来的一体化进程,随着实践的发展,会不断“外溢”,其范围将扩展、程度会加深,最终在政治上实现更紧密的联盟,这是新功能主义所谈及的一体化发展的动因和动力,即一体化的动力来自一体化进程本身。[⑤] 政府间主义则强调一体化是成员国意愿的反映,是一系列理性选择的产物,国家驱动着一体化进程,因此,

---

① 〔美〕詹姆斯·多尔蒂、小罗伯特·普法尔茨格拉夫:《争论中的国际关系理论》(第五版),第544页。

② 〔美〕罗伯特·基欧汉:《霸权之后——世界政治经济中的合作与纷争》,第12页。

③ 〔美〕阿诺德·沃尔弗斯:《纷争与协作——国际政治论集》,于铁军译,北京:世界知识出版社,2006,第24页。

④ 宫少朋等主编《冷战后国际关系》,北京:世界知识出版社,1999,第67页。

⑤ Ernst B. Haas, *The Uniting of Europe: Political, Social and Economic Forces 1950 – 1957.*

分析和解释一体化的研究议程被政府间主义视作对国家利益和政策的分析。[①] 理性选择制度主义、历史制度主义，与理性主义研究的基本假定一致，认为行为体为追求自身利益最大化，根据后果的不同做出是否推动一体化进程的决策；而社会建构主义则强调了一体化与行为体之间的相互建构关系，行为体对一体化的偏好也是由一体化塑造的。[②] 超国家关系主义重视超越政治限制的活动力量，认为世界不受主权国家控制，由超国家主体直接追求自身的超国家利益，从而促进一体化的地区空间和地区结构的形成。国内条件中心理论则强调了国家的内部因素对地区主义和地区化的制约。[③] 这些不同理论的解释，[④] 为本研究更好地把握一体化的动力和动因等问题提供了多种思考视角和分析逻辑。

从分析层次上看，地区一体化的重要动因也来自“地区”本身。第一，地区内部的贸易具有近距离的成本优势，“趋利的”国家更乐于在地区内开展低成本自由贸易，同时，地区的内部接近性使得地区内国家天然地具有一定程度的共识，在诸多方面共享着相同因素，有利于增进相互理解，更容易达成有关一体化机制的协议。第二，地区作为次体系，减少了参与地区一体化的国家数目，使地区内谈判更加有效，[⑤] 达成协议的内部交易成本大大减少，有利于克服集体行动的困境，[⑥] 实现联合行动。正如德国学者所评价的，“区域（地区）主义作为有一定影响力和相对有效率的战略——因为区域（地区）一体化是在直接参与者的数

① Hanna Ojanen, *The Plurality of Truth*: *A Critique of Research on the European Integration*, Aldershot: Ashgate Publishing Ltd., 1998, p. 57.

② 〔英〕安特耶·维纳、〔德〕托马斯·迪兹主编《欧洲一体化理论》，朱立群等译，北京：世界知识出版社，2009，译者前言第3～11页，或该书正文部分的相关章节；也可参见以下著作相关部分的总结评述：〔美〕詹姆斯·多尔蒂、小罗伯特·普法尔茨格拉夫：《争论中的国际关系理论》（第五版），第543～561页；肖欢容：《地区主义：理论的历史演进》，第66～100页。

③ 〔日〕星野昭吉：《全球化时代的世界政治：世界政治的行为主体与结构》，第233～257页。

④ 有关不同理论对地区一体化的解释，也可参见〔美〕罗伯特·吉尔平《全球政治经济学：解读国际经济秩序》，杨宇光、杨炯译，上海：上海人民出版社，2003，第377～399页。

⑤ Louise Fawcett and Andrew Hurrell eds., *Regionalism in World Politics*: *Regional Organization and International Order*, pp. 309－314.

⑥ 〔美〕曼瑟尔·奥尔森：《集体行动的逻辑》，陈郁等译，上海：格致出版社，2011。

目一目了然的条件下以分阶段的方式来实现的——使国际自由化能够得以实施”。[①] 第三，地区一体化作为某种意义上的全球化“逆过程”，可以更好地回应日益增强的全球化趋势，即地区层次可以“成为反对全球威胁的一种堡垒”，也可以“成为在全球层次态势中攫取更大权力的一种方式”。[②] 也即是说，地区合作使各国“为迎接地区外不断增强的竞争做好准备”，[③] 在这个意义上，“全球化和全球主义积极地促进了区域化和区域主义的发展”。[④] 综上，考虑到地区一体化的优势，国家可以将其列入战略备选项中。

第二节 解释国家支持或参与地区一体化的原因

尽管地区一体化具有诸多吸引力，但国家对地区一体化却并不必然抱有积极态度。国家有许多理由拒绝一体化，特别是当一体化无法实现国家利益时，国家也可能退出一体化进程，所以，理论上，国家态度光谱的一端是国家反对一体化，国家拒绝参与一体化。本研究关注光谱的另一端，国家对一体化持有支持或参与的态度和立场，并且更细致地观察可以发现，国家的态度强弱、参与方式等都存在差别，其表现与原因正是本研究所着重关注的问题。不同国家面对迥异的形势，从自身利益出发，选择参与了涉及不同领域或发展到不同程度的地区一体化，并取得了相应的效果。但是，这些国家参与地区一体化的原因，在解释俄罗斯时却遇到了解释力不足的问题。

一 国家支持或参与地区一体化的原因

地区一体化的动因和动力显然与本书的研究主题“国家支持或参与

① C. Kaiser, “Regionale versus weltwirtschaftliche Integration,” in: A. Schüller and H. J. Thieme (Hg.), *Ordnungsprobleme der Weltwirtschaft*, Stuttgart, 2002, S. 109，转引自〔德〕迪特·卡塞尔、保罗·J. J. 维尔芬斯《经济一体化、区域主义和多边经济秩序：发展趋势和组织构架问题》，〔德〕迪特·卡塞尔、保罗·J. J. 维尔芬斯主编《欧洲区域一体化：理论纲领、实践转换与存在的问题》，第 23 页。

② 〔英〕巴里·布赞、〔丹〕奥利·维夫：《地区安全复合体与国际安全结构》，第 12 页。

③ 〔美〕康威·汉得森：《国际关系——世纪之交的冲突与合作》，金帆译，海口：海南出版社，2003，第 263 页。

④ 〔日〕星野昭吉：《全球化时代的世界政治：世界政治的行为主体与结构》，第 247 页。

地区一体化的原因”并不相同。地区一体化的动因更多与地区主义相关，将位于“地区”层次的获益作为合作目标，以促进“地区性”的增加，但国家显然并不总是具有如此高的“觉悟”，也并不愿意将“地区主义”作为目标加以追求，自利的国家更多是从本国利益出发做出决策。因此，这两个问题存在一定的差别。星野昭吉在讨论后一问题时谈道，“民族国家之所以追求区域主义，其原因还在于民族国家的政治、军事安全、经济和社会文化功能的相对降低”，① 这在欧洲体现得非常明显，“民族国家太大以至于不能主导人们的日常生活，但它又太小以至于不能管理国际事务”。② 这意味着“地区”在功能上可以弥补国家的不足，所以国家对地区主义除了主动追求外，③ 还有迫于形势被动选择的成分。因此，在分析国家支持或参与地区一体化的原因时，需要在一定程度上区分国家的主动性和被动性。④ 既有的研究在讨论了一体化的动因和动力的基础上，大多仅仅是更进一步分析了个别国家支持或参与一体化的原因，却并没有形成一个统一的分析框架。而参与地区一体化的国家如此之多，对其政策选择特点或偏好的研究实际上十分必要且有意义。本部分将从多个维度讨论国家参与或支持一体化的原因。

（一）国家对不同领域和不同程度的地区一体化的参与

国家对不同领域的地区一体化在支持立场和参与度上存在差别。这不仅受到地区一体化在不同领域发展程度差别的影响，也与国家在不同领域的利益需求不同有关。

第一，国家对经济一体化具有较强的支持态度和参与意愿。国家深刻地认识到，“在一个经济增长依赖于贸易、投资和新技术的世界里，一

---

① 〔日〕星野昭吉：《全球化时代的世界政治：世界政治的行为主体与结构》，第 231 页。

② John Newhouse, “Europe’s Rising Regionalism,” *Foreign Affairs*, Vol. 76, No. 1, 1997, p. 67.

③ 按照肖欢容在其文章中所做的划分，地区主义研究主要包括理论观念的探索、历史与实践经验的思考和地区主义战略设计三个方面（肖欢容：《中国的地区主义研究》，王逸舟主编《中国国际关系研究（1995—2005）》，北京：北京大学出版社，2006，第 376 页）。笔者认为，如果国家主动追求地区主义，那么它所实行的就是地区主义战略，其用何种方式发展地区一体化，就属于地区主义战略设计的研究内容。

④ 星野昭吉的这一观点是针对地区主义对民族国家造成的冲击而言的，对大多数国家来说，其参与或支持地区一体化都是一个主动选择的结果，并没有考虑国家自身能力的不足，所以，我们只需要在一定程度上区分主动性和被动性。

体化是比闭关自守更好的自卫方式”。[①] 通过参与经济一体化，国家可以打破贸易壁垒，促进本国商品的出口，增加外汇收入，带动本国经济的增长；可以用地区集体的力量应对全球化的挑战，增强对地区外国家谈判的砝码；还可以在地区内部，约束邻国的经济行为，实现以经济发展求得政治安全的目的。国家作为理性行为体，是趋利的，而相比其他领域的一体化，经济一体化过程中让渡的主权是最少的。因此，比较而言，让一个国家接受经济一体化是最容易的。

第二，国家通常对政治和安全领域的地区一体化并不积极，但在特殊情势下，国家有可能积极参与政治一体化。通常，“一体化的难点在于安全、防务和地缘政治领域”，[②] 其原因在于该领域的一体化较多地涉及国家的主权和独立，很多国家对此犹豫不决或根本拒绝。例如，英国对欧洲一体化的态度非常明确，它“不接受政治一体化的目标”，而“赞成在自由贸易的基础上实现某种模式的经济一体化”。[③] 这是英国并没有在初期就加入欧共体的重要原因之一。即便是经济一体化，英国也没有走在前列，出于对主权和尊严的维护，英国没有使用欧元。而英国之所以具有这样的“底气”，在于它仍然是某种意义上的大国，[④] 不需要一体化也仍然能够确保自身的基本利益。但对于那些实力逊色的中小国家，维护自身安全和独立的能力较弱，或者是在特别的情势下，如面对强大的外部威胁时，通过政治与安全领域的地区一体化来确保自身安全，就

---

① 〔美〕罗伯特·A. 帕斯特：《20 世纪的世界七大国：世纪始末》，〔美〕罗伯特·A. 帕斯特编《世纪之旅：世界七大国百年外交风云》，胡利平、杨韵琴译，上海：上海人民出版社，2001，第 14 页。

② 〔美〕戴维·卡莱欧：《欧洲的未来》，冯绍雷等译，上海：上海人民出版社，2003，第 204 页。

③ 〔美〕罗伯特·斯基德尔斯基：《大不列颠和新欧洲》，参见戴维·卡莱奥和菲利普·戈登主编《从大西洋到乌拉尔》，阿林顿，弗吉尼亚州，1992，第 145 页，转引自〔美〕兹比格纽·布热津斯基《大棋局：美国的首要地位及其地缘战略》，第 58 页。

④ 此处对“大国”一词的使用符合一般的常识，即大国是具有一定经济实力和政治影响力的国家。为了区分不同国家之间的差别，本研究划分了国家的层次，按照国家实力和影响力的大小划分为超级大国、大国、地区大国、中小国家等。在讨论体系结构中存在哪些大国时，本研究对“大国”的概念进行了更为严格的界定，提升了大国的标准，参见后文“不同体量的国家参与地区一体化的原因”和“‘一超多强’的体系结构”部分中对“大国”概念的讨论。从国家参与地区一体化原因的角度，本研究把英国作为一个大国对待，但在讨论影响后苏联空间的外部力量时，本研究对作为一个整体的“欧盟”赋予了大国地位。

成为可以接受的政策选择，而且也是必需的选择。

第三，观念和认同领域的地区一体化最难吸引国家主动参与，若要达到效果，需要长期持续推进。从理论上说，位于同一地区的国家通常因为地区的内部接近性而在观念和认同方面具有很强的同一感，在此领域进行的地区一体化具有相当扎实的基础，而且“观念在产生和维持制度安排方面具有重要作用”，[①] 在地区内推动观念和认同方面的融合有利于增进各国的友好关系，维护各国之间的制度性合作，减少摩擦和敌对的可能。但是，由于观念和认同的非物质性和一旦成型难以短期改变的持久性，在此领域的地区一体化如果与原有基础相悖或者带有强迫性质，那么将很难吸引国家参与并达到其目标。换句话说，没有经济或政治领域的一体化，仅仅从观念上推动地区一体化难以奏效。

除存在领域差别，国家对发展程度不同的地区一体化，或者说对不同发展阶段的地区一体化，在支持立场和参与度上也存在差别。“行为者总是试图将负担加在别人的身上，而自己却不愿意承担调整的成本”，[②] 这是由国家的自私性决定的，也就是说，国家参与一体化，更多追求收益，而不愿付出成本。但任何领域的一体化，都需要参加国承担相应的成本，例如让渡部分国家主权、修改本国法律和政策、提供相应的人员和物资以利于一体化机制的建立和运行等。而发展程度不同的地区一体化，对国家提出的成本要求也有差别，因此，从成本计算的角度，国家对不同发展程度的地区一体化的参与态度存在差别。

当地区一体化处于地区机制的草创阶段，参与地区一体化的成本较低，参加国需要进行的主权让渡和政策修改幅度都较小，而且机制的最初参加国具有参与设计机制和制定政策的资格，能够使一体化在机制设计上有利于本国利益。因此，草创阶段的地区一体化机制容易获得国家的支持和参与。而当一体化机制发展成组织化程度较高的地区组织时，国家若要参与该组织，则需要进行较大程度的改变，付出较多的成本以适应地区一体化的要求，因此，相较于机制的草创阶段，国家参与到一

① 〔美〕约翰·费雷约翰：《结构与观念：英国斯图亚特王朝早期的议会变迁》，〔美〕朱迪斯·戈尔茨坦、罗伯特·基欧汉编《观念与外交政策：信念、制度与政治变迁》，刘东国、于军译，北京：北京大学出版社，2005，第202页。

② 〔美〕罗伯特·基欧汉：《霸权之后——世界政治经济中的合作与纷争》，第12页。

体化程度较高的地区组织中的难度更大。但在一体化机制发展的最初阶段，该机制是否能使参加国得到的收益大于付出的成本以及机制本身发展的前景如何，都是一个不确定性因素，这将在一定程度上减损国家参加地区一体化的积极性。而当地区一体化较为成熟时，如已经在组织化运行，国家能够预期到明确收益，将有利于提高国家的参与积极性。以上分析针对的是已经开始的地区一体化，如果国家为地区一体化机制的倡导国，则其当然的具有较强的支持态度和参与积极性。综上，地区一体化的发展程度对国家参与一体化的积极性的影响取决于国家付出的成本和一体化所带来的收益进行比较的结果。

（二）从不同的层次解释国家参与一体化的原因

层次分析是开展国际关系研究的基础，也是对同一问题的不同解释来源。按照华尔兹的分层方法，可以从体系、国家和个人三个层次上寻找国家参与地区一体化的原因。从体系层次出发，国家参与地区一体化是为了应对来自体系的压力。例如，在冷战时期的两极体系下，欧洲国家为了应对来自体系大国——苏联的压力，有很强烈的自我意愿参加到某个一体化组织中，以增强抵御外部威胁的能力。再如，冷战后的世界中，为了应对全球化挑战，位于同一地区的小国通过地区一体化增强自身参与全球化的能力，东盟的发展就显示了集体合作的力量。而美国组织北美自由贸易区的原因之一，是为了再度提升美国经济，并将西半球的地区一体化纳入自己的控制下，以应对来自体系“第二大国”的挑战。

“查尔斯·比尔德（Charles Beard）认为一个国家的国内条件决定了这个国家的国际行为，国家的对外政策是其国内政策不可分割的一部分。”[①] 因此，从国家单元的层次特别是国内政治等因素的变化解释对外政策也是一种惯常的研究路径，一些学者也强调“国内制约足以防止或延缓处于国际压力而需要做出的政策反应”。[②] 因此，可以从单元层次解释国家对地区一体化的态度和意愿变化的原因，这些国内原因包括但不

① Kenneth N. Waltz, *Man, the State and War: A Theoretical Analysis*, p. 80.

② 〔美〕理查德·罗斯克兰斯、阿瑟·斯坦：《超越现实主义：大战略研究》，〔美〕理查德·罗斯克兰斯、阿瑟·斯坦主编《大战略的国内基础》，刘东国译，北京：北京大学出版社，2005，第16页。

限于如下一些情势：国家整体对外战略发生了变化，影响了国家对地区一体化的参与意愿；执政党在选举后发生了更替，比较赞同地区一体化的政党上台执政，改行地区一体化政策；[①] 国内的利益集团，包括大型企业、国防部门或一些精英团体等，当它们发现规模经济能够使其从地区一体化中获益时，它们会大力提倡建立地区贸易的安排，[②] 采取支持地区一体化的立场，以便于它们获得更大的经济利益和政治资本；[③] 民众对地区一体化政策比较认同，迫使政府采取相应的措施推动一体化的发展；等等。

从更加微观的个人层次解释国家的态度变化也是一种研究视角。不同的领导人对地区一体化具有不同的偏好，由此影响了国家的选择。“主权国家参加区域组织是因为其领导人权衡了利弊，认为这样做利多弊少”，[④] 即领导人制定参与地区一体化的政策是理性选择的结果；也有的领导人具有联合的意愿和观念，例如推动欧洲一体化早期发展的让·莫内、罗伯特·舒曼、康拉德·阿登纳等人，他们从早期的人生经历中逐渐萌生了欧洲联合的思想，在一体化的初始阶段，他们又恰好成为国家制定政策的重要参与者，从而推动本国参与到地区一体化进程中。[⑤] 综上所述，我们可以在不同层次上找到解释某一国家参与地区一体化的原因，也丰富了我们对这一问题的理解。

（三）不同体量的国家参与地区一体化的原因

所有的地区一体化，无论其处于怎样的发展形态和阶段程度，其中非常重要的一点在于参与这一进程的国家都必须在一定程度上让渡自己

---

① 有关政党与一体化的研究，参见林勋建主编《政党与欧洲一体化》，北京：当代世界出版社，2000；John Gaffney eds., *Political Parties and the European Union*, London and New York: Routledge, 1996。

② Kerry A. Chase, “Economic Interests and Regional Trading Arrangements: The Case of NAFTA,” *International Organization*, winter 2003, pp. 137 – 174.

③ 作为新功能主义代表理论家的哈斯，强调主要的内部集团基于利益权衡的实际考虑对国家支持一体化具有重要影响，见 Ernst B. Haas, *The Uniting of Europe: Political, Social and Economic Forces, 1950 – 1957*。

④ 〔美〕罗伯特·A. 帕斯特：《20 世纪的世界七大国：世纪始末》，〔美〕罗伯特·A. 帕斯特编《世纪之旅：世界七大国百年外交风云》，第 14 页。

⑤ 〔意〕玛丽娅·格拉齐娅·梅吉奥妮：《欧洲统一　贤哲之梦——欧洲统一思想史》，陈宝顺等译，北京：世界知识出版社，2004，第 179 ~ 204 页。

的主权，即牺牲一部分自主性以获取更大的国家利益。从这个意义上说，参与一体化的国家都要面临利益的取舍，在权衡利弊后，做出是否参与或支持一体化的选择。国家是理性行为体，因此，任何一个做出选择的国家都是为了追求本国利益的最大化，而不仅仅是信奉某种一体化学说。不同的国家也因为面对的形势不同，有做出不同选择的理由。本部分以国家的体量大小为标准，[①] 分析现实中不同国家参与地区一体化的原因。

1. 西欧诸国与地区一体化

二战后，美苏两个超级大国争霸的冷战逐渐展开，两极格局也日渐定型。为了摆脱再次爆发战争的阴云，也为了在美苏争斗的夹缝中获得新的发展，西欧六国从 1952 年煤钢联营开始，逐步推动欧洲的一体化进程。西欧作为一体化实践的发源地和发展程度最高的地区，受到学界的重视，学者们对西欧诸国参与地区一体化的原因进行了比较丰富的研究。“统一有利于实现地区内安定和地区外权力地位的双重目的”，[②] 这是各国参与一体化的共同原因，但不同的国家也有各自的利益和战略考虑。

德国对欧洲一体化的参与有特殊的时代背景。作为二战的战败国，“加入任何一个国际组织不仅获得了一种平等的地位，而且还有了影响局势的机会”。[③] 因此，德国参与欧洲一体化，既有利于恢复主权，得到救赎，避免被肢解的命运，也有利于减轻其他国家对德国的担忧和畏惧，为德国实现经济发展创造良好环境。一体化给德国带来了安全保障、经济恢复、他国尊重等诸多收益，这是德国始终坚持地区一体化的重要原因。但一体化对德国而言是生存的需要，在其他地区很难找到类似的案例。

---

① 本部分关于国家体量大小的区分标准，主要考虑的是经济实力和政治影响力，也受到历史传统的影响。美国既是一般意义上的大国，同时也是当前唯一的超级大国，中小国家的概念也不存在过多争议，主要容易产生争论的是大国的概念。这里将法国、英国、德国、中国和俄罗斯都作为大国对待，一方面出于其实力地位和历史传统，另一方面是考虑其在各自地区发展一体化的过程中所处的地位和能够发挥的作用。此处与后文在讨论体系结构的特点时所使用的“大国”概念并不完全一致，后者是更为严格的界定。

② 〔英〕巴里·布赞、〔丹〕奥利·维夫：《地区安全复合体与国际安全结构》，第 67 页。

③ 〔美〕约瑟夫·乔菲：《德国：从腓特烈大帝到联邦共和国》，〔美〕罗伯特·A. 帕斯特编《世纪之旅：世界七大国百年外交风云》，第 119 页。

为了更好地监督德国，同时也是为了成为欧洲联合进程的领导者，法国当仁不让地成为一体化的主要倡导力量，以法国外长舒曼命名的“舒曼计划”更成为一体化进程开启的重要标志。当战后的恢复重建基本完成后，“一体化”的发展似乎不再那么紧迫，于是，对于“一体化的发展目标是邦联还是联邦”，甚至“法国到底要不要继续一体化”的讨论日益增多，在戴高乐回归后制造出“空椅子危机”时达到了顶峰。持反对意见的人对超越国家之上的机构怀有敌意，支持者则认为一体化已经给法国带来了好处，而且作为制度设计者，法国显然能够获得更大的持续性收益，所以理应留在一体化之中并且可以接受超国家机构的建立。最终，危机解除，法国继续担当一体化的核心发动机。随后的数十年间，法国的观点逐渐演变为“与其争当世界大国，还不如在欧洲共同体内扮演重要的角色，而且后者也更易做到”。[①] 所以，欧洲一体化对法国而言具有相当的重要性，真正的欧洲“将为法国重新找回其辉煌”。[②]

针对西欧其他国家参与一体化的原因的讨论并不多见，因为在二战的废墟上，参与某种国家集团并获得外部输血的强力支持，既可以确保自身安全，抵御来自苏联的威胁，也可以获得快速复兴，实现国家的发展与稳定。对西欧那些规模较小的国家而言，这些都极具诱惑，尽管它们无法成为机制和制度的设计者，但参与一体化获得的好处远远抵消了主权让渡带来的损失。随着一体化进程的日渐深入，想要参与一体化的国家就必须面对一场抉择：想要获得一体化的收益，就必须遵循既有的机制规范并修正自己的政策，即需要按已有的框架约束本国的对外政策和对外行为，同时按照机制的规定修改本国的某些内部法律以符合组织的要求。同时，这里还存在一个时间问题，即选择加入的一体化进程越成熟，参加国需要进行的调适幅度就越大，换句话说，针对某一个一体化机制或组织，申请加入的时间越晚，参加国需要做出的让渡就越大。由此，有关英国加入欧共体的讨论就成为“国家参与地区一体化原因”

① 〔美〕斯坦利·霍夫曼：《法国：一个世纪，两大忧患》，〔美〕罗伯特·A. 帕斯特编《世纪之旅：世界七大国百年外交风云》，第 89 页。

② 〔美〕兹比格纽·布热津斯基：《大棋局：美国的首要地位及其地缘战略》，第 80 页。

的一个重要研究案例。[①]

二战后的英国已经褪去了它昔日的辉煌，尽管以盟友的身份获得了美国的强力支持，但在地区一体化组织“欧共体”面前，英国若想获益，也需要改变其态度，并申请加入一体化进程中。不过英国加入欧共体的道路尤其坎坷，这不仅同欧共体的核心——法德两国是否接纳英国有密切关系，更重要的是英国自身心态的调整和利益的权衡。就适应地区一体化的要求而言，小国更容易调整自身的政策，而大国进入一体化进程所面临的调整幅度或主权让渡的程度要更大，所要进行的利益权衡也更为复杂，特别是在一体化已经取得了较为显著的成绩时，英国要加入一体化就必须更多地改变自己以适应规则，这就是英国 1961 年申请加入欧洲共同市场，但直到 1973 年才正式加入的重要原因之一。此外，除了英国人固有的骄傲，他们不参加地区一体化，还因为他们有超级大国美国作为特殊盟友，以及可以作为一体化替代选择的英联邦，尽管美国和英联邦并不像英国人想象的那样可靠，但至少赋予英国不参与一体化的底气。

随着形势的发展，英国权衡利弊，做出了加入欧共体的政策选择。其原因可以从以下方面进行解释：第一，英国实力的进一步削弱使它需要欧洲，也需要在欧洲发挥更积极的作用；第二，从外部因素看，美国在 20 世纪六七十年代战略收缩，对英国的支持减弱，法国则希望英国参加欧共体以平衡德国增强的实力和提升整个欧共体的国际影响；第三，欧共体显现出的吸引力使得执政党改变了自己的态度，转而支持加入欧共体。在面临“是否加入欧元区”的问题时，英国也同样左右为难。这一切都源于英国自身的实力地位已经不再是当年的“日不落帝国”，作为一个普通大国，它有参与地区一体化以获得更大利益的诉求。

2. 美国与地区一体化

与其他大国不同，作为世界霸主和超级大国的美国，对地区一体化的态度和政策主要表现在两个方面：其一，美国是否参与某种一体化机制和组织的创设和运行；其二，美国是否支持某一地区发展一体化。美

① 2016 年 6 月，英国就脱离欧盟的问题举行全民公投，最终结果是支持退出欧盟的一方获得了超过半数的支持率，英国启动退出欧盟的程序。有关英国为何要退出欧盟的分析，将丰富国家对地区一体化态度的研究。

国自身的卓越地位和其先天具有的地理优势，使美国在“地区一体化”发源之时并没有直接参与某个地区一体化进程，特别是在经济领域的一体化。冷战期间，美国以北约为架构向西欧提供了安全保护，并以“马歇尔计划”为各国的经济复兴输血，有效地增强了西欧抵御“共产主义威胁”的能力，防止了西欧的陷落。通常，“霸权国可能更愿意达成一个它初期作出牺牲而未来获得收益的协议”，[①] 但美国的某种牺牲却在相当程度上支持了西欧的地区一体化进程，并促成了一个新的地区政治实体的出现，而这一实体却在某些方面对美国的霸权地位构成了挑战，这必然不是美国在支持地区一体化时所预料到的未来收益。冷战后，为了进一步提升自己的经济实力，美国在本地区同加拿大和墨西哥一同开展北美自由贸易区的建设，亲自参与到地区一体化进程。

彼得·卡赞斯坦（Peter Katzenstein）讨论了“地区是怎样在美国帝权框架中运作的”问题，通过对比欧洲和亚洲的案例，特别是对“地区核心国家”——德国与日本进行比较，探讨了美国对地区一体化的影响。[②] 宋伟的研究则以西欧、东亚和北美为例，比较全面地探讨了美国对地区一体化的战略，其结论认为当实力差距很大，且地区大国支持霸权制度时，美国将会支持该地区的一体化进程，即美国对一体化的支持除了维持实力差距的考虑外，还要维护其制度性利益。[③]

3. 中国与地区一体化

亚洲的庞大与地缘政治的复杂性造就了一体化发展的特殊性，中国作为亚洲最大的国家，对一体化进程的参与同样引人注目。东亚的一体化方式与西欧不同，有学者认为东亚是一种开放的地区主义，[④] 呈现出地区主义发展的多层次性和松散性的特点。中国参与地区一体化尽管受

---

① 〔美〕罗伯特·基欧汉：《霸权之后——世界政治经济中的合作与纷争》，第 214 页。

② 〔美〕彼得·卡赞斯坦：《地区构成的世界——美国帝权中的亚洲和欧洲》，秦亚青、魏玲译，北京：北京大学出版社，2007。

③ 宋伟：《霸权体系与美国国家利益：以美国对地区一体化的战略为例》，博士学位论文，北京大学，2007 年 6 月。

④ 宋玉华：《开放的地区主义与亚太经济合作组织》，北京：商务印书馆，2001。比较而言，西欧是结构地区主义，东亚与之不同，有关西欧与东北亚地区主义比较的论著可参见仇发华《地区多边安全合作：西欧与东北亚比较研究》。

到身份认同、对外关系层次和外交传统的限制，[①] 但近年来也呈现出积极性逐渐提高和参与程度逐步加深的趋势。笔者认为冷战后中国对地区一体化的参与依循如下模式和路径：第一，经济一体化优先，中国主要参与了经济领域的一体化，以获得自身经济的发展；第二，一体化程度较弱的组织优先，例如中国优先参与了亚太经合组织的活动，但对于同东盟的自由贸易区建设却花了较长的时间才完成；第三，逐步开始创建自身可以发挥一定主导作用的地区机制，这些机制可以部分实现推动一体化的功能，例如上海合作组织的建立就是中俄两国携手推动的结果，“一带一路”尽管不是一个单一的机制，但在发挥中国主导作用的同时，也推动地区合作甚至地区一体化的发展。卡赞斯坦认为，“中国担心陷入不是中国创立的制度之中”，[②] 因此，随着国力和影响力的提升，中国近年来逐渐加大了建立地区机制的工作。总之，对于像中国这样的发展中大国，其对地区一体化机制的参与更多抱有经济性目标，而其积极性明显是同国力的强大以及其在地区一体化机制中的主导作用呈正相关关系。

4. 发展中的中小国家与一体化

在西欧一体化的示范作用下，越来越多的地区选择了一体化的发展道路，其中包括相当多的由发展中国家组成的地区。这些中小国家选择地区一体化特别是经济领域一体化，首先是因为它们需要获得经济利益，“由一体化求发展”，这显然与西欧的“由一体化求和平”的思路不同，即赫特所谓的“发展地区主义”。[③] 其次，“区域（地区）经济一体化有一种特殊的优越性”，“更多的小国在一体化政策上共同合作可以产生一个经济意义上的大国”，其“给小国带来的利益相对更大”。[④] 小国利用此种规模效应，不仅能够促进彼此之间的经济发展，同时也能增强自身在国际事务中的发言权。再次，“大国的能力使之可以超越距离发挥作

---

① 肖欢容：《地区主义：理论的历史演进》，第 232 ~ 236 页。

② 〔美〕彼得·卡赞斯坦：《地区构成的世界——美国帝权中的亚洲和欧洲》，第 62 页。

③ Bjorn Hettne, “Globalism, Regionalism and the New Third World,” in Nana Poku and Lloyd Pettiford, eds. , *Redefining the Third World*, Macmillan: St. Martin’s Press, 1998, pp. 69 – 87.

④ 〔德〕迪特·卡塞尔、保罗·J. J. 维尔芬斯：《经济一体化、区域主义和多边经济秩序：发展趋势和组织构架问题》，〔德〕迪特·卡塞尔、保罗·J. J. 维尔芬斯主编《欧洲区域一体化：理论纲领、实践转换与存在的问题》，第 9 ~ 10 页。

用，小国的主要安全环境则是它们的本地区”,[①] 因此，小国更加重视地区舞台，也积极参与地区事务，发挥其在国际关系中的作用。

综上所述，我们可以发现不同体量的国家在做出参与地区一体化的决策时，有着不同的利益考虑。但俄罗斯如此特殊，一方面，从体量上它是一个大国，拥有丰富的资源和国际影响力；另一方面，它对经济发展的需求同样迫切，也需要地区一体化机制带来助益。因此，下一部分内容将讨论既有观点对俄罗斯的解释力。

二 既有观点对俄罗斯政策的解释及其问题

每一个国家面临的国际局势与地缘形势都不同，因此，既有观点只能在一定程度上部分解释俄罗斯在某个时期的政策和行为，无法提供一个完整的分析框架。这部分内容主要考察既有观点对俄罗斯政策的解释和存在的问题。

（一）从多个角度解释俄罗斯对地区一体化的态度和行为

从问题领域上看，促进本国经济实力的提升，恢复曾经的辉煌地位，是俄罗斯在冷战后的近 30 年间始终不懈追求的核心目标，因此，地区经济一体化对俄罗斯具有较强的吸引力。但这并不是俄罗斯的必然选择，一方面因为俄罗斯的雄厚资源可以支撑它“自给自足”，没有借助地区一体化增强经济实力的迫切需要；另一方面在于它已经具有大国地位，没有借助地区一体化增强议价能力的强烈需求。所以，发展中国家参与地区一体化的原因无法充分解释俄罗斯的行为。与英国面对的情势亦有差别，后苏联空间没有一个已经呈现出较好发展前景的一体化机制，参与一体化需要俄罗斯付出更多的成本。在政治和安全领域更是如此，俄罗斯参与安全领域的一体化，将可能是在“完全意义”上的付出行为，这极大地减损了俄罗斯的意愿。苏联的解体在相当程度上反映了俄罗斯“甩包袱”的想法,[②] 那么在后苏联空间的重新一体化，在很大程度上又要束缚自己，因此，俄罗斯对不同发展程度的一体化的选择，与中国的

---

① 〔英〕巴里·布赞、〔丹〕奥利·维夫：《地区安全复合体与国际安全结构》，第 4 页。

② Mazen Labban, “The Struggle for the Heartland: Hybrid Geopolitics in the Transcaspian”, *Geopolitics*, Vol. 14, No. 1, 2009, pp. 6 - 7.

意图比较接近，对可以发挥主导作用的一体化机制参与积极性较高。

不同的分析层次也提供了一定的解释。从体系层次看，可以对俄罗斯在解体之时抛弃其他苏联加盟共和国做出解释，因为原有的两极体系无法继续存在，俄罗斯也当然不需要再同其他国家“绑在一起”，但对之后俄罗斯愿意开展后苏联空间的地区一体化以及其意愿强弱的变化无法做出判断，因为它所面对的体系并没有发生显著的变化——美国始终是体系中实力最强的国家。

在国家层次上，莱格沃尔德曾评价说，“20 世纪俄罗斯或苏联的外交政策基本上不是一种稳定的政治体制的产物”，[①] 即政治体制的不稳定导致俄罗斯外交政策的多变。米格拉尼扬等从是否具有团结巩固的政权和国家如何选择发展道路的角度，解释了俄罗斯对后苏联地区一体化的不同选择。[②] 这对解释叶利钦时期俄罗斯的战略变化具有一定的说服力，随着俄罗斯政权的巩固和将工业化选择为国家发展道路，叶利钦治下的俄罗斯需要推进地区一体化。这也能够解释普京与叶利钦之间战略态度的差别，因为普京时期的政权更加团结和巩固，但却无法解释 21 世纪的俄罗斯在上述两个条件没有明显变化时，其对一体化的意愿和实施路径出现不同的表现。

在领导者个人层次上，莱格沃尔德曾做出判断：“历史上每当俄国面临一个机会，选择是建立一个以俄罗斯民族为核心的民族国家，还是维护一个地域辽阔、各民族迥异的混合体时，历代的领导人总是选择后者。”[③] 他所强调的是不同时代的领导人做出选择时的强大惯性。但在地区一体化的问题上，俄罗斯的领导人们并不遵从这样的惯性选择。20 世纪的最后十年是叶利钦的舞台，虽然他一手推动了苏联的解体，但也成为独联体重新一体化的倡导者。在世纪之交，俄罗斯的一些变化无法从叶利钦和普京的差别上找到原因，毕竟在 1999 年的最后一段时间里，普

---

① 〔美〕罗伯特·莱格沃尔德：《三个俄罗斯：衰落、革命与复兴》，〔美〕罗伯特·A. 帕斯特编《世纪之旅：世界七大国百年外交风云》，第 182 ~ 183 页。

② 〔俄〕安德兰尼克·米格拉尼扬、K. Ф. 扎图林：《独联体：历史的开始还是历史的终结》，1997 年 3 月 26 日《独立报》；〔俄〕安德兰尼克·米格拉尼扬：《俄罗斯现代化之路——为何如此曲折》，徐葵等译，北京：新华出版社，2002，第 336 ~ 337 页。

③ 〔美〕罗伯特·莱格沃尔德：《三个俄罗斯：衰落、革命与复兴》，〔美〕罗伯特·A. 帕斯特编《世纪之旅：世界七大国百年外交风云》，第 173 页。

京从成为总理再到当上代总统，都并不握有十足的权力，其对政策的影响虽然巨大但也不是唯一的。普京自己曾说，把对内和对外政策看成完全根据总统意见的看法是错误的，一些大问题和主要问题，俄罗斯“都是集体决定的”。[①] 而在2008年成为总统时，梅德韦杰夫就持有渐进性一体化的立场，[②] 但其对外交政策的影响力尚未有普京的强势。因此，单纯从某个层次出发无法解释俄罗斯的政策和行为，有必要增加层次的复杂性。

（二）不可复制的他国经验

尽管各地区和各国在发展地区一体化问题上都有一定的成功经验，但对俄罗斯而言，他国经验却是不可复制的。

1. 地区一体化的迫切性

地区一体化对一个国家而言，一般是一项具有两种不同价值的选择。形象地说，对有些国家而言，一体化是“生活必需品”，为了维持生存（确保安全）和获取繁荣（经济发展），这些国家需要加入一体化组织；而对另一些国家来说，一体化是“锦上添花”的附加品，不参与地区一体化，它们照样可以“自给自足”地生存和发展，参加一体化只是能够“好上加好”地实现国家利益。换句话说，不同的价值选择意味着某个国家参与地区一体化的迫切性存在不同。通常而言，大国比小国具有更强的独自生存能力，它们不需要一体化，也能够实现国家发展、确保自身安全。俄罗斯显然在体量上是一个公认的大国，与小国不同，尽管苏联解体后它已经不是超级大国，但联合国安理会常任理事国与核大国的国际地位、领土面积第一以及丰富的能源资源等，同样让俄罗斯能够自立生存。正是在这个意义上说，地区一体化对俄罗斯而言，可以仅仅是一个备选方案，其参与的迫切性远不如小国强烈。

2. 内外部压力或动力的存在

较强的压力或动力，无论这个压力来自地区内部还是地区外部，都能够在相当程度上促进国家选择参与地区一体化。西欧一体化进程中存

---

① 〔俄〕普京：《在记者招待会上答记者问》（2002年6月24日，莫斯科克里姆林宫），《普京文集——文章和讲话选集》，北京：中国社会科学出版社，2002，第2~3页。

② *Караваев А.* Возможна ли интеграция? //Республика. №20, 30 Мая 2008.

在比较明显的内外部压力和动力。苏联的强大增加了西欧各国对共产主义的恐惧，由此成为一体化进程的一种外部压力：只有团结起来，西欧各国才能抵抗“共产主义威胁”。而美国的支持在一定程度上成为西欧一体化的外部动力，北约可以被理解为“美国 + 欧共体”就反映了美国对西欧一体化的帮助。从地区内部看，防止西欧再次成为世界大战的爆发地和尽快恢复国家经济与民众生活，是西欧一体化的内部动力。但对俄罗斯而言，不存在明显的内外部压力和动力。苏联解体后，后苏联空间几乎成为被国际社会遗忘的地区，没有应对外部压力的联合需要，更没有大规模的外部输血。各国都在忙于自身转型和国家塑造，不愿意重新联合。而当后苏联空间逐渐被各大国想起时，大国对后苏联空间的投入与介入，究竟是地区一体化的压力还是动力，也是各国见仁见智的问题。所以，后苏联空间不存在持续的压力与动力。当各国经济遇到困难时，它们也许能够想到地区一体化的方式，希望借此重振经济，但这种内部需求也不具有持续性，一旦经济好转，联合就不再成为某种必需品。对俄罗斯同样如此，内部动力不是持续存在的。

3. 地区一体化形式的差别化选择

不同地区的一体化方式不同。西欧的一体化最初面临两种竞争性选择，一种是英国主导或倡建的一体化机制，另一种是由法德两大国为发动机的欧共体。最终由两强为核心的模式推动了欧洲的一体化进程。而东亚的一体化在某种意义上讲，是一个小国以集体力量带动大国的进程，东盟走在了整个东亚地区的前列，中日韩等经济实力较强的国家反而是在彼此竞争，看哪个国家能优先同东盟建设自由贸易区，以扩大和深化地区一体化。中国 - 东盟自贸区的建成，体现了大国对小国组织的地区一体化机制的参与，当自贸区建立后，大国的参与又更进一步增强了一体化的发展动力。

后苏联空间在苏联解体之后随即成立了独联体，但这并不是一个一体化的有效平台，虽然 20 世纪 90 年代中期前后，独联体一体化的呼声日益增强，但始终没有取得实质性或突破性进展，反而是次地区一体化机制日益涌现。但无论是独联体还是次地区机制，后苏联空间内始终未能出现一个较为成熟的能够吸引各国普遍参与的一体化机制。俄罗斯是这一地区的最大国家，但那些它并未参与的地区机制或地区组织都不尽成熟，无法增强俄罗斯的参与意愿，而俄罗斯已经参加的地区机制内，也没有国家能够代替俄罗斯承担相应的责任，因此，俄罗斯不可能像英国一样，机会主义地参与地区一体化，也没有类似东盟的由小国推动的替代性选择。

（三）难以借用的历史经验

本书的核心问题是讨论俄罗斯对地区一体化的意愿和政策选择，前文的大部分内容都是进行一种横向的比较分析，探讨他国的经验对俄罗斯的解释力和可借鉴性。如果转为纵向思考，从俄罗斯自己的历史经验出发，我们也能对这一问题获得一定的解释。

对俄罗斯而言，如果其目标是促进形成一个于己有利并且和平稳固的外部环境，特别是地区环境，那么地区一体化是实现这一目标的重要方式之一。历史上看，为达到这一目标，沙俄时代的俄罗斯更多采取了领土征服的手段，将周边地区不断并入自身版图，通过建立庞大的帝国以确保自身安全。但苏联的解体宣告了建立帝国的失败，15个新国家的出现改变了地区形势，"一个帝国的终结总是会改变体系中其他成员的面貌和盘算，不只是重大战争结束后才会如此"，[①] 这些国家在独立后显然都有各自的打算。俄罗斯也有自己的想法，叶利钦本人曾说，"俄国并不想成为某种新帝国的中心……由于俄国曾长时间充当这种角色，俄国比其他国家更懂得这种角色的可恶"，"一个统治别的民族的民族不可能幸福"，[②] 所以主客观条件都使俄罗斯不可能再进行某种征服。

冷战时期，苏联为达到稳定周边的目的，曾采取建立经济互助委员会和华沙条约组织的方式，[③] 从经济和军事两方面构筑起一个社会主义阵

① 〔英〕克里斯托弗·希尔：《变化中的对外政策政治》，唐小松、陈寒溪译，上海：上海人民出版社，2007，第11页。

② 1990年11月19日，叶利钦在基辅的讲话，转引自〔美〕兹比格纽·布热津斯基《大棋局：美国的首要地位及其地缘战略》，第130～131页。

③ 俄罗斯的一些相关著作将经互会（СЭВ）与欧盟、北美自由贸易区、东南亚国家联盟等并列为一体化组织，或者把经互会与欧共体同等对待，认为二者都是始于20世纪50年代的第一波地区化进程的代表，参见 *Быков А. Н.* Россия и СНГ：вызовы глобализации и стратегия евразийской интеграции. С. 21；或 *Вардомский Л. Б.* Регионализация постсоветского пространства：факторы，особенности，тенденции. С. 8。

营，并在阵营内部实现了某种霸权。但正如布热津斯基（Z. Brzezinski）所言，共产主义阵营在比意识形态的约束更有力的民族主义的期盼面前具有脆弱性，[①] 这不仅是苏联自身解体的原因之一，也是社会主义阵营瓦解的一个重要因素——意识形态的控制并不比帝国式的“领土占领”更加牢固。贝科夫（А. Н. Быков）注意到当今形势与过去的差别，他认为“俄罗斯的责任特殊，应吸取过去的错误和失误，学会成为平等伙伴中的一员”。[②] 伊科申（И. Н. Игошин）也提出“重要的是不要重复过去我们犯过的错误，不要尝试压制或限制居住在原苏联国家内的人们的自由”。[③]

此外，单纯依靠“霸主”进行输血式的维系阵营方式让苏联力不从心，“搭便车”的行为甚至也在某种意义上拖垮了苏联并造成了体系的瓦解。解体后的俄罗斯，不仅没有单方面付出的意愿，也没有能力完成这种霸权责任。因为此时的后苏联空间并非一个由意识形态造就的“封闭性”空间，而是作为“次体系”的一个地区。第一，地区内的国家享有平等权利，是彼此独立的实体，即便国家大小和实力有不同，彼此之间也需要相互尊重主权，俄罗斯已经不是“霸权国”。第二，地区形势的发展必然会受到国际体系的影响，俄罗斯的实力不足以排除这些影响而在后苏联空间内实施所谓的俄式“门罗主义”。[④] 第三，“搭便车”在地区体系中造成的破坏更大。[⑤] 俄罗斯作为一个“领导国”，[⑥] 是机制的“主要受益者”，需要“诱导其他国家帮助稳定国际机制”，但它显然没有意愿在后苏联空间内部被过多的“搭便车”行为损害自身利益。[⑦] 因此，俄罗斯没有能力建立起所谓的“地区霸权”，也无法成为一个地区

① 〔美〕兹比格纽·布热津斯基：《大棋局：美国的首要地位及其地缘战略》，第 116 页。

② *Быков А. Н.* Постсоветское пространство: стратегии интеграции и новые вызовы глобализации. СПб. Алетейя, 2009. С. 78.

③ *ЦСКП*, Стенограмма конференции на тему: «Развитие через интеграцию. Российский проект для Евразии», http://www.cskp.ru/recs/11360/.

④ Mette Skak, "Russia's New 'Monroe Doctrine'," in Roger E. Kanet, *Russian Foreign Policy in the 21st Century*, pp. 138 – 154.

⑤ 〔美〕罗伯特·阿特：《美国大战略》，第 131 页。

⑥ 有关“领导国”的“领导”地位的讨论，参见后文“‘一强多弱’的地区结构”部分的相关内容。

⑦ 〔美〕罗伯特·基欧汉、约瑟夫·奈：《权力与相互依赖》（第 3 版），第 242 页。

霸主。[①]

由此看来，俄罗斯自身的历史经验也难以借用。索罗金讨论了俄罗斯在独联体国家内部实现自身地缘政治利益的若干途径，[②] 地区一体化显然涵盖了其中的一些方式。从纵向来看，既然俄罗斯自身的历史经验无法借用，那么地区一体化就成为可以选择的一种方式。这从一个方面解释了俄罗斯选择地区一体化的原因，但却无法回答意愿强弱和方式差别的问题。

整体上看，参与一体化有其固有的成本和收益，任何一个国家在做出自己的政策选择时，都要进行权衡，以实现本国的最大利益。但各国面临的形势并不相同，对一些国家参与一体化的原因的解释只能帮助我们部分地理解俄罗斯的行为，而俄罗斯自身的历史经验也只能提供某个角度的理解。苏联解体后，俄罗斯是否参与后苏联空间的地区一体化以及如何进行地区一体化的问题，目前尚未出现一个很好的解释。由此，本书将在既有研究的基础上，建立一个新的分析框架，以便更好地解释俄罗斯的政策和行为。

第三节 双重结构与俄罗斯的地区一体化政策

通过梳理基本概念和主要理论，我们发现既有的对国家参与地区一体化的原因的解释在分析俄罗斯的意愿或行为时存在或多或少的缺陷，或者说无法提供一个完整的分析框架。由此，本节的主要任务是提出分析框架。

---

① 米尔斯海默在书中谈及“大国能得到的最好结果是成为地区霸主”，且“美国是现代历史上唯一的地区霸主”（参见〔美〕约翰·米尔斯海默《大国政治的悲剧》，王义桅、唐小松译，上海：上海人民出版社，2003，第52～55、204～207页）。关于美国是地区霸主还是全球霸权国也许存在争论，但有关俄罗斯地位的判定，笔者赞同米尔斯海默的观点，即从严格的意义上讲，俄罗斯并不是一个“地区霸主”，它只是一个地区主导国家，并未建立起一个地区霸权结构。

② 〔俄〕K. 索罗金：《俄罗斯在近邻国外地区的地缘政治政策》，《政治学研究》1995年3月，莫斯科（俄文版），第35～36页，转引自冯绍雷《制度变迁与对外关系——1992年以来的俄罗斯》，上海：上海人民出版社，1997，第388～394页。

一 由体系结构和地区结构组成的双重结构

冷战后，理论家们试图准确描述从微观到宏观的各个分析层次之间的联系，并试图在分析层次之内或之间弄清楚所研究的行为的根源。[①] 按照这个路径，既然从单一层次解释俄罗斯的态度变化存在问题，那么就需要引入新的分析层次或者在不同的层次之间增加解释变量的复杂性，以增进对问题的理解。但如果为了增加解释变量的来源，同时从单元层次和体系层次进行解释，那么相当于什么都没有讨论，因为这种做法几乎可以包含所有的论断。本书也不试图完全从内部因素进行分析，[②] 因为近30年间俄罗斯的内部情况难以总结出规律或特点，且已有的关于内部转型与对外关系的研究已经做得非常扎实。[③]

星野昭吉在讨论促进地区形成、推动地区一体化和地区主义发展之间的关系时，认为存在国际条件、区域条件、国家条件与国内条件这四个条件，并由此列出了一个“四种空间并存结构”的状态表，这四种空间是国际体系、区域、国家和地方（国内），他针对不同地区的发展状况进行了细致的形态分析。[④] 本书承认存在这样的“四种空间并存结构”，但本书的主要内容并不是讨论不同结构之间的关系状态，而是关注外部因素对国家政策选择的影响。所以本书接受结构现实主义的基本假定，考虑外部环境对俄罗斯意愿和行为的影响，即符合这样一个基本逻辑——“任何国家制定对外战略，都是以对世界形势和格局的变化以及国家自身的实力和地位所作出的某种判断和估计为依据的。”[⑤] 但仅从最为宏观的体系层次分析还不足够，应将地区层次引入研究中。这一方面是因为国家的“安全环境是由它们身处其中的地区和将它们涵盖在内的

---

① Barry Buzan, “The Level of Analysis Problem in International Relations Reconsidered,” in Ken Booth and Steve Smith, eds., *International Relations Theory Today*, University Park: Pennsylvania State University Press, 1995, pp. 198 – 217.

② 马尔科姆等人的著作（Neil Malcolm et al., *Internal Factors in Russian Foreign Policy*, New York: Oxford University Press, 1996）是从国内因素分析俄罗斯对外政策的代表作，其中公共政治和军事因素是其重点探讨的方面。

③ 冯绍雷：《制度变迁与对外关系——1992年以来的俄罗斯》。

④ 〔日〕星野昭吉：《全球化时代的世界政治：世界政治的行为主体与结构》，第258～267页，特别是第261页的表6－2。

⑤ 唐贤兴：《追求“大国复兴”的俄罗斯对外战略》，《太平洋学报》1999年第3期，第57页。

国际体系共同塑造的”;① 另一方面是因为本书讨论地区一体化问题，“某一层次的普遍理论不能解释存在于另一层次的问题”,② 所以有必要将“地区”这一分析层次凸显出来，并关注“地区结构”及其特点。也就是说，本书将俄罗斯所面对的外部环境界定为由地区结构和体系结构组成的“双重结构”，探究双重结构对俄罗斯参与地区一体化意愿的影响。因此，双重结构是本研究的自变量。

（一）“一超多强”的体系结构

“结构是一个高度抽象的概念”，根据系统中的主要行为体加以定义。③ 苏联解体后，美国成为“第一个也是唯一的一个真正的全球性大国”,④ 由此揭开了“冷战后的世界具有怎样的极性”的讨论。“极”指的是“行为体的数量以及它们的实力分配情况”,⑤ 无论是持有单极世界还是多极世界的观点，或者是同塞缪尔·亨廷顿（Samuel Huntington）一样持有较为折中的观点，认为冷战后的世界是一个“单极－多极世界”,⑥ 学者们大都不会否认超级大国美国在世界享有的突出地位，这是讨论体系结构性质时不能忽视的重要特点。卡赞斯坦在研究中将地区主义与体系层次联系起来，并把体系层次设定为美国帝权，即当前这个由地区组成的世界“深深地嵌入了美国帝权之中”,⑦ 他所强调的也依然是美国在世界上独一无二的地位。

---

① 〔英〕巴里·布赞、〔丹〕奥利·维夫：《地区安全复合体与国际安全结构》，第23页。

② 〔美〕肯尼思·华尔兹：《国际政治理论》，信强译，上海：上海人民出版社，2003，第161页。

③ 〔美〕肯尼思·华尔兹：《国际政治理论》，第130、125页。

④ 〔美〕兹比格纽·布热津斯基：《大棋局：美国的首要地位及其地缘战略》，第13页。

⑤ 〔美〕詹姆斯·多尔蒂、小罗伯特·普法尔茨格拉夫：《争论中的国际关系理论》（第五版），第129页。

⑥ 有关单极世界的代表性分析，参见 William C. Wohlforth, “The Stability of a Unipolar World,” *International Security*, Vol. 24, No. 1, Summer 1999, pp. 5－41；G. John Ikenberry, “Illusions of Empire: Defining the New American Order,” *Foreign Affairs*, Vol. 83, No. 2, March/April 2004, p. 144。有关多极世界的代表性著作，参见 Charles A. Kupchan, “After Pax Americana: Benign Power, Regional Integration, and the Sources of a Stable Multipolarity,” *International Security*, Vol. 23, No. 2, Fall 1998, pp. 40－79；亨廷顿的主要观点参见 Samuel Huntington, “The Lonely Super Power,” *Foreign Affairs*, Vol. 78, No. 2, March/April 1999, pp. 35－49。

⑦ 〔美〕彼得·卡赞斯坦：《地区构成的世界——美国帝权中的亚洲和欧洲》，第1、42页。

冷战后，在确定体系结构性质时，不仅要把握美国的地位，也要分析其他国家的特点。对国家进行分类分层研究是把握国家性质特点的一种有效方法。马丁·怀特（Martin Wight）进行了极有代表性的分层，他把国家分成支配大国、大国、次要国家等几类，其中，“支配大国”（dominant powers）是国家实力可以与所有对手的综合实力较量的大国，界定支配大国需要根据其实力和目的，当其他国家联合起来反抗该国时，意味着这些国家承认了该国的“支配大国”地位。比支配大国弱势的是大国，“大国”（great powers）的概念一直被广泛讨论，怀特将“大国”界定为那些“具有普遍利益的国家”，其利益涉及世界范围，并且大国“能够以武力来保卫或者促进这些利益”。考虑到支配大国与大国之间的区别，怀特又给出了一个理想定义：支配大国是“能够充满自信地考虑对任何潜在的他国联盟开战的国家，而大国则是能够自信地对另一个大国开战的国家”。①

布尔认为“超级大国”的概念并未给旧有的“大国”概念增加新的内容，他所定义的“大国”在国际上“不止一个”，且“必须是军事强国”，同时，“其他国家承认大国拥有某些特殊权利与义务”。布尔提高了“大国”的门槛，并提出大国可以通过六种方式处理相互之间的关系和维持国际秩序。由此，他把20世纪六七十年代的美国、苏联和中国算作大国，西欧没有联合成单一国家，所以不是一个大国，日本仅仅是一个潜在的大国，而中国的大国地位不如美国和苏联明显。② 显然，布尔的论述中也含有分层研究的逻辑，并且他的“大国”概念强调了别国承认的重要意义，关注了身份和观念在确定大国时发挥的作用。③

在对国家分层研究的基础上，可以进一步确定体系结构的性质。现实主义者们通常将物质性的权力分配作为确定体系结构性质的关键变量，也是决定其极数的基础。布赞等人提出“身份”概念，研究极和身份的相互作用，将观念及社会性结构明确地引入对体系结构的分析中，把主要国家

---

① 〔英〕马丁·怀特著，〔英〕赫德利·布尔、卡斯滕·霍尔布莱德编《权力政治》，宋爱群译，北京：世界知识出版社，2004，第7～35页。

② 〔英〕赫德利·布尔：《无政府社会——世界政治秩序研究》，张小明译，北京：世界知识出版社，2003，第160～183页。

③ 有关大国的其他定义，可参见 Jack S. Levy, *War in the Modern Great Power System, 1495–1975*, Lexington: University Press of Kentucky, 1983, pp. 10–19。

分为超级大国、大国和地区大国三类。美国自然是唯一的超级大国，俄罗斯、中国、欧盟和日本是大国，能够在地区和体系层面均发挥一定的影响。而冷战后的全球权力结构被视为是一种“一个超级大国和四个大国”（“1+4”）的体系结构。[①] 本研究在相当程度上同意布赞和奥利·维夫（Ole Wacver）的判断，将当前的体系结构界定为“一超多强”。作为大国的俄罗斯，是“多强”之一，在后苏联空间和国际体系均能发挥影响。

地区的外部不完全性使后苏联空间并非一个封闭体系，[②] 在地区外的体系层次，超级大国与其他诸强作为外部因素，能够对后苏联空间的地区一体化进程以及俄罗斯的意愿产生影响。通常，人们认为美国和欧盟对俄罗斯的影响最大，或者可以说，在影响俄罗斯对外政策的诸多因素中，西方的作用常常被认为是“决定性的”。[③] 美国作为超级大国，其影响手段和能力最为突出，在军事、政治、经济等多领域介入，并在双边关系和多边平台上施加影响。欧盟的影响力和手段种类相较美国弱一些，但其中一个非常重要的影响点在于欧盟以其自身一体化的发展对该地区施加典范型的影响，吸引地区内国家效仿发展地区主义，[④] 这是其他影响势力所不具备的影响方式。还有一些国家也具有重要影响，包括中国、土耳其、伊朗、日本等，[⑤] 它们有的是崛起中的大国，有的是资本主义强国，还有一些属于具有重要地区影响且在全球影响逐步上升的国家。本书认为，美国、欧盟（及北约）[⑥] 和中国是体系结构中影响俄

① 〔英〕巴里·布赞：《美国和诸大国：21世纪的世界政治》，刘永涛译，上海：上海人民出版社，2007；〔英〕巴里·布赞、〔丹〕奥利·维夫：《地区安全复合体与国际安全结构》。

② 冯绍雷认为民族-人种关系同样导致独联体不能成为一个封闭结构，参见冯绍雷《制度变迁与对外关系——1992年以来的俄罗斯》，第399~407页。

③ *Цыганков А. П.* Внешняя политика России от Горбачева до Путина: формирование национального интереса. М.: Научная книга, 2008. С. 15.

④ 在有关俄罗斯的地区主义的圆桌会议上，主题之一就是“作为样板和诱惑的欧洲”（Европа как пример и соблазн），参见 *Сергей Корнев*, Русский регионализм: сегодня и завтра. http://www.apn.ru/publications/article20979.htm。

⑤ *Воробьев В. П.* Проблемы развития и реформирования СНГ. С. 50-58; *Быков А. Н.* Россия и СНГ: вызовы глобализации и стратегия евразийской интеграции. С. 21.

⑥ 北大西洋公约组织（北约）作为军事政治组织在很大程度上也对俄罗斯施加了影响，但鉴于美国在北约中的突出作用、北约功能的单领域性以及欧盟在共同防务政策方面的一体化进展，本研究认为北约可以理解为在军事领域里的“美国+欧盟”，因此，本研究不将北约作为单独行为体专门列出，但在后面的章节中会具体讨论北约的活动及影响。

罗斯地区一体化意愿的主要行为体，[①] 关注美欧中俄这四个行为体围绕后苏联空间地区一体化的互动，也就是说，“一超多强”在本书中被界定为“一个超级大国和三个大国”（“1+3”）的体系结构。

就像对权力概念的界定包含硬权力和软权力两个方面一样，[②] 判断体系结构的特点也需要加入观念性因素，即体系结构中包含着社会性结构的内容。社会性结构可以影响行为体的行为，并建构行为体的身份和利益。尽管国与国之间，“友好与敌对之间的分界线并不总是十分清晰”，[③] 但在一个整体的国际体系中，依然可以按照亚历山大·温特（Alexander Wendt）的逻辑，判断国际体系的状态符合三种无政府文化中的哪一类型，并区别出敌人、对手和朋友三种不同的角色。[④] 无疑，意识形态对立的终结使俄罗斯不再是“敌人”，所以，“后冷战时期全球诸力量间的社会结构是一种对手和朋友的结构”。[⑤] 但更具体地说，朋友或对手的社会结构对行为体产生的影响并不相同，究竟何者占优也将影响体系结构的性质。因此，本书有关体系结构的基本假定是：俄罗斯面对的体系结构是一个包含着对手和朋友的“一超多强”结构。

（二）“一强多弱”的地区结构

“研究的目的决定了研究的分析层次”，[⑥] 本书的核心目标是解释国家——俄罗斯的地区一体化政策，所以，需要考虑到地区层次的影响。“地区”位于国家之上，其内部是无政府状态，这就决定了用温特的无政府文化分析地区文化同样具有可行性。同时，地区作为次体系，具有

① 苏联解体后，俄罗斯已不再具备超级大国的地位，其地区一体化战略主要针对欧亚大陆，更具体的范围是后苏联空间，因此排除对后苏联空间影响较小的日本，土耳其、伊朗等国不具备左右俄罗斯战略态度的实力和影响力，同样不采纳有关学者的看法。

② “软权力”的概念由约瑟夫·奈提出，Joseph S. Nye, Jr., *Soft Power the Means to Success in World Politics*, New York: Public Affairs, 2004。

③ 〔美〕阿诺德·沃尔弗斯：《纷争与协作——国际政治论集》，第28页。

④ 〔美〕亚历山大·温特：《国际政治的社会理论》，秦亚青译，上海：上海人民出版社，2000，第313～396页。

⑤ 〔英〕巴里·布赞：《美国和诸大国：21世纪的世界政治》，第98页。布赞认为俄罗斯“甚至没有什么可能会成为对手”，笔者认为，布赞的判断基于美国的立场，而当针对的对象不同时，俄罗斯的角色以及它对体系结构中其他行为体的角色的判断都会不同。

⑥ 秦亚青：《霸权体系与国际冲突：美国在国际武装冲突中的支持行为（1945—1988）》，上海：上海人民出版社，1999，第90页。

结构性，对地区结构的分析同样具有理论价值。

卡赞斯坦认为“地区是物质性结构，具有影响行为的作用”，[①] 因此，我们首先应关注地区内的权力分配。作为苏联的继承者，俄罗斯承继了超级大国的大部分权利和既得利益。尽管已不复当年之勇，但作为大国的俄罗斯依然是后苏联空间内的地区主导国（regional leader），即“在一个区域的所有外交、军事和经济活动中具有最重要影响力的、军事和经济力量最强的国家”。[②] 这种主导作用体现在诸多方面：从先天条件看，俄罗斯的人口占后苏联空间总人口的一半以上，领土面积占总面积的77.2%；[③] 在经济领域，俄罗斯长期具有压倒性优势，以2011年为例，2011年俄罗斯经济占独联体地区经济的77%；[④] 在军事和安全领域，俄罗斯是该地区唯一的核国家，并在其周边国家驻扎军队，保留了多个军事基地，强大的军事实力确保其对地区内国家之间的冲突甚至是周边小国国内的不稳定局势都能起到调解和控制作用。因此，地区主导国的存在造就了地区结构“一强多弱”的特点。

“一强多弱”的地区结构极大地影响了地区一体化模式的选择。第一，小国建立的地区一体化机制无法吸引俄罗斯“委身”参与其中。反而是出现了既有组织被俄罗斯主导的相关机制“收编”的情况，如1998年成立的中亚经济共同体，改名为中亚合作组织后，于2004年吸收俄罗斯加入，随即在2005年被并入了俄罗斯主导推动的欧亚经济共同体。所以，东亚地区的“小国带动大国”、以东盟为核心的一体化模式并不适合后苏联空间。第二，“一强”的现实在于地区内不存在任何一个大国能够同俄罗斯一起成为有效的双发动机，俄罗斯无法分散地区责任。且此时的后苏联空间既不存在强大的外部压力（如西欧在冷战时期面临苏联的威胁和恐惧），也没有强劲的支持动力（如西欧接受美国提供的安

① 〔美〕彼得·卡赞斯坦：《地区构成的世界——美国帝权中的亚洲和欧洲》，第12页。

② 秦亚青：《霸权体系与国际冲突：美国在国际武装冲突中的支持行为（1945—1988）》，第141页。

③ *Шумский Н. Н.* Региональные экономические объединения постсоветских государств: организационно-правовое обеспечение процессов интеграции. Минск: Беларус. Наука, 2010, С. 68.

④ Elvira Kurmanalieva and Konstantin Fedorov, “The Impact of Global Financial and Economic Instability on the CIS,” *Eurasian Integration Yearbook 2012*, Almaty, 2012, p. 124.

全保护和经济支持），所以，西欧的一体化道路同样不可复制。第三，“一强多弱”的地区结构意味着遥遥领先于其他国家的俄罗斯具备一定的吸引力，可以成为地区中心，它在历史上也曾多次成为这样的中心。[①]基欧汉主张“合作应以少数大国为中心，而由大量的小国追随其后”，[②]“一强多弱”的地区结构符合他提出的条件；布赞等人也认为，俄罗斯可以成为地区安全复合体的中心。[③]并且“一强”的唯一性意味着其他国家没有可以替代的选择，在特别时期，较强的外部压力将“迫使这些国家从俄罗斯讨生计”。[④]尽管这可能带有“不得不”或者“两害相权取其轻”的意味，但其结果是增强了俄罗斯在地区内的吸引力，有利于一体化的推进。

早在1957年，多伊奇就曾指出，当各国权力出现持平的状况时，一体化不会发生，相反，只有围绕着“力量中心”即某个主导国，它能够为一体化提供核心时，一体化才能实现。[⑤]按照这个观点，“一强多弱”的地区结构实际上有利于催生地区一体化，但这与主导国的意愿密切相关。作为“中心”的俄罗斯，不可避免地面临着提供地区公共品的需求，其他国家需要俄罗斯提供安全保护、经济支持和地区一体化机制等，尽管这易于实现某种形式的宗主权[⑥]或达到控制周边小国的目的，但对于仅仅只是大国的俄罗斯而言，仍然需要进行成本收益的比较，而不只是地区一体化通常遇到的主权让渡问题，实力存在不足的俄罗斯显然不愿意重蹈苏联时代过度承诺的覆辙。此外，俄罗斯还需要权衡行动自由的问题。在其国家认同中，过去三个世纪，俄罗斯都把自己视作一个大国，因而不可能服从某个组织的规定，或仅仅成为某个大型共同体的成员，即地区一体化不能过多损害其行动上的自由，它加入一体化必然是

---

① Anatolii' Ivanov, "Integratsiia integratsii' (*Иванов А.* Интеграция интеграций)," *Litovskii' kur'er*, No. 45, November 10, 2011.

② 〔美〕罗伯特·基欧汉：《霸权之后——世界政治经济中的合作与纷争》，第260页。

③ 〔英〕巴里·布赞、〔丹〕奥利·维夫：《地区安全复合体与国际安全结构》，第381~423页。

④ 冯绍雷：《制度变迁与对外关系——1992年以来的俄罗斯》，第428页。

⑤ Karl W. Deutsch, et al., *Political Community and the North Atlantic Area: International Organization in the Light of Historical Experience*, pp. 28-38.

⑥ 〔英〕巴里·布赞、〔丹〕奥利·维夫：《地区安全复合体与国际安全结构》，第113页。

自己的意愿。[1] 因此，作为“中心”的俄罗斯，其意愿将影响后苏联空间的一体化前景，反过来，“一强多弱”的地区结构也会影响俄罗斯的意愿。

尽管“后苏联”一词的使用会或多或少地让人们想起曾经的苏联，[2] 但也意味着这一地区存在联合的历史和基础，这是利布曼等人的“维系式地区主义”（Holding-Together Regionalism）的重要特点之一。[3] 苏联时期推行的“俄罗斯化”政策使俄语在后苏联空间具备相当的使用基础，是族际交流语言，且在代表信息传播和新技术发展的互联网世界中，俄语网站所占的份额在很多国家中都达到了 90% 以上，[4] 体现出俄罗斯在后苏联空间的文化影响力依然巨大。但是，巨大的文化影响并不必然对应着有利于俄罗斯的社会性结构。“一强多弱”的地区结构意味着后苏联空间内不可能存在俄罗斯的“敌人”和“对手”（除非形成一个涉及多国的反俄罗斯同盟[5]），但简单地将关系定性为“朋友”，却又太过草率和脱离实际。

布尔在讨论大国“单方面行使地区主导权”的问题时，区分了三种表现形式：“支配”（dominance）表现为“大国经常对构成自己腹地的小国使用武力，并且习惯性地蔑视有关国家主权、平等和独立地位的普遍的国际行为规范”；“领导”（primacy）意味着大国没有经常性地蔑视国际行为规范，也不使用武力或武力威胁，而是获得小国的自主承认，

---

① Bobo Lo, *Vladimir Putin and the Evolution of Russian Foreign Policy*, Oxford: Blackwell Publishing, 2003, p. 60.

② 普京在文章中明确指出，地区一体化不是某种恢复苏联的努力，*Путин В. В.* Новый интеграционный проект для Евразии — будущее, которое рождается сегодня. http://www. izvestia. ru/news/502761。

③ Alexander Libman and Evgeny Vinokurov, *Holding-Together Regionalism: Twenty Years of Post-Soviet Integration*, London and New York: Palgrave Macmillan, 2012.

④ 有关苏联解体后的 20 余年间俄语发展的趋势以及俄语在不同国家的互联网等信息媒介中所占比例的具体数据，可参见以下著作的相关部分：*Арефьев А. Л.* Русский язык на рубеже XX-XXI веков. [Электронный ресурс]. М. , Центр социального прогнозирования и маркетинга, 2012。

⑤ 巴里・布赞认为后苏联地区主要的中心问题就是“这里是否会形成一个反俄罗斯的同盟”，参见〔英〕巴里・布赞《美国和诸大国：21 世纪的世界政治》，第 114～115 页；或〔英〕巴里・布赞、〔丹〕奥利・维夫《地区安全复合体与国际安全结构》，第 438 页。

认可“该大国可以为实现共同的目标而发挥不可替代的、巨大的作用”；位于两者之间的是“霸权”（hegemony），意味着大国“会使用武力和武力威胁，但不是经常性和无所顾忌地，而只是有时和迫不得已地采取这样的行为”。[①] 正如本书对后苏联空间的“地区”特点和俄罗斯历史经验的分析，作为“地区主导国”的俄罗斯既不享有支配性地位，也无法建立地区霸权，所以它更多可能享有的是一种“领导”地位。

这种领导地位也比较符合丘拜斯（А. Б. Чубайс）提出的“自由主义帝国”（либеральная империя），他曾撰文指出，俄罗斯在21世纪的主要目标应该是通过建立“自由主义帝国”来巩固自己在后苏联空间的地位。[②] 本书借用有关霸权属性的研究，[③] 将“地区主导国”的身份区分为“善意”和“恶意”。通常，“善意”的地区主导国更容易获得小国的自主承认，享有“领导”地位，而“恶意”的地区主导国容易被指责为霸权主义。在此种区分的基础上，我们能够更好地把握俄罗斯与地区内其他国家之间的观念建构，从而确定后苏联空间在社会性结构方面的“良性”和“恶性”。

在经过一番学术辩论后，哈斯修改了他的“一体化”定义，将一体化重新界定为“国家自愿地与邻国融合、合并，并由此失去了事实上的主权属性，从而获得解决彼此冲突的新技术”。[④] 这一修订强调了作为一体化主体的主权国家的自愿性。俄罗斯主导的地区一体化机制是否能够吸引后苏联空间内的其他国家自愿参与，受到这些国家对俄罗斯意图的评价（即后苏联空间的社会性结构的性质）的重要影响，而俄罗斯对这些意愿的认知和评估又将影响它的地区一体化战略。因此，把握地区结构中社会性结构的变动趋势同样也是必要的。综上，本书有关地区结构

① 〔英〕赫德利·布尔：《无政府社会——世界政治秩序研究》，第171～172页。

② *Чубайс А. Б.* Миссия России в XXI веке //Независимая газета. 1 октября 2003.

③ 有关霸权属性与地区一体化关系的讨论，参见 Charles A. Kupchan, “After Pax Americana: Benign Power, Regional Integration, and the Sources of a Stable Multipolarity,” pp. 40－79; Thomas Pedersen, “Cooperative Hegemony: Power, Ideas and Institutions in Regional Integration,” *Review of International Studies*, Vol. 28, No. 4 (Oct., 2002), pp. 677－696。本书始终未将俄罗斯作为一个“地区霸主”对待，因此，这里借用相关的词汇只是用以表明地区结构中社会性结构性质的差异。

④ Ernst B. Haas, *The Web of Interdependence: The United States and International Organization*, Englewood Cliffs, N. J.: Prentice Hall, 1970, pp. 610－611.

的基本假定是：俄罗斯面对的地区结构是一个需要确定良恶性质变化的“一强多弱”结构。

（三）结构变动及其所塑造的形势变化

本书的主要目标是探讨双重结构对俄罗斯参与地区一体化的意愿和行为方式的影响，因此，有必要分析双重结构的变动趋势以及由结构所塑造的形势变化。无论是“一超多强”的体系结构还是“一强多弱”的地区结构，从定性的维度讲，很难发生剧烈变动，体系中的“一超”与地区中的“一强”都具有相当程度的稳定性，但结构本身在定量的维度上却存在变化，并可能造成结构在具体形态上出现改变。例如，当“一超”的实力出现下降并与“多强”之间的差距缩小时，体系结构就出现了扁平化的发展趋势，相反的是当“一超”的实力上升，拉开了与“多强”之间的差距时，体系结构就出现尖锐化的变动趋势。而结构变动也会塑造空间内部的形势，例如，当某一强国试图挑战“一超”的地位时，体系内部的形势就会出现紧张，也将反过来加剧结构变动。衡量结构的变动，将从物质性结构和社会性结构两方面进行。

1. 物质性结构的变动主要表现为权力分配的变化

人们对权力的概念并不陌生。现实主义理论的奠基者汉斯·摩根索（Hans Morgenthau）认为权力包含如下要素：地理、自然资源、产业能力、备战程度、人口、民族特征、人民士气、外交水平以及政府水平等。[①] 这些因素中有些是客观的物质存在，也有些涉及对相关指标的主观评价。对各个要素逐一分析，有助于我们认识和区别不同国家的权力水平。但它们都是某个国家单独具备的特征。而从相互关系的角度理解，权力的基本含义是“一个行为体根据其意愿来影响另一个行为体去做或不做某事的能力”。[②] 现在对权力的理解通常从“硬权力”和“软权力”两个方面切入。“硬权力”在当代通常包括人口、经济（国内生产总值、进出口贸易量）、军队、领土和自然资源等指标。“软权力”的概念由约瑟夫·奈提出，指国家所具有的影响他国喜好的能力——通过吸引和劝

① Hans Morgenthau, *Politics among Nations*, New York: Knopf, 1978, pp. 117 - 154.

② 〔美〕詹姆斯·多尔蒂、小罗伯特·普法尔茨格拉夫：《争论中的国际关系理论》（第五版），第77页；Robert A. Dahl, *Who Governs? Democracy and Power in an American City*, New Haven, Conn.: Yale University Press, 1961。

服的方式让别的国家到达自己所期望的结果。软权力是国家掌握的一种无形资源，包括文化和意识形态的吸引力以及机制和议程的设置能力等。[①] 无论是何种权力形式，任何一个国家都非常重视权力的获得和增长。

尽管权力的概念如此重要，但对国际问题分析而言，更有价值的是相对意义上的权力，即两个国家之间的权力差距以及由此而形成的权力分配状况。因此，本书使用“相对权力地位”的概念来表示权力分配的变化。这意味着“国家根据权力大小而占据不同的位置”，且国家的位置将“随着它们相对能力的变化而变化”。[②] 结构现实主义聚焦国际体系层次，认为“国家之间的权力分配和国家在这种分配中的相对地位所形成的结构，成为国家制定国际战略的重要考虑”，[③] 且“国际体系中国家间的权力分布状况，有助于我们预测国家的某些行为”。[④] 换句话说，“从系统论的基本原则出发”，“一个国家在国际系统中的相对权力地位帮助国家确定整体国家利益，影响这个国家的对外政策”。[⑤] 同理，国家在地区结构中的相对位置也会帮助该国确定其在地区内的利益，并对它在地区内的行为产生一定的影响。因此，国家在体系结构和地区结构中相对权力地位的变动，将影响它在地区一体化问题上的政策意愿和行为方式。

这里需要说明的是，国家实力本身存在增强或减弱的变动趋势，但它是一个相对独立的变量，无论是增强还是减弱，都有可能导致相对权力地位在体系结构和地区结构内部的不同变动。也就是说，“相对权力地

---

① Joseph S. Nye, Jr., *Bound to Lead: The Changing Nature of American Power*, New York: Basic Books, 1990（中文版见〔美〕约瑟夫·S. 奈《美国注定领导世界?：美国权力性质的变迁》，刘华译，北京：中国人民大学出版社，2012）；Joseph S. Nye, Jr., *Soft Power the Means to Success in World Politics*, New York: Public Affairs, 2004（中文版见〔美〕约瑟夫·S. 奈《软力量——世界政坛成功之道》，吴晓辉、钱程译，北京：东方出版社，2005）。

② 〔美〕肯尼思·华尔兹：《国际政治理论》，第130、110页。

③ 秦亚青：《霸权体系与国际冲突：美国在国际武装冲突中的支持行为（1945—1988）》，第260页。

④ 〔美〕小约瑟夫·奈：《理解国际冲突：理论与历史》，第51页。

⑤ 秦亚青：《霸权体系与国际冲突：美国在国际武装冲突中的支持行为（1945—1988）》，第5页。

位”是一个对比得出的概念，其上升或下降不仅取决于国家实力的客观变化，更取决于该国与其他国家之间的对比。俄罗斯的比较对象在体系内为美国、欧盟和中国，① 在地区内则为后苏联空间内的其他国家。有关权力的测量，通常遵循单一权力指数或多元权力指数两种方法，② 本书主要关注的是俄罗斯的相对权力地位的变化趋势，因此使用更易于把握的单一权力指数。此外，尽管软权力的作用日益突出，但鉴于其不容易测量的特点，③ 在本书中，对国家实力和相对权力地位的测量和比较主要使用的是硬权力，更具体地说是国内生产总值（GDP）等指标。

综上，相对权力地位的变动能够反映权力分配的变化，是衡量物质性结构变动情况的变量。

2. 社会性结构的变动主要表现为身份和观念的变化

身份是“有意图行为体的属性”，“可以产生动机和行为特征”。④ 也就是说，国家的身份将影响其意愿和行为。但大国身份的获得，除了先天的客观条件外，也需要后天的主观评价。但仅有国家单方的自我认同并不能使某个国家成为“大国”，因为“大国的身份是一个互惠的建构，它由一个国家对自我的看法和国际社会其他成员对它所持的看法之间相互作用所构成”。⑤ 因此，体系的社会性结构由大国对自我的看法和超级大国与其他大国对它的看法共同建构，表现为朋友或对手的状态，即俄罗斯对自己的认知和主要大国对俄罗斯的看法相互作用，在体系结构中共同建构了俄罗斯的体系身份。而地区的社会性结构由大国对自我的看法和地区内其他国家对它的看法共同建构，表现为大国被视为善意的还是恶意的，即俄罗斯对自己的判断与其他后苏联空间内的国家对俄罗斯的评价相互作用，共同建构了俄罗斯的地区身份。

① 与中国的比较主要是在进入21世纪后。

② Richard L. Merritt and Dina A. Zinnes, “Alternative Indexes of National Power,” in Richard J. Stoll and Michael D. Ward, eds., *Power in World Politics*, Boulder and London: Lynne Rienner, 1989, p. 14.

③ 软权力的某些表现是可以进行操作化测量的，例如后苏联空间内各国学习和使用俄语的人数等，其变化可以反映俄罗斯软权力的变动，后文中关于社会性结构和观念的讨论，实际上涉及软权力的某些表现。为了简化研究，这里关于相对权力地位的讨论只涉及硬权力的研究。

④ 〔美〕亚历山大·温特：《国际政治的社会理论》，第282页。

⑤ 〔英〕巴里·布赞：《美国和诸大国：21世纪的世界政治》，第62页。

本书用“主导观念”一词来表示一定时期内在结构中占据主要地位的观念。如果体系结构中的朋友多于对手，那么体系结构中的主导观念是良性的；如果在地区结构中有较多国家认为大国是善意的，那么其主导观念也是良性的；反之，主导观念为恶性。具体到主导观念的判定，本书将对其他国家对该大国的评价、各组双边关系的定位、大国召集的多边会议的出席情况等方面的指标进行观察。而社会性结构的变动更多反映的是空间内部形势的变化。综上，主导观念是衡量社会性结构变动情况的变量。

二 俄罗斯在地区一体化问题上的政策表现

本书的核心问题是如何解释俄罗斯在地区一体化问题上的参与意愿和行为方式的变化，因此，俄罗斯在地区一体化问题上的政策表现是本研究的因变量，其中包含意愿和行为两个方面。为了更好地展开论证，必须对因变量进行衡量，选定相关的指标和标准，以准确描述俄罗斯参与地区一体化意愿的强弱。

德国学者罗尔夫·J. 朗哈默尔将一体化的履行问题归结为7个方面：同谁建立一体化（共同体的最适度规模、最低限度的实施成本）；一体化应发展到何种程度（为国家主权的损失进行辩护所带来的后果）；一体化应达到多大范围（有关的贸易政策应当包括哪些领域）；什么样的一体化（自由贸易区、关税同盟、共同市场、经济与货币联盟）；一体化按照什么顺序（单边或者多边自由化居先、货币一体化排在实体经济一体化之前）；一体化应采用什么样的“剂量”（分阶段配方还是休克疗法式配方）；采用什么样的调控方式（自我评估还是外部评审）。[①] 朗哈默尔的这些标准为笔者观察一体化的不同发展情况提供了借鉴，但其中一些内容存在逻辑上的重复，例如“什么样的一体化”实际上反映了一体化的发展程度，与“一体化应发展到何种程度”存在部分重合的情况，有必要进行合并和整理。而本研究的主要问题与“一体化的发展情

① 〔德〕罗尔夫·J. 朗哈默尔：《可供选择的一体化方案：理论依据、经验检验和实践涵义》，〔德〕迪特·卡塞尔、保罗·J. J. 维尔芬斯主编《欧洲区域一体化：理论纲领、实践转换与存在的问题》，第67页脚注①，有关一体化的具体内容的详细分析，可参见该书第70~77页的论述。

况”这一问题并不相同，因此，笔者在参考其研究的基础上提出本研究的衡量指标和判断标准。

大国对某个给定的地区发展一体化的态度，可分为4种情况：大国反对或不支持该地区发展地区一体化；大国对该地区的地区一体化持有消极支持（或维持现状）的立场；大国对地区一体化持有限支持的态度，它具有一定程度的参与意愿，但并不强烈；大国对地区一体化持积极支持的态度，其意愿强烈。为了更好地观察这四种情况，特别是区分后三种具有支持立场的表现，笔者提出如下四个观察指标。

（1）一体化的参加对象

所谓对象，就是哪些国家参加一体化的问题。当某个地区一体化机制涵盖了该地区所有国家时，大国有意推动全地区一体化机制的发展，表明它位于较强的意愿水平。如果某个地区一体化机制只有部分国家参与，即表现为次地区一体化机制时，大国的意愿处于一般强度的水平，特别是在它只支持次地区机制而不支持全地区机制的情况下，意愿水平较低。如果某一次地区机制不但没有大国参与，反而有损大国的利益时，大国将反对这一次地区机制的发展，相应地减弱发展地区一体化的意愿。而如果某一次地区机制为大国参与并主导时，与它协议推进一体化的国家越多，或者说它所吸引的参加国越多，意味着在“一强多弱”的地区结构中大国有能力负担更多的地区公共品，这不仅体现出大国具有较强的发展地区一体化的意愿，也将进一步增强大国的意愿。综上，地区一体化的参加对象的多少能够反映大国对一体化意愿的强弱。

（2）一体化的涉及领域

通常，国家对不同领域的一体化具有不同的参与意愿，那么反过来，从大国参与的一体化所涉及领域的不同，我们也可以观察大国在地区一体化问题上的意愿差别。尽管经济一体化比政治一体化更容易实现，且国家对经济一体化的参与意愿较高，但不能就此说，参与经济一体化而没有参与政治一体化的国家对地区一体化持有并不积极的态度。关于“一体化的涉及领域”这个指标，判断的标准是：如果大国只参与或推进单一领域的一体化，则其对一体化维持有限支持的态度；如果大国参与或主导的一体化机制涉及全领域，那么其对一体化的态度更为积极。

（3）一体化的发展程度

与一体化的涉及领域密切联系的另一个问题是一体化的发展程度。如果大国参与经济领域的一体化，并有意将其从自由贸易区向一体化程度更高的形式推进，或者其一体化机制的发展目标设定为经济和货币联盟，即地区一体化从被动转为主动过程时，那么，这将意味着大国的地区一体化意愿较为强烈。如果在政治安全领域，大国主导建立或参与的是一体化机制，那么当它将机制推进为一体化组织，或者以国家联盟作为机制发展目标时，表示其对一体化持有积极态度。如果大国有意推动文化和认同领域的一体化（尽管这阻力很大），也能够反映出大国的一体化意愿呈现走强的趋势。

（4）一体化的实质步骤

如果大国对某种一体化进程的发展仅仅停留在书面协议的话，那么其对地区一体化只是一种有限支持的态度；如果大国有意推动一体化的发展，即持有积极支持的态度时，它会采取实质性步骤。在“一强多弱”的地区结构中，作为主导国的大国，其实质性步骤主要涉及地区公共产品的供给，包括建立一体化机制和机构、制定和通过相关法律、提供开展一体化需要的管理人才和相应物资、保障地区的军事安全等。有时，为了提高一体化的其他参加国的经济水平，大国还会提供地区内部的经济“输血”。以上这些，是从积极方面吸引其他国家参加大国主导或推动的地区一体化的主要方式。而从消极方面看，大国有时会运用自己的权力，迫使或说服其他国家参与地区一体化，所谓“胡萝卜加大棒”即是对此的形象表述。但“即便对于大国来说，权力也是一种稀缺商品，需要仔细地加以节约使用”，[①] 对那些不参加地区一体化的国家采取的“惩罚”措施也可以从一个侧面反映出大国推动地区一体化的迫切心态。因此，实质步骤的出现，能够体现出大国对地区一体化持有较为积极的支持态度。

综上，本研究制定如下量表观察俄罗斯对地区一体化的态度（参见表1－2）。

① 〔美〕阿诺德·沃尔弗斯：《纷争与协作——国际政治论集》，第101页。

表 1－2　大国在地区一体化问题上的态度

态度程度 / 表现方面	不支持	消极支持地区一体化	有限支持地区一体化	积极支持地区一体化
参加对象	无	维持现状	个别国家	全区域
涉及领域	无	维持现状	单一领域	多领域或全领域
发展程度	无	维持现状	机制化，低层次	组织化，高层次
实质步骤	无	维持现状	有限措施	众多奖惩措施

三　双重结构的激励程度与俄罗斯的地区一体化政策

“一超多强”的体系结构与“一强多弱”的地区结构构成了影响俄罗斯地区一体化政策的双重结构。理论上看，双重结构为俄罗斯采取地区一体化政策提供结构激励，但体系结构和地区结构提供的激励程度可能并不相同，且每种结构中的物质性结构和社会性结构提供的激励程度亦有差别。因此，本部分将梳理在不同的排列组合情况下俄罗斯的意愿和行为，从而把握双重结构对政策的具体影响。

（一）体系结构及其激励程度

第一，通常情况下，大国在体系结构中相对权力地位的下降可能由两种情形导致：一是大国自身的实力下降，竞争力减弱；二是大国自身的实力也许是上升的，但是其他大国比该大国的发展速度更快、更具竞争性。大国相对权力地位的下降可能发生在两种情况中：一种情况是如果有越来越多的行为体把大国视作朋友，而大国自己也认为它是其他国家的朋友，[①] 那么，主导观念是在向良性发展，处于优化状态。而相对权力地位的下降又能在一定程度上促进主导观念继续优化，强化其他行为体关于“该大国不是体系结构挑战者”的观念，促使它们减少对该大国的关注和敌意。严格地说，大国实力下降时，敌意是绝对意义上的减少，此时的大国“被轻视”；而大国实力上升时，敌意是相对意义上的减少，因为此时的敌意主要集中于更具竞争性的、最有可能崛起为超级

① 观念的建构是一个复杂的互动过程，存在迟滞和误解的情况，并将由此导致大国决策的失误。此处的研究只是通过界定主导观念性质的变化进而判断体系结构的变动情况，因而不对观念的建构过程做更细致的分析，并简化为双方对彼此关系的认知具有一致性。

大国的国家或地区实体，即大国拥有“挡箭牌”。但无论是何种情况，当针对大国的敌意减少时，其他行为体可能减少对该地区事务的介入，[①]这将有利于大国获得比较宽松的国际环境。此时，体系结构对大国是“强激励”（激励A）。一方面，大国将“知耻而后勇”地通过推动地区一体化防止自身实力的进一步下降，即改变弱势地位，或者继续崛起，追赶发展更快的国家，甚至力图成为超级大国；另一方面，主导观念的优化也让体系环境愈加宽松，减少大国做出地区一体化政策选择时的顾忌。

另一种情况是如果此时有越来越多的行为体把大国视作对手，且大国也持有同样判断，那么主导观念呈恶化趋势。大国的对手既乐见该大国地位的持续下降，同时也保持警惕，对大国的任何图强行为设置障碍。地区一体化战略显然有助于大国改变地位下降的趋势，因此，体系中的其他行为体将阻挠大国推进地区一体化，反过来，大国对此种前景的预判也将削弱其政策实施意愿。总之，当相对权力地位下降、主导观念恶化时，体系结构对大国是“弱激励”（激励B）。

第二，反向的情况是大国在体系结构中相对权力地位的上升，这种上升也可能经由两种情形引起：一是大国自身的实力上升，竞争力增强；二是大国的实力并没有发生明显的变化甚至有可能下降，其相对权力地位的上升是“同等国家所给予的东西”，“建立在施舍的基础上”。[②] 此时也可能存在两种情况：一种情况是如果主导观念优化，有利于大国选择支持或参与地区一体化。但因为大国的相对权力地位已经处于上升期，[③]而地区一体化既要让渡主权又要提供公共产品，那么大国需要权衡其中的得失，其意愿将减损，特别是如果实力也处于下降趋势时，积极性将

① 理论上说，域外行为体对大国和大国所在地区的关注并不一定同步，在减少对该大国关注的同时，如果也减少了对该地区的关注，证明域外行为体的主要意图是以介入该地区的方式阻挠在其中拥有优势地位的大国的发展，如果是增加了对该地区的关注，则证明域外行为体的主要意图是“趁火打劫”，在大国虚弱时拓展自身对该地区的影响。此外，域外行为体的政策选择还取决于其自身的实力状况和体系结构的状态，比较复杂。这里主要是为了构建分析俄罗斯战略行为的框架，所以，不对域外行为体的政策开展更具体的讨论。

② 〔英〕巴里·布赞：《美国和诸大国：21世纪的世界政治》，第114页。

③ 即便是施舍带来的地位上升，也会给大国带来相应的满足，进而减少战略实施意愿。

更加降低。因此，此时产生的激励 C 与激励 A 相比，程度要弱一些。

另一种情况是如果大国相对权力地位的上升发生在恶化的主导观念中，对手本来就对大国持有敌意，此时如果是因为实力上升引起地位上升，[①] 那么社会性结构将持续恶化。其他行为体将增加对该国的关注并采取不同程度的制衡行为，通过更多地参与该地区事务对大国的发展施加影响，不利于大国推行其所主导的地区一体化。且这些域外行为体关注的内容和程度并不相同，超级大国特别关注该大国是否能够达到“体系第二”的位置并成为当前体系结构的挑战者，如果出现此种预期，超级大国“为确保其地位不受挑战”将“采取行动推迟或防止大国升格”，[②] 极力阻挠该大国通过地区一体化进一步增强实力。而当大国相对权力地位的上升是由“施舍”获得时，如果大国意图推进地区一体化，增强自身实力并努力使地位的上升“名实相副”的话，将有可能增加敌意，恶化主导观念，最终不再获得“施舍”。考虑到由此可能引发的麻烦，大国会自律性地降低推进地区一体化的积极性。无论是何种具体情况，当相对权力地位上升、主导观念恶化时，体系结构对大国是一种“弱激励”（激励 D）。

由此，本研究区分清楚了体系结构对大国产生的不同激励情况（参见表 1－3），接下来需要进一步区分不同激励的强弱程度。首先，当相对权力地位的变化同方向时，主导观念的优化有利于大国选择地区一体化，因此，激励 A 的程度强于激励 B（A > B），激励 C 强于激励 D（C > D）。其次，当主导观念的状态相同时，相对权力地位的下降会产生更强的激励，因此，激励 A 强于激励 C（A > C），激励 B 强于激励 D（B > D）。最后是比较激励 B 和激励 C 的程度大小。激励 B 产生时，无论相对权力地位的下降是缘起于大国实力的绝对弱势还是有其他大国成为了敌

① 理论上说，大国相对权力地位的上升如果是其他大国给予的，那么体系的主导观念应该是良性的，因为如果有恶意，大国不会被给予地位提升。但实际上，即便主导观念恶性或者有恶化的趋势，大国依然有可能被施舍，因为不施舍的结果可能更糟，最终“两害相权取其轻”，并且施舍的情况下，大国实力的弱势也让其他大国不会过多担心其地位上升带来的恶果（即轻视该大国），所以，其他大国最终决定提升该大国的地位。也就是说，给予地位提升并不一定意味着主导观念不是恶性的或不会继续恶化；而由实力带来的相对权力地位的提升，则将继续恶化主导观念。

② 〔英〕巴里·布赞：《美国和诸大国：21 世纪的世界政治》，第 92～96 页。

意聚焦的“挑战者”，即便此时的主导观念恶化，外部阻碍也并不多，因为在前一种情况下，体系内的其他行为体将“轻视”该大国，而后者发生时，则其他行为体注意力转移。在激励 C 的情况下，只要大国的相对权力地位没有上升到“体系第二”或危及超级大国，那么由观念导致的外部阻碍就非常小，同时，内部动力也不足，因为地位已经在上升。而不断提高本国的相对权力地位是国家的主要目标，① 因此，改变地位下降的需求是如此迫切，激励 B 的程度要强于激励 C（B > C）。综上，体系结构提供的各种激励的强弱排序结果为：激励 A 最强，激励 B 次之，激励 C 再次，激励 D 最弱（即 A > B > C > D）。

表 1－3　体系结构对大国地区一体化政策的激励

相对权力地位	主导观念	激励
下降	优化	A
下降	恶化	B
上升	优化	C
上升	恶化	D

（二）地区结构及其激励程度

对地区结构及其激励程度的分析可以比照对体系结构的研究展开，与之不同的是：“一强多弱”的地区结构中，大国相对权力地位的变化，只意味着大国同地区内小国之间的实力差距的扩大或缩小，并不改变大国作为“地区主导国”的身份。也就是说，“一强多弱”的地区结构具有一定程度的稳定性。而“在大国中的地位……始终是俄罗斯与外部世界打交道的基石”，② 所以俄罗斯更加看重其在体系结构中的地位。因此，大国对其在地区结构中相对权力地位的下降不像在体系结构中那样敏感。

大国在地区结构中的相对权力地位的下降通常可能由两种情况导致：

---

① Nicholas J. Spykman, *American Strategies and World Politics*, New York: Harcourt Brace Jovanovich, 1942, pp. 21－22.

② 〔美〕罗伯特·莱格沃尔德：《三个俄罗斯：衰落、革命与复兴》，〔美〕罗伯特·A. 帕斯特编《世纪之旅：世界七大国百年外交风云》，第 172 页。

第一，大国自身实力的减弱，此时的大国可能自顾不暇，因而没有意愿承担一体化的责任（即大国“无心无力”），无论小国此时的实力有何变化，它们都会怀疑大国的政策实施能力，担心其无法提供公共产品，也就是说大国即便想要一体化，也缺乏对小国的吸引力（即大国“有心无力”）。第二，小国的实力地位快速上升，增加了其对地区事务的发言权，地区平台通常可以使小国的作用凸显出来，因为较小国家“在确立自身地位方面只能在地区层面上玩牌”。[①] 而实力地位的上升使小国获得了更多的自信，特别是在处理与地区主导国的关系时，小国获得了更多的谈判筹码，此时，无论大国的真实实力状况为何，地区一体化对小国的吸引力都是下降的。如果这种下降发生在优化的地区主导观念里，即大国与小国之间的关系较为融洽，小国对大国的一体化政策不容易产生敌意，不担心被“帝国”控制，那么将有利于大国开展一体化（哪怕是低水平的），此时产生的结构激励（激励 H）的程度并不强。但若发生在恶化的主导观念中，大国可能怀有比较强烈的控制欲望却认为小国不够听话，或认为小国是负担，不愿背包袱，而小国则认为大国是恶意的地区主导国，对大国产生不信任的“畏惧”和“敌意”，不满意大国提供的地区一体化机制，且担心参加一体化有可能被大国控制而失去独立自主，那么即便大国有通过地区一体化改变地位下降的意愿，但主导观念的恶化将使一体化的前景变得黯淡，也反过来更加降低大国采取地区一体化政策的积极性，也就是说此时的结构激励（激励 I）的程度要更弱（H > I）。

但当大国的相对权力地位在地区结构中上升时，呈现出不同的情况。“一强多弱”的地区结构中，大国相对权力地位的上升意味着它与小国之间的距离拉大。此时，优化的主导观念将使大国获得更多的吸引小国的资本和自信，大国提供地区公共产品的能力比较令人信服，有利于地区一体化的开展。因此，主导观念优化时，相对权力地位上升的结构激励（激励 J）是一种“强激励”，且程度强于激励 H（J > H）。而如果大国在地区结构中相对权力地位的上升发生在恶化的主导观念中，将强化小国的不安全感和忧虑，即便大国此时具有提供公共产品的能力，也缺

① 〔英〕巴里·布赞：《美国和诸大国：21 世纪的世界政治》，第 69 页。

乏相应的吸引力和向心力。而本就不需要借助地区一体化提升地位的大国会更有理由采取脱离政策或单独行动，它不愿意自讨没趣从而进一步减弱实施地区一体化政策的积极性。总之，此时的结构激励是“弱激励”（激励 K），且程度弱于激励 I（I > K）。

由此，本研究也区分清楚了地区结构对大国产生的不同激励情况（参见表 1－4），且不同激励的强弱程度排序如下：激励 J 最强，激励 H 次之，激励 I 再次，激励 K 最弱（即 J > H > I > K）。

表 1－4 地区结构对大国地区一体化政策的激励

相对权力地位	主导观念	激励
下降	优化	H
下降	恶化	I
上升	优化	J
上升	恶化	K

（三）双重结构对俄罗斯支持或参与地区一体化的影响

本部分提出了本书的核心假设，考察双重结构对俄罗斯支持或参与地区一体化的影响。理论上看，双重结构会产生 16 种（4 ×4）排列组合结果，并对大国产生不同程度的激励。如果本书的目标是精确确定 16 种激励程度的排序并加以验证的话，那将是一项十分庞杂的工作，且俄罗斯在后苏联空间的地区一体化实践只有近 30 年，无法提供足够的可供验证的案例；而结构形态的变化并非那样迅速，它通常表现为一种趋势，更需长时间观察。因此，本书的主要任务不是完成全部的排序和验证工作。

与本研究相关的更进一步的问题是区分体系结构和地区结构究竟哪个结构产生的激励作用更突出、更重要，但这也不是本书当前的目标。本书强调仅从一个角度进行解释不能获得充分的理解。“对俄罗斯而言，最重要的层次是地区层次和全球层次（两者密切相关）”，[①] 因此，本书从两个层次展开，强调双重结构共同产生了影响。

本书已经对双重结构产生的激励分别进行了排序，那么每种结构的

① 〔英〕巴里·布赞、〔丹〕奥利·维夫：《地区安全复合体与国际安全结构》，第 419 页。

激励就分别可定性为最强激励、次强激励、次弱激励和最弱激励 4 种，这 4 种情况又可分成两类，即强激励和弱激励两种（参见表 1－5）。由此提出本书的核心假设（参见表 1－6）：

假设 1：如果体系结构和地区结构提供的两种激励都位于“强激励”的高位，那么大国会持有积极支持地区一体化的立场，并采取相应的参与和推动一体化发展的行动，也就是符合因变量中积极支持态度的表现情况；

假设 2：如果体系结构和地区结构提供的两种激励都位于“弱激励”的低位，那么大国会持有消极支持地区一体化的态度，其行为表现为维持地区一体化的发展现状，不采取新的政策措施；

假设 3：如果体系结构和地区结构提供的两种激励分别位于不同的强弱程度位置，那么双重结构在整体上提供的是一种中档激励，大国对地区一体化的态度是有限支持，其政策和行为在某些方面存在限制和约束。

表 1－5　双重结构的激励程度分类

激励程度粗分	激励程度细分	体系结构的激励	地区结构的激励
强激励	最强激励	激励 A	激励 J
	次强激励	激励 B	激励 H
弱激励	次弱激励	激励 C	激励 I
	最弱激励	激励 D	激励 K

表 1－6　本研究的核心假设

体系结构的激励	地区结构的激励	俄罗斯的态度
强激励	强激励	积极支持
强激励	弱激励	有限支持
弱激励	强激励	有限支持
弱激励	弱激励	消极支持

参照图 1－1 所示的分析象限有助于我们更加清晰地理解本书提出的分析框架。

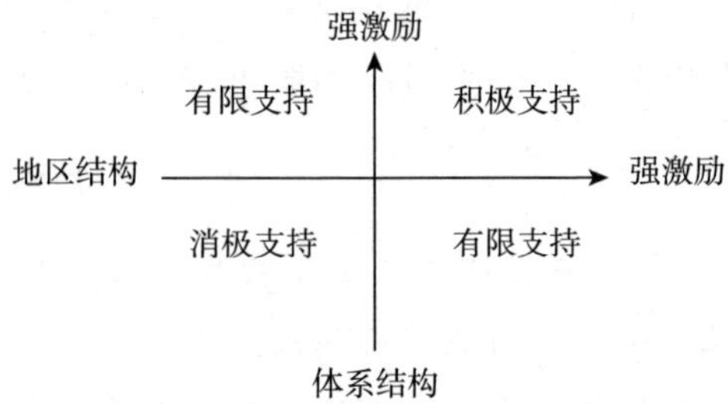

图 1-1　核心假设：双重结构对大国地区一体化意愿的激励

本章小结

围绕本研究的核心问题，本章首先对层次分析法、地区与地区主义、地区一体化等相关概念进行了理论梳理并提出了本书所使用的定义。之后回顾了有关“国家为何参与或支持地区一体化”的问题的既有研究，发现它们在解释俄罗斯时会遇到一定的问题。在此基础上，本研究通过将“地区”这一层次引入结构分析中，定义了一个由“一强多弱”的地区结构和“一超多强”的体系结构构建的双重结构，认为双重结构的不同变动趋势提供了不同程度的激励，影响了大国对地区一体化的态度和行为，即构建起本研究的分析框架，完成了本章的基本任务。接下来的章节主要是以时间为序对本分析框架进行实证检验。

巴里·布赞认为，分析层次强调互动能力（interactive capacity）、结构（structure）和过程（process）三个基本方面，[①] 而本研究不仅观察体系结构和地区结构对俄罗斯的共同影响，也关注在体系和地区两个层次上，俄罗斯与其他国家之间的互动过程。这在某种意义上也可以被称为“双层博弈”，[②] 只不过此时的博弈发生在体系和地区两个层面。在体系中，俄罗斯需要排除超级大国和其他大国对后苏联空间的干扰，以便于

① Barry Buzan, “The Level of Analysis Problem in International Relations Reconsidered,” in Ken Booth and Steve Smith, eds., *International Relations Theory Today*, pp. 204 – 205.

② 双层博弈是罗伯特·帕特南（Robert Putnam）提出的概念，指国家通常在国际层次上与其他国家进行讨价还价，同时也在国内同本国选民进行讨价还价，参见 Robert D. Putnam, “Diplomacy and Domestic Politics: The Logic of Two-level Games,” *International Organization*, Vol. 42, No. 3, 1988, pp. 427 – 460。

推动其所主导的地区一体化；在地区内，俄罗斯则需要将后苏联空间内的国家吸引到其所倡导的地区一体化进程中，这一“双层博弈”的过程和结果不仅影响了一体化的效果，也会反过来影响俄罗斯的意愿。对这近30年后苏联空间一体化进程的全面分析，将不仅验证本研究所提出的假设的解释能力，更有利于把握俄罗斯对地区一体化的态度和行为方式的变动特点或变动规律。

第二章　双重结构的形成与俄罗斯启动地区一体化（1991～1996）

冷战后期，苏联的国力不断下降，在与美国的争霸中逐渐显现出颓势，力不从心的感觉日渐明显。迫于形势，苏联从阿富汗撤军、默许了东欧发生的变化并在多个领域采取了收缩政策，最终以自身的解体宣告了超级大国地位的终结。独立后的俄罗斯甩掉了周围的“小伙伴”以求轻装上阵，并采取了非常明显的亲西方政策，但这种“追随战略”并没有取得预期的效果。俄罗斯在自身转轨的过程中，其国力不断发生变化，在体系结构和地区结构中的地位随之改变，主要大国和地区内国家对俄罗斯的评价也发生变化，彼此之间的关系呈现出新的变动趋势。最终，俄罗斯不得不重新回归后苏联空间，试图在独联体范围内进行新的地区整合，实现某种形式的地区再一体化。

第一节　“一超多强”的体系结构与俄罗斯的追随战略

苏联国家发展的低效和乏力在 20 世纪 80 年代显现无余，并最终导致了自身的解体。作为苏联的继承者，俄罗斯的国际地位因为苏联的分崩离析而从超级大国降为“普通国家”。整体形势的变化和改变自身窘境的需要促使俄罗斯抛弃了其他的原苏联加盟共和国，采取了追随超级大国的战略。

一　从超级大国到“普通国家”

凭借二战中的卓著战果，苏联一跃成为世界第二大强国。随着冷战的爆发，因意识形态分歧造成的两大阵营的对立，将苏联推上超级大国的地位。[①] 原本就虚弱的超级大国根基在盲目扩张和激烈军备竞赛的裹

① 顾炜：《意识形态、地区战略与苏联的崛起》，《俄罗斯学刊》2013 年第 2 期，第 33～35 页。

挟下日渐脆弱，最终是让人意想不到的苏联自身的“断裂”。

（一）超级大国的崩溃

在经历了20世纪六七十年代勃列日涅夫时期的“辉煌”后，苏联的疲态像安德罗波夫等人虚弱的身体一样日渐显现，国家发展的前景被笼罩上了一层愁云。1985年3月，戈尔巴乔夫接替契尔年科上台执政，苏联开始了一系列改革。

改革的初衷是挽救苏联衰败的国势，但一切的努力并没有达到预期的效果，反而在反方向上越走越远。由经济形势恶化引发的政治局势不稳持续加剧，苏联的国家主权也因加盟共和国不断高涨的独立呼声而遭到严重削弱。1990年3月，立陶宛宣布独立，爱沙尼亚和拉脱维亚紧随其后，由此揭开了苏联逐步崩塌的序幕。各个加盟共和国纷纷效仿波罗的海三国，以维护主体民族利益为口号，试图寻求自身的独立。1990年6月，俄罗斯最高苏维埃发表《国家主权宣言》，宣布了其所拥有的“绝对主权”，米哈伊洛夫（В. Михайлов）对此评论道，“主权宣言等于是一场政变”，“苏联解体的进程不可逆转”。[①] 7月，乌克兰最高苏维埃通过了乌克兰国家主权宣言，其他加盟共和国则纷纷追随俄罗斯和乌克兰的脚步，苏联的解体似乎已不可避免。

实质性的解体从1991年开始加速推进。1991年4月24日，苏联最大的加盟共和国俄罗斯，通过了总统选举法，并于6月12日举行了全民大选，约1.04亿选民参加了投票，鲍里斯·叶利钦（Б. Н. Ельцин）获得了57.3%的过半数选票，领先于其他候选人。[②] 7月10日，叶利钦宣誓就任俄罗斯总统。作为主要由俄罗斯族构成的核心国家，俄罗斯始终具有优越感，特别是在苏联出现颓势时，认为那些加盟共和国作为“文化、精神和政治上的异类疆域”已经是俄罗斯的经济和安全“负担”的

① *Вячеслав Михайлов.* Как и почему развалился Советский союз //Независимая газета. 20 апреля 2001г.

② *Пихоя Р. Г.*, *Соколов А. К.* История современной России: кризис коммунистической власти в СССР и рождение новой России. Конец 1970 – х 1991гг. М., Российская полити ческая энциклопедия (РОССПЭН), Фонд Первого Президента России Б. Н. Ельцина, 2008. С. 357.

想法更加严重。[①] 因此，抛弃拖累俄罗斯的“小伙伴”成为俄罗斯政治精英为求改变而做出的一种重要选择。

叶利钦就任后加快了俄罗斯的独立进程。1991 年 8 月 25 日，叶利钦发布命令，宣布所有属于苏共的不动产和动产均为俄罗斯联邦国家财产，苏共存放在境外的资金将在新联盟条约签署后由各共和国协定分配；在俄罗斯联邦境内的动产和不动产将移交俄罗斯联邦部长会议使用。[②] 这不仅切断了苏联共产党的经济来源，也在相当大的程度上限制了苏共的活动能力。随后，迫于来自加盟共和国的强大压力，9 月 2 日，苏联召开第五次非常人民代表大会，通过了戈尔巴乔夫和俄罗斯、哈萨克斯坦等 10 个苏联共和国领导人的声明，即“10 + 1 声明”，决定成立两院制议会和由联盟各共和国领导人组成的国务委员会，取消苏联人民代表大会、最高苏维埃和总统制。[③] 9 月 6 日，苏联国务委员会第一次会议通过决议，批准波罗的海三国独立。自此，持续已久的独立运动取得了实质性成果，立陶宛、爱沙尼亚和拉脱维亚三国脱离了苏联。这似乎打开了“潘多拉的魔盒”，使此后一切维系苏联的努力都只具有了象征意义。

1991 年 11 月 14 日，苏联国务委员会召开会议，与会的俄罗斯、白俄罗斯、哈萨克斯坦、吉尔吉斯斯坦、土库曼斯坦和塔吉克斯坦等国代表主张建立新的政治联盟，意图改变现有的架构。然而，数日后，当叶利钦决定停止向中央部委提供资金并由俄罗斯中央银行接管苏联国家银行和对外经济银行时，[④] 此前的很多努力因为联盟的经济来源被斩断而化为徒劳。苏联运行的经济根基被切断，解体进程大大加速了。

1991 年 12 月初，乌克兰举行全民公决，90.32% 的公民赞同独立。[⑤] 这对那些试图维护苏联存续的人们来说，又是当头棒喝。12 月 8 日，著

---

① E. B. Rumer, “Russia and Central Asia After the Soviet Collapse,” in J. C. Snyder, ed., *After Empire: The Emerging Geopolitics of Central Asia*, Washington, D. C.: National Defense University Press, 1995, p. 49.

② *Пихоя Р. Г.*, *Журавлев С. В.*, *Соколов А. К.* История современной России. Десятилетие либеральных реформ: 1991 – 1999гг. М.: Новый хронограф, 2011. С. 72.

③ Заявление Президента СССР и высших руководителей союзных республик. 2 сентября 1991//Известия. Московский вечерний выпуск, 2 сентября 1991.

④ Эпоха Ельцина. Очерки политической истории. М.: Вагриус, 2001. С. 157.

⑤ *Пихоя Р. Г.*, *Соколов А. К.* История современной России: кризис коммунистической власти в СССР и рождение новой России. Конец 1970 – х—1991гг. С. 408.

名的别洛韦日会晤在白俄罗斯首都明斯克郊外举行，俄罗斯、乌克兰和白俄罗斯三国领导人在会后发表三方联合公报，表示三国已共同签署组成“独立国家联合体”的协议。苏联作为国际法的主体和地缘政治现实已不复存在，苏联的法律和一切准则在三国已不再适用。[①] 非斯拉夫民族占主体的加盟共和国紧随其后，12 月 13 日，中亚五国发表声明，表示愿意成为独立国家联合体的平等创建国。12 月 21 日，除格鲁吉亚和波罗的海三国外，苏联的 11 个加盟共和国首脑在哈萨克斯坦的阿拉木图举行会晤，正式宣布独立国家联合体（CIS）成立。会后，各国把苏联已不复存在和独联体不设总统职位的决定通知了苏联总统戈尔巴乔夫。

自此，苏联——这座庞大的大厦就这样摧枯拉朽般地坍塌了。12 月 25 日，戈尔巴乔夫发表电视讲话，正式宣布辞职并把掌管核武器的箱子移交给叶利钦，苏联的红旗在克里姆林宫徐徐降下，一个超级大国崩溃了。

（二）作为“普通国家”的俄罗斯

1992 年 1 月 5 日，俄罗斯联邦最高苏维埃通过《关于更改俄罗斯联邦名称法》，决定将俄罗斯苏维埃联邦社会主义共和国更名为俄罗斯联邦。[②] 一个新的俄罗斯自此诞生。这是一个新的国家，“一个有着与以前不同的边界、内外政策、政治制度和政权体制的国家”，[③] 其比较明显的变化体现在诸多方面。

第一，俄罗斯缩小并后退。俄罗斯的领土面积下降为 1700 余万平方公里，人口也缩减为 1.4 亿人。俄罗斯南部在高加索的边界退回到 19 世纪，在中亚退回到 19 世纪中叶，西部几乎失掉了几代沙皇努力拓展出的疆域，退回到 17 世纪初。[④] 可以说，“这个国家已经退回到彼得大帝以前的俄罗斯边界”，而且其中“70% 的边界都不安全，现在毗邻的国家比 5 年前（1991 年）多 3 倍”。[⑤] 邻国的增多意味着矛盾和摩擦的可能性

---

① 《俄罗斯联邦内政外交大事记（1990—2004 年）》，北京：世界知识出版社，2006，第 5 页。

② 《俄罗斯联邦内政外交大事记（1990—2004 年）》，第 6 页。

③ 〔俄〕鲍里斯·叶利钦：《午夜日记——叶利钦自传》，曹缦西、张俊翔译，南京：译林出版社，2001，第 409 页。

④ 〔美〕兹比格纽·布热津斯基：《大棋局：美国的首要地位及其地缘战略》，第 117 页。

⑤ 〔俄〕卢金：《转向西伯利亚》，德国《世界报》1996 年 7 月 31 日，转引自冯绍雷《制度变迁与对外关系——1992 年以来的俄罗斯》，第 386 页。

增加，外交的复杂性也随之提高。

第二，俄罗斯在经济生产、国家安全和社会发展方面丧失了许多重要的地区。例如，重要的农业产区和黑海军港在乌克兰，航天基地拜科努尔在哈萨克斯坦，里海以前可以被看作苏联的一个内湖，而现在的俄罗斯只是里海沿岸五国的其中之一，等等。它看起来已然不复当年之辉煌。

第三，独立后的俄罗斯需要选择自己新的道路。此时，“西方的诱惑与俄罗斯自给自足的帝国主义的过去相互竞争”,[①] 而俄罗斯选择了前者，放弃了过去。也就是说，一个最重要的变化是俄罗斯抛弃了共产主义的意识形态，不再成为社会主义阵营的领导者，也不再把主要资本主义国家视作敌人。

第四，俄罗斯不再担负不必要的大国责任。这不仅是指维系苏东国家组成的阵营，还包括那些被俄罗斯视为“小伙伴”的原苏联加盟共和国。正如叶利钦自己所说，“我抱着从‘苏联’遗产中最彻底地解放出来的思想走来。这样的彻底解放不单单是通过各种各样的改革，而是通过改变俄罗斯承担的痛苦的大国职能来取得的”。[②]

因此，苏联解体后，无论从物质上还是从观念上看，俄罗斯都从一个参与全球争霸的超级大国降为了“普通国家”，成为国际社会中一个普通成员。

二 体系结构的形成与俄罗斯的追随战略

冷战的结束以东欧剧变和苏联解体为标志，同时宣告了两极体系的瓦解。美国在超级大国的争霸中取得了最后的胜利，也在冷战后成为世界上唯一的超级大国。面对形势的变化，独立后的俄罗斯继续其融入世界的步伐，并采取了追随战略。

（一）体系结构的巨变

二战后，随着美苏战时同盟的破裂，马歇尔计划和杜鲁门主义的出

① 〔美〕杰弗里·曼科夫：《大国政治的回归：俄罗斯的外交政策》，黎晓蕾、李慧容等译，北京：新华出版社，2011，第13页。

② 〔俄〕鲍里斯·叶利钦：《总统笔记》，李垂发等译，北京：东方出版社，1995，第43页。

台以及北大西洋公约组织（简称“北约”）和华沙条约组织（简称“华约”）的相继建立，世界分裂为资本主义和社会主义两大阵营。国际体系呈现出以美苏两个超级大国为显著标识的两极形态，有相当多的学者持有两极体系更加稳定的观点。然而，无论是理论研究者们还是政策制定者们，大多数人都未曾料到冷战以相对和平的方式结束，更加始料未及的是超级大国苏联的轰然解体。

体系结构在苏联解体后发生了巨大的变化，美国成为“第一个也是唯一的一个真正的全球性大国”，[①] 伊肯伯里（G. John Ikenberry）甚至说，世界已经进入了美国独霸的时代。[②] 没有人曾预料到冷战会以这样的方式结束，但美国确实在诸多方面比苏联更具有竞争性和持久性，而苏联的解体也将美国推上了历史性的高位。尽管理论界围绕美国究竟是否衰落的问题进行过诸多争论，但不得不承认的是美国从1992年开始在世界上占据了一个独特地位——它是“唯一的全面的全球性超级大国”。[③]

比超级大国的实力和影响力逊色的是我们在一般意义上称作“大国”的国家。这些大国一般都具备基本的物质实力，并通过在国际体系的竞争中崛起而成，除此之外，“第二条路径是国家从公认的超级大国地位衰退下来”，[④] 解体之后的俄罗斯属于这种情况。尽管失去了超级大国的地位，但它依然拥有世界第一的领土面积、庞大的核武库和安理会常任理事国的地位以及超越地区层面的影响力。因此，俄罗斯是体系结构中的一个大国。

就在苏联解体的同时，欧共体的一体化进程再次获得推进。1991年12月，欧共体各国召开会议，通过了《欧洲经济与货币联盟条约》和《政治联盟条约》（上述两个条约合并称为《马斯特里赫特条约》，简称《马约》）。《马约》的签署为欧洲一体化进程注入新的活力，欧共体也从一个经济实体转为包含经济、政治、防务等多领域的综合实体。1993年11月1日，《马约》正式生效，整个欧洲的实力在加快联合进程的基础

---

① 〔美〕兹比格纽·布热津斯基：《大棋局：美国的首要地位及其地缘战略》，第13页。

② G. John Ikenberry, "Illusions of Empire: Defining the New American Order", *Foreign Affairs*, March/April 2004; G. John Ikenberry, "Getting Hegemony Right," *The National Interest*, No. 63, Spring 2001.

③ 〔美〕兹比格纽·布热津斯基：《大棋局：美国的首要地位及其地缘战略》，第32～33页。

④ 〔英〕巴里·布赞、〔丹〕奥利·维夫：《地区安全复合体与国际安全结构》，第34页。

上得到了增强。欧洲联盟作为一个整体成为国际关系中的重要行为体，并成为冷战后“一超多强”的国际体系结构中的“一强”。

（二）俄罗斯对美国的追随

早在戈尔巴乔夫倡导新思维之时，苏联对外部世界的态度就已经发生了改变。苏联人“看到了自己的经济和政治制度所固有的一些弱点”，由此，改变“对待已在西方形成的世界经济联系的态度，尽可能融入这个体系，适应已经形成的各种结构”[①] 成为苏联启动改革之后的一个重要目标。独立之后的俄罗斯，在放弃了超级大国地位的基础上，在对外战略上更加坚持这一立场，即努力以普通国家的身份追随美国与融入世界。

就在苏联按新思维的指导采取全面收缩的政策时，1989 年 5 月，布什在波士顿大学发表演讲，将他的对苏方针阐述为“超越遏制”，使苏联“融入国际社会”，这一观念被国家安全委员会的一位高级成员进一步解说为“走出遏制是对苏联改革的积极的反应和战后时期美国对苏政策在观念上的彻底改变”。[②] 布什政府的这一“超越遏制”战略的目标显然是通过把苏联纳入国际体系，进一步推动苏联的全面变革。从 1989 年开始的两年多时间里，美苏领导人在马耳他、华盛顿、赫尔辛基和莫斯科进行了几次会晤，商讨关系全球局势的重大事项和彼此之间的合作事宜，推动美苏建立起伙伴关系。1991 年 5 月，美苏两国的专家共同起草了《希望协定》（又称“哈佛计划”），目标是推动苏联的进一步改革。显然，超越遏制战略不仅顺应了苏联与美国谋求缓和的意愿，而且在某种意义上与戈尔巴乔夫的“新思维”起到了“里应外合”的效果，共同推动了苏联的解体。

苏联解体导致了体系结构的巨变，从两极转变成“一超多强”的结构。解体后的俄罗斯，从超级大国变为“普通国家”，其对外战略也相应发生了重要变化，试图采取追随战略，搭上美国等西方国家的“便车”，在外力的支持下带动经济快速发展，以摆脱面临的困境。

---

① 〔俄〕安德兰尼克·米格拉尼扬：《“勃列日涅夫主义”的墓志铭》，1989 年 8 月 20 日《莫斯科新闻》，〔俄〕安德兰尼克·米格拉尼扬：《俄罗斯现代化之路——为何如此曲折》，第 298 页。

② *New York Times*, May 25, 1989, p. A8；另见《布什找到对外政策的主题：走出遏制》，《参考消息》1989 年 6 月 15 日，第 4 版。

在俄罗斯看来，其追随战略能够成功实施具有以下一些有利条件。第一，“最重要的是，它（俄罗斯）不再有敌人，或许是它历史上的第一次”，[①] 也就是说俄罗斯放弃了共产主义，在意识形态上与美国等西方国家不再对立，也就不再是当前体系的挑战者。因此，在没有意识形态分歧的情况下，俄罗斯更便于同西方国家开展合作，这与苏联解体、东欧剧变后很多东欧前共产主义国家的思路相一致。第二，原有的经济困境并未因为苏联解体而好转，反而因实力削弱而不断加剧，俄罗斯看起来已经今非昔比，“回到了起始点：虚弱不堪，疆土缩小，听命于人而不是号令天下，并在新生中挣扎”。[②] 俄罗斯不再是美国的对手，也不构成威胁，所以它可以获得美国的帮助。第三，俄罗斯也是苏联解体的有力推手，即美俄双方分享了战胜苏维埃共产主义的胜利，[③] 作为某种意义上的“合作者”，美国会采取“回报”态度，继续向俄罗斯提供支持。俄罗斯独立前后各种事态的发展，在相当程度上支持了俄罗斯的这些判断。

在苏联还未解体之时，俄罗斯就开始同美国进行接触。1991 年 6 月 18 日，当选俄罗斯总统后不到一周，叶利钦就开始了他的访美行程，他与美国总统布什进行会谈的主要议题是苏美、俄美在苏联新联盟条约框架内的合作问题。在谈及会谈成果时，叶利钦认为最重要的是“在会谈中布什总统第一次表示，美国准备在两级，即同联盟中央，以及同共和国，首先同俄罗斯打交道”。[④] 这让俄罗斯倍感鼓舞。此后，美俄加紧了合作，逐渐抛弃了苏联，1991 年 7 月 30 日，布什到访苏联时，叶利钦拒绝参加苏联总统戈尔巴乔夫和布什总统的首脑会晤，却单独在克里姆林宫会见了美国总统。“8·19”事件时，布什打电话向叶利钦表示“我们尊敬你，这里都推举你，我们为你祈祷，我们希望你成功”。[⑤] 俄罗斯此后的每一步独立举动，美国都会提供相应的支持。得知别洛韦日协议的

① 〔俄〕伊戈尔·科尔奇诺夫：《首席翻译眼中的首脑外交》，达洲译，北京：世界知识出版社，2000，第 402 页。

② 〔美〕罗伯特·莱格沃尔德：《三个俄罗斯：衰落、革命与复兴》，〔美〕罗伯特·A. 帕斯特编《世纪之旅：世界七大国百年外交风云》，第 171 页。

③ Peter Shearman, “History, Russia and the West, and Cold Wars,” in Roger E. Kanet, eds., *Russian Foreign Policy in the 21st Century*, p. 12.

④ 梅孜主编《美俄关系大事实录》（1991—2001），第 4 页。

⑤ 梅孜主编《美俄关系大事实录》（1991—2001），第 8 页。

内容后，布什肯定它“符合联合国宪章和全欧进程准则”，叶利钦则甚至是在同美国总统布什联系之后，才将独联体成立一事通报戈尔巴乔夫。而戈尔巴乔夫宣布辞职的当天，布什总统立即发表电视讲话，承认了俄罗斯，并支持俄罗斯接替苏联在联合国安理会的常任理事国席位。[①]

对独立之时美国所提供的支持，俄罗斯予以积极回应。1992 年 1 月 29 日，俄罗斯外长科济列夫（А. Козырев）说，俄罗斯不再把美国视为敌人，因此，俄罗斯的导弹将不再对准美国的军事目标和非军事目标。2 月 1 日，叶利钦与美国总统布什在戴维营举行了历史性会晤，发表了《关于两国新关系的戴维营声明》，宣布互不把对方视为潜在敌人等六条双边关系原则，美俄关系开启了建立在共同的永恒价值基础上的新时代。[②] 科济列夫在接受采访时表示，戴维营会谈是“最近以来的最重大事件，是俄罗斯领导人早先在国际舞台上曾经做过的一切事情的顶峰”。[③]

为了继续推动俄罗斯的变化，美国在诸多方面提供了有力支持。第一，继续两国在军事领域的合作。俄罗斯独立十余天后，美国第一副国务卿巴塞洛缪率团访问俄罗斯，双方就核武器和安全问题磋商，美国允诺援助 4 亿美元帮助俄罗斯销毁核武器。[④] 1992 年 6 月中旬，叶利钦继 2 月之后再度访美，双方签署了《关于削减战略武器的谅解协议》。第二，扩展双方的经贸往来，美国加大对俄罗斯的直接援助。1992 年 4 月 3 日，美俄签署《相互促进投资协议》；9 月，美国政府宣布，从 10 月 1 日开始向俄罗斯提供总计 9 亿美元的农业贷款，分三次支付，直接食品援助 2.5 亿美元。[⑤] 第三，提升两国关系水平。叶利钦 1992 年 6 月访美时，双方签署了《俄美伙伴和友好关系宪章》等多项文件，宪章再次宣布它们认为彼此不是敌人并正在发展伙伴和友好关系。[⑥] 第四，美国牵头推

---

① 宫少朋等主编《冷战后国际关系》，第 67 页。

② Кэмп-Дэвидская декларация Президента Российской Федерации Б. Н. Ельцина и Президента США Дж. Буша о новых отношение, 1 февраля 1992г. //Внешняя политика России: Сб. документов. 1990 – 1992. М.: Междунар. Отношения, 1996. С. 225 – 226.

③ 梅孜主编《美俄关系大事实录》（1991—2001），第 26 页。

④ 《俄罗斯联邦内政外交大事记（1990—2004 年）》，第 7 页。

⑤ 《俄罗斯联邦内政外交大事记（1990—2004 年）》，第 27 页。

⑥ Хратия российско-американского партнерства и дружбы, 17 июня 1992г. //Внешняя политика России: Сб. документов. 1990 – 1992. С. 431 – 437.

动西方各国对独联体国家提供援助。1992 年 1 月 22～23 日，在华盛顿召开了援助独联体的国际协调会议，共有 47 个国家参加。布什总统在会上提出要对独联体各国提供人道、技术和财政等多方面援助，一项针对俄罗斯的总计高达 240 亿美元的援助计划也在此次会议上提出。[①]

由此看来，美俄关系在苏联解体后的一年内呈现出非常良好的发展状态。与美国的合作，在某种意义上带有追随美国的色彩，被界定为“微笑外交”和“遵命政策”。[②] 甚至如科济列夫所说，“如果华盛顿的外交政策更好，我们为何还需要自己的对外政策”。[③] 可以说，这是俄罗斯所展示的不同以往的新形象。

（三）俄罗斯融入世界

俄罗斯的追随战略并不仅仅意味着同美国关系的改善，它还寻求与西方世界其他国家在新的基础上发展关系，且在美国的示范影响下，其他国家同俄罗斯的关系也发生着积极变化。可以说，“从 1991 年初起到 1993 年，俄罗斯外交政策处于‘魅力’时期，同西方的‘蜜月’期如日中天”，[④] 俄罗斯热情地迈开融入世界的步伐。

1991 年 6 月，戈尔巴乔夫提出有必要与七国集团对话，解决苏联与世界经济一体化的问题。[⑤] 随后，苏联获得了国际货币基金组织与世界银行中的特别联系国资格，伦敦七国集团首脑会议也同意帮助苏联进行经济改革，“这是苏联经济走向世界经济的第一步”。[⑥] 1992 年 1 月，英国首相梅杰呼吁俄罗斯继续推动加入国际货币基金组织和世界银行的进程，尽快递交申请，以获取实施改革规划所需的资金支援。[⑦]

---

① 梅孜主编《美俄关系大事实录》（1991—2001），第 271～272 页。

② Mehdi Mozaffari, “The CIS’s Southern Belt: A New Security System,” in Mehdi Mozaffari ed., *Security Politics in the Commonwealth of Independent States*, New York: St. Martin’s Press, 1997, p. 28.

③ 〔俄〕亚·维·菲利波夫：《俄罗斯现代史（1945—2006 年）：教师参考书》，吴恩远等译，北京：中国社会科学出版社，2009，第 352～353 页。

④ 〔俄〕格·萨塔罗夫等：《叶利钦时代》，高增讯等译，北京：东方出版社，2002，第 583 页。

⑤ 〔俄〕米哈伊尔·戈尔巴乔夫：《戈尔巴乔夫回忆录》，述弢等译，北京：社会科学文献出版社，2003，第 1046～1051 页。

⑥ 刘军：《全球化与俄罗斯外交政策的形成——从戈尔巴乔夫到普京》，《俄罗斯中亚东欧研究》2004 年第 4 期，第 54 页。

⑦ 《俄罗斯联邦内政外交大事记（1990—2004 年）》，第 6 页。

1992年1月底，叶利钦开始了他的西方之行。在英国访问时，叶利钦与英国首相梅杰签署了关于两国关系的15点“联合声明”，宣布两国关系翻开新的一页，俄英已是“友好国家和伙伴”。[①] 从美国离开后，叶利钦短暂访问加拿大，双方签署了《俄罗斯联邦和加拿大友好与合作宣言》，成为准备两国友好合作条约的重要基础。双方还签订了新的“谷物”协定，加拿大将向俄罗斯提供31亿加元的信贷。[②] 在对法国进行正式访问时，叶利钦与法国总统密特朗签署了《俄法条约》及一系列合作协定，法国允诺向俄罗斯提供35亿法郎贷款。

在双边领域之外，美国主导的相关组织也张开了怀抱，吸纳俄罗斯等原苏联地区国家。1991年11月的北约罗马首脑会议上，提出要组建“北大西洋合作委员会”（简称“北合会”），将原苏联地区国家和东欧国家纳入北约的框架内。1991年12月“北合会”成立，1992年3月，“北合会”召开外长会议，决定进一步接纳独联体11国为“北合会”正式成员国。

这些互动反映了苏联解体后的和缓气氛，也显示了俄罗斯独立初期的战略意图。叶利钦在1991年4月17日的人代会上说得非常明确，“俄罗斯国际活动的中心任务之一是同世界上的民主国家建立稳定的伙伴关系，以保证俄罗斯能完全合法地、和谐地加入文明国家联合体”。[③]

在这一战略目标的指导下，俄罗斯采取多种政策措施促进本国融入世界。

第一，主动申请加入各种国际和地区组织，以便于获得进行内部改革所需要的外部支持。1992年5月7日，俄罗斯外长科济列夫在法国表示俄罗斯希望作为正式成员加入欧洲委员会，认为这是俄罗斯恢复在欧洲大家庭中当之无愧的独特大国地位的途径之一。[④] 5月底，欧共体主席

---

① Совместная декларация Российской Федерации Б. Н. Ельцина и Соединенного Королевства Великобритании и Северной Ирландии, 30 января 1992г. //Внешняя политика России: Сб. документов. 1990 – 1992. С. 190 – 193.

② Декларация о дружбе и сотрудничестве между Российской Федерацией и Канадой, 1 февраля 1992г. //Внешняя политика России: Сб. документов. 1990 – 1992. С. 226 – 228; 《俄罗斯联邦内政外交大事记（1990—2004年）》，第9页。

③ 转引自王正泉《俄罗斯围绕外交构想的三次争论》，《国际观察》1998年第2期，第27页。

④ Выступление министра иностранных дел Российской Федерации А. В. Козырева на Комитете министров Совета Европы, 7 мая 1992г. //Внешняя политика России: Сб. документов. 1990 – 1992. С. 348 – 351.

德洛尔访问俄罗斯时，叶利钦表示希望加入巴黎统筹委员会，双方就具体的援助事宜达成协议。①

第二，密集开展双边外交活动，向各国寻求经济援助，促进双边关系的发展。1992 年 6 月，叶利钦再次访问加拿大，俄加签署了《和睦合作条约》。8 月，俄罗斯同日本签署日方向西伯利亚油田提供 7 亿美元的材料与设备的协议。11 月，叶利钦年内再度到访英国，双方签署了《俄英关系原则条约》《经济合作协定》等 6 个文件，英国宣布向俄罗斯提供 2.8 亿英镑的信贷，② 叶利钦也成为第一位在英国议会大厦发表演讲的东欧国家领导人。③

第三，在西方主要大国关心的问题上继续做出让步。1992 年 1 月 31 日至 2 月 2 日，俄罗斯同立陶宛等国进行撤军谈判，达成了 2 月开始从立陶宛撤军、3 月开始从拉脱维亚撤军的协议。9 月 23 日，俄罗斯国防部副部长格罗莫夫在最高苏维埃第五次会议上说，俄罗斯目前在国外驻军为 25 万人。他宣布，驻德国的俄罗斯军队将在 1994 年年底前撤离，驻波兰的俄军将于 1992 年 11 月 15 日前撤完，驻蒙古国的俄军“实际上已经撤离”。到 9 月 29 日，俄罗斯外交部新闻发言人宣布俄罗斯驻蒙古国军队全部撤出。④

第四，继续推进国内改革，以适应外界对俄罗斯的要求并为经贸关系的发展创造条件。1992 年 6 月 15 日，叶利钦任命盖达尔为联邦政府代总理，继续推进经济改革，7 月 1 日俄罗斯开始实行经常项目下的统一浮动汇率制，使卢布可以在国内兑换。7 月 17 日，俄罗斯政府委员会通过了为期 3 年的吸引外国投资的中期计划，成为持续性吸引外国投资的法律依据。

在明确目标的指导下，配合整体国际环境的和缓氛围，俄罗斯的融入世界政策取得了相当程度的进展。1992 年 4 月 27 日，俄罗斯和 13 个原苏联地区国家（阿塞拜疆除外）正式成为国际货币基金组织和

---

① 《俄罗斯联邦内政外交大事记（1990—2004 年）》，第 19 页。

② 《俄罗斯联邦内政外交大事记（1990—2004 年）》，第 25、32 页。

③ Сообщение о визите Президента Российской Федерации Б. Н. Ельцина в Великобританию, 11 ноября 1992г. //Внешняя политика России: Сб. документов. 1990 – 1992. С. 560 – 561.

④ 《俄罗斯联邦内政外交大事记（1990—2004 年）》，第 28 页。

世界银行成员。7 月 7 日，叶利钦在德国慕尼黑第一次参加了七国首脑会议，这不仅意味着俄罗斯的融入世界政策取得了初步成功，也体现了各方对俄罗斯地位的认可。此次会议上，各国首脑主要讨论了对俄罗斯进行援助的问题，许诺将分阶段实施对俄罗斯的 240 亿美元的援助计划。

萨塔罗夫在谈到苏联解体前后的那段时间里苏联（俄罗斯）与西方的关系时认为，戈尔巴乔夫与西方的关系是追求一种和平共处，而叶利钦则是追求一种融入西方并在此基础上形成“伙伴关系”的构想。① 从这个意义上说，叶利钦似乎让俄罗斯失掉了某种威严，俄罗斯已然放下了身段，不仅承认了美国的超级大国地位，而且承认了自己在冷战中的失败。俄罗斯这种试图融入西方世界并追随超级大国美国的政策做法，为其塑造出一个看起来“和平而美好”的国际环境。

第二节 “一强多弱”的地区结构与俄罗斯的追随战略

随着各加盟共和国完成独立程序，后苏联空间从统一国家变成了一个地区，继而逐渐形成了独具特色的地区结构。这种结构的特点可以被定义为“一强多弱”，表现为俄罗斯在后苏联空间内的 12 个国家中占据绝对优势。此种地区结构极大地影响了俄罗斯追随战略的效果。

一 后苏联空间地区结构的形成

苏联国旗从克里姆林宫徐徐降下，不仅宣告了这一超级大国的解体，也意味着欧亚大陆的版图被彻底改变，15 个加盟共和国形成了两个地区，波罗的海地区和后苏联空间。1992 年，后苏联空间的 12 个国家逐渐完成了各自的独立进程，俄罗斯在新的基础上发展了同空间内其他国家的双边关系，在独联体的基础上建立和完善了多边平台，并逐渐塑造出具有鲜明特色的地区结构。

① 〔俄〕格・萨塔罗夫等：《叶利钦时代》，第 575 ~ 581 页。

（一）后苏联空间内俄罗斯与他国双边关系的发展

与各国独立进程并行发展的是俄罗斯与各国之间的双边关系，新的双边关系建立在各国独立主权的基础上，各国从本国的国家利益出发制定对外政策。俄罗斯与其他国家的关系不同于苏联时期加盟共和国的内部关系，莫斯科更不是发号施令的中央政府。

后苏联空间除格鲁吉亚外的11个国家均加入了独联体，因此俄罗斯与格鲁吉亚关系的最初发展主要在双边领域。1992年4月2～3日，俄罗斯外长科济列夫访问格鲁吉亚，5日，俄格发表联合声明，宣布双方彼此承认是主权国家，并根据国际法、联合国宪章等原则建立相互关系，致力于在多个领域发展平等和互利合作。① 6月24日，叶利钦和格鲁吉亚国务委员会主席谢瓦尔德纳泽在索契会晤，声明俄格两国应该而且能够成为好邻居和好伙伴，双方就南奥塞梯地区实现停火达成协议并决定自1992年7月1日起建立大使级外交关系。②

在稳定与格鲁吉亚关系的同时，俄罗斯以总统、总理、国防部长等高层领导人为主体开展了一系列涉及多领域的密集行动，推动了与独联体各国双边关系的发展。

第一，签订双边友好条约。1992年5月25日，叶利钦与哈萨克斯坦总统纳扎尔巴耶夫签署两国友好合作互助条约；5月30日，俄罗斯与乌兹别克斯坦签署了《俄乌国家关系、友好与合作原则条约》；6月10日，俄罗斯与吉尔吉斯斯坦签订了友好互助合作条约；7月31日，俄罗斯与土库曼斯坦签署友好合作条约。10月12日，叶利钦与阿塞拜疆总统埃利奇别伊签署《俄阿友好合作和相互安全条约》。

第二，开展经济和军事领域的合作。俄罗斯与各国分别签署了涉及经济或军事领域的合作协议：在俄哈友好合作互助条约中，双方商定拥有共同的军事战略空间，共同使用现有的军事基地和军用设施，决定进

① Совместное заявление министров иностранных дел Российской Федерации и Ресбуплики Грузия, 5 мая 1992г. //Внешняя политика России: Сб. документов. 1990 – 1992. С. 338 – 339.

② Коммюнике по итогам встречи Президента Российской Федерации Б. Н. Ельцина и Председателя Государственного совета Ресбуплики Грузия Э. А. Шеварднадзе, 24 июня 1992г. //Внешняя политика России: Сб. документов. 1990 – 1992. С. 454 – 455.

行经济、科技等领域的合作，该条约有效期为10年，显示了双方的互信水平；[①] 1992年6月7日，俄罗斯与土库曼斯坦签署了军事合作议定书；6月23日，叶利钦与乌克兰总统克拉夫丘克签署了进一步发展两国关系的协定，规定了逐步建立海关、开放边界以及黑海舰队暂由两国共同使用等事项；7月20日，俄罗斯和白俄罗斯签署了包括“两国企业间相互提供产品、原料和食品的协定”“税收政策的协定”等在内的30项文件，意在加强两国在政治、经济、贸易、科技、军事等各个领域的全面协调合作；10月，哈萨克斯坦和乌克兰分别与俄罗斯签订了互设商务代表处等经贸合作协定；俄罗斯与土库曼斯坦、摩尔多瓦和亚美尼亚等国的领导人会面时，也都讨论了双方在经济、军事等方面的合作事宜。

（二）后苏联空间内俄罗斯在多边平台上与他国关系的发展

苏联解体的同时，一个新的国际组织——独联体诞生，由此成为各国解决苏联解体的遗留问题和发展新关系的平台。在独联体框架内，俄罗斯一方面与其他国家合作，完善独联体的制度设计，在地区层面的多个领域内采取不同措施发展各国之间的新关系；另一方面，俄罗斯与部分国家合作，通过建立成员有限的新机构，发展程度更高的合作和更为密切的相互关系。同时，各国与空间外的国家也在多边平台上开展交往与合作。

推动独联体的发展是俄罗斯在多边平台上的最主要工作。1991年12月30日，独联体国家举行元首会晤并发表声明称，要用法律巩固达成的协议，推动各国的独立进程和独联体的发展。首先，优先解决各国普遍关心的安全和军事问题。1992年2月14日，独联体11国首脑理事会在白俄罗斯首都明斯克举行，签署《独联体战略力量地位协定》，并决定成立独联体国防部长理事会。3月20日在基辅举行的元首理事会上，各国元首签署了《关于独联体国家间不使用或威胁使用武力的声明》《独联体防务最高机构职权的协议》等文件，并任命B. 萨姆索诺夫中将为

---

① Договор о дружбе, сотрудничестве и взаимной помощи между Российской Федерацией и Ресбупликой Казахстан, 25 мая 1992г. //Внешняя политика России: Сб. документов. 1990 – 1992. С. 399 – 409.

独联体联合武装力量司令部司令。[①] 其次，成立独联体议会大会，加强立法机构之间的协作。1992 年 3 月，《关于成立独联体议会大会的协议》在哈萨克斯坦首都阿拉木图签署，促进了独联体内部相关法律文件的制定和实施，并完善了独联体的机构设置。最后，开展经贸领域的相互协作，稳定经济形势。1992 年 4 月，独联体各国在阿拉木图举行的海关问题会议上达成协议，规定独联体国家货物在通过独联体内部海关时，不需办理附加海关手续及缴纳关税。5 月，独联体 11 国中央银行领导人在乌兹别克斯坦首都塔什干召开会议，制定了卢布区的货币基本方针。10 月，在吉尔吉斯斯坦首都比什凯克举行的独联体成员国第 7 次首脑会议上，各国签署了协调经济立法、建立独联体成员国经济协商协调委员会、建立合作银行、卢布区国家实行统一的货币体系与协调的货币、信贷及外汇政策等一系列协议。[②] 这些措施配合各国国内的改革进程，在打破原有经济联系的基础上，重新建立了彼此之间新的经济联系，也在一定程度上减缓了解体带来的经济冲击。

在独联体之外，俄罗斯与部分国家建立起更加紧密的合作。主权国家拥有独立自主的外交权利，与哪些国家发展关系或者将相互关系提升到怎样的密切程度都由国家自主选择。由于缺乏足够的动力与所有国家均等发展关系，加上一些矛盾的存在，俄罗斯采取了区别对待的态度和政策，与部分国家提升了合作水平。1992 年 5 月 15 日，俄罗斯与哈萨克斯坦、乌兹别克斯坦、塔吉克斯坦、吉尔吉斯斯坦、亚美尼亚等独联体国家领导人签署了《集体安全条约》，[③] 加强了军事安全合作。8 月 14 日，俄与哈萨克斯坦、乌兹别克斯坦、吉尔吉斯斯坦、塔吉克斯坦、亚美尼亚和摩尔多瓦等独联体国家领导人在明斯克签署关于建立维和部队

---

① Соглашение между государствами-участниками Содружества Независимых Государств о статусе стратегических сил, 14 февраля 1992г.；Декларация о неприменении силы или угрозы силой во взаимоотношениях между государствами-участниками Содружества Независимых Государств, 20 марта 1992г.；Соглашение о полномочиях высших органов Содружества Независимых Государств по вопросам обороны, 20 марта 1992г. // Внешняя политика России: Сб. документов. 1990 – 1992. С. 278 – 283, 312 – 316.

② 《俄罗斯联邦内政外交大事记（1990—2004 年）》，第 16、29 页。

③ Договор о коллективной безопасности, 15 мая 1992г. //Внешняя политика России: Сб. документов. 1990 – 1992. С. 357 – 360.

的议定书。而对那些没有同俄罗斯提升军事安全合作水平的国家，俄罗斯率先减少了对它们的贸易优惠，9 月 1 日，俄罗斯政府宣布将对阿塞拜疆、格鲁吉亚和波罗的海国家实施新关税原则。

除发展内部的多边关系之外，俄罗斯及各国还同空间外的国家开展多边合作。这些平台虽然涉及域外国家，但在平台上的互动中，俄罗斯也借机促进同空间内各国关系的发展。1992 年 2 月 3 日，俄罗斯、乌克兰、亚美尼亚、摩尔多瓦、格鲁吉亚和阿塞拜疆六国在伊斯坦布尔与罗马尼亚、保加利亚、土耳其签署了共同建立黑海经济联盟的协议，促进跨区域的经济贸易往来。俄罗斯外长科济列夫在会见各国外长时指出，"俄罗斯将黑海经济合作视为建立多边伙伴关系和协调一致的重要前提"，并准备以最积极的方式参与到黑海合作的实现过程中。[①] 9 月，俄罗斯与哈萨克斯坦、吉尔吉斯斯坦、塔吉克斯坦三国签署协议，将与中国进行联合谈判，商讨在边界地区相互裁减武装力量和加强军事方面相互信任等问题。

从以上这些多边合作中，我们可以发现，俄罗斯几乎参与了所有在后苏联空间内签署的协议或条约，推动建立起涉及不同领域、不同发展程度的合作机制，显示出其在后苏联空间内的强大活动能力。俄罗斯在双边关系发展的基础上，拓展了自己在多边平台上的影响力。

（三）塑造地区结构的白哈乌弃核

在后苏联空间的地区结构逐渐形成的过程中，有一个事件发挥了重要的塑造作用，这就是有关后苏联空间内究竟要有几个核国家的问题。苏联解体使一个超级大国分裂为 15 个规模不等但却显然看起来已大为削弱的国家，这不仅让以美国为首的西方国家感到兴奋，也减轻了苏联的众多邻国的战略压力。但所谓的"欣喜"不可避免地被笼罩上了一丝阴云，因为就在苏联解体的一瞬间，出现了 4 个拥有核武器的国家——俄罗斯、乌克兰、白俄罗斯和哈萨克斯坦，尽管造成这一局面的原因与苏联内部的国防力量安排有关，但解体后的现实却让所有国家对核扩散的

① Выступление министра иностранных дел Российской Федерации А. В. Козырева на встрече министров иностранных дел стран Черноморского региона в Стамбуле, 3 февраля 1992г. //Внешняя политика России: Сб. документов. 1990 – 1992. С. 232 – 233.

前景充满忧虑。

美国等国家担心苏联解体带来的混乱使核武器落入敌对势力或恐怖分子手中，造成核技术的扩散，从而威胁核不扩散机制并给世界和平与安全带来极大隐患。一般来说，进入核俱乐部不仅意味着拥有更强的能力保卫本国安全，更意味着一国身份的重要提升，是大国地位的体现，所以相当多的国家期望并努力追求拥有核能力。但拥有核武器的这4个新独立国家却都有各自的担心：俄罗斯担心其他国家会在民族主义情绪的刺激下使用核武器进行报复行动，清算苏联时期所受到的不公平待遇，从而危害自身的国家安全和地区稳定；而其他国家，因为实力有限，难以进行核武器的正常维护，尽管拥有核武器是实力和地位的重要象征，但捉襟见肘的经济情况仍然让其陷入矛盾。由此，解决苏联解体造成的核武器扩散的潜在危机成为1992年年初迫切需要解决的问题。

出于共同的防止核扩散目标，美国同俄罗斯相互配合，在双边和多边平台上推动该问题的解决。1992年4月16日，叶利钦与乌克兰总统克拉夫丘克签署了《关于将核弹头从乌运到俄拆卸基地程序的协议》。5月23日，俄罗斯、乌克兰、白俄罗斯、哈萨克斯坦四国在里斯本同美国签署文件，确认《苏美削减战略武器条约》，乌克兰、白俄罗斯、哈萨克斯坦三国同意接受无核国地位，并将本国的核武器全部移交给俄罗斯，三国以无核国身份加入不扩散核武器条约。① 1993年，白俄罗斯将其境内的全部核武器移交给俄罗斯，1994年哈萨克斯坦开始移交。

尽管解除乌、白、哈三国的核武器是出于防止核扩散的目的，但这确实在一定程度上促成了后苏联空间内的实力分布向俄罗斯集中倾斜，哪个国家都明白拥有核武器对本国的国防和国际地位意味着什么，这也是乌克兰后来出现态度反复的重要原因。乌克兰的国家实力原本在苏联加盟共和国中就比较靠前，苏联解体导致其成为世界第三核大国，由此带来的地位提升以及该国强烈的民族意识使其不愿意放弃全部核武器，最后还是美国和西欧国家采取了软硬兼施的举措，在施加压力的同时许

① Протокол к Договору между Союзом Советских Социалистических Республик и Соединенными Штатами Америки о сокращении и ограничении стратегических наступательных вооружений, 23 мая 1992г. //Внешняя политика России: Сб. документов. 1990 – 1992. С. 390 – 396.

诺利益。1994 年 1 月，美国、俄罗斯和乌克兰达成了三方协议，乌克兰被迫让步，承诺将核武器全部撤除；作为补偿，美国允诺提供经济援助。[①] 1994 年 11 月，乌克兰议会批准乌克兰加入核不扩散条约，而在乌议会讨论之前，美国、德国等 14 个西方国家发表联合声明表示将增加对乌克兰的经济援助。在后续行动中，美国还提供了更为实际的具体支持。1995 年 4 月，美国同俄罗斯签署了关于美国帮助俄罗斯从乌克兰、白俄罗斯和哈萨克斯坦安全运出进攻性战略武器和关于美国帮助俄罗斯安全贮存核武器两项俄美军事技术合作协定。由此看来，正是西方国家的有力支持，促进了后苏联空间核武器扩散问题的解决，但这实际上也推动了俄罗斯地区地位的提升。1996 年 6 月 1 日，乌克兰总统库奇马宣布乌克兰境内的核武器已全部运抵俄罗斯，并将在乌克兰等国专家的监督下销毁。[②]

自此，俄罗斯成为后苏联空间内唯一拥有核武器的国家。如果说苏联解体带来了“结构不确定性”，[③] 那么随着白、哈、乌三国放弃核武器，地区内的实力分布更加集中于俄罗斯，地区结构日渐清晰。

二 地区结构的特点与俄罗斯的追随战略

随着遗留问题的解决和建立在新基础上的相互关系的发展，后苏联空间的地区结构被逐渐塑造出来，此种结构带有鲜明的“一强多弱”特点。而俄罗斯的追随战略也受到“一强多弱”地区结构的影响，逐渐失去了继续实行的基础。

（一）后苏联空间地区结构的特点

后苏联空间脱胎于一个完整的国家——苏联，因此，地区内部各国之间的实力分配首先受到苏联国内的地区划分和制度安排的影响。苏联在沙皇俄国的版图基础上形成，因此俄罗斯族是主体民族，作为加盟共和国之一的俄罗斯本就在苏联国内占据着较为明显的优势。此后苏联国

① Трехстороннее заявление Президентов России, США и Украины, 14 января 1994г. // Внешняя политика России: Сб. документов. 1994: Кн. 1: Январь-май. М.: Междунар. Отношения, 2000. С. 20 – 23.

② 《俄罗斯联邦内政外交大事记（1990—2004 年）》，第 173 页。

③ Christian Thorun, *Explaining Change in Russian Policy: The Role of Ideas in Post-Soviet Russia's Conduct towards the West*, p. 143.

内计划经济体制的实施，对不同生产资料和不同生产环节的统一安排，使得其他加盟共和国生产结构单一、经济发展水平滞后，在某种程度上成为联盟中央的供给者，拉大了原本存在的实力差距。这种苏联内部各加盟共和国之间的事实不平等，是造成苏联解体的重要原因之一，也在解体后延续到地区形势中。① 俄罗斯相较苏联虽然版图缩小，但1700余万平方公里的领土面积依然排名世界第一，在其他独立国家看来，它显然是个过于庞大的邻居。人口的领先优势不仅仅体现在数量上，更多体现在劳动力中，俄罗斯族大多掌握高技术、拥有丰富的知识和较强的工作能力。经济发展水平的差距也非常明显，俄罗斯占据绝对优势（参见表2－1）。由此，解体后的俄罗斯仍然是后苏联空间内唯一的强国，而其他加盟共和国看起来相当弱小，形成了一种“一强多弱”的地区结构。

表2－1　后苏联空间内各国的人口和领土比较

国家	领土面积 （万平方公里）	人口 （人，1991年）	国民生产总值 （美元，1991年）
俄罗斯	1707.54	148624000	509381638906
白俄罗斯	20.76	10194000	17813389815
乌克兰	60.37	52000470	77464043753
哈萨克斯坦	271.73	16450500	24881135586
吉尔吉斯斯坦	19.85	4463600	2570833333
塔吉克斯坦	14.31	5417554	2535545389
土库曼斯坦	49.12	3772350	3197224007
乌兹别克斯坦	44.74	20952000	13800157749
亚美尼亚	2.98	3511912	2068526522
阿塞拜疆	8.66	7271000	8792365811
格鲁吉亚	6.97	4835900	6337314652
摩尔多瓦	3.37	3706000	3094567110

资料来源：人口和国民生产总值数据参见世界银行网站，http://data.worldbank.org.cn/?display=default；领土数据参见郑羽主编《独联体（1991～2002）》，北京：社会科学文献出版社，2005，第2～3页。

① 有关苏联解体之初各国的具体经济状况（领土、人口、民族构成、劳动生产率、人均国民收入、工农业产值等指标），可以参见李垂发、连丽珍编著《独联体国家经济统计手册》，北京：时事出版社，1994。

地区结构的“一强多弱”特点不仅表现在物质实力的分配上，也体现在国家地位和影响力等方面。而苏联解体后的一系列制度安排，也进一步塑造和强化了“一强多弱”的结构特点。

第一，俄罗斯继承了苏联在联合国等重要国际和地区组织中的成员身份。俄罗斯依然是联合国安理会的常任理事国之一，拥有否决权，对国际和地区局势发挥着重要影响。在俄罗斯同各主要大国签订的协议文件中，主要大国都承认了俄罗斯对苏联合法权利和地位的继承。

第二，俄罗斯几乎参加了后苏联空间内的所有地区组织和地区机制，并在其中发挥着重要作用。例如为了稳定混乱的经济和保持相互之间的贸易，卢布在解体后的一段时间内在各国仍然充当支付工具，发挥了重要作用；又如 1992 年 3 月被任命为独联体联合武装力量司令部司令的萨姆索诺夫中将，曾是列宁格勒军区司令，苏联解体前 1 个月刚刚升任苏军总参谋长，尽管这一任命带有延续既往的意味，但也反映出俄罗斯在军事领域中的优势地位。

第三，俄罗斯的军事优势使之成为维系地区稳定的核心力量。除俄罗斯外，其他新独立国家在国防方面本就缺乏经验，对解体缺乏准备的现实也使它们难以快速应对变化的新形势。由此，俄罗斯凭借军事优势不仅成为新涌现的地区内部冲突的调停者，甚至凭借未能及时撤出的驻军成为部分中亚国家边界的守卫者，并帮助部分国家组建民族军队。而随着乌、哈、白三国交出核武器，俄罗斯成为地区内唯一的核国家，其原本具有的军事实力优势被进一步强化。总之，在后苏联空间内，俄罗斯不仅有能力向他国提供安全公共产品，而且还可以提供核保护。

（二）地区结构对俄罗斯追随战略的影响

“当美国人提出在华盛顿与莫斯科之间建立‘成熟的战略伙伴关系’时，在俄国人看来，似乎这就认可了由一种新的美俄民主共同统治来取代原来的美苏争夺。这种共同统治的范围将是全球性的。俄国因此将不仅是苏联的合法继承者，而且是在真正平等基础上全球和解的事实上的伙伴。”① 然而这一切不过是俄罗斯一厢情愿的天真想法。随着苏联解体带来的喜悦日益散去，美国开始更多地从自身利益出发，以务实的、现

---

① 〔美〕兹比格纽·布热津斯基：《大棋局：美国的首要地位及其地缘战略》，第 131 页。

实主义的方法思考其战略选择。

尽管输掉了冷战，但“苏联可能是历史上第一个没有经过流血战斗就退出舞台的帝国”。[①] 作为苏联的继承国，俄罗斯所遭到的削弱程度远远不及一场热战的战败强烈，它依然保存了苏联最核心的实力。尽管看起来虚弱，但俄罗斯仍然是一个不折不扣的大国，拥有核武器，在安理会中享有否决权，历史打下的基础让它有足够的重新崛起的资源和可能性。在地区内，俄罗斯更发挥着重要影响，后苏联空间内的国家需要俄罗斯提供安全保护和经济支持，例如在纳－卡地区的维和行动、建立新型卢布区的需求等，甚至各国之间交流的主要语言也依然是俄语，所以，俄罗斯在相当意义上是一个地区主导国，而“一强多弱”结构更强化了美国等西方国家的此种判断。

根据霸权护持理论，霸权国将在国际冲突中采取支持区域主导国家的对手的战略，[②] 用基辛格的话说，就是“我们（美国）是平衡的保证者。为了保持这些均势，我们必须支持弱小国家反对强大国家，支持潜在的受害国家反对潜在的侵略国家”。[③] 所以，“国力较强的区域主导国家往往比较容易引起霸权国家的注意”，而“美国为了实现其最主要的国家利益——维护霸权系统和霸权地位——需要遏制这类潜在的挑战国家，努力使区域主导国家不至于发展成为区域霸权国家，并进而发展成为系统霸权国的主要挑战国”。[④] 也就是说，超级大国不会向有能力对自己的霸权地位构成挑战的地区主导国家提供发展机会。美国对俄罗斯的援助无异于是在帮助自己潜在的竞争者，这显然有悖于美国的国家利益，[⑤]

---

① 〔美〕查尔斯·库普乾：《美国时代的终结：美国外交政策与21世纪的地缘政治》，潘忠岐译，上海：上海人民出版社，2004，第24页。

② 秦亚青：《霸权体系与国际冲突：美国在国际武装冲突中的支持行为（1945—1988）》。

③ Henry Kissinger, "A Memo to the Next President," *Newsweek*, September 19, 1988, pp. 23－27.

④ 秦亚青：《霸权体系与国际冲突：美国在国际武装冲突中的支持行为（1945—1988）》，第214页。

⑤ 1995年4月，美国国防部长佩里访问俄罗斯时，两国曾签署一项军事技术合作协定，美国帮助俄罗斯从乌克兰、白俄罗斯和哈萨克斯坦安全运出进攻性战略武器。美国在乌、白、哈三国弃核问题上与俄罗斯合作，其目的是防止核扩散，而并非要帮助俄罗斯消除可能的安全隐患，但其结果却强化了地区结构中俄罗斯的优势地位。此种帮助的目的主要在于维护核不扩散机制，而并非为了俄罗斯。

所以，西方国家对俄罗斯承诺的援助逐渐不再落实，只停留在了纸面。1992年西方允诺的240亿美元的经济援助，实际上只兑现了150亿美元；1993年允诺的434亿美元（含150亿美元的减免债务），也只兑现了50亿美元。[①] 美俄关系或者俄罗斯与西方世界的关系并不如表面词汇所描绘得那样亲密。所以，即便消除了意识形态分歧所造成的敌意，地区主导国与超级大国之间仍然存在着结构性矛盾，这是西方对俄罗斯的各种承诺口惠而实不至的根本原因。也就是说，美国不可能让这样一个庞大的国家追随自己，更何况它们曾经还是"敌人"。

由此看来，尽管俄罗斯的追随战略在其独立初期营造出一个良好的国际氛围，但因为其自身的实力和国际地位，加上地区结构强化了俄罗斯依然具有较强实力的印象，美国等西方国家并没有落实他们向俄罗斯许诺的帮助。国家利益至上的现实预示着俄罗斯追随战略的失败。用米格拉尼扬的话说，"我们还不是那么富裕和强大，以致能与西方完全平等地去推行我们的外交政策，但也并非那么贫困和软弱，以致只能去充当西方政策的追随者"。[②] 布热津斯基也有相似的看法，他指出，"对美国来说，俄国实在太虚弱了，不配成为伙伴；但如只是作为美国的病人，俄国又太强壮了"。[③] 最终，追随战略不仅未能取得预期成效，也逐渐失去了操作的可能。俄罗斯需要再重新评估自己所处的体系结构和地区结构，并做出新的战略选择。

第三节　双重结构与俄罗斯启动地区一体化

随着地区结构的逐步形成，俄罗斯在制定对外政策时开始受到双重结构的影响。这一双重结构由"一超多强"的体系结构和"一强多弱"的地区结构共同组成，俄罗斯的国家实力在这一阶段不断走弱，影响了它在双重结构中的相对权力地位和其他国家对与俄关系的看法。在新形

① 宫少朋等主编《冷战后国际关系》，第168页。

② 〔俄〕安德兰尼克·米格拉尼扬：《真正的和虚假的对外政策方针》，1992年8月4日《俄罗斯报》；〔俄〕安德兰尼克·米格拉尼扬：《俄罗斯现代化之路——为何如此曲折》，第309页。

③ 〔美〕兹比格纽·布热津斯基：《大棋局：美国的首要地位及其地缘战略》，第154页。

势下，俄罗斯提出了后苏联空间“再一体化”的目标，并推动了相关一体化合作的开展。

一　形势的变化对俄罗斯相对权力地位的影响

寻求独立的一个重要原因是俄罗斯希望甩掉加盟共和国这些“小伙伴”，获得自身经济形势的好转，但一切的发展并不像苏联时期的内部计划那样尽如人意。尽管仍然是一个大国，但俄罗斯的虚弱却日益严重，影响了它的相对权力地位。

（一）难以控制的形势变化

苏联的解体像打开了一个闸口，尽管冲破了以往的禁锢，但俄罗斯的整体形势却愈加难以控制，突出表现在经济和政治两个方面。

1. 经济困境的加剧

独立后的俄罗斯认为自己终于可以“轻装上阵”，于是它迫不及待地从 1992 年 1 月 2 日起就启动了新的经济改革。但改革并未扭转苏联末期的困顿，反而进一步加剧了经济动荡，物资紧缺、物价飞涨、国库空虚，老百姓的生活日渐拮据，整个国家都陷入了窘迫的状态。

在物价飞涨的背景下，1992 年 6 月，俄罗斯开始使用卢布新版纸币，当时的最大面额为 1000 卢布，仅 1 个多月后，7 月 15 日，俄罗斯央行就开始发行面值为 5000 卢布的大面额货币。7 月 1 日起实行统一浮动汇率制，当时的起点为 1 美元兑换 125 卢布 26 戈比，一年后急跌到 1 美元兑换 1020 卢布，到 1995 年 1 月下旬，跌至 4000 卢布兑换 1 美元。1995 年 5 月 30 日，俄罗斯央行开始发行面值 10 万卢布的新钞票，而此时的 5 万卢布钞票的价值仅相当于 1987～1988 年的 10 个卢布。[①] 卢布汇率的变化反映出自 1992 年独立后至 1996 年的数年间，俄罗斯的经济形势日渐严峻，老百姓感到手里的卢布越来越不值钱，越来越不够花，由此不仅降低了对政府的信任感，也使俄罗斯失去了大国原有的尊严。

与货币不断贬值的表现同时存在的，是通货膨胀率陷入了周期性波

---

① 《俄罗斯联邦内政外交大事记（1990—2004 年）》，第 19、22、49、84、101 页。

动的怪圈。仅 1992 年 1 月，通货膨胀率就高达 20.5%，[①] 1992 年 1 ~ 6 月，俄罗斯全面实行紧缩政策，下半年不得不放松，结果通货膨胀率回升。1993 年初再次紧缩，年中再放宽，一度通货膨胀率再度回升，1994 年又是先抑后扬。[②] 1995 年 5 月，通货膨胀率曾降至 8%，但 1996 年全年又升至 22%。[③] 国内生产总值的变化能够更明显地反映出俄罗斯经济的下滑，无论是国内生产总值的总量还是人均值，以及俄罗斯经济在全球的比重在这数年间都呈下降趋势（参见表 2 -2）。

表 2 -2　1990 ~ 1997 年俄罗斯的国内生产总值（GDP）

年份	GDP（十亿美元）	人均 GDP（美元）	占全球 GDP 份额（%）
1990	569	3841	2.52
1991	560	3769	2.36
1992	490	3293	1.93
1993	457	3070	1.77
1994	407	2736	1.47
1995	399	2685	1.31
1996	392	2642	1.26
1997	405	2735	1.31

资料来源：伊万·库什尼尔经济与法律学院（Институт экономики и права Ивана Кушнира）网站整理的数据，http://www.be5.biz/makroekonomika/gdp/gdp_russia.html，笔者比对过世界银行公布的相关数据，两者一致，数据可用。

为解决经济颓势，俄罗斯不得不几次向主要国际经济组织寻求帮助。1992 年至 1996 年 4 月期间，世界银行通过 18 个协议向俄罗斯贷款 42 亿美元。1996 年 3 月，国际货币基金组织批准给俄罗斯 102 亿美元贷款。[④] 但俄罗斯经济并没有因外部“输血”而明显好转。经济下滑也使俄罗斯政府专注于解决国内问题。1994 年 2 月 24 日，叶利钦发表了他的首次国情咨文，其中的大量篇幅在讨论国内经济问题，他提出 1994 年的任务是

① 冯绍雷：《俄罗斯——东西方结合部的文明》，资中筠主编《冷眼向洋：百年风云启示录》，北京：生活·读书·新知三联书店，2001，下卷，第 206 页。

② 冯绍雷：《制度变迁与对外关系——1992 年以来的俄罗斯》，第 181 ~ 250 页。

③ 冯绍雷：《俄罗斯——东西方结合部的文明》，资中筠主编《冷眼向洋：百年风云启示录》，北京：生活·读书·新知三联书店，2001，下卷，第 206 页。

④ 《俄罗斯联邦内政外交大事记（1990—2004 年）》，第 146、148 页。

建立市场经济调节体制，加强社会保障措施，保证居民生活水平稳定，对外政策的主要目标则是通过开放和合作持续促进国家利益以及为国内发展和改革持续创造有利条件。[①] 此外，由经济下滑引发的社会问题也日益增多。例如，俄罗斯人的平均寿命，1994 年比 1993 年下降 1.1 岁，自 1988 年以来出生率不断下降，死亡率不断上升，1994 年死亡率高于出生率 70%。[②]

2. 车臣战争与政治上的窘境

车臣是位于俄罗斯西南部高加索地区的一个共和国，主体民族为车臣人，大多信奉伊斯兰教。苏联的解体不仅促成了加盟共和国的独立，也在加盟共和国内部引发了连锁反应，俄罗斯的一些联邦主体希望获得更多主权，其中明确要求独立的就是车臣。1994 年 3 月 24 日，关于车臣地位问题的谈判破裂，车臣危机开始逐步升级。8 月，车臣出现两个政权并存的局面；9 月，政府军和反政府武装之间多次发生局部武装冲突；10 月 12 日，车臣总统杜达耶夫宣布在全境实行战时状态；11 月，叶利钦向车臣发出最后通牒，要求冲突各方停火，车臣则指责俄罗斯干涉其内政；12 月 11 日，俄军开始进入车臣境内，车臣战争就此拉开序幕。

对俄罗斯而言，这场车臣战争不得不进行，不仅仅是为了实现当地和平与稳定，更重要的是维护俄罗斯自身的统一和领土完整。一旦车臣独立，极有可能引发“多米诺骨牌”效应，导致整个俄罗斯联邦像苏联一样分崩离析，这显然是对俄罗斯最大的威胁。正如布热津斯基评价的，“控制车臣是保住俄罗斯大国地位的必要条件”，[③] 失去车臣，甚至可能使俄罗斯“国将不国”。

但任何一场战争都不可避免的劳民伤财，更何况这场车臣战争发生在俄罗斯独立后，它使俄罗斯本已衰败的经济雪上加霜。仅 1994 年 12 月中旬，战争开始后的 10 天时间内，车臣军事行动的花费就达到 4000 亿卢布（约合 1.2 亿美元），12 月 24 日，车臣境内的难民已有 6.5 万逃

① Послание Президента РФ Федеральному Собранию от 24.02.1994 “Об укреплении Российского государства (Основные направления внутренней и внешней политики)”, 24 февраля 1994 года, http://base.consultant.ru/cons/cgi/online.cgi?req=doc;base=EXP;n=417720.

② 《俄罗斯联邦内政外交大事记（1990—2004 年）》，第 84 页。

③ 〔美〕兹比格纽·布热津斯基：《大棋局：美国的首要地位及其地缘战略》，第 50 页。

到邻近的印古什地区。[①] 不可避免的人员伤亡、难民以及后续处理工作同样耗费了俄罗斯的大笔财政资金。整个政府的精力也受到很大牵制，在1995年1月1日发表的新年贺词中，叶利钦表示俄罗斯在新一年的最主要任务是“恢复车臣共和国以及北奥塞梯和印古什地区的和平与正常生活”。[②] 在1995年2月16日发表的国情咨文中，叶利钦再次提出国家要采取措施恢复车臣的和平和秩序。[③] 可以说，车臣问题成为俄罗斯政府这一时期的主要议题。

到1995年7月下旬，俄军在车臣的主要军事行动才告结束。此后，零星的冲突依然出现，双方在谈判桌上也展开拉锯战。1995年12月，俄联邦同车臣共和国签署了车臣在俄联邦内特殊地位的协定；1996年5月，俄车划分权力条约签署，10月，俄联邦政府同车臣领导人签署了解决车臣问题的声明。1996年11月23日，叶利钦下令从车臣撤出所有俄罗斯军队，切尔诺梅尔金总理同马斯哈多夫签署俄车关系协定。1997年1月底，马斯哈多夫当选车臣总统；5月12日，叶利钦与马斯哈多夫签署俄罗斯联邦和车臣和平与相互关系条约。自此，车臣才开始出现较为稳定的局势。

车臣战争造成了大量人员伤亡和财产损失，同时也造成了更为恶劣和显著的政治影响。各项文件的达成意味着联邦政府实际上做了让步，车臣成为具有特殊地位的主权国家，俄车和平与相互关系条约中规定俄车关系将建立在公认的国际法准则的基础上，这显然对俄罗斯联邦的中央权威造成了损害。负面的政治影响还体现在俄罗斯的对外关系中。1994年12月16日，军事行动刚刚开始时，访问俄罗斯的美国副总统戈尔还曾表示车臣问题纯粹是俄罗斯内政，但半个月后的12月30日，美国政府就开始首次批评俄罗斯的军事行动，对俄“滥用武力”表示“极大关注”。[④] 整个车臣战争期间，西方国家曾多次呼吁或敦促和平解决车臣问题，这也影响了俄罗斯与西方国家的关系。

总之，车臣战争牵制了俄罗斯政府很大一部分精力，加剧了政治上

---

① 《俄罗斯联邦内政外交大事记（1990—2004年）》，第78页。

② 《俄罗斯联邦内政外交大事记（1990—2004年）》，第80页。

③ Послание Президента РФ Федеральному Собранию от 16.02.1995 “О действенности государственной власти в России”, 16 февраля 1995 года, http://base.consultant.ru/cons/cgi/online.cgi?req=doc;base=EXP;n=212615;dst=0.

④ 《俄罗斯联邦内政外交大事记（1990—2004年）》，第78~79页。

的窘境，此种情势与经济下行一起使独立后的俄罗斯面临着日益严峻的困难和挑战。俄罗斯的相对权力地位也由此受到影响。

（二）俄罗斯的相对权力地位在双重结构中的变化

在本书的理论框架部分，我们已经对国家实力与相对权力地位的关系做了说明，我们用“相对权力地位”的变化表明物质性结构的变动，由此观察双重结构对俄罗斯地区一体化政策的影响。

1. 体系结构中俄罗斯相对权力地位的变化

尽管俄罗斯仍然是一个大国，但与其他主要大国相比，发展的差距在逐渐拉大。苏联解体后到 1996 年，俄罗斯的国内生产总值持续下降；与此形成鲜明对比的是美国和中国的持续增长，苏联解体使美国有更多的精力投注于国内问题，在克林顿执政时期迎来了新的经济增长；而中国则凭借改革开放政策的实施，激发出社会生产的潜力，经济呈现平稳快速发展之势。日本虽然经历了泡沫经济破灭的打击，但整体实力依然保持并基本呈上升趋势，法国和德国虽然存在一定的波动，但也借助欧洲一体化的发展，促进了自身实力的提升。从国内生产总值的比较中，更可以看到各国发展之间的不平衡（参见表 2－3）。

表 2－3　1990～1997 年主要国家的国内生产总值

单位：十亿美元

年份	俄罗斯	美国	中国	日本	德国	法国
1990	569	5980	404	3104	1714	1244
1991	560	6174	424	3537	1809	1245
1992	490	6539	500	3853	2064	1373
1993	457	6879	641	4415	2007	1297
1994	407	7309	583	4850	2148	1368
1995	399	7664	757	5334	2523	1572
1996	392	8100	892	4706	2437	1573
1997	405	8609	985	4324	2157	1421

资料来源：伊万·库什尼尔经济与法律学院（Институт экономики и права Ивана Кушнира）网站整理的数据，http://www.be5.biz/makroekonomika/gdp/gdp_russia.html。

体系结构中各国相对权力地位的变化，并不体现为单一国家数量的绝对变化，而是各国之间权力分配的变化。将主要国家（俄、美、中、日、德、法六国）的国内生产总值求和后，计算各国在六国总和中所占的比重（参见表2-4），可以更为清晰地看到体系结构中各国相对权力地位的变化。美国依然保持了它的遥遥领先的超级大国地位，日本、德国和法国依然是主要大国，中国的相对权力地位在不断上升，而俄罗斯在体系结构中的相对权力地位则呈现不断下降的趋势。从追随战略的最初意图上看，“俄罗斯外交以西方为首要重点，归根结底是为重振俄罗斯的世界大国地位服务的”,[①] 但俄罗斯在世界中的地位不断下降，也就宣告了追随战略的失败。重新拟定新的政策方向成为俄罗斯外交的一项重要任务。

表2-4 1990~1997年主要国家的国内生产总值占六国总和的比重

年份	俄罗斯	美国	中国	日本	德国	法国
1990	4.37%	45.95%	3.10%	23.85%	13.17%	9.56%
1991	4.07%	44.91%	3.08%	25.73%	13.16%	9.06%
1992	3.31%	44.13%	3.37%	26.00%	13.93%	9.27%
1993	2.91%	43.83%	4.08%	28.13%	12.79%	8.26%
1994	2.44%	43.86%	3.50%	29.10%	12.89%	8.21%
1995	2.19%	42.00%	4.15%	29.23%	13.83%	8.61%
1996	2.17%	44.75%	4.93%	26.00%	13.46%	8.69%
1997	2.26%	48.09%	5.50%	24.16%	12.05%	7.94%

资料来源：表中的数据由表2-3的数据计算得出。

2. 地区结构中俄罗斯相对权力地位的变化

后苏联空间的诞生尽管赋予了苏联加盟共和国难得的主权和独立，但在经济上却是一次失败，原有的经济联系被突然切断后，空间内各国的经济出现了严重困难。相比俄罗斯，其他中小国家本就实力有限，苏联解体带来的震动更恶化了经济形势。后苏联空间内，俄罗斯、乌克兰、白俄罗斯和哈萨克斯坦是实力最强的四个国家，它们“继承了原苏联领土面积的85%和资源的90%”,[②] 因此，以乌克兰、白俄罗斯和哈萨克斯坦三国为

① 宋以敏：《俄罗斯的对外政策目标及其制约因素》，《国际问题研究》1992年第3期，第6页。

② 郑羽主编《独联体十年——现状·问题·前景》，北京：世界知识出版社，2002，第17~18页。

例，比较它们同俄罗斯国力对比的变化，能够反映俄罗斯在地区结构中相对权力地位的变化。从表 2 -5 中可以看到，上述四国的国内生产总值在苏联解体后的数年间都有了不同程度的下降，反映了各国经济形势的恶化。

尽管“一强多弱”的地区结构难以被撼动，但俄罗斯在地区结构中的相对权力地位还是会随着各国实力对比的变化发生相应的改变。在本部分讨论的时间段（1991 ~1996 年）内，各国的国内生产总值都呈现下降趋势，俄罗斯在地区结构中的相对权力地位也呈现出微弱的下降。以表 2 -5 中的数据做出图 2 -1，可以更为直观地看到俄罗斯的 GDP 数值与其他三国的 GDP 数值之间的差距在缩小。

表 2 -5 1990 ~1997 年后苏联空间内主要国家的国内生产总值

单位：十亿美元

年份	俄罗斯	乌克兰	白俄罗斯	哈萨克斯坦
1990	569	90	19	30
1991	560	85	19	28
1992	490	79	18	27
1993	457	69	17	25
1994	407	54	15	22
1995	399	49	14	21
1996	392	45	15	21
1997	405	50	14	22

资料来源：伊万·库什尼尔经济与法律学院（Институт экономики и права Ивана Кушнира）网站整理的数据，http://www.be5.biz/makroekonomika/gdp/gdp_russia.html。

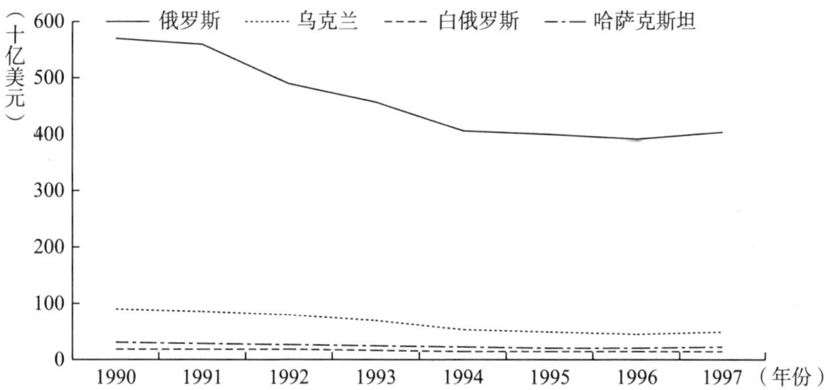

图 2 -1 1990 ~1997 年后苏联空间内主要国家的国内生产总值比较

资料来源：以表 2 -5 的数据为基础做出。

二 双重结构与俄罗斯推动地区一体化意愿的增强

在追随战略日渐难以奏效的背景下，不断下行的政治经济形势迫使俄罗斯重新寻找摆脱困境的方法。趋稳的国际和地区形势又在一定程度上提供了激励，俄罗斯因此提出了独联体一体化的目标。

（一）与主要大国关系的平稳发展

苏联解体后出现的和平且略显亲密的氛围延续了相当长的一段时间，尽管西方世界并未把改变了意识形态的俄罗斯真正当作自己的“朋友”，但也远没有达到类似对待苏联这个“敌人”的另一个极端。俄罗斯与美国等西方国家的关系较为平稳的发展，尽管也存在车臣问题和北约东扩问题的龃龉，但在整体上保持着一种“友好”。

1. 俄美高层频繁互访，军事互信增强

1993 年开始，美国进入克林顿总统执政时期，俄美关系在克林顿执政初期仍然保持了相当的热度。两国高层互访频繁，不断提升双边关系水平。1993 年 4 月 3 日，叶利钦在加拿大城市温哥华与克林顿举行会晤，双方在会后发表了《俄美温哥华宣言》，宣布坚决致力于发展有效率和有活力的俄美全方位战略伙伴关系，认为这是加强国际稳定的重要因素。① 8 月底 9 月初，俄罗斯总理切尔诺梅尔金访问美国，俄罗斯同意控制向国外出售导弹技术。10 月，叶利钦炮打白宫之时，克林顿连续两次公开表示支持叶利钦。10 月下旬，美国国务卿克里斯托弗访问俄罗斯，重申美国对叶利钦的支持。12 月中旬，美国副总统戈尔访问俄罗斯时，双方签署了有关在经济、技术和宇宙开发等领域开展合作的 15 项协议以及多项价值数十亿美元的订单。② 1994 年 1 月 12 ~ 15 日，克林顿访问莫斯科，双方签署了《莫斯科宣言》，表示两国关系已进入了以平等互利和相互承认国家利益为基础的“成熟的战略伙伴关系的新阶段”。③

---

① Ванкуверская декларация, 4 апреля 1993г. //Внешняя политика России: Сб. документов. 1993. Кн. 1: Январь-май. М.: Междунар. Отношения, 2000. С. 417 – 420.

② Сообщение о визите Вице-президента США А. Гора в Россию, 14 декабря 1993г. // Внешняя политика России: Сб. документов. 1993. Кн. 2: Июнь-декабрь. М.: Междунар. Отношения, 2000. С. 471 – 473.

③ Московская декларация, 14 января 1994г. //Внешняя политика России: Сб. документов. 1994. Кн. 1: Январь-май. С. 12 – 15.

俄美之间在军事领域的互信不断增强，合作的广度和深度增加。1993年9月，俄罗斯国防部长格拉乔夫访问美国，与美国国防部长阿斯平签署军事合作协定，两国国防部间将建立“热线”联系。1994年1月，“热线”电话开通。2月，谢尔盖·克里卡列夫成为第一位乘坐美国航天飞机的俄罗斯宇航员，两个航天大国第一次开始真正意义上的合作。3月12日，叶利钦签署命令，决定俄罗斯的战略核导弹在1994年5月30日以后不再对准美国和英国。3月16日，美俄签署协议，同意相互检查对方的核武器设施。作为对俄罗斯的回应，美国于6月1日宣布其战略核武器已不再瞄准原苏联地区。

2. 俄罗斯积极寻求西方主要国家的经济支持

俄罗斯与西方主要国家在继续缓和的基础上，提升了双边关系水平。1993年2月中旬，英国首相梅杰访问俄罗斯，双方签署了关于互不再把核导弹瞄准对方领土的双边协议。1993年7月，俄罗斯总理和外长先后访问德国，双方表示要建立俄德“伙伴关系轴心”。1994年2月，俄罗斯与英国签署了两国建立伙伴关系的联合声明。1994年10月俄罗斯与意大利签署了友好合作条约。

在俄罗斯与西方国家发展关系的过程中，俄罗斯更重要的目的是寻求各国的经济援助。1993年4月，英国决定增加对俄罗斯经济改革的援助，从过去的6000万英镑增加到1.2亿英镑；日本也在同月宣布向俄提供18亿美元援助；巴黎俱乐部则宣布，原苏联19个债权国同意俄罗斯联邦延期偿还150亿美元的国家债务。7月，在日本东京召开的西方七国首脑会议决定创立一项总额为30亿美元的支持俄军转民和结构改革的计划。11月，法国决定向俄罗斯提供7000万美元用于销毁核武器；国际复兴开发银行则在同月宣布将向俄罗斯提供20亿～30亿美元贷款，主要用于俄燃料动力综合体。①

3. 俄罗斯与欧盟和北约发展关系

随着一体化进程的深入，西欧主要大国愈加以欧盟这一平台集体发展对外关系，在“一超多强”的体系结构中，欧盟是一个重要实体，是“多强”之一。历史上，俄罗斯一直非常重视同欧洲发展关系，苏联解

① 《俄罗斯联邦内政外交大事记（1990—2004年）》，第43、49、57页。

体后更加重视发展与欧盟的关系。1993 年 12 月，俄罗斯与欧盟正式签署了建立伙伴关系的联合宣言，并宣布建立半年一次的首脑会晤机制。也是在 1993 年，俄罗斯被欧盟赋予了“向市场经济过渡国家”的特殊地位，便利了俄罗斯与欧洲之间贸易的顺利开展。1994 年 6 月，欧盟领导人与叶利钦签署了俄罗斯与欧盟的“伙伴关系与合作协议”，为了配合协议的签署，欧盟还敦促拉脱维亚放弃当时宣布的带有歧视说俄语民族条款的国籍法。1995 年 7 月，欧盟与俄罗斯达成了一项双边贸易条约，双方将努力逐步取消贸易壁垒，并争取在 2000 年之后建立“欧俄自由贸易区”。[①] 1996 年 1 月 25 日，欧洲委员会议会表决，决定有条件接纳俄罗斯成为欧洲委员会第 39 个成员国，从而继续推动彼此关系向前发展。

北约作为军事政治组织，在冷战的岁月中代表着西方阵营与苏联及华沙条约组织进行对抗。冷战结束后，原本失去存在意义的北约进行了转型，并在俄罗斯与西方关系和缓的背景下，与俄罗斯发展新关系。1993 年 10 月 22 日，叶利钦在会见美国国务卿克里斯托弗时，表示同意北约扩大到前华约国家。[②] 此时的俄罗斯因为有求于西方，所以出于全局考虑尊重中东欧及原苏联地区国家选择成为任何国际组织成员的权利，但也认为这些国家不需要急于加入北约。[③]

在此背景下，美国提出同东欧和独联体等国家建立所谓和平伙伴关系计划。1994 年 1 月，北约同俄罗斯签订了军事合作计划，同月，在布鲁塞尔举行的北约首脑会议上决定根据美国的建议签署“和平伙伴关系计划”。1994 年 6 月 22 日，俄罗斯外长科济列夫在北约总部布鲁塞尔签署了俄罗斯加入“和平伙伴关系计划”的框架文件以及《俄罗斯 - 北约合作议定书》，俄罗斯成为第 21 个同北约签订该协议的国家。

但随着北约发展目标的日渐明确，北约东扩问题逐渐成为北约与俄罗斯关系中的焦点，俄罗斯对北约东扩计划的反对也日益明显。为了安抚俄罗斯的情绪，1995 年 2 月召开的慕尼黑安全政策会议上，美国国防

① 《俄罗斯联邦内政外交大事记（1990—2004 年）》，第 106 页。

② 《俄罗斯联邦内政外交大事记（1990—2004 年）》，第 56 页。

③ Совместная пресс-конференция министра иностранных дел Российской Федерации А. В. Козырева и государственного секретаря США У. Кристофера, 22 октября 1993г. //Внешняя политика России: Сб. документов. 1993. Кн. 2: Июнь-декабрь. С. 388 - 393.

部长佩里和德国外长金克尔都表示北约不是“反俄联盟”，俄罗斯对建设“稳定的欧洲未来”有决定性作用。[①] 1996年2月23日，叶利钦在国情咨文中指出，俄罗斯地缘情况发生不利变动的可能性依然存在，首先就是北约的军事架构有可能扩展到俄罗斯边界。[②] 由此看来，20世纪90年代中期以前，俄罗斯与北约的关系经历了先扬后抑、整体上保持平稳发展的过程。

（二）后苏联空间内的向心趋势增强

独立之初，“前苏联疆域内出现的各个国家，从一开始便碰上了在客观上必须寻求自身的‘国际结构同一性’问题。这些国家面临着两种不同的选择：要么启动形成一个全新的国际政治地区的进程，要么融入这个或那个现有的国际政治地区”。[③] 独立的欣喜导致后苏联空间缺乏形成一种全新的涉及整个空间的地区进程的可能性，独联体本身只是发挥了一种“文明离婚”的作用，俄罗斯更欣喜于甩掉了“小伙伴”。此外，各国认为经济一体化将削弱它们的国家主权并使其与世界其他地区国家的关系恶化，[④] 而无论是国家主权还是各国与其他国家的关系都是独立后的各国最为珍视的。各国也担心再次一体化将削弱民主化进程，更为忧惧的是俄罗斯将使用军事威力利用独联体国家的优势资源。[⑤] 因此，独立之初的地区一体化无从谈起。

但苏联解体之后，形势的发展并不如人们期望的那样乐观，不仅俄罗斯的经济在下滑，其他国家也面临着严重困境。随着“一强多弱”的地区结构在事实上的逐渐形成，作为地区主导国的俄罗斯，逐渐增强了对其他国家的吸引力，后苏联空间的向心趋势走强。

1. 向心趋势增强的表现

大约解体一年后，后苏联空间内的向心趋势开始增强，主要表现在

---

① 《俄罗斯联邦内政外交大事记（1990—2004年）》，第85页。

② Послание Президента РФ Федеральному Собранию от 23.02.1996, 23 февраля 1996 года, http://base.consultant.ru/cons/cgi/online.cgi?req=doc; base=EXP; n=212270; dst=0.

③ 解建群编《独联体的国际地位及前景》，《国外理论动态》2004年第2期，第30～33页。

④ *Служба внешней разведки Российской Федерации.* Россия-СНГ: нуждаеться ли в корректировке позиция Запада? М., 1995. С. 7.

⑤ Дипломат. акад. МИД России, Вопросы теории и истории международных отношений. С. 244.

如下三个方面。

第一，俄罗斯与区域内国家的双边关系继续友好发展。1993 年 1 月，乌克兰和俄罗斯两国举行会谈，会后发表了《俄乌联合公报》，达成了有关在科技、核能、贸易、运输和人员往来等多领域开展合作的协议。[①] 5 月，塔吉克斯坦总统拉赫莫诺夫与叶利钦共同签署了俄塔友好、合作和互助条约以及在经济、国防和科学技术方面相互合作的七项文件。至此，在苏联解体后的一年半时间内，后苏联空间内与俄罗斯签订了友好合作条约的国家数目达到了 6 个。[②]

第二，原本游离于独联体之外的国家申请加入独联体，试图与空间内的国家建立更为密切的联系。独联体成立之时，除波罗的海三国外，苏联加盟共和国中只有格鲁吉亚没有签署建立独联体的宣言，也没有参加独联体的相关活动。1993 年，格鲁吉亚的政策开始发生变化，8 月，叶利钦与格鲁吉亚总统谢瓦尔德纳泽会面，商讨有关友好合作条约和经济合作问题。9 月 24 日，独联体 11 国首脑在莫斯科开会，格鲁吉亚总理以观察员身份与会。10 月 8 日，格鲁吉亚正式申请加入独联体，使独联体的成员国数目达到 12 个，从而涵盖了后苏联空间的所有国家。格鲁吉亚加入独联体后，与俄罗斯的双边关系也获得了发展。1994 年 2 月，俄格两国签署了友好睦邻合作条约。

第三，各国开始寻求多边合作，参与俄罗斯主导的相关机制，并允许俄罗斯发挥主导作用。1992 年年底至 1993 年年初，各国首脑和精英“反复强调与俄罗斯建立经济共同体的必要性，强调加强各国间经济政策协调的重要性”。[③] 1993 年 1 月，乌克兰在未曾签署《独联体宪章》的情况下，与其他宪章签约国共同发表了关于《独联体宪章》的联合声明，9 月 24 日，乌克兰成为独联体经济联盟的联系成员国，这些都反映了乌克兰政策的调整并显示出其参与独联体事务的积极性有所提高。[④] 1994 年 4 月，所有中亚国家、格鲁吉亚和亚美尼亚都允许俄罗斯参与它们的

① Сообщения о российско-украинских переговорах, 12 января 1993г. //Внешняя политика России: Сб. документов. 1993. Кн. 1: Январь-май. С. 51 – 54.

② 这 6 个国家分别是：哈萨克斯坦、乌兹别克斯坦、吉尔吉斯斯坦、土库曼斯坦、阿塞拜疆和塔吉克斯坦。

③ 冯绍雷：《制度变迁与对外关系——1992 年以来的俄罗斯》，第 440 页。

④ 郑羽主编《独联体十年——现状 · 问题 · 前景》，第 182 ~ 183 页。

边境巡逻。[①]

2. 向心趋势增强的原因

苏联解体刚满一年，后苏联空间内的各国就出现了比较明显的向心趋势，这恐怕是各国都始料未及的。出现此种状况的原因，主要在于以下几点。[②]

第一，新独立国家未能适应苏联解体后的新现实。用布热津斯基的话说，“除俄国外，大多数国家对真正的主权毫无准备”，[③] 或者说有些国家因是被迫独立的，也就难以适应新的现实。它们不仅没能在既有的国际机制中找到自己的位置，而且本身也没有能力组织新的架构，由此，寻求旧有的相互联系、参与独联体甚至是依靠俄罗斯，尽管可能并非出自本心，但为了国家发展却是不得不做出的决定。

第二，新独立的中小国家无法独立摆脱困境。除俄罗斯以外，后苏联空间内的其他国家都是中小国家，生存能力本就先天不足，加上苏联时期的经济联系被人为切断，挣扎在高通货膨胀和负增长等持续恶化的经济形势里，更加重了困境。“几乎是苏联解体后的第二天清晨，苏联的加盟共和国就明白，它们彼此之间需要相互支持才能构建自己的主权和独立”，[④] 这一观点尽管有些夸张，但却反映出当时的现实。并且这些国家还“受到独联体外部的强大压力与挑战”，这也从一个侧面迫使它们“从俄罗斯讨生计”。[⑤] 从外部因素看，苏联解体带来的胜利喜悦让各大国在某种程度上轻视了后苏联空间，或者说没能及时评估和认识到后苏联空间的重要性，而北约和欧盟东扩的步伐才刚刚开始，首先是东欧的前华约国家，之后才到达后苏联空间。因此，它们并未对新独立国家提供足够及时的重视和支持，这就造成新独立国家没有俄罗斯之外的有效

① Olivier Roy, *The New Central Asia: The Creation of Nations*, London and New York: I. B. Tauris Publishers, 2000, p. 197.

② 冯绍雷将急剧转变的原因归结为经济状况迅速恶化、“经济完全独立”幻想的消除以及西方援助的冷静与务实，参见冯绍雷《制度变迁与对外关系——1992 年以来的俄罗斯》，第 440 页。

③ 〔美〕兹比格纽·布热津斯基：《大棋局：美国的首要地位及其地缘战略》，第 117 页。

④ Tatyana Valovaya, “Eurasian Economic Integration: Origins, Patterns, and Outlooks,” *Eurasian Integration Yearbook 2012*, p. 43.

⑤ 冯绍雷：《制度变迁与对外关系——1992 年以来的俄罗斯》，第 428 页。

的替代性选择。

第三，相当多的具体问题确实需要俄罗斯参与解决。“一强多弱”的地区结构决定了俄罗斯在后苏联空间发挥着主导作用，在领土和边界划分、安全保障、维和行动、经济贸易往来和文化交流等各个领域中，俄罗斯都发挥着重要作用。例如1994年7月，联合国安理会批准俄罗斯派出维和部队进入格鲁吉亚，这一方面反映出此时俄格关系的稳定，另一方面又反映出俄罗斯作为地区主导国家在地区维和方面的突出作用。因此，甚至可以说，即便俄罗斯如此虚弱，但它仍然是地区内最强大的国家，具有重大的影响力，甚至是“俄罗斯的存在本身就能对在前苏联境内广阔欧亚地带出现的新独立国家产生重要影响”。[①]

用叶利钦自己的话说，这些新独立国家“谁也不想受制于俄罗斯，同时，谁也不愿意失去俄罗斯的帮助”。[②] 总之，后苏联空间内的观念性结构发生着有利于俄罗斯的变化，甚至在某种程度上可以说，作为地区主导国的俄罗斯面临着一种“难辞其责”的情势。

（三）俄罗斯地区一体化意愿的增强

1992年8月，米格拉尼扬曾撰文批评俄罗斯的对外方针存在问题，他认为俄罗斯新的对外政策构想应当从苏联解体和出现了两个对外政策领域——近邻国家和远邦国家的事实出发，“应当向国际社会宣布：原苏联的全部地缘政治空间都是它的切身利益范围”，[③] 强调后苏联空间对俄罗斯的重要意义。也是在这一时期，外交与国防政策委员会发表了一份题为《俄罗斯战略》的报告，提出了三种处理与原苏联地区国家关系的方式，并认为建立“后帝国开明的一体化”是最为实际的选择，可以避免战争和冲突，并控制原苏联地区的转型。[④] 但此时的俄罗斯还对追随美国等西方国家抱有幻想，未能采取米格拉尼扬和这份报告的建议。但随着现实的日渐清晰，俄罗斯的思考日

① 〔美〕兹比格纽·布热津斯基：《大棋局：美国的首要地位及其地缘战略》，第59页。

② 〔俄〕鲍里斯·叶利钦：《总统笔记》，第367页。

③ *Мигранян А.* Подлинные и мнимые ориентиры во внешней политике //Российская газета. 2 августа 1992г.

④ Стратегия для России (Некоторые тезисы для доклада Совета по внешней и оборонной политике) //Независимая газета. 19 августа 1992 г.

益理性，它开始转变对外政策，重新重视起自身在后苏联空间内的影响作用。

1994 年 5 月，外交与国防政策委员会再次发表了一份题为《俄罗斯战略》的报告，认为有效的政策选择是维护这些周边国家的政治独立，以使自己的商品、劳务和资本能不受限制地进入它们的市场，建立有效的防御性军事政治联盟，为少数民族提供统一的法律空间。也就是说，这样的一体化，不是通过领土和政治联合，而是通过创造政治、军事和其他条件，促进经济交往和融合，并首先能够确保和支持俄罗斯在原苏联地区的政治和军事利益。运用这种方式的哲学思想是“用领导地位代替直接控制”（лидерство вместо прямого контроля）。[①] 这份报告反映出“地区合作”和“地区一体化”等概念已被俄罗斯认知和理解，并逐渐成为俄罗斯外交政策的新用语，俄罗斯发展“地区一体化”的意愿也在逐渐增强。

1. 明确对外宣示俄罗斯在后苏联空间的重要地位

大约也是在独立一年后，俄罗斯重新开始重视后苏联空间，在多个场合对外宣示自己重要的地区地位并倡导地区合作。1993 年 2 月 27 日，俄罗斯第二届各界代表圆桌会议召开，叶利钦到会发表讲话，呼吁所有改革力量团结起来，并称联合国和其他国际组织应为俄罗斯在后苏联空间内维护和平与稳定提供特殊权力。在塞缪尔·亨廷顿看来，叶利钦的这一表态意味着俄罗斯与苏联不同，是“一个有区域利益和文明利益的主要大国”。[②] 2 月 28 日，叶利钦要求联合国授权俄罗斯维持原苏联地区的秩序，并称俄罗斯愿与原苏联共和国组成新的联邦。[③] 3 月 15 日，叶利钦发表致独联体国家元首呼吁书，再次强调俄罗斯对独联体发展的坚定支持，表示俄罗斯并不是要求某种“领导”角色，而是认为在平等基础上与各国发展关系有利于经济和社会重建以及地区的安全和稳定，俄罗斯主张在独联体框架内建立有效的安全体系并开展多边经

---

① Стратегия для России（2）（Тезисы Совета по внешней и оборонной политике）// Независимая газета. 27 мая 1994 г.

② 〔美〕塞缪尔·亨廷顿：《文明的冲突与世界秩序的重建》，周琪等译，北京：新华出版社，2002，第 177 页。

③ 《俄罗斯联邦内政外交大事记（1990—2004 年）》，第 39 页。

济合作。[①]

俄罗斯一方面强调独联体合作的发展，另一方面也认为这种合作应建立在新的基础上。1993 年 4 月，在明斯克举行的独联体国家元首会晤结束后，叶利钦表示，独联体国家走向合作并不意味着恢复旧有的联盟国家关系和权力机构，独联体各国将保持独立和主权。[②] 4 月 30 日，叶利钦批准了新制定的《俄罗斯联邦对外政策构想》，对俄罗斯在后苏联空间的政策进行了阐述，认为优先要肯定美国人的立场，即承认俄罗斯作为原苏联地区市场化改革的火车头和民主化改造的保证人的主导作用，并提出俄罗斯准备在八个领域发展同独联体各国的合作关系。[③] 这份文件被西方称为“1993 年共识”，[④] 体现出俄罗斯的对外政策思路开始发生变化。

2. 主动承担军事安全重任

承认本国的地区主导地位后，俄罗斯率先在军事领域开展行动，主动承担起维和及保卫边境安全的军事职责。后苏联空间的一些国家也同意俄罗斯采取相应的举措。1993 年 3 月，俄罗斯军队作为独联体维和行动的一部分被部署在塔吉克斯坦。1994 年 2 月 28 日，俄军总参谋长宣布俄罗斯计划在原苏联各加盟共和国建立约 30 个军事基地。[⑤] 1994 年 6 月，亚美尼亚同意俄罗斯在其境内设立军事基地。1995 年 3 月 16 日，俄罗斯和亚美尼亚签署了关于俄在亚军事基地法律地位的条约，叶利钦称这是“具有特殊意义的事件”，有利于维护高加索地区的稳定，半个月后，俄罗斯和亚美尼亚在亚境内首次举行了联合军演。与俄关系最疏远的格鲁吉亚，在加入独联体后，于 1995 年 3 月与俄罗斯草签了在格鲁吉

① Обращение Президента Российской Федерации Б. Н. Ельцина к главам государств-участников СНГ, 15 марта 1993г. //Внешняя политика России: Сб. документов. 1993. Кн. 1: Январь-май. С. 353 – 355.

② Выступление Президента Российской Федерации Б. Н. Ельцина на внеочередном заседании Совета глав государств-участников СНГ в Минске, 16 апреля 1993г. // Внешняя политика России: Сб. документов. 1993. Кн. 1: Январь-май. С. 433 – 436.

③ Концепция внешней политика Российской Федерации //Дипломатический вестник. специальное издание, январь 1993г.

④ Michael Mandelbaum ed., *The New Russian Foreign Policy*, New York: Council on Foreign Relations, 1998, p. 25.

⑤ 《俄罗斯联邦内政外交大事记（1990—2004 年）》，第 62 页。

亚建立4个俄罗斯军事基地的条约，[①] 这不仅反映了俄格关系的良好状态，也反映出俄罗斯对高加索地区事务的活跃参与。

第四节 俄罗斯明确发展地区“再一体化”的意愿

在各方进行合作的意愿愈加强烈的背景下，后苏联空间内的各国以独联体为依托，开展了多领域的地区合作，推进“再一体化”的发展。俄罗斯作为地区主导国家，参与了几乎所有的地区一体化合作，其意愿更加明确，并同相关国家发展了更为深入的一体化合作。

一 多领域合作的恢复和初步发展

与苏联解体同步进行的是独联体的成立过程，1991年12月21日，由11个加盟共和国参加的独立国家联合体（CIS）正式成立。独联体起初发挥的是“文明离婚”的作用，帮助各国解决“分家”和独立的问题，但随着一年后各国合作意愿的增强，它又提供了有利于合作恢复和发展的机制化平台，成为“国际关系重心向地区层次转移、众多的地区性经济和安全组织迅速出现的历史进程的一个重要组成部分”。[②] 可以说，独联体协议本质上就具有两个方向，一方面它结束了旧的经济架构，另一方面又被预设为主权国家间发展新关系、建立和维护统一经济空间的组织，[③] 因此，各国的多领域合作最初在独联体框架内得到恢复和初步发展。与此同时，后苏联空间内的其他合作也广泛开展，初步形成了参与国家数目不同、领域各异、紧密程度有别的合作格局。

第一，摆脱经济困境是后苏联空间内各国的主要目标，经济合作成为优先发展方向。

1993年1月22日，在白俄罗斯首都明斯克召开的独联体各国元首峰会通过了关于成立跨国银行和调节跨国有价证券市场的决定。2月10日，独联体首脑会议在阿拉木图举行，通过了《关于经济联盟各参加国

① 《俄罗斯联邦内政外交大事记（1990—2004年）》，第90～92页。

② 郑羽主编《独联体十年——现状·问题·前景》，第5页。

③ Развитие интеграционных процессов в СНГ, http://file.qip.ru/file/77694235/2132869a/5ballov-11801.html.

用法律形式调整相互经济关系和统一经济活动条件的决议》等重要文件。3月2日，除土库曼斯坦外的原苏联11个加盟共和国政府首脑签署了关于成立政府间石油天然气委员会的协议，旨在加强各国在发展石油天然气领域使用原料基地、科技合作等方面的互利一体化。[①] 4月16日，独联体国家元首在明斯克举行峰会，讨论恢复相互间经济联系问题，与会者同意先建立关税同盟和银行同盟，并在此基础上建立经济联盟。各国元首还首次坚定地声明，除独联体外，没有替代性的选择。[②] 5月14日召开的独联体成员国元首峰会上，除土库曼斯坦外的其他9国元首签署了联合宣言，旨在推动经济联盟建设，认为其近期任务是发展海关合作和建立海关联盟。[③] 这些反映了独联体框架内经济合作的逐步推进。

除涉及全域的大范围合作外，俄罗斯与部分国家的小范围经济合作更为深化。1993年8月，俄罗斯与亚美尼亚、哈萨克斯坦、乌兹别克斯坦签署了关于成立新型卢布区的协议，决定在卢布基础上，逐步实行统一的货币机制。9月7日，俄罗斯、白俄罗斯、亚美尼亚、哈萨克斯坦、塔吉克斯坦和乌兹别克斯坦六国在莫斯科正式签署了关于建立新型卢布区措施的协议。[④]

第二，加强独联体的制度建设。

1993年1月召开的独联体峰会上，10国元首发表共同声明，表示要继续努力提高独联体在政治和经济领域活动的有效性，开展各国在多领域主要是经济领域的相互合作。此次会议上，各国签署了独联体章程，明确规定独联体将在集体安全、军事政治、预防冲突、经济社会和法律

---

① Соглашение об учреждении межправительственного совета по нефти и газу, 2 марта 1993г. //Внешняя политика России: Сб. документов. 1993. Кн. 1: Январь-май. С. 317 – 318.

② Внеочередное заседание Совета глав государств-участников Содружества Независимых Государств в Минске, 16 апреля 1993г. //Внешняя политика России: Сб. документов. 1993. Кн. 1: Январь-май. С. 431 – 433.

③ Декларация глав государств-участников Содружества Независимых Государств, 14 мая 1993г. //Внешняя политика России: Сб. документов. 1993. Кн. 1: Январь-май. С. 468 – 469.

④ 尽管签署了关于新型卢布区的协议，但合并金融系统的条件并不成熟，出于对独立主权的珍视，各国相继发行了本国的货币并退出了卢布区。

等领域开展合作，其组织架构包括元首和政府首脑理事会、外长理事会、协调协商委员会、国防部长理事会、经济法院、人权委员会等机构。[①] 5月14日，由叶利钦发起、哈萨克斯坦总统纳扎尔巴耶夫支持的独联体成员国10国首脑非例行会晤在莫斯科举行。会议的主要议题和目标是叶利钦确定的“不是用语言，而是以行动”（не на словах，а на деле）巩固独联体，并决定成立执行秘书处和常设代表处等机构。[②] 这将进一步完善独联体的组织结构，也显示了各国发展独联体的共同意愿。

第三，增强军事互信，维护地区和平。

各国加强了军事合作。1993年1月22日，独联体各国政府首脑会议决定组建维和部队，维护塔吉克斯坦与阿富汗边界稳定。8月24日，俄罗斯与独联体集体安全条约签字国签署建立统一防空系统、导弹袭击预警系统和宇宙空间控制系统等条约。[③] 12月24日，俄罗斯与亚美尼亚、阿塞拜疆、白俄罗斯、哈萨克斯坦、吉尔吉斯斯坦、塔吉克斯坦和土库曼斯坦等7国国防部长和军事领导人签署有关军事和技术合作协定。

二　一体化合作的开展和俄罗斯意愿的明确

随着多领域合作逐步向前推进，并开始出现一体化合作，后苏联空间呈现出“再一体化”的发展趋势。在此过程中，俄罗斯参与和推动地区一体化的意愿更加明确，也愈加重视后苏联空间对本国的重要价值。

（一）一体化合作的发展

1993年9月，独联体各国首脑在莫斯科开会，除土库曼斯坦和乌克兰外的9国签署了《建立经济联盟的条约》，将经济一体化的发展目标确定为经济联盟。各国认识到建立和发展共同经济空间，使商品、劳务、

① Заявление Совета глав государств-участников Содружества Независимых Государств; Решение Совета глав государств Содружества Независимых Государств; Устав Содружества Независимых Государств, 22 января 1993г. //Внешняя политика России: Сб. документов. 1993. Кн. 1: Январь-май. С. 102 – 117.

② Внеочередное заседание Совета глав государств-участников Содружества Независимых Государств, Декларация глав государств-участников Содружества Независимых Государств, 14 мая 1993г. //Внешняя политика России: Сб. документов. 1993. Кн. 1: Январь-май. С. 464 – 469.

③ 《俄罗斯联邦内政外交大事记（1990—2004年）》，第51页。

人员和资本能够自由流动是一种客观需要。① 该条约奠定了经济一体化的制度基础。阿塞拜疆在此次会议上作为全权成员正式加入独联体，使独联体的规模扩大。一个月后，格鲁吉亚加入独联体，使独联体更具全面性和代表性。由此，独联体成为涵盖后苏联空间全部国家的地区组织，以独联体为依托的一体化合作继续向前发展。

1993 年 12 月 24 日，独联体 12 国元首在土库曼斯坦首都阿什哈巴德会晤，讨论经济合作问题。会上就协调价格和税收等问题达成了协议，并签署了多份文件，会议成果在最终通过的《关于独联体各国发展合作与加强信任的阿什哈巴德宣言》中得到了体现。② 会议选举俄罗斯总统为独联体协调协商委员会 1994 年的主席，任期 6 个月。这一结果一方面反映出后苏联空间内的各国加强合作的迫切需要，并把“再一体化”作为一种发展目标，另一方面也反映出地区向心力的增强，需要俄罗斯在推动一体化发展方面发挥其应有的领导作用。

独联体经济一体化在 1994 年继续向前推进。1994 年 4 月 15 日，独联体第 15 次国家元首理事会会议在莫斯科召开，决定成立经济联盟委员会，作为独联体经济联盟的常设机构，进一步完善了制度设计。会上还签署了建立自由贸易区协议，决定分阶段取消现有关税和其他捐税，落实建立经济联盟条约。③ 8 月 29 日，独联体协商协调委员会在明斯克召开，通过了独联体经济联盟条约草案。9 月 9 日，除阿塞拜疆和土库曼斯坦外的独联体各国签署了关于建立经济联盟委员会的协定，规定该委员会的投票权将根据“国家的经济实力”进行分配，这一规定无疑给俄罗斯提供了更大的话语权。10 月 21 日，独联体第 16 次首脑理事会会议通过了《独联体一体化发展基本方向备忘录》等文件，指出为推动独联体的巩固和发展，形成更有活力的联合体，需要推动独联体逐步形成有

---

① Договор о создании Экономического союза, 24 сентября 1993г. //Внешняя политика России: Сб. документов. 1993. Кн. 2: Июнь-декабрь. С. 252 – 261.

② Ашгабатская декларация о развитии содрудничества и укреплении доверия в отношениях между государствами-участниками Содружества Независимых Государств, 24 декабря 1993г. //Внешняя политика России: Сб. документов. 1993. Кн. 2: Июнь-декабрь. С. 505 – 507.

③ Соглашение о создании зоны свободной торговли, 15 апреля 1994г. //Внешняя политика России: Сб. документов. 1994. Кн. 1: Январь-май. С. 270 – 280.

效的一体化结构，建立各国间的合作机制并落实各国达成的多边协议。会议还提出一体化在近期和中期的主要发展方向是恢复有效的经济合作以作为战胜危机和提升各国经济的前提基础。① 这次在莫斯科举行的首脑会议还决定成立跨国经济委员会，这是独联体建立以来的第一个跨国经济机构。

1994 年 11 月 20 日，跨国经济委员会第一次会议选举俄罗斯副总理博利沙科夫为主席团主席，体现了俄罗斯在经济一体化方面的领导作用。12 月 9 日，各国就跨国经济委员会的机构、预算、人员编制和领导人问题达成一致。此后，跨国经济委员会在多个方面推动一体化合作的深化发展。1995 年 2 月，独联体首脑会议确定了统一的海关法基本原则。5 月，除土库曼斯坦外，各国通过了关于建立独联体跨国货币委员会的协议。11 月，跨国经济委员会被授权可以对所有成员国就所通过的各类问题决议进行协调，也就意味着跨国经济委员会被赋予了超国家的权力。

除了跨国经济委员会外，俄罗斯同部分国家之间的经济一体化合作领先于整个独联体的大范围合作。1993 年 12 月 17 日，俄白两国举行俄白双边委员会会议，就统一两国货币体系达成协议，协议内容包括两国实行统一的货币政策、在两国货币尚未完全统一前维持各自货币汇率稳定等，两国财政部受命起草关于建立统一的货币体制下财政体系的统一管理机制协议。② 1995 年 1 月 28 日，俄罗斯、白俄罗斯和哈萨克斯坦三国签署决定建立三国关税联盟的文件，目标是更为紧密的地区一体化。

在经济领域外，政治和军事领域的一体化也逐渐展开。特别是在独联体包含了全部后苏联空间的国家后，各国在政治和军事领域的一体化更能够起到促进区域和平的作用。1994 年 4 月，独联体 11 个成员国（除摩尔多瓦外）的国防部长在莫斯科举行特别会议，决定成立独联体集体安全委员会，委员会由《独联体集体安全条约》成员国和独联体联合武装力量总司令组成，成为实现地区集体安全的重要机构。1994 年 7

① Меморандум Совета глав государств-участников Содружества Независимых Государств «Основные направления интеграционного развития Содружества Независимых Государств», 21 октября 1994г. //Внешняя политика России: Сб. документов. 1994. Кн. 2: Июнь-декабрь. М.: Междунар. Отношения, 2000. С. 347–350.

② 《俄罗斯联邦内政外交大事记（1990—2004 年）》，第 59 页。

月，由9个独联体国家的国防部长及乌克兰、摩尔多瓦、土库曼斯坦三国的观察员参加的独联体国家国防部长理事会上，通过了独联体集体安全构想，赋予俄罗斯在保卫独联体安全方面的特殊责任，还决定成立集体安全理事会。1994年10月29日，独联体国家议会第五次大会在圣彼得堡举行，会议决定要加紧制定法律，为加快独联体一体化进程提供相应的法律保证，并通过了独联体公民社会保障和权利宪章等文件。

（二）俄罗斯发展地区一体化的意愿更加明确

就在开展一体化合作的过程中，各国的向心趋势也日益增强，不断推举俄罗斯成为相关一体化机构的领导，希望借助俄罗斯的力量推动一体化的开展。俄罗斯也顺应此种形势，积极推动与各国发展双边关系，且其参与和推动地区一体化的意愿也更加明确。

1995年1月，俄罗斯与哈萨克斯坦发表《关于扩大和加强俄哈合作的宣言》，两国商定组建“联合武装力量”，在对外边界上进行共同防卫，这意味着俄哈两国在对外政策方面建立了更为紧密的关系。[①] 2月，叶利钦访问白俄罗斯期间，双方签署了睦邻友好合作条约、共同保卫白俄罗斯国界协议和关税合作协议。双方商定加快两国一体化进程，俄罗斯将向白俄罗斯提供1500亿卢布的贷款。3月，俄罗斯分别同乌兹别克斯坦和吉尔吉斯斯坦签署了1995年的年度经贸协议，其中，俄罗斯承诺向吉尔吉斯斯坦提供10万吨汽油、8万吨柴油和15万吨木材。[②] 5月，俄罗斯与哈萨克斯坦签署统一管理海关协议，两国将互设海关代表处；同月，俄罗斯与土库曼斯坦宣布要建立“战略伙伴关系”。这一系列举动体现出俄罗斯对发展同后苏联空间内国家关系的高度重视，也为随后出台的战略方针做了铺垫。

1995年9月，叶利钦批准了《俄罗斯联邦同独联体成员国关系战略方针》，第一次全面系统地阐述了俄罗斯对独联体的相关政策。明确提出：“俄罗斯在独联体地区的主要目标是建立一个能在国际社会占有相应位置的政治、经济一体化的国家联盟，以巩固俄罗斯在原苏联地区的政

---

① Декрация о расширение и углублении российско-казахстанского сотрудничества, 20 января 1995г. //Внешняя политика России: Сб. документов. 1995. М.: Междунар. Отношения, 2000. С. 32 – 36.

② 《俄罗斯联邦内政外交大事记（1990—2004年）》，第88、91页。

治经济新体系中的领导地位。”① 这份文件反映出俄罗斯把“加快独联体一体化进程”作为手段，其目的是增强俄罗斯在后苏联空间内的主导作用。由此，独联体一体化成为俄罗斯非常明确的工作任务。

战略方针提出后，1995 年 12 月，俄罗斯进入杜马选举阶段。选举的结果在一定程度上反映出民众对苏联解体后生活的不满，他们怀念以前的生活，于是选举俄罗斯共产党为杜马第一大党。虽然俄共仅占议席总数的 1/3，但这一地位还是让人们感受到俄罗斯民意的倾向。俄罗斯政府此时也走马换将，1996 年 1 月，普里马科夫就任俄罗斯外长。1 月 12 日，普里马科夫在记者会上表示，巩固原苏联地区出现的向心趋势和在地区水平上实现国际形势的稳定是俄罗斯对外政策的两大优先任务。同时，他也强调这并不意味着恢复苏联，而且也不可能恢复，各国获得的主权是“不可逆的”，但这也不意味着反对重新一体化，特别是经济领域的重新一体化，未来系于此。② 2 月 23 日，叶利钦在国情咨文中表示，独联体各国在相互尊重主权、自愿和互利条件下出现了深化一体化的趋势，并且可以相信的是，与分散化的趋势相比，一体化的趋势已经占据着优势。③

杜马选举的结果反映出民众对苏联的怀念，也反映了俄罗斯国内对地区一体化的支持。这从 1996 年上半年的俄罗斯国内形势中也鲜明地表现出来。1996 年 3 月 15 日，国家杜马通过一项决议，宣布 1991 年 12 月俄罗斯苏维埃联邦社会主义共和国最高苏维埃关于废除苏联成立条约的决定已失效，而关于 1991 年 3 月 17 日就保持苏联问题进行的全民公决的结果对俄罗斯仍具有法律效力。④ 显然，该决议的通过与俄罗斯共产党不无关联，特别是在俄共成为杜马第一大党后，它也有意引导民众怀念苏联。此时的俄罗斯国内，各种政治势力正在为 6 月的总统大选造势，

---

① Стратегический курс России с государствами-участниками СНГ: Утв. Указом Президента РФ № 940 от 14 сент. 1995//Российская газета. 23 сент. 1995.

② Пресс-конференция министра иностранных дел Российской Федерации Е. М. Примакова, 12 января 1996г. //Внешняя политика России: Сб. документов. 1996. С. 12 – 19.

③ Послание Президента РФ Федеральному Собранию от 23. 02. 1996, 23 февраля 1996 года, http://base. consultant. ru/cons/cgi/online. cgi? req = doc; base = EXP; n = 212270; dst = 0.

④ *Пихоя Р. Г.*, *Журавлев С. В.*, *Соколов А. К.* История современной России. Десятилетие либеральных реформ: 1991 – 1999гг. С. 211 – 214.

决议的通过当然有总统竞选的背景，俄罗斯共产党推出的总统候选人久加诺夫就持有废除别洛韦日协定和在自愿基础上恢复苏联的主张。[①] 久加诺夫在竞选初期的民调支持率一直高于叶利钦，这一状况在一定程度上反映了俄罗斯民意对“恢复苏联”或者同独联体国家进行某种“联合”的支持。当然必须补充说明的是，此决议一出立即在俄罗斯国内外激起一片紧张情绪和反对之声，因为它意味着俄罗斯不再接受废除苏联的条约，叶利钦本人发表声明宣布该决议违反宪法，美国也表示坚决反对重建苏联的任何企图，并认为投票给俄罗斯共产党将使俄罗斯孤立于欧洲其他地区之外。[②]

尽管恢复苏联不会成为叶利钦及其政府的政策主张，因为这是一种倒退，但在地区一体化获得国内外支持和拥护的背景下，俄罗斯希望借助这一形式，推动地区合作的发展并巩固自己的大国地位。

三 俄罗斯积极推动地区一体化

明确了在后苏联空间的任务目标后，俄罗斯开始从多个方面推动地区一体化的发展。它在整体上进一步深化以独联体为框架的一体化合作，同时重点发展并提升了与部分国家的地区一体化水平，从而形成了多层次、多领域的地区一体化发展形势。

（一）重新定位与西方国家的关系，理性维护俄罗斯的国家利益

外交重点向后苏联空间倾斜的同时，俄罗斯也重新定位了同西方国家的关系，强调维护俄罗斯国家利益的重要性，即俄罗斯日趋理性地看待它与西方国家之间的关系。1996 年 3 月 5 日，俄罗斯外长普里马科夫在接受《消息报》记者采访时表示，俄罗斯在同过去的西方冷战对手表示友好时走得过远了，俄罗斯不能讨论同它昔日的冷战敌手“建立战略联盟”，而应建立平等的伙伴关系。[③] 4 月 1 日，在接受国际文传电讯社和《红星报》记者采访时，普里马科夫更进一步强调了“平等”的重要意义，他指出，发展与独联体国家的关系是俄罗斯外交理所当然的主要

① 《俄罗斯联邦内政外交大事记（1990—2004 年）》，第 142 页。

② 《俄罗斯联邦内政外交大事记（1990—2004 年）》，第 141 页；梅孜主编《美俄关系大事实录》（1991—2001），第 127 页。

③ 梅孜主编《美俄关系大事实录》（1991—2001），第 125 ~ 126 页。

重点，俄美关系具有很重要的意义，但不能用“重点”一词，发展俄美关系必须考虑到双方的平等和各自的利益。[①] 6月26日，在阐述俄罗斯对外政策原则方针时，普里马科夫指出，最大限度地维护俄罗斯国家利益是对外政策的优先任务，在当前国际事务中俄不能扮演“僚机”的角色，而应成为当代大国。6月30日，叶利钦发表讲话指出，俄罗斯“对别国没有领土要求，也不接受别国对俄的领土提出主权要求”。同日，叶利钦在接受国际文传电讯社记者采访时称，俄罗斯的对外政策有三个优先方向：第一，发展和加强独联体合作；第二，巩固对西方关系的现有成果；第三，强化东方外交。[②]

随着1996年年中俄罗斯总统大选的尘埃落定，叶利钦有惊无险地保住了总统职位，总理切尔诺梅尔金和外长普里马科夫都继续留任，使俄罗斯政坛避免了剧烈波动，同时也在一定程度上保证了未来几年国内政治的平稳运行。但总统大选对俄罗斯外交也造成了干扰。1996年7月在法国里昂举行的西方七国首脑会议，叶利钦因为参加第二轮总统投票未能出席，减缓了俄罗斯加入七国集团的步伐。俄罗斯与美国等西方国家围绕地区导弹防御、北约东扩等问题的矛盾日益突出，反映出体系结构中的各主要行为体对待彼此的态度与观念出现恶化的趋势。

俄罗斯也更加理性地看待国际关系的现实。9月24日，普里马科夫在联合国大会发言时提出，冷战后国际关系转变的三个条件是：第一，不能允许新的分界线占据敌对阵营的旧时前线的位置，也就是说，俄罗斯不接受北约军事设施向前华约地区推进的想法及北约成为欧洲新体系轴心的做法；第二，要消除“领导者”与“被领导者”的心理，这种心理是由一种幻觉产生的，即认为某些国家是冷战的胜利者，而另一些国家是失败者；第三，国际社会要进行协调行动，此种战略的优先方向是调解地区和地方冲突。[③] 以上表态反映出俄罗斯已经彻底放弃了不切实际的追随西方国家的幻想，改变自身的“被领导”心态，强调同西方国

---

① 《俄罗斯联邦内政外交大事记（1990—2004年）》，第148页。

② 《俄罗斯联邦内政外交大事记（1990—2004年）》，第182～183页。

③ Выступление министра иностранных дел Российской Федерации Е. М. Примакова на 51 -й сессии Генеральной Ассамблеи ООН, 25 сентября 1996г. //Внешняя политика России: Сб. документов. 1996. С. 444 -450.

家的平等关系和俄罗斯的国家利益。

（二）积极推进独联体一体化

《俄罗斯联邦同独联体成员国关系战略方针》的出台给俄罗斯发展同独联体国家的关系指明了方向。此时的独联体包含了后苏联空间内的全部 12 个国家，因此，推动独联体一体化就意味着俄罗斯在发展地区一体化方面具有较强的意愿水平。

正如前文所述，俄罗斯政要在多个场合强调了独联体国家在俄外交领域中的优先性和重要性，发展独联体一体化也被反复提及。1996 年 3 月 26 日，俄罗斯独联体事务部长谢罗夫指出，独联体国家实行一体化的基础是经济一体化，俄正在制定下阶段经济一体化的措施，首先要做的是建立独联体统一经济空间。[①] 6 月 26 日，俄外长普里马科夫表示，俄罗斯要推进独联体的一体化进程，必须创造有利的外部条件，而外交部的主要任务是开展对独联体的工作，发展一体化进程，支持向心趋势（同时保留独联体所有国家的主权）和消除冲突。[②] 上述表态反映出，俄罗斯试图抓住后苏联空间内出现的向心趋势，在创造有利外部条件的同时，加快独联体一体化的发展。

俄罗斯积极推动了多领域的一体化进程。1996 年 5 月 13 日，独联体国家能源安全国际协调会议在莫斯科召开，俄罗斯建议独联体国家建立类似石油输出国组织的相互协调机制，以确保能源安全。6 月 14 日，叶利钦签署"关于俄支持独联体教育领域一体化进程"的总统令，规定俄罗斯相关职能部门同独联体各国就统一教育空间合作进行谈判并签订协议，俄罗斯政府将自 1997 年起从国家预算中拨专款用于实施该项计划。6 月 20 日，独联体跨国货币委员会和跨国银行委员会举行联席会议，会议主席、俄罗斯中央银行行长杜比宁就建立独联体国家货币联盟提出分两步走的设想：第一阶段是保障成员国之间货币自由兑换；第二阶段是从宏观上协调独联体各国经济。[③] 9 月 12 日，独联体各国安全和特工机关领导人在白俄罗斯召开会议，宣布成立独联体成员国安全和特工机关

① 《俄罗斯联邦内政外交大事记（1990—2004 年）》，第 146 页。

② 《俄罗斯联邦内政外交大事记（1990—2004 年）》，第 182 页。

③ 《俄罗斯联邦内政外交大事记（1990—2004 年）》，第 165、180 页。

领导人跨国委员会，还决定建立统一银行以打击犯罪活动。从以上这些举措中可以看到，俄罗斯对地区一体化的支持不仅涉及经济金融能源领域，还包括政治安全等方面，以及文化教育领域，其推动方式不仅有资金支持，也包括制度建设等。

在发展一体化的问题上，俄罗斯态度诚恳而坚决。正如普里马科夫1996年7月8日在吉尔吉斯斯坦首都比什凯克所表示的，为进一步推进独联体一体化和解决其内部冲突，俄罗斯准备做出一定的让步，但绝不对北约在中亚及独联体其他国家加强军事存在做出任何妥协。[①] 俄罗斯还坚定维护自己在这一地区的利益。7月29日，俄罗斯总理切尔诺梅尔金在俄驻独联体国家使节会议上发表讲话，强调独联体属俄罗斯的切身利益范围，俄罗斯的独联体政策不仅要追求经济利益，而且要着眼长远。他指出，使馆的基本任务，也就是国家的主要利益在于提高合作的有效性，增加在所有领域——从经济一体化到解决社会人文问题——的相互联系的效益。[②] 叶利钦也曾强调俄罗斯对独联体外交的主要任务是落实业已签订的数百个有关协议，尤其是俄白关系和“四国条约”（俄白哈吉四国的一体化合作文件）。[③] 叶利钦的这个表态，表明俄罗斯在后苏联空间内推动的地区一体化进程主要有两项重点工程。

（三）俄罗斯与白俄罗斯的深度一体化

在独联体国家中，从民族、文化等方面看，与俄罗斯最为接近的是白俄罗斯。俄罗斯同白俄罗斯之间的关系在苏联解体后的发展也一直非常平稳顺利，这一方面与俄白两国在传统上非常接近有关，两国民众之间存在传统友谊；另一方面，“白俄罗斯贫穷，尚未进行经济改革，在能源和其他需要上依赖俄罗斯，从很多方面来看它似乎是其巨大邻国的理想小伙伴”。[④] 因此，在推动地区一体化的过程中，俄罗斯有意与白俄罗斯进行了更为深度的一体化。

---

① 《俄罗斯联邦内政外交大事记（1990—2004年）》，第187页。

② Выступление Председателя правительства Российской Федерации В. С. Черномырдина, 29 июля 1996г. //Дипломатический вестник. 1996. №8. С. 55.

③ «О национальной безопасности» Послание Президента Российской Федерации Федера льному Собранию //Дипломатический вестник. 1996. №7. С. 31.

④ 〔美〕尼古拉·梁赞诺夫斯基、马克·斯坦伯格：《俄罗斯史》（第七版），杨烨、卿文辉主译，上海：上海人民出版社，2007，第620页。

1996 年 2 月，白俄罗斯和俄罗斯签署了政府间科技合作协议、政府间公路发展合作协议、关于清偿互欠债务问题的协议等文件，[①] 两国将双方相互拖欠的国家债务一笔勾销。卢卡申科对此表示，如果经济问题解决得好，俄白“将走上邦联或者联邦乃至比前苏联更坚强的联盟之路”。[②] 3 月 23 日，俄白两国宣布将于 4 月 2 日签订共同体条约，并建立最高委员会、最高委员会执委会、跨议会大会等一系列机构。叶利钦稍后表示，该条约是进一步深化两国一体化的文件，不会导致建立统一国家，白俄罗斯总理称，该条约不损害两国的独立和主权。[③]

1996 年 4 月 2 日，俄罗斯同白俄罗斯签署了建立两国共同体条约。双方约定，共同体的宗旨是联合开发两国现有的物质和精神潜力，促进经济发展，提高人民物质、精神生活水平；共同体建立在承认彼此的国家主权、平等、民主及尊重人权和国际法原则规范的基础上。这就意味着俄白两国依然是平等的主权国家，保持各自的独立。在对外政策方面，俄白两国将协调立场，在保障安全、保卫外部边界方面相互协作。为促进经济发展，俄白将建立统一的经济空间，包括统一经济活动的法律基础，建立共同市场，为实现商品、劳务、资本和货币流动创造条件；建立统一管理的海关空间。在机构设置上，共同体的最高权力机构是由两国元首、总理及执行委员会主席组成的最高理事会，白俄罗斯总统卢卡申科担任主席，下设由俄罗斯总理切尔诺梅尔金担任主席的执行委员会，同时组建由两国等额议员组成的跨议会大会。[④]

条约签署后，俄白两国努力推进条约的落实和一体化的深度发展。1996 年 4 月 9 日，白俄罗斯议长沙列茨基访俄时，与俄罗斯杜马主席签署了建立跨议会委员会协定，以便准备组建共同体议会大会所需的法律文件。4 月 29 日，两国签署了有关俄白共同体议会大会协定，由两国议会各出 20 名议员组成，沙列茨基任主席，谢列兹尼奥夫任副主席。5 月

---

① Соглашение между Правительством Российской Федерации и Правительством Республики Белорусь о научно-техническом сотрудничестве, и другие документы, 27 февраля 1996г. //Внешняя политика России: Сб. документов. 1996. С. 107 – 123.

② 《俄罗斯联邦内政外交大事记（1990—2004 年）》，第 134 页。

③ 《俄罗斯联邦内政外交大事记（1990—2004 年）》，第 145 页。

④ Договор об образовании Сообщества России и Белоруси, 2 апреля 1996г. //Внешняя политика России: Сб. документов. 1996. С. 203 – 209.

13 日，俄白国防部首脑举行联席会议，签署了 10 项军事合作协议。5 月 14 日，俄罗斯国防部长格拉乔夫宣布，如果北约东扩至俄罗斯边界，那么，俄方不排除与白俄罗斯建立强大的俄白集团军的可能性。[①] 8 月 29 日，在完成了全部程序后，俄白共同体条约正式生效。

俄罗斯对俄白共同体的建立非常重视，试图以俄白共同体的发展作为独联体一体化的样板。共同体条约签署的第二天，即 4 月 3 日，叶利钦签署命令，规定 4 月 2 日为“人民联合日”，以庆祝俄白共同体条约的签订。4 月 11 日，在俄白共同体执行委员会第一次会议上，俄罗斯总理切尔诺梅尔金指出，实施共同体条约的主要条件是保证两国经济改革同步进行，执委会应集中精力建立政治、经济上深入一体化的共同体，共同体应成为加速俄白哈吉四国乃至整个独联体一体化的火车头。4 月 12 日，在莫斯科召开的独联体国家政府首脑例会上，俄罗斯总理切尔诺梅尔金呼吁各国仿效俄白共同体和俄白哈吉四国，加速推进独联体一体化进程。[②]

（四）俄白哈吉“四国条约”

就在俄白两国推动共同体建设的同时，后苏联空间内另一个具备深度一体化特点的合作也逐步开展。1996 年 3 月 29 日，俄罗斯、白俄罗斯、哈萨克斯坦和吉尔吉斯斯坦四国首脑签署建立关税同盟的协定和《关于加深经济和人文领域一体化条约》（简称“四国条约”）。其中规定，建立在各国人民历史联系的基础上，各国努力发展进一步的一体化和进行全方位的接近。主要目标是建成“一体化国家共同体”，在主权、平等、互利、不改变现有边界、不干涉内政原则基础上，四国将共同努力分阶段深化经济、科学、教育、文化、社会等领域的一体化。[③] “共同体”目标的明确提出，体现了“四国条约”是具有较高一体化目标的文件，上述四国的一体化合作意愿比较强烈。

---

① 《俄罗斯联邦内政外交大事记（1990—2004 年）》，第 166 页。

② 《俄罗斯联邦内政外交大事记（1990—2004 年）》，第 153 页。

③ Договор между Российской Федерацией, Республикой Белоруссия, Республикой Казахстан и Киргизской Республикой об углублении интеграции в экономической и гуманитарной областях, 29 марта 1996г. //Внешняя политика России: Сб. документов. 1996. С. 190 - 197.

在条约框架内，四国决定成立跨国委员会、一体化委员会、跨议会委员会等三个一体化共同管理机构，白俄罗斯总统卢卡申科当选为跨国委员会首任主席，一体化委员会主席则由哈萨克斯坦第一副总理伊欣加林担任。叶利钦表示“四国条约”为独联体国家一体化找到了新形式。美国著名学者布热津斯基对此评价道，俄白共同体条约和“四国条约”均表明“俄国对独联体内部一体化进展的缓慢已不耐烦，并决心坚持推动这一进程”。[①]

俄罗斯在推动深度一体化时也注意强调各国的主权平等。1996 年 4 月 27 日，叶利钦在访问哈萨克斯坦时表示，“四国条约”不涉及这些国家的主权和独立，俄罗斯既不要他国也决不给他国一寸土地。5 月 16 日，俄白哈吉四国总统在莫斯科召开跨国理事会会议，讨论巩固四国一体化进程的首要措施，会议通过了跨国理事会组织条例，将跨国理事会认定为四国一体化的最高管理机构。同时，为了“稳扎稳打”，巩固深层次一体化的成果，叶利钦还建议不要加速扩大“四国条约”，而实行“战术停顿”，待其工作走上正轨后，再邀请其他独联体国家加入。[②]

（五）重视同乌克兰和高加索三国的关系问题

乌克兰是后苏联空间内仅次于俄罗斯的重要国家之一，独立意识在苏联时期就非常明显。苏联解体后，乌克兰和俄罗斯的双边关系尽管获得发展，但双方围绕黑海舰队和塞瓦斯托波尔市的地位等问题一直龃龉不断。俄罗斯认为“塞瓦斯托波尔市是俄罗斯黑海舰队的基地”，当地有相当多的俄罗斯人，希望乌克兰尊重当地人民的权利，而乌克兰则坚持“俄军舰队的主要基地在塞瓦斯托波尔市”的说法。两国在此问题上一直争论不休，使得 1996 年叶利钦访问乌克兰的日程一再拖延，两国也未能签署友好合作条约。

双边关系的争论导致了乌克兰对独联体等相关一体化机制的消极情绪。1996 年 4 月 23 日，乌克兰总统库奇马在欧洲委员会议会大会上发言指出，由原苏联共和国组成的独联体并未发挥作用，这些国家以后建立的所有结构，其结果也将与独联体一样。6 月 5 日，库奇马在西欧联盟

---

① 〔美〕兹比格纽·布热津斯基：《大棋局：美国的首要地位及其地缘战略》，第 143 页。

② 《俄罗斯联邦内政外交大事记（1990—2004 年）》，第 159、167 页。

议会演讲中表示，乌克兰坚决反对在独联体内建立超国家机构和恢复前苏联的任何企图。① 但俄罗斯重视同乌克兰的关系，叶利钦 6 月 13 日向联邦议会提交的“国家安全”咨文中强调，俄罗斯对独联体关系的基础是俄罗斯与白俄罗斯、乌克兰和哈萨克斯坦的四国联盟，俄罗斯与这些国家的关系应该建立在睦邻和合作的基础上并具有“联盟性质”的前景。② 这一表述体现出俄罗斯在发展地区一体化时，希望将乌克兰纳入更深层次的地区合作中。

而位于后苏联空间西南部的高加索三国，俄罗斯也注重同它们发展关系。1996 年 6 月 3 日，叶利钦同阿塞拜疆、亚美尼亚和格鲁吉亚三国总统在基斯洛沃茨克举行首次高加索地区会议，签署“争取高加索民族和睦、和平、经济和文化合作宣言”。叶利钦在会上提出了关于高加索政策五项原则，即高加索各民族具有不可分割的民族共性；各国首要任务是通过加强“联邦制”尽快消除该地区热点冲突；俄罗斯承认和尊重三国的主权和独立；通过发展合作和一体化走向富裕；高加索是加强全欧安全机制的重要因素。③ 在这五项原则中，叶利钦表达和强调了俄罗斯对三国的尊重，同时也明确提出与三国发展一体化合作的意愿。

从以上分析中可以发现，1996 年年内，俄罗斯具有非常明确的在后苏联空间开展地区一体化合作的强烈意愿，并采取诸多措施推进与后苏联空间各国的一体化合作。

本章小结

1991 年 12 月苏联解体后，各加盟共和国成为独立的主权国家，并诞生了一个新的地区——后苏联空间，体系结构也由两极体系转变为“一超多强”，美国成为了唯一的超级大国。甩掉“小伙伴”的俄罗斯，从超级大国变为普通国家，开始实行融入西方世界和追随美国的战略。但随着“一强多弱”地区结构的日渐形成，俄罗斯依然是后苏联空间的地

---

① 《俄罗斯联邦内政外交大事记（1990—2004 年）》，第 158、174 页。

② «О национальной безопасности» Послание Президента Российской Федерации Федеральному Собранию //Дипломатический вестник. 1996. №7. С. 31.

③ 《俄罗斯联邦内政外交大事记（1990—2004 年）》，第 173 页。

区主导国，具有威胁美国超级大国地位的潜力，因此，俄罗斯的追随战略逐渐失去可行性，也没有取得期望中的效果，西方的援助口惠而实不至，同时俄罗斯的国家实力和相对地位不断下降。这种状况导致俄美关系以及俄罗斯与西方主要大国的关系逐渐趋于理性。

与此同时，后苏联空间内的各国也借由独联体完成了“文明离婚”的过程，但却很快发现自身的经济发展，甚至是国家安全都陷于困境，希望进行地区合作的呼声不断增强，各国出现了明显的向心趋势。作为地区主导国的俄罗斯，由此回归后苏联空间，明确支持地区“再一体化”的发展，将后苏联空间作为对外政策的优先方向。俄罗斯推动独联体开展政治、经济、军事、教育等多领域的一体化合作，促成了俄白共同体的建立和俄白哈吉四国加深一体化条约的签订，从而形成了多领域、多层次的地区一体化合作。

本章主要分析了 1991 年到 1996 年间俄罗斯对后苏联空间内发展地区一体化的政策变化。回到本研究的理论框架上看，这一时期，俄罗斯的国家实力不断下行，在体系结构中的相对权力地位不断下降，体系结构的主导观念则从苏联刚解体时的所谓“朋友”向更为理性的“对手”方向转变。而后苏联空间内的其他国家，却因为形势的不断恶化，转而更加需要俄罗斯，也在一定程度上转变了看法，俄罗斯感同身受，也减少了对“小伙伴”的“嫌弃”，所以它在地区结构内的相对权力地位呈现出微弱下降的趋势，且地区主导观念优化。所以，这一阶段的双重结构产生的是一种强激励（激励 B 和激励 H，即两个次强的激励组合），促使俄罗斯重新回到后苏联空间，积极推进一体化。也就是说，“如果体系结构和地区结构提供的两种激励都位于‘强激励’的高位，那么大国会持有积极支持地区一体化的态度，并采取相应的参与和推动一体化发展的行动，也就是符合因变量中积极支持态度的表现情况”，即本研究的核心假设 1 得到了验证。

第三章　俄罗斯有限支持次地区一体化（1997～1999）

在结束了车臣战争并有惊无险地平稳进行了大选后，叶利钦成功保住了自己的总统职位，也有幸在一定程度上止住了国力下滑的趋势，由此可以集中精力推进后苏联空间的地区一体化进程。但 1997 年之后的现实发展却并未如俄罗斯所愿。一场金融危机重创了俄罗斯，使其不断滑入谷底，难以阻挡的北约东扩以及空间内部一些国家的离心倾向，都促使俄罗斯不得不转变立场，对地区一体化采取有限支持的立场。由此，以独联体为依托的地区一体化行动迟缓、效果有限，而次地区一体化，因参加国数量有限而容易达成一致，也因为合作领域的单一而容易操作，获得了一定的发展。

第一节　金融危机对俄罗斯内外形势的影响

1997 年上半年，一系列事件的突破性解决为俄罗斯推进地区一体化创造了良好的区域内外形势，但 1997 年下半年开始的一年多时间内，一场发端于东南亚的金融危机很快蔓延至俄罗斯。受此影响，国内外形势都日趋严峻，俄罗斯面临着新的困难。

一　后苏联空间在 1997 年年初的良好形势

进入 1997 年后，无论是俄罗斯自身还是后苏联空间内外，都借由一些事件的解决，获得了一个较为良好的发展态势。

（一）俄罗斯自身的止跌企稳

尽管 1996 年的经济形势相比 1995 年仍然不够理想，但整体上看，经济的下滑速度和幅度呈现出趋缓和收窄的态势，俄罗斯平稳度过了 1996 年总统大选，可以开始希冀来年。俄罗斯经济部长亚辛说，1996 年 9 月的俄罗斯正处于经济过渡时期的最困难阶段，而 1997 年将成为人民生活水平开始逐步提高之年。[①] 确实，进入 1997 年后，一切的发展让人们略感宽慰。1997 年头两个月的经济形势让切尔诺梅尔金总理略微放松了紧绷的神经，他认为这是十年来首次看到经济出现好转的趋势，而俄罗斯政府也第一次从预算中拨出 38 万亿卢布清偿拖欠多年的养老金欠款。1997 年全年的通胀率被压缩为 11%，年底的统计指标显示，俄罗斯工业生产结束了长期衰退，国内生产总值（GDP）五年多来首次出现了 0.4% 的增长。[②]

伴随经济企稳的还有俄罗斯国内的政治局势。1997 年 2 月，马斯哈多夫正式就任俄联邦车臣共和国总统，5 月，俄罗斯联邦和车臣和平与相互关系条约签署，从而使困扰联邦政府两年多的车臣问题暂告结束。俄罗斯摆脱了内部分裂和战事不断的隐忧，从而能够腾出手来处理对外问题。米格拉尼扬和扎图林曾指出，“后苏联地区以俄罗斯为中心的一体化，是防止俄罗斯国家遭到难以避免的解体的唯一机会”，[③] 尽管他们的观点略有绝对的成分，但获得了稳固后方的俄罗斯，确实可以开始集中精力推进地区一体化，而地区一体化也将有利于巩固俄罗斯的内外形势。

（二）推进与西方国家的关系并在焦点问题上协调立场

1997 年 1 月 8 日，俄罗斯外长普里马科夫向记者表示，俄罗斯对外政策的目的是为顺利推进国家民主化和经济改革创造有利的外部条件，与东西方国家建立平等的伙伴关系，将俄罗斯确立为多极世界的一个有影响力的中心。[④] 也就是说，俄罗斯将继续纠正此前过于亲近西方的外交政策，转为实行东西方平衡外交。此时，俄罗斯与西方国家的关系围绕着两个焦点问题。

第一个是北约东扩。在与西方国家的关系日益理性的背景下，俄罗斯在北约东扩问题上的立场日趋强硬，持有坚决的否定态度。尽管北约

---

① 《俄罗斯联邦内政外交大事记（1990—2004 年）》，第 211 页。

② 冯绍雷：《俄罗斯——东西方结合部的文明》，资中筠主编《冷眼向洋：百年风云启示录》，下卷，第 206 页。

③ 〔俄〕安德兰尼克·米格拉尼扬、К. Ф. 扎图林：《独联体：历史的开始还是历史的终结》，1997 年 3 月 26 日《独立报》；〔俄〕安德兰尼克·米格拉尼扬：《俄罗斯现代化之路——为何如此曲折》，第 338 页。

④ 《俄罗斯联邦内政外交大事记（1990—2004 年）》，第 242 页。

为了促进叶利钦在1996年总统大选中获胜曾一度放慢了东扩步伐，但东扩是北约发展的既定方针，俄罗斯对北约东扩的立场也并未松动。因此，进入1997年后，双方采取各种措施协调立场，以减少彼此之间的矛盾和摩擦。1997年2月，俄美高层互访频繁。3月20～21日，俄美两国总统叶利钦和克林顿举行了两人连任以来的首次会晤，之后发表了关于欧洲安全、反导条约等问题的五个声明，叶利钦坚定重申了俄罗斯原则上反对北约东扩计划的立场。俄罗斯方面认为俄美首脑会晤成功地将北约东扩的后果降到了最低点。[①] 俄罗斯外长普里马科夫与北约秘书长索拉纳也常就北约东扩问题举行谈判，不断协调立场。在各方的共同努力下，5月27日，叶利钦同北约16国领导人在巴黎签署了俄－北约《相互关系、合作和安全的基础文件》，在尊重彼此利益和互不视为敌人的基础上，双方达成了一致，决定成立俄－北约常设联合理事会，中心任务是促进双方形成高水平互信，协调彼此目标和培养协商与合作的行为习惯，在这份文件中，北约确认无打算、无计划或无原因在新成员国领土上部署核武器。[②] 这些协议的达成促进了俄罗斯同北约关系的发展，也使得北约的扩员并不意味着核武器的位置东移，从而打消了俄罗斯对北约东扩的最大顾虑。7月，俄－北约常设联合理事会举行首次大使级会谈，加强沟通。

第二个是俄罗斯加入七国集团的问题。俄罗斯1996年的总统大选进行了两轮投票，延误了叶利钦的行程安排，使他未能出席在法国举行的七国集团会议，也在一定程度上延迟了俄罗斯加入七国集团的步伐。但俄罗斯希望加入这一“大国俱乐部”的意愿依旧强烈。1996年9月9日，俄罗斯外长普里马科夫说，八大国莫斯科核安全首脑会议召开后，八大国已经成为更有效能、更能代表世界政治和经济现实的组织，俄罗斯是这一组织无可争议的一员。[③] 在俄罗斯意愿强烈、俄罗斯与北约关系发展的背景下，1997年6月20日，叶利钦首次作为正式成员出席了在

① 《俄罗斯联邦内政外交大事记（1990—2004年）》，第259页。

② Основополагающий Акт о взаимных отношениях, сотрудничестве и безопасности между Российской Федерацией и Организацией Североатлантического договора, 27 мая 1997г. //Внешняя политика России: Сб. документов. 1997. М.: Междунар. Отношения, 2001. С. 183－193.

③ 《俄罗斯联邦内政外交大事记（1990—2004年）》，第207页。

美国城市丹佛举行的西方七国首脑会议。此次会议上，七大国原则同意俄罗斯以债权国身份加入巴黎俱乐部；9 月，为落实丹佛七国峰会的成果，俄罗斯与巴黎俱乐部成员国签署了俄罗斯加入该俱乐部的备忘录。这意味着俄罗斯勉强挤入了“七国集团”。而俄罗斯与欧洲的关系，在 1996 年俄罗斯加入欧洲委员会后进一步密切。1997 年 10 月，俄罗斯首次以正式成员国身份出席了欧洲委员会首脑会议，并与法、德两国在欧洲委员会框架内建立起三大国定期会晤机制。

（三）后苏联空间内一体化的推进和遗留问题的解决

1997 年 3 月，叶利钦发表国情咨文，表示俄罗斯对外政策的主要优先目标是巩固独联体。他认为 1997 年将是俄罗斯和白俄罗斯两国做出重大决定的一年，俄白关系是独联体一体化的重要因素，俄白哈吉四国的一体化也能在这一年发展到新的水平；而俄罗斯在独联体内的另一个重要任务是同乌克兰建立稳定、真正睦邻的关系。[①] 按照叶利钦的设想，俄罗斯在后苏联空间内发展国家间关系具有两个主要方向。

第一个方向是既有一体化合作的持续推进。1997 年 3 月下旬，独联体外长理事会、国防部长理事会、政府首脑理事会和国家元首理事会相继在莫斯科召开，经过俄罗斯的努力，各国对独联体应继续存在下去达成共识，选举叶利钦继续担任元首理事会主席的决定也体现出俄罗斯在独联体事务中的核心作用。1997 年 4 月 2 日，在俄白共同体建立一周年之际，俄白共同体最高委员会会议召开。叶利钦和白俄罗斯总统卢卡申科签署了《俄白联盟条约》，决定将共同体升级为联盟性质，加深两国在经济和其他社会生活领域的一体化水平。[②] 4 月 5 日，中亚四国（除土库曼斯坦外）与俄罗斯发表共同声明，强调继续推进独联体和中亚地区的一体化进程，继续为保卫独联体外部边界紧密协作。[③] 9 月，独联体经济联盟跨国委员会通过了关于建立独联体共同产品市场的协定草案，稳

---

① Послание Президента РФ Федеральному Собранию от 06. 03. 1997, “Порядок во власти-порядок в стране (о положении в стране и основных направлениях политики Российской Федерации)”, http://www. consultant. ru/document/cons_doc_LAW_16983/.

② Договор о Союзе Беларуси и России, 2 апреля 1997г. //Внешняя политика России: Сб. документов. 1997. М.: Междунар. Отношения, 2001. С. 114 – 116.

③ 《俄罗斯联邦内政外交大事记（1990—2004 年）》，第 260 页。

步推进一体化进程。

第二个发展方向是俄罗斯与乌克兰的关系。苏联解体后，俄乌矛盾未能得到妥善解决，严重影响了双边关系和地区内部的稳定。1996 年 6 月，叶利钦曾在“国家安全”咨文中提出了建立俄、白、乌（乌克兰）、哈四国联盟的设想，[①] 试图吸引乌克兰参与地区一体化，进而改善俄乌关系。但乌克兰总统办公厅主任塔巴奇尼克对此评价说，四国联盟不过是俄罗斯领导人的一厢情愿而已。[②] 进入 1997 年后，双方有意改善关系，5 月 30 日，叶利钦终于对乌克兰进行了首次国事访问，双方签署友好合作伙伴关系条约，并处理了遗留多年的黑海舰队问题，双方关系进入了一个新的发展阶段。

可以说，1997 年，小到俄罗斯的自身发展，大到地区和国际形势，都呈现出一种比较良好的发展态势。尽管并没有实现俄罗斯提出的全部目标，但一些关键问题的进展或解决还是为俄罗斯塑造了推进地区一体化的良好形势。

二　金融危机对俄罗斯的影响

1997 年下半年开始，以泰铢贬值为发端，东南亚金融危机爆发，这场危机很快蔓延至俄罗斯，使原本出现企稳势头的俄罗斯经济再次动荡并持续下行，也对俄罗斯的政治形势造成负面影响。

（一）金融危机对俄罗斯经济的冲击

1998 年年初，俄罗斯试图调整战略，改变疲于应对的状态，准备开始振兴国家。2 月 17 日，叶利钦向联邦会议发表了题为《世界舞台上的俄罗斯》的国情咨文，文中他着重强调，俄罗斯已具备从克服危机战略向振兴国家战略转变的条件，实现经济高质量增长是俄罗斯当前政策的中心任务。[③] 然而，俄罗斯政府的踌躇满志却被金融危机以迅猛方式进行了沉重打击。

---

① «О национальной безопасности» Послание Президента Российской Федерации Федеральному Собранию //Дипломатический вестник. 1996. №7. С. 31.

② 《俄罗斯联邦内政外交大事记（1990—2004 年）》，第 182 页。

③ Из послания Президента Российской Федерации Федеральному собранию, Россия на мировой арене, 17 февраля 1998г. //Дипломатический вестник. 1998. №3. С. 3－4.

1998 年 5 月 27 日，俄罗斯股市一天下跌 10%，整个 1998 年上半年，股市下跌 50%。8 月 17 日，俄罗斯被迫开始实行浮动汇率，实际上是允许卢布贬值，随即卢布出现大幅贬值。金融危机就此在俄罗斯全面爆发，加重了它自苏联解体以来的经济颓势。“迄止 1998 年 8 月为止的近 10 年中，俄大中型工业企业产值下降 3/5，农业产值下降近 1/2，投资下降 3/4，国内生产总值下降 56%，居民实际收入下降近 1/2，失业率已达 12% ~14%（按欧洲方式计算）。”[①] 冰冷的数字更能直观地反映俄罗斯的困境（参见表 3 - 1）。1997 ~ 1999 年的三年间，俄罗斯的国内生产总值直线下降，1999 年的国内生产总值还不及 1997 年的一半，足见金融危机对俄罗斯经济的重创。

此种困难情势下，俄罗斯不得不自食其言，再次向外求援。1998 年 11 月 6 日，俄美两国达成美国向俄罗斯提供援助的协议，规定美国向俄罗斯提供 150 万吨小麦无偿援助、10 万吨人道主义物资和 6 亿美元优惠贷款。这是从 1994 年到 1998 年的五年间，俄罗斯首次接受外国人道主义援助。11 月 10 日，欧盟宣布向俄罗斯提供 4 亿埃居（约 4.7 亿美元）的粮食援助。与此同时，俄罗斯的外债总额也持续增加。根据俄塔社公布的材料，截至 1999 年 1 月 1 日，俄罗斯的外债总额达到 1450 亿美元，其中不仅未还清苏联的债务额 1030 亿美元，而且 1992 ~ 1998 年还新增加欠款 420 亿美元。1999 年 1 月 9 日，俄罗斯财政部发表声明称，俄罗斯无力偿还当年到期的 175 亿美元外债。[②] 如果把外债折合成国内生产总值的话，1999 年年末，俄罗斯的外债几乎占到了国内生产总值的 90%。[③] 通货膨胀率也居高不下，1999 年全年的通货膨胀率为 36.5%。对比解体前的情况，居民的实际收入仅为 1991 年的 40%，养老金则更少。1/3 居民的收入降到贫困线以下，这意味着超过 1/3 的俄罗斯公民陷入贫困，而且是彻底贫困。用普京的话说，“富裕的俄罗斯变成

---

① 冯绍雷：《俄罗斯——东西方结合部的文明》，资中筠主编《冷眼向洋：百年风云启示录》，下卷，第 206 ~208、211 页。

② 《俄罗斯联邦内政外交大事记（1990—2004 年）》，第 364、374 页。

③ 〔俄〕普京：《过去四年的工作和未来的计划——对派驻地方的总统代表的讲话》（2004 年 2 月 12 日，莫斯科大学），《普京文集（2002—2008）》，北京：中国社会科学出版社，2008，第 94 页。

了一个穷人国”。[①]

表 3-1　1997～2000 年俄罗斯的国内生产总值（GDP）

年份	GDP（十亿美元）	人均 GDP（美元）	占全球 GDP 份额（%）
1997	405	2735	1.31
1998	271	1835	0.88
1999	196	1331	0.61
2000	259	1765	0.79

资料来源：伊万·库什尼尔经济与法律学院（Институт экономики и права Ивана Кушнира）网站整理的数据，http://www.be5.biz/makroekonomika/gdp/gdp_russia.html，笔者比对过世界银行公布的相关数据，两者一致，数据可用。

（二）俄罗斯相对权力地位在双重结构中的变化

1997 年爆发的东南亚金融危机，尽管波及全球，但它对其他国家造成的损害并没有它给俄罗斯造成的损失严重，特别是西方主要发达国家受到的冲击并不明显（参见表 3-2）。由此，一面是美国经济的持续走强和欧盟各国因欧元平稳发行而获得提振的发展信心，另一面则是俄罗斯持续恶化的经济表现，导致彼此间的差距持续拉大。以俄罗斯在六国经济总量中所占的比重来看，俄罗斯在体系结构中的相对权力地位呈现下降趋势。相比 1997 年，俄罗斯的国内生产总值在 1999 年下降了一半有余（参见表 3-3）。

表 3-2　1997～2000 年主要国家的国内生产总值

单位：十亿美元

年份	俄罗斯	美国	中国	日本	德国	法国
1997	405	8609	985	4324	2157	1421
1998	271	9089	1045	3915	2178	1469
1999	196	9666	1101	4433	2131	1456
2000	259	10290	1193	4731	1886	1326

资料来源：伊万·库什尼尔经济与法律学院（Институт экономики и права Ивана Кушнира）网站整理的数据，http://www.be5.biz/makroekonomika/gdp/gdp_russia.html。

---

① 〔俄〕普京：《关于俄罗斯到 2020 年的发展战略——在俄罗斯国务委员会扩大会议上的讲话》（2008 年 2 月 8 日，莫斯科，克里姆林宫），《普京文集（2002—2008）》，第 672 页。

表 3-3 1997～2000 年主要国家的国内生产总值占六国总和的比重

年份	俄罗斯	美国	中国	日本	德国	法国
1997	2.26%	48.09%	5.50%	24.16%	12.05%	7.94%
1998	1.51%	50.59%	5.82%	21.79%	12.12%	8.18%
1999	1.03%	50.92%	5.80%	23.35%	11.23%	7.67%
2000	1.32%	52.27%	6.06%	24.03%	9.58%	6.74%

资料来源：由表 3-2 的数据计算得出。

而金融危机对后苏联空间内其他国家的影响也是明显的，各国经济都出现了不同程度的下滑（参见表 3-4）。这一方面是因为后苏联空间距离危机发源地东南亚较近，容易受到波及；另一方面在于空间内各国自身的经济能力有限，加上苏联解体的后遗症还未痊愈，所以，对金融危机的应对能力较弱。而俄罗斯在地区结构中的相对权力地位也受此影响明显下降（参见图 3-1）。库比塞克非常形象地指出了俄罗斯在 20 世纪末的窘况，即“俄罗斯是一个纸老虎，它可以被当作一个大国来讨论，但它的实力是有限的”。①

表 3-4 1997～2000 年后苏联空间内主要国家的国内生产总值

单位：十亿美元

年份	俄罗斯	乌克兰	白俄罗斯	哈萨克斯坦
1997	405	50	14	22
1998	271	42	15	22
1999	196	32	12	17
2000	259	31	10	18

资料来源：伊万·库什尼尔经济与法律学院（Институт экономики и права Ивана Кушнира）网站整理的数据，http://www.be5.biz/makroekonomika/gdp/gdp_russia.html。

（三）经济形势恶化导致政治动荡

金融危机的影响不仅在经济领域，也波及政治层面。1998 年 3 月 23 日，叶利钦解散政府并解除了切尔诺梅尔金的总理职务，年轻的基里延

① P. Kubicek, “Russian Foreign Policy and the West,” *Political Science Quarterly*, Vol. 114, No. 4 (1999-2000), pp. 567-568.

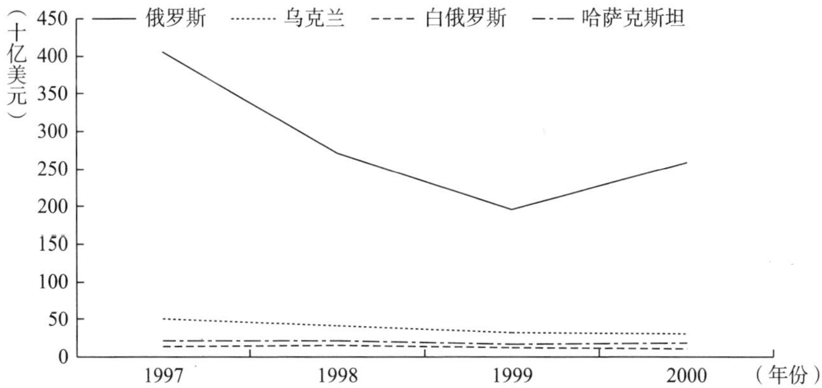

图 3－1　1997～2000 年后苏联空间内主要国家的国内生产总值

资料来源：根据表 3－4 的数据做出。

科出人意料地成为代总理。这一变化不仅令俄罗斯国内外感到突然，甚至基里延科本人在 3 月 25 日接受《消息报》记者采访时也表示感到意外和恐慌。[①] 显然，除叶利钦外，所有人，甚至包括基里延科本人，都没有做好政府变动的充分准备。尽管叶利钦坚持提名，但国家杜马却并不认可基里延科，前两次投票表决时都未能通过，最终，为避免叶利钦解散杜马造成更大的政治不稳定，第三次表决获得通过。在此问题上，总统与议会几乎又滑向了严重对抗，险些重演 1993 年的一幕。

然而，随着经济形势的持续恶化和基里延科政府的应对不力，8 月 23 日，叶利钦解除了基里延科的总理职务并解散了政府，重新任命切尔诺梅尔金出任代总理。可是，国家杜马对这位政坛元老并不买账，针对切尔诺梅尔金的总理提名表决，前两次也未获通过。为避免重现僵局，9 月 10 日，切尔诺梅尔金宣布放弃自己的总理提名，同日，叶利钦提名普里马科夫为政府总理。9 月 11 日，普里马科夫的总理提名在国家杜马表决通过。尽管普里马科夫在总理职位上做了一些实际工作，但 1999 年 5 月 12 日，执政不到一年的普里马科夫政府被叶利钦下令解散，随后，斯捷帕申被任命为代总理。5 月 19 日，国家杜马首轮投票通过了斯捷帕申的总理提名，斯捷帕申成为俄罗斯新任总理。但斯捷帕申的总理任期也没有持续多久，8 月 9 日，叶利钦解散斯捷帕申政府，任命安全会议秘

① 《俄罗斯联邦内政外交大事记（1990—2004 年）》，第 324 页。

书普京为代总理，并向国家杜马提名普京为新任总理。8 月 16 日，国家杜马投票表决通过，普京正式出任俄罗斯总理。

由此，20 世纪末的不到两年的时间里，俄罗斯 5 次更换政府总理，国家杜马进行了多达 8 次的有关总理提名的投票表决，不仅耗费了极大的人力物力，更使俄罗斯的内外政策受到严重影响。总理更换的重要原因之一是政府应对金融危机的措施不力，但政局的不稳定又加重了金融危机带来的恶劣影响，不仅俄罗斯政府出台的应对措施不能得到很好的贯彻，而且主要西方国家也以此为借口暂停了对俄罗斯的经济援助，由此形成了一种恶性循环。经济动荡导致政治不稳定，政治不稳定导致措施不力，外界因此减少援助，又恶化了经济形势，从而将俄罗斯推向更为窘迫的困境中。

政治不稳定在中央表现为频繁更换总理，在地方则表现为车臣局势的再度紧张。1999 年 8 月 7 日，车臣非法武装人员闯入邻近的达吉斯坦共和国，占领村庄并扣押人质。8 月 11 日，俄罗斯军队与车臣非法武装在达吉斯坦共和国境内激烈交火。8 月 15 日，车臣共和国总统马斯哈多夫下令在车臣境内实施紧急状态。此后，恐怖主义分子在莫斯科等地制造了多起恐怖袭击事件，造成了大量人员伤亡和财产损失。俄军则全面开始了打击车臣非法武装的军事行动，这就是第二次车臣战争。俄罗斯的目标除了恢复当地和平外，更重要的一点在于必须打击车臣的分裂势力和恐怖主义势力，否则，俄罗斯将有可能被“南斯拉夫化”，面临再次解体的危险。可以说，20 世纪末的俄罗斯已经跌入谷底，其经济和政治形势都陷入了前所未有的困境中。

第二节 主要大国对后苏联空间的介入

1996 年，叶利钦和克林顿都成功连任。在彼此打交道的过程中，两人已经不是生手，也就更多从本国利益出发，理性地处理两国关系。20 世纪的最后几年，美国依然保持了它独一无二的优势地位，欧盟的地区一体化进程继续推进，中国凭借经济的持续快速增长而在国际舞台上更加活跃。体系结构中的各方对俄罗斯的态度不断发生变化，这不仅反映在彼此关系上，也表现为各方出于自身利益考虑，开始在后苏联空间施加影响。

一 各大国和主要国际组织与俄罗斯的关系

从1997年下半年开始，俄罗斯同主要大国和相关国际组织之间的关系就出现了下行趋势，双方围绕热点问题在诸多领域产生了分歧。

（一）俄美之间分歧增多

在对美国的某种幻想和过高期望落空后，俄罗斯转而理性地看待俄美关系，希望与美国进行平等的相互协作。然而，进入克林顿和叶利钦的第二任期后，俄美关系的平等性变化并不明显，双方围绕一些问题的分歧却日渐增多。

俄罗斯抱怨在经济领域中得不到平等对待。俄罗斯经常批评美国一直不承认俄罗斯为市场经济国家、继续执行杰克逊－瓦尼克修正案并对俄罗斯加入世界贸易组织提出苛刻条件。针对国际关系格局的发展方向，双方分歧明显。1998年2月，叶利钦在接受意大利记者采访时，严厉批评了美国的霸权外交，强调俄罗斯主张建立多极世界，因为多极世界是“最明智、最民主的一种国际社会体制”，[①] 明确表达了不同于美国的对国际关系格局的看法。

在地区热点问题上，美俄双方各执己见。伊拉克危机期间，俄罗斯多次表示反对美国对伊拉克动武，克林顿总统则严肃指出，美国不会因为俄罗斯反对而放弃对伊拉克动武，俄罗斯说“不”不等于美国也说“不”。[②] 1998年12月，当美英两国发动“沙漠之狐行动”军事打击伊拉克后，叶利钦总统发表声明，表示最严重关切、愤怒和极度不安。俄罗斯随后召回了驻美英两国的大使，这是自苏联解体以来，俄罗斯首次召回驻美国大使；俄罗斯国家杜马通过了谴责美英轰炸伊拉克的决议，国防部长谢尔盖耶夫推迟了出席俄罗斯－北约常设联合理事会会议的原定计划。

除了口角之争，两国之间的高层互访也明显减少。直到1998年9月1日，拖延了很长时间的克林顿对俄罗斯的正式访问才终于成行。半年

① 《俄罗斯联邦内政外交大事记（1990—2004年）》，第314页。
② 《俄罗斯联邦内政外交大事记（1990—2004年）》，第315页。

后爆发的科索沃战争进一步推迟了俄方回访的议程，直至1999年7月，时隔近一年之后，俄罗斯总理斯捷帕申才访问了美国。

（二）俄罗斯与主要国际组织之间的关系喜忧参半

1. 相对平稳的俄罗斯与欧盟关系

1998年，俄罗斯与欧盟及其主要成员国之间的关系较为平静。一方面，欧盟的工作重心是内部的统一货币——欧元问题，在对外事务方面投入的精力有限；另一方面，俄欧在科索沃等问题上进行了一定的立场协调与合作。1998年3月26日，俄罗斯、德国和法国举行了首次三国首脑非正式会晤，正式启动了欧洲“三驾马车”机制。俄罗斯与欧盟成立了俄欧盟合作委员会并于4月22日举行了第一次会议。

2. 有名无实的八国集团成员身份

1997年，俄罗斯成功地挤入了“七国集团”，并把这一全权成员身份的获得作为本国威望提高的突出证明。[①] 但就像其经济实力与其他七国不在同一量级一样，在“八国集团”内，它仍然不能发挥平等一员的作用。1998年5月在伦敦召开的八国集团财长会议上，有关实质性问题的讨论就未能允许俄罗斯财政部长扎多尔诺夫出席。随后召开的八国集团首脑会议上，最终发表了“七国首脑经济声明”和“八国首脑关于世界热点地区局势的联合声明”，而且七大国也没有理睬叶利钦提出的俄罗斯加入七国核安全小组的要求。[②] 这些都表明俄罗斯仅能在政治方面发出一定的声音，并未成为在经济领域与其他七国平等的成员，其八国集团成员的身份更像是一种被施舍。

3. 经济组织条件严苛的援助

随着1998年金融危机影响的蔓延，美国担心叶利钦政权垮台，导致俄罗斯重现混乱局面，从而着手推动国际货币基金组织和世界银行向俄罗斯给予大笔资金缓解危机。此时的俄罗斯，也放弃了1998年年初的自信，开始希望各国和主要经济组织提供援助。1998年7月中旬，国际货币基金组织同意在两年内向俄罗斯提供226亿美元的追加贷款，这是该

① Из послания Президента Российской Федерации Федеральному собранию, Россия на мировой арене, 17 февраля 1998г. //Дипломатический вестник. 1998. №3. С. 3 – 4.

② Коммюнке встречи на высшем уровне «Группы восьми» в Бирмингеме, 17 мая 1998г. // Дипломатический вестник. 1998. №6. С. 9 – 17.

组织有史以来数额最大的一项援助计划。1999 年 2 月 24 日，世界银行同俄罗斯签署协议，向俄罗斯提供 4 亿美元用于煤炭业的贷款，这是俄罗斯自 1998 年 8 月再次出现金融动荡以来得到的首笔西方财政援助。[①] 尽管西方国家主导的主要金融组织从经济上支持了俄罗斯，但"工业国家每次放贷几乎都提出了俄罗斯实际难以达到的标准"，[②] 附加条件还包括要求俄罗斯进行更为果断的改革，努力自行解决危机等。显见，俄罗斯与主要大国的关系处在一个不高的水平。

4. 跌入冰点的俄罗斯与北约关系

俄罗斯与北约的关系是这一时期的矛盾焦点。

第一，围绕北约自身发展和东扩问题，俄罗斯持有坚定的反对立场。1997 年 3 月，俄罗斯国家杜马以 300 票对 1 票的表决结果反对北约东扩。[③] 尽管俄罗斯同北约签署了相互关系的基础文件，但并未能阻挡北约东扩的步伐。1997 年 7 月 8 日，北约马德里首脑会议决定接纳捷克、匈牙利和波兰三国，正式启动了东扩进程。俄罗斯多次表示不接受北约东扩，认为这将会危及欧洲的稳定。实际上，北约东扩对俄罗斯自身的安全是更大的威胁。北约东扩的目标对象首先是东欧国家，同时开始向原苏联加盟共和国拓展。首先是波罗的海三国，尽管俄罗斯一再声明反对立场，并主动提出愿意向波罗的海三国提供安全保障，但无论是波罗的海三国还是北约都未予以积极响应。1999 年 3 月 12 日，波兰、匈牙利和捷克三国正式加入北约的文件在美国签署。3 月 24 日，北约空袭南联盟后，俄罗斯冻结了同北约的关系，也没有参加 1999 年 4 月在美国举行的北约成立 50 周年的庆祝活动。

第二，双方在科索沃问题上的分歧尤其巨大。俄罗斯反复强调应该通过政治手段解决科索沃问题，但以美国为首的西方国家希望俄罗斯向南斯拉夫联盟施压，并威胁使用武力。随着危机的日益严峻，北约计划对南联盟进行空中打击，俄罗斯则坚决反对动武，认为只有安理会有权做出动武决定，并表示如果动武，将重新审视与北约的关系，甚至废除

---

① 《俄罗斯联邦内政外交大事记（1990—2004 年）》，第 344、382 页。

② 冯绍雷：《俄罗斯——东西方结合部的文明》，资中筠主编《冷眼向洋：百年风云启示录》，下卷，第 208 页。

③ 〔美〕尼古拉·梁赞诺夫斯基、马克·斯坦伯格：《俄罗斯史》（第七版），第 622 页。

俄罗斯同北约签署的协议。但朗布依埃谈判最终陷入僵局，1999 年 3 月 24 日，北约正式宣布对南联盟实施轰炸，叶利钦总统在当日发表讲话称，空袭是对南联盟赤裸裸的侵略，是美国外交及其总统犯下的严重错误，俄罗斯决定召回驻北约首席军事代表，暂时中止参加“和平伙伴关系”计划，推迟关于在莫斯科设立北约军事联络团的谈判。[①] 直到半年后的 9 月，俄罗斯驻北约军事总代表和俄罗斯与北约常设联合军事委员会才恢复工作，但俄罗斯军方表示俄罗斯与北约的合作仍只限于科索沃维和领域。[②] 双方的关系仍然位于低谷。

（三）与中国关系的新发展

随着改革开放政策效果的显现，中国的发展日益迅速。1992 年，中俄两国的国内生产总值几乎持平，中国略高，此后，中国就逐渐拉大了与俄罗斯的距离，并在经济领域成为愈加重要的行为体。因此，20 世纪 90 年代中期以后，分析体系结构中主要行为体的实力对比和相互关系时，就必须考虑到中国。

冷战后，中俄关系一直呈现平稳较快的发展。1992 年 12 月，俄罗斯总统叶利钦首次对中国进行正式访问。两国签署了《关于相互关系基础的联合声明》，将两国关系提升到“互相视为友好国家”的新阶段。1994 年 9 月，中国国家主席江泽民对俄罗斯进行正式访问，两国签署了《中俄联合声明》，宣布决心建立“面向 21 世纪的建设性伙伴关系”。1996 年 4 月，叶利钦访华，两国决心发展“平等信任、面向 21 世纪的战略协作伙伴关系”。1996 年 12 月，两国总理在莫斯科进行第一次定期会晤，宣布启动中俄总理定期会晤机制。1997 年 4 月，江泽民主席访问俄罗斯，签署《中俄关于世界多极化和建设国际新秩序的联合声明》，继续深化两国在多方面的合作。1999 年，在反对北约空袭南斯拉夫和抗议中国驻南斯拉夫使馆被炸等过程中，中俄两国互相给予对方有力支持，显示出两国关系处于较高的发展水平。

---

① Телеобращение президента России Бориса Ельцина 24 марта 1999 года в связи с угрозой НАТО нанести удар по Югославии, заявление Президента Российской Федерации, 24 марта 1999, http://www.mid.ru/bdomp/dip_vest.nsf/99b2ddc4f717c733c32567370042ee43/5391756565aad624c325688700436c5e! OpenDocument.

② 《俄罗斯联邦内政外交大事记（1990—2004 年）》，第 419 页。

通过回顾1997年后各主要大国和国际组织与俄罗斯的关系发展，我们可以发现，除了中俄关系处于比较良好的状态外，俄罗斯与其他大国和主要国际组织的关系都处于摩擦和矛盾不断增多的状态，体系结构中的主导观念呈现恶化的趋势。普京在多年后评价1999年的局势时，说了这样一段话："到了这个时候，俄罗斯在很大程度上已失去了在对外舞台上的独立阵地，这使局势变得更加严峻。而世界上那些仍然按照'冷战'的旧框框生活的势力，虽然嘴巴上讲着'甜言蜜语'，但仍把俄罗斯看成是自己的政治对手，他们千方百计地支持能够尽可能更加长久地使我们国家保持这种状况的一切事情。"[①] 这反映出俄罗斯对体系结构的情况有着较为清醒的认识。

二 各大国和主要国际组织对后苏联空间的介入

在逐渐消解了苏联解体带来的不利影响后，后苏联空间内的各国转而以更加独立的姿态参与到国际和地区事务中，与其他国家和实体发展关系。而各方也出于种种需要，以不同方式加大了对后苏联空间的介入。

（一）美国调整战略并积极介入后苏联空间

苏联解体后，美国与原苏联加盟共和国分别建立起外交关系，开始将自己的影响渗透进这一地区。但20世纪90年代前半期，美国的战略重点是寻找全球范围的对手，对后苏联空间的介入并不深入和积极。但随着后苏联空间再一体化的提出，美国的战略家们提醒政府要重新重视这一地区。布热津斯基的言论最具代表性，他认为美国在世界竞争中成为赢家的一个重要条件是"棋盘的中间地带能逐步并入扩大中的由美国主导的西方势力范围"。其所谓的"棋盘的中间地带"就是后苏联空间，美国需要改变战略眼光，不能再任由这一地区自行发展，而是要积极介入，因为"控制整个欧亚大陆成为取得全球主导地位的主要基础"。[②]

1997年8月，美国军舰第一次访问了乌克兰，并在随后参加了代号为"海上微风"的联合军事演习。9月中旬，美国、俄罗斯以及5个独

---

① 〔俄〕普京：《过去四年的工作和未来的计划——对派驻地方的总统代表的讲话》（2004年2月12日，莫斯科大学），《普京文集（2002—2008）》，第94页。

② 〔美〕兹比格纽·布热津斯基：《大棋局：美国的首要地位及其地缘战略》，第47、52页。

联体国家首次一同参加了在哈萨克斯坦南部的军事演习。也是在这一年，克林顿公开将外高加索地区纳入美国的利益范畴。1998 年 9 月底至 10 月初，哈萨克斯坦、吉尔吉斯斯坦、乌兹别克斯坦、阿塞拜疆、格鲁吉亚、土耳其、美国和俄罗斯 8 国举行了“中亚安全－98”军事演习。

美国除了亲自参与后苏联空间的地区事务外，其积极介入的另一重要方式是北约东扩。1997 年 7 月 8 日，就在决定接纳捷克等三国入约的同一天，北约批准了之前签署的《乌克兰－北约特别关系宪章》。9 月，借参加“中亚维和营”军事演习之机，“北约军队历史上首次进入中亚，标志中亚已经进入当今世界最大军事集团——北约的考虑范围之内”。[①]

（二）欧盟东扩及其对后苏联空间的介入

欧盟的东扩进程在《马斯特里赫特条约》生效后开始启动。1994 年 12 月在埃森召开的欧盟首脑会议，首次邀请波兰、匈牙利、捷克、斯洛伐克、罗马尼亚和保加利亚 6 个联系国的政府首脑与会，并决定就六国入盟的相关问题拟就方案。1995 年 1 月 1 日，瑞典、芬兰和奥地利正式加入欧盟。1997 年 6 月，《阿姆斯特丹条约》通过后，一体化进程又进入到新阶段。

与一体化进程相伴的，是欧盟对后苏联空间的差别化安排。欧盟各国认为“后苏联空间的新独立国家不属于欧洲范畴，不是一体化的对象，它们至多是欧洲的‘伙伴’”。[②] 但当欧盟的边界随着东扩而与后苏联空间日益接近时，发展同后苏联空间各国的关系以保证一个安全稳定的边界成为欧盟的一个主要战略考虑。因此，欧盟在 1998 ~ 1999 年先后与后苏联空间内的国家签订了《伙伴关系与合作协定》。除了用这一法律文件规范欧盟与各国关系的发展外，欧盟还将苏联解体前签订的塔西斯计划（TACIS）转变成对后苏联空间内各国的技术支持计划，通过经济资助和技术合作进一步介入后苏联空间。

除了整体性的塔西斯计划外，欧盟与除俄罗斯外的个别国家在双边关系方面也有新的安排。1998 年 6 月，乌克兰提出了《乌克兰与欧盟一

① 《俄罗斯联邦内政外交大事记（1990—2004 年）》，第 284 页。

② 孙壮志：《中亚五国对外关系》，北京：当代世界出版社，1999，第 454 页。

体化战略》；1999 年，作为回应，欧盟出台了针对乌克兰的《共同战略》，表示与乌克兰发展战略伙伴关系。[1] 1999 年初，格鲁吉亚加入欧洲委员会，并在欧盟的支持下，于 2000 年加入世界贸易组织。总之，世纪末的几年间，欧盟加快了对后苏联空间的介入步伐，尽管在一定程度上推动了各国的经济发展和持续转型，但也为地区形势的复杂化埋下了伏笔。

（三）上海五国机制的建立与中国的介入

在中俄关系呈现日益良好发展态势的大背景下，中国的影响开始逐渐进入后苏联空间。这突出表现为上海五国机制的建立。1996 年 4 月 26 日，俄罗斯、中国、哈萨克斯坦、吉尔吉斯斯坦、塔吉克斯坦五国在上海展览中心正式签署了《关于在边境地区加强军事领域信任的协定》。1997 年 4 月，中俄哈吉塔五国元首在莫斯科签署了《关于相互削减边境地区军事力量的协定》。两份协定的签署，标志着“上海五国机制”的建立。1998 年 7 月，中俄哈吉塔五国领导人在阿拉木图举行会晤，主要讨论了促进地区和平与稳定、加强五国及地区经济合作等问题，签署《五国联合声明》，为各国合作发展面向 21 世纪的睦邻友好关系奠定了新的基础。1999 年 8 月 25 日，上海五国元首在比什凯克举行会晤并发表《比什凯克声明》，重申五国间的相互协作是开放的，不针对其他国家。这一机制的形成，一方面实现了五国边境地区的相互信任和军事安全，另一方面也体现出中国对后苏联空间事务的介入。

整体上看，这一时期中国与后苏联空间的关系呈现如下基本特点。第一，在双边层次上，除俄罗斯外，后苏联空间内的其他国家与中国的关系发展没有取得特别突出的进展。这主要是因为彼此并非对方外交的重点。中国经济虽然快速发展，但还不足以吸引后苏联空间内的各国将中国作为合作的优先对象；而中国的外交重点在同亚太国家开展经济合作和应对亚洲金融危机，对后苏联空间的关注度有限。第二，在多边层次上，涉及全地区的大范围合作很少，但由于上海五国机制的建立，中国与后苏联空间的次地区合作实现机制化，这不仅表明各国在态度上愿

---

① European Council Common Strategy of 11 December 1999 on Ukraine (1999/877/CFSP), Official Journal of the European Communities, L 331/1, 23. 12. 1999.

意与中国合作，也为未来的大范围合作奠定了重要基础。第三，在横向比较方面，中国虽然并非优先选择，但却比美欧更早地同后苏联空间建立起机制化联系，这不仅是因为地理邻近，更是因为中俄关系的良好发展减少了阻力。第四，在纵向比较方面，上海五国机制的建立表明中国已经适应了苏联解体后的现实，能够在双边关系发展的基础上同后苏联空间开展地区层次的多边合作，这不仅使中国进入到后苏联空间，也为以后更深层次的介入提供了路径。

第三节 地区的分裂与俄罗斯对地区一体化的有限支持

20 世纪 90 年代后半段，后苏联空间出现了不利于地区一体化发展的分裂趋势，俄罗斯则开始对地区一体化采取有限支持的立场。

一 俄罗斯在后苏联空间内的吸引力减弱

“一强多弱”的地区结构具有相当的稳定性，也就意味着即便实力下降，俄罗斯在后苏联空间内的大国地位也难以动摇。但在社会性结构方面，地区内的主导观念却不与物质实力的对比存在紧密的相关性。从 1997 年下半年开始，地区主导观念开始出现不利于俄罗斯的变化。

（一）各国对俄罗斯的不满日渐增多

1997 年 8 月，俄罗斯同亚美尼亚签署了一项战略友好合作条约，规定一方受到军事威胁时，另一方将加以援助，且俄罗斯将在亚美尼亚境内驻扎总人数达到 12 万的军队。这一军事意义突出的条约引起了阿塞拜疆的强烈不满，9 月 15 日，阿塞拜疆指责俄罗斯向亚美尼亚转让武器，认为这是一种非法行为。9 月 21 日，阿塞拜疆外长发表声明，表示俄罗斯与亚美尼亚签署的建立军事战略伙伴关系的条约带有明显的军事性质，含有针对阿塞拜疆的内容，将激化本来已走向缓和的地区冲突。10 月 1 日，阿塞拜疆甚至表示准备就俄罗斯转让导弹给亚美尼亚一事向有关国际组织起诉。[①]

① 《俄罗斯联邦内政外交大事记（1990—2004 年）》，第 282 ~ 286 页。

相比阿塞拜疆，格鲁吉亚对俄罗斯的不满导致了该国外交政策的调整。1998 年 1 月 1 日，格鲁吉亚外长表示 1997 年的格俄关系未取得令人满意的进展，格鲁吉亚 1998 年的外交重点将是争取融入欧洲。格鲁吉亚对俄罗斯未能彻底履行其调解阿布哈兹冲突的义务感到不满，包括俄罗斯从阿布哈兹购买农产品等行为，也被格鲁吉亚认为是对阿布哈兹的分离主义者提供了支持。2 月 10 日，格鲁吉亚总统谢瓦尔德纳泽针对其遇刺事件发表谈话，认为此事件可能同格俄争夺阿塞拜疆丰富的里海石油资源有关，俄罗斯方面则予以否认。①

而俄罗斯频繁的总理更迭也在后苏联空间内造成了比较负面的影响，损害了俄罗斯政府的形象，各国对能否保持双边关系的发展都开始持有不同看法。例如斯捷帕申总理在 1999 年 8 月被解职后，哈萨克斯坦、吉尔吉斯斯坦、塔吉克斯坦和阿塞拜疆等国希望这不会影响它们同俄罗斯的双边关系，白俄罗斯总统专门同斯捷帕申通了电话表达遗憾，格鲁吉亚和亚美尼亚都表示出了意外的情绪，亚美尼亚认为将影响亚俄两国关系，而摩尔多瓦则直接表示俄罗斯的政府更迭将对双边合作产生消极影响。②

（二）各国在国际舞台上对俄罗斯的抱怨和不支持

在国际舞台上，俄罗斯吸引力的下降也有集中体现。一个突出表现是各国对地区组织中俄罗斯应该发挥的作用产生非议。1997 年 10 月 23 日，第 22 届独联体首脑会议在摩尔多瓦首都基希纳乌举行。与会首脑强烈批评独联体效率低下，并指责俄罗斯对此必须负主要责任。为避免会议无果而终，俄罗斯态度诚恳，承认其“确有诸多过错”。但会议最终不欢而散，原来拟定签署的近 20 个文件因为各方立场分歧太大而被搁置。③ 对独联体这一机构本身，各国强烈要求进行改革，会议最终缩短了原定的日程，也未能通过总结宣言。各国对俄罗斯的批评也并非无本之木。根据 1998 年 3 月 18 日《消息报》披露的数据，在独联体通过的 886 个决议中，所有成员国都签署的文件仅为 130 个，在所有国家得以执

---

① 《俄罗斯联邦内政外交大事记（1990—2004 年）》，第 305、314 页。
② 《俄罗斯联邦内政外交大事记（1990—2004 年）》，第 414 页。
③ 《俄罗斯联邦内政外交大事记（1990—2004 年）》，第 290 页。

行的只有5份。[①]

另一个突出表现是各国在俄罗斯同其他国际组织发展关系的问题上立场独立，在相关问题上也不支持俄罗斯。1999年4月初，第24届独联体元首峰会在莫斯科召开，通过了《关于独联体基本发展方向的宣言》，强调要为独联体框架内首先是经济领域的合作和平等伙伴关系的发展增加新的动力。[②] 俄罗斯的目的旨在对独联体进行改革，以平息各国对独联体发展和俄罗斯作用的不满。俄罗斯原本还希望借平复各国情绪之机，推动独联体通过一个谴责北约“侵略”南斯拉夫的联合声明，但依旧没能获得普遍支持。由于一些成员国的反对，最终只通过了一个措辞比较温和的文件。[③]

在分析出现上述现象的原因时，胡键认为，“由于俄罗斯一方面想主导独联体，使之成为俄罗斯在后苏联地区维护俄罗斯战略空间安全与稳定的多边机制；另一方面，又由于俄罗斯已经势单力衰，它在90年代实际上根本无法左右和影响独联体，所以，长期以来，独联体处于‘独而不散，联而不紧’的状态”。[④]

二　后苏联空间一体化的乏力发展和分裂趋势

在多种因素的影响下，后苏联空间的地区一体化发展乏力，疲态尽显，并同时出现了分裂趋势。

（一）独联体一体化发展的乏力

20世纪的最后几年间，后苏联空间内的全部12个国家都是独联体的成员国，因此，独联体一体化即是后苏联空间发展地区一体化的主要形式和重要体现。但独联体的发展从1997年后就呈现出乏力的状态。

---

① Болезнь российского президента отразила нездоровье СНГ //Известия. No. 049. 18 – 03 – 1998.

② Декларация глав государств-участников СНГ об основных направлениях развития Содружества Независимых Государств, 2 апреля 1999г. //Дипломатический вестник. 1999. №5. С. 57 – 58.

③ 郑羽：《俄罗斯的独联体政策：十年间的演变》，《东欧中亚研究》2001年第4期，第9页。

④ 胡键：《中亚的“帝国后遗症”及其治理新机制》，《世界经济研究》2004年第2期，第84页。

1997 年 10 月的独联体峰会上，各国对独联体的发展情况抱怨颇多，尽管签署了相当多的条约文件，但真正落到实处的文件并不多。例如，独联体经济联盟条约并不具备直接的效力，仅具有框架性质，没有规定相关的义务和完成义务的期限。[①] 白俄罗斯总统卢卡申科将此原因归结为一些国家的领导人在主观上持消极态度，建议改造独联体的组织机构和工作机制。[②] 这一观点在相当程度上反映了现实，一方面是独联体的各级别会议和机构不断达成一致并提出新的发展任务，但另一方面却是这些任务和目标并未超出纸面，不仅相关机构难以采取实际措施，连签过字的各国领导人也没有多少执行和落实的真正意愿。由此，形成了一个“空有蓝图，没人实干”的局面。

独联体的发展乏力还表现在一些国家不再出席相关会议，原定的一些会议也因为各种原因被取消或推迟。1998 年 1 月 30 日，摩尔多瓦和土库曼斯坦未派代表出席在莫斯科召开的独联体国家国防部长理事会会议。1998 年 3 月，原本计划于 3 月 19 日举行的独联体峰会、四国海关联盟和俄白联盟最高委员会会议被叶利钦在 3 月 17 日临时取消。尽管俄罗斯对外界宣布的取消原因是叶利钦的健康状况，但有猜测认为是相关文件并未准备就绪，足见工作效率的低下和各界对独联体的信心不足。直到 4 月 29 日，独联体首脑会议才召开。这次会议决定延长叶利钦担任元首理事会主席的职务至 2000 年，以便在独联体改革时期进行更有威望的领导。会议还决定不晚于 7 月在莫斯科召集专门的跨国论坛讨论独联体改革的问题，制定协调意见并提交下一次独联体峰会确认。[③]

在独联体一体化乏力发展的背景下，俄罗斯呼吁各国深化彼此之间的经济联系。1998 年 6 月 17 日，俄罗斯总理基里延科在第二届圣彼得堡经济论坛开幕式上说，独联体范围内的一体化应达到新的深度，有关国家应消除海关壁垒，避免双重征税，实现货币的可兑换，他认为如果独联体国家间缺乏经济利益的依托，政治关系就不会巩固。[④] 但仅有呼吁

---

① *Шутов А. Д.* Постсоветское пространство. ДА МИД РФ. М. , 1999, С. 41.

② 《俄罗斯联邦内政外交大事记（1990—2004 年）》，第 297 页。

③ Итоги заседания Совета глав государств СНГ //Дипломатический вестник. 1998. №5. С. 23 - 24.

④ 郑羽主编《独联体十年——现状 · 问题 · 前景》，第 834 页。

还不够，俄罗斯还必须推进独联体的改革。1998 年 9 月，在独联体跨国论坛第二次全体会议上，各国就有关独联体机构改革的相关文件草案基本达成一致。11 月，独联体国家政府首脑会议在莫斯科举行，各国总理集中讨论了独联体改革、建立自由贸易区和克服金融危机的后果等问题。俄罗斯总理普里马科夫强调，独联体国家应该齐心协力克服目前所经受的严重金融危机。[①] 1999 年 4 月初，独联体元首理事会会议通过了独联体基本发展方向宣言等文件，叶利钦在发言中指出，俄罗斯在完善独联体和提高独联体活动有效性的问题上立场一致，支持战胜金融危机的共同行动。[②]

尽管改革的内容、措施和方向不断被讨论，文件也一个接一个的通过，但形势依旧不乐观。正如哈萨克斯坦总统纳扎尔巴耶夫在 1999 年 9 月召开的五国海关联盟（俄罗斯、白俄罗斯、哈萨克斯坦、吉尔吉斯斯坦和塔吉克斯坦）总理会议后所评价的，独联体作为一个合作机制正在丧失其功能，因为在独联体范围内签署的 3000 多个文件中只有 5% ~ 10% 在落实。[③]

（二）后苏联空间的分裂趋势

“在抵抗强大的邻国和一些难以抗拒的力量时，小国通常拥有很多选择余地。”[④] 对后苏联空间内的中小国家而言，摆脱俄罗斯的影响，可以选择“另攀高枝”，与美国、欧洲等其他大国开展合作，也可以选择“抱团取暖”，建立和发展没有俄罗斯参与的地区组织。所以，在独联体一体化发展乏力之时，后苏联空间的分裂趋势日渐明显。

1996 年，格鲁吉亚、乌克兰、阿塞拜疆和摩尔多瓦四国成立了古阿姆集团（ГУАМ）。古阿姆的名字取自上述四国国名的首字母，最初只是作为后苏联空间内排除俄罗斯参与的一体化进程的一种替代性选择。但仔细考察这四个国家与俄罗斯的双边关系就不难发现，古阿姆集团实际上是与俄罗斯关系较为疏远的 4 个国家组成的联合体，代表着一种抛开

① 《俄罗斯联邦内政外交大事记（1990—2004 年）》，第 367 页。

② Вступительное слово Б. Н. Ельцина, Москва, Кремль, 2 апреля 1999г. //Дипломатический вестник. 1999. №5. С. 55 – 56.

③ 《俄罗斯联邦内政外交大事记（1990—2004 年）》，第 423 页。

④ 〔英〕克里斯托弗·希尔：《变化中的对外政策政治》，第 341 页。

俄罗斯、独立发展地区一体化的愿望。

古阿姆集团中，格鲁吉亚的反俄情绪最为强烈，从它1993年才加入独联体和1998年宣布更侧重同欧洲发展关系等表现中就可以看出。摩尔多瓦则在“光谱”的另一端，相较其他集团成员国来说，与俄罗斯的关系最为平稳。而集团中最重要的两个国家是乌克兰和阿塞拜疆。布热津斯基在其书中把这两个国家作为重要的“地缘政治支轴国家”进行分析，认为俄罗斯如果控制了乌克兰，将有利于其建立一个跨欧亚的强大帝国，而控制阿塞拜疆，不仅有丰富的石油资源，而且可以控制中亚地区。[①] 因此，俄罗斯会采取多种措施拉拢乌克兰和阿塞拜疆。

但古阿姆集团却显示出自身的吸引力，加重了后苏联空间的分裂。1999年4月25日，在北约举行50周年峰会的背景下，古阿姆集团在华盛顿发表了《华盛顿宣言》，同时宣布接纳乌兹别克斯坦，表示其成员国“将在北大西洋伙伴关系理事会和北约和平伙伴关系计划框架内发展相互协作”。[②] 由此，古阿姆集团实现了扩容，变成了新的古阿姆（ГУУАМ），并获得了美国和北约的鼎力支持。

与古阿姆集团的扩容同时出现的是独联体集体安全条约的延期问题。1999年4月2日，俄罗斯、亚美尼亚、白俄罗斯、哈萨克斯坦、吉尔吉斯斯坦和塔吉克斯坦六国签署了独联体集体安全条约的延期议定书。而该条约的另外3个参加国——阿塞拜疆、格鲁吉亚和乌兹别克斯坦则没有签署延长文件。4月5日，格鲁吉亚宣布退出独联体集体安全条约，此后，阿塞拜疆和乌兹别克斯坦也宣布退出。由此，独联体集体安全条约从具有9个成员国的高覆盖面机制降低为一个只有6个成员国的次地区军事一体化合作机制。这显然是古阿姆集团扩容的负面影响。

除了古阿姆集团外，另一个没有俄罗斯参加的地区性组织是中亚经济合作组织。1998年1月6日，中亚国家举行总统会晤，在1994年签署的建立哈萨克斯坦、吉尔吉斯斯坦和乌兹别克斯坦三国统一经济空间条约的基础上，同意塔吉克斯坦加入该条约。这意味着中亚国家加强了彼

① 〔美〕兹比格纽·布热津斯基：《大棋局：美国的首要地位及其地缘战略》，第62页。

② 郑羽：《俄罗斯的独联体政策：十年间的演变》，《东欧中亚研究》2001年第4期，第9页。

此之间的合作，建立起覆盖中亚地区的经济合作机制——中亚经济合作组织。尽管中亚经济合作组织并不具有明显的疏远俄罗斯的倾向，但也体现出后苏联空间内的各国试图在俄罗斯之外加强彼此合作、创设可替代性的一体化机制的意向。

三　俄罗斯对地区一体化的意愿减弱

从1997年下半年开始，“由于俄罗斯自身国力有限，其对‘后苏联空间’力量的投入只能是有选择地进行”。[①] 也就是说，俄罗斯对地区一体化的意愿呈现减弱的趋势，主要表现在如下方面。

（一）强调地区一体化的困难和成果有限

尽管后苏联空间内的各国同俄罗斯签订了一系列的地区一体化合作文件并建立起相应的机制，但一体化推进起来却并不容易，俄罗斯也日渐消极，多次强调地区一体化的困难。1997年10月16日，俄罗斯外交部表示，俄白哈吉四国一体化的形势十分复杂，每个成员国对海关联盟都抱有希望，但真正签订的条约协定实施起来难度很大，海关联盟实际上没有启动，并已陷入僵局。[②] 1997年底，普里马科夫外长在总结1997年的外交工作时认为，最主要的不足在独联体领域，这不只是外交部的责任，因为许多部门未完成独联体内的一体化任务。[③]

此外，地区一体化的成果也确实有限，并表现为成果分布不均。1998年1月，俄罗斯副总理谢罗夫说，俄罗斯的政策是加强独联体的一体化进程，但俄白两国间的贸易额连续两年稳定上升，而俄罗斯同乌克兰、哈萨克斯坦的贸易额却下降了。[④] 造成此种情况的原因，显然与俄白联盟的发展密切相关，相较于其他地区一体化机制，作为次地区一体化机制的俄白联盟走在了领先的发展阶段。尽管这反映了俄罗斯某种难以兼顾的尴尬，但从一体化机制的不平衡发展中，也可以发现俄罗斯对

① 郑润宇：《从俄罗斯全球战略视角剖析俄哈关系安全模式》，《俄罗斯研究》2011年第5期，第118页。

② 《俄罗斯联邦内政外交大事记（1990—2004年）》，第289页。

③ Пресс-конференция министра иностранных дел РФ Е. М. Примакова «Об основных направлениях российской внешней политики в 1997 году», 23 декабря 1997г. //Дипломатический вестник. 1998. №1. С. 3 – 4.

④ 《俄罗斯联邦内政外交大事记（1990—2004年）》，第306页。

俄白联盟的支持倾向。

（二）不愿意付出代价并强调俄罗斯的收益和各国间的互利

任何一个国家都是自利的行为体，俄罗斯也不例外。推动地区一体化存在成本收益的权衡，俄罗斯意愿的降低也表现为它更多强调收益而不愿意付出代价。

1998 年 1 月 21 日，俄罗斯独联体国家关系事务部长阿达米申表示，独联体是个自愿的联盟，所有成员国对它的关心程度都是一样的，“俄罗斯不应为把任何人留在独联体而付出代价”。2 月 26 日，切尔诺梅尔金总理在政府扩大会议上说，在同独联体各国经济和政治一体化方面，俄罗斯存在着巨大潜力。但同独联体国家的经济合作不应建立在不断提供贷款的基础上，而应建立在互利原则上。[①] 5 月 12 日，叶利钦在视察外交部时表示，发展同独联体国家的关系是俄罗斯外交政策的优先方向，但俄罗斯迄今的努力在政治和经济上都未得到回报，今后俄罗斯对独联体国家事务将由外交部主管。[②] 这一表态意味着俄罗斯不再设立管理独联体事务的专门机构，实际上是在一定程度上降低了独联体在俄罗斯外交中的地位。而且，需要指出的是“发展同独联体国家的关系”与推动独联体一体化并不是相同意义的概念，俄罗斯可以更多地发展同独联体国家的贸易往来，但却并不一定要推进地区一体化合作，特别是涉及全地区的一体化合作。

1999 年 2 月 4 日，俄罗斯总理普里马科夫表示，俄罗斯不能因为政治原因无休止地向不付账的独联体国家供应能源。[③] 可见，无论是谁在当总理，20 世纪末的俄罗斯都在强调本国的收益和各国合作的互利性。

（三）着力推动双边合作

尽管发展地区一体化的意愿在逐步减弱，但俄罗斯依然重视后苏联空间，加强了同有关国家的双边合作，因为“强有力的行为体可以在双

---

① 《俄罗斯联邦内政外交大事记（1990—2004 年）》，第 309、317 页。

② Выступление Президента Российской Федерации Б. Н. Ельцина перед руководящим составом МИД России, «Место и роль России в период формирующегося многополяр ного мира», 12 мая 1998г. //Дипломатический вестник. 1998. №6. С. 3 – 5.

③ 《俄罗斯联邦内政外交大事记（1990—2004 年）》，第 379 页。

边会谈中更有效地行使自己的权力”。[1]

1998年2月，作为对叶利钦1997年5月访问乌克兰的回访，乌克兰总统库奇马首次对俄罗斯进行了国事访问，俄乌两国终于完成了领导人之间的互访。5月，乌兹别克斯坦总统卡里莫夫对俄罗斯进行了首次正式访问，两国决定将经贸混委会级别提高到总理级，加强相互之间的磋商与合作。7月，俄罗斯同哈萨克斯坦签署了永久友好和面向21世纪的同盟宣言、划分里海北部海底协定及解决两国债务问题的议定书等文件，[2] 从而解决了这一段时期双边关系中的重要问题。

1999年1月，俄罗斯与吉尔吉斯斯坦举行总理会谈，普里马科夫总理表示俄罗斯同吉尔吉斯斯坦的关系已进入新的发展阶段，建立合资企业、扩大双边贸易和强化海关联盟是双方今后的主要任务。[3] 4月，俄罗斯与乌克兰双边关系的“大条约”——两国在1997年5月签署的友好合作伙伴关系条约——在经历了近两年的拖延后，终于走完了全部的批准程序，两国关系进入了平等互利的实质性阶段。也是在这个4月，塔吉克斯坦同俄罗斯签署了面向21世纪的联盟协作条约和俄驻塔军事基地的地位及驻存条件条约。7月，俄罗斯同乌克兰和亚美尼亚先后决定两国总理每月举行一次会见，建立起总理定期会晤机制。

2000年，俄罗斯联邦外交和国防政策委员会的一份报告阐述了俄罗斯此时的政策方针。报告提出不应“发展由俄罗斯负担费用的假一体化”，“对前苏联国家的政策在恪守国家经济利益的同时应着重发展双边关系”。[4] 由此可见，20世纪末的最后几年间，俄罗斯以签订相关条约、增加高层互访、提升合作水平等方式，密切了同后苏联空间内各国的双边关系。

四 次地区一体化的发展

1997～1999年，后苏联空间以独联体为依托的地区一体化发展乏

① 〔英〕巴里·布赞：《美国和诸大国：21世纪的世界政治》，刘永涛译，第92页。

② Декларация между Российской федерацией и Республикой Казахстан о вечной дружбе и союзничестве, ориентированном в XXI столетие, 6 июля 1998г. //Дипломатический вестник. 1998. №8. С. 32－34.

③ 《俄罗斯联邦内政外交大事记（1990—2004年）》，第375页。

④ 俄罗斯联邦外交和国防政策委员会报告：《俄对外政策面临二十一世纪挑战》（摘要），（2000年4月15日），《国际形势年鉴》，上海：上海教育出版社，2001，第372页。

力，但次地区一体化却显示出生机。

（一）俄白联盟的建立和发展

1996 年 4 月 2 日，俄罗斯与白俄罗斯签署了建立两国共同体条约。一年后，两国签署了《俄白联盟条约》，将共同体提升为国家联盟。此后的两年间，俄白联盟获得了比较快速的发展，成为俄罗斯在后苏联空间内着力推动的次地区一体化进程。

1998 年 1 月 22 日，俄白联盟最高委员会会议在莫斯科举行，叶利钦在会后宣布俄白关系中的所有问题都已解决。4 月 2 日，俄白联盟成立一周年之际，白俄罗斯总统卢卡申科认为联盟给两国人民带来实惠，并下令将 4 月 2 日定为白俄罗斯的国家节日。[①] 12 月 25 日，俄白两国在莫斯科签署了"俄白关于进一步结合的宣言"、两国公民享受平等权利条约、两国为经济实体创造平等条件协定三项文件。两国将一体化的最终目标确定为建立俄白联盟国家，开始消除贸易、关税和边境障碍，深化发展一体化，并从 1999 年 3 月起分阶段逐步实行统一货币。叶利钦在签字仪式上发表讲话，指出一体化的发展将给两国带来好处，并符合两国人民的愿望。[②] 这些文件为俄白联盟在 1999 年的发展制定了规划。

1999 年 4 月 28 日，白俄罗斯总统卢卡申科访问俄罗斯，两国决定建立俄白联盟边防和海关委员会。7 月 5 日，叶利钦指示俄罗斯总理斯捷帕申亲自负责俄白建立联盟国家条约问题。7 月 7 日，俄白联盟执委会会议在莫斯科召开，斯捷帕申表示俄白对建立联盟国家条约内容无原则性分歧，该条约可能于 1999 年秋天签署，两国对条约文本的态度比较一致。8 月 30 日，叶利钦亲自给白俄罗斯总统卢卡申科打电话，祝贺其 45 岁生日，双方认为应优先解决经济合作问题，叶利钦表示俄罗斯密切关注两国建立联盟国家的进程，坚决反对西方和个别邻国对白俄罗斯施压的企图。[③] 10 月 6 日，两国国防部联合委员会在莫斯科举行会议，签署了关于建立俄白地区联合集团军的决定。11 月 25 日，俄罗斯与白俄罗

① 《俄罗斯联邦内政外交大事记（1990—2004 年）》，第 310、326 页。

② Выступление Б. Н. Ельцина на церемонии подписания декларации о дальнейшем единении России и Беларуси, 25 декабря 1998г. //Дипломатический вестник. 1999. №1. С. 43.

③ 《俄罗斯联邦内政外交大事记（1990—2004 年）》，第 408、418 页。

斯官方联合创办的、旨在推进两国联合进程的首份刊物《联盟报》创刊号发行。12月8~9日，白俄罗斯总统卢卡申科访问俄罗斯，俄白两国召开俄白联盟最高委员会会议，双方签署《建立联盟国家条约》及其行动计划。不到一周，俄罗斯国家杜马和白俄罗斯议会下院批准了俄白建立联盟国家条约。12月22日，俄罗斯联邦委员会和白俄罗斯议会上院也通过了该条约。

从两年的一体化合作过程中不难发现，俄白两国的次地区一体化具有如下特点：第一，发展目标明确，就是为了建立俄白联盟，用普京的话说，这是“一个自愿的、平等的联合体”，[①] 这种性质打消了白俄罗斯被俄罗斯控制的顾虑，有利于提高白俄罗斯参与合作的积极性，而白俄罗斯积极性的提高也能够减轻俄罗斯的负担，双方都对发展彼此之间的合作高度重视；第二，领域广泛，俄白一体化涉及政治、军事、经济、文化等多个领域，给两国带来多方面的收益；第三，效率较高，从两国对条约文本的批准和执行情况看，两国在促进双方一体化合作方面的工作效率较高。

俄白两国的次地区一体化为何能够获得发展是一个值得探讨的问题。除了两国的一体化合作能够带来切实收益外，俄白两国的历史基础、文化渊源等都起到了重要的促进作用。此外，白俄罗斯的民意基础非常好，1995年的一次民意调查显示，80%的居民赞成与俄罗斯重新统一。[②] 在20世纪90年代中期，当后苏联空间内的各国普遍实行“去俄罗斯化”的政策时，俄语仅仅在白俄罗斯一个国家保留了国家语言的地位。这些都是俄白一体化能够获得优先发展的重要因素。

尽管俄白联盟发展迅速，但想要对俄白联盟进行扩容却并不容易，俄罗斯在此问题上的态度值得分析。1999年上半年，南斯拉夫联盟曾提出加入俄白联盟，以寻求俄白两国的帮助。然而，俄白双方只在原则上对三个斯拉夫国家建立联盟持赞成态度，但却提出这一问题应在平静的气氛中讨论。显然，在科索沃危机引发北约对南联盟动武的严峻形势下，俄白联盟不可能接受南斯拉夫入盟。而即便北约的军事行动告一段落，

---

① 《俄罗斯联邦内政外交大事记（1990—2004年）》，第440页。

② 冯绍雷：《制度变迁与对外关系——1992年以来的俄罗斯》，第419页。

俄罗斯也依然对俄白联盟的扩大持保守立场。1999年6月4日，俄罗斯总理斯捷帕申表示，现在需要首先在俄白间建立现实的联盟，从而可使其他国家确定对这种联盟的态度。[①] 可见，尽管俄罗斯“拒绝”南联盟是出于多种考虑，但在俄白联盟的发展思路上，俄罗斯的立场是先把俄白联盟的发展做扎实，之后再考虑联盟的扩大问题。这从一个侧面反映出俄罗斯在地区一体化问题上的保留立场。

（二）俄白哈吉四国的一体化合作

除俄白联盟外，后苏联空间内的另一个次地区一体化——俄白哈吉四国的合作也继续向前推进。1998年1月，四国签署了旨在协调海关部门工作的协定。4月，四国决定将联盟工作机构从莫斯科迁到哈萨克斯坦的阿斯塔纳，并同意接受塔吉克斯坦入盟。哈萨克斯坦对地区一体化一直抱有极大兴趣，此次工作机构的迁移就鲜明的体现了这一点，也从另一个侧面反映出俄罗斯对地区一体化意愿的减弱，它更多地希望其他国家也参与到一体化机制的建设中。1999年2月26日，四国关税同盟召开总统和总理会晤，正式吸收塔吉克斯坦为关税同盟成员国，并签署了五国关税同盟和经济共同体条约，从而实现了扩容。

尽管次地区一体化的发展存在诸多不足，但相较于全区域的地区一体化，它已然走在了前列。出现此种局面的原因，舒托夫（А. Д. Шутов）认为这些国家在经济社会、政治和整体发展水平上存在巨大差别，所以独联体缺乏足够的同时发展多向一体化的基础，只能发展出不同水平、不同速度的一体化。[②] 舒托夫参与编写的一本教科书将独联体发展全区域、大规模的经济一体化的障碍归结为四点：第一，一些国家的对外政策，其中最费力的参加者是乌克兰；第二，各国的财政经济能力不足；第三，一些不符合现实的观念对一体化造成了不利影响，这样的观念是俄罗斯掌握足够的工业和资源潜力，能够独立摆脱经济危机，而它与独联体各国经济关系的深化似乎是与俄罗斯经济付出复杂的、无理由的花费相联系的；第四，外部因素是严重的阻碍，无论是西方还是东方国家，都对后苏联空间经济一体化的成功发展将导致出现新的强有

---

① 《俄罗斯联邦内政外交大事记（1990—2004年）》，第402页。

② *Шутов А. Д.* Постсоветское пространство. ДА МИД РФ. М. , 1999.

力的地区对手感兴趣。[①] 这些观点从不同侧面反映了该地区发展一体化所面临的问题。

笔者认为，次地区一体化的较快发展，一方面在于次地区一体化具有参加国数量有限而容易达成一致和领域单一而容易开展工作等特点；另一方面，或许也是更重要的方面在于作为地区主导国的俄罗斯持有一种有限支持的态度，其发展地区一体化的意愿较 20 世纪 90 年代中期出现了减弱。而俄罗斯的有限支持，既受到其国力的影响，也与国际和地区环境密切相关。正如俄罗斯的一份文件所明确指出的，“只要俄罗斯还没有成为这一地区经济发展的火车头，就不可能有真正的一体化”。[②]

本章小结

1997 年之初，俄罗斯的经济出现企稳的势头，国内政治形势稳定，后苏联空间的内外形势也非常良好，恰是俄罗斯按照先前提出的目标推动地区一体化的有利时机。然而，一场金融危机不仅重创了俄罗斯经济，也改变了其在体系结构和地区结构中的相对权力地位。与此同时，俄罗斯与美国的关系趋冷，围绕北约东扩、科索沃危机等焦点问题龃龉不断，西方大国趁俄罗斯经济不济需要外部援助之机，继续迫使俄罗斯进行经济改革，由此，体系结构中只剩下中国同俄罗斯的关系较为良好，整个体系结构的主导观念呈恶化趋势。而后苏联空间内部，形势同样不乐观。独联体一体化发展乏力，各国对俄罗斯的不满日渐增多，以古阿姆集团为代表的地区组织的建立显示出明显的分裂趋势，这些都降低了俄罗斯发展地区一体化的意愿。此种情势下，俄罗斯只好选择与其关系较为密切的白俄罗斯等国发展次地区一体化，并导致后苏联空间出现次地区一体化发展领先于地区一体化发展的现象。

本章主要讨论的是 1997 ~ 1999 年俄罗斯对地区一体化的意愿变化。这一时期，俄罗斯受金融危机的打击，国家实力严重下滑，而其他主要

---

① *Жильцов С. С.*, *Воробьев В. П.*, *Шутов А. Д.* Эволюция политики России на постсоветском пространстве. М.: Восток-Запад, 2010. С. 32 – 34.

② 俄罗斯联邦外交和国防政策委员会报告：《俄对外政策面临二十一世纪挑战》（摘要），(2000 年 4 月 15 日)，《国际形势年鉴》，第 372 页。

大国的经济形势较好，所以俄罗斯在体系结构中的相对权力地位不断下降。体系结构中的主导观念因为北约东扩、科索沃危机等问题不断恶化。此外，后苏联空间内的其他国家对俄罗斯愈加不满，即地区结构中的主导观念也呈现恶化趋势，俄罗斯在地区结构中的相对权力地位也出现了一定程度的下降，加重了空间内部的离心趋势。所以，这一阶段的双重结构产生的是一种中档激励（激励 B 和激励 I，即一个次强和一个次弱的激励组合），促使俄罗斯减弱了发展地区一体化的积极性。俄罗斯对次地区一体化的支持、对自身利益的强调以及对各国不付代价的抱怨等，都反映出俄罗斯对地区一体化持有有限支持的立场。也就是说，“如果体系结构和地区结构提供的两种激励分别位于不同的强弱程度位置，那么双重结构在整体上提供的是一种中档激励，大国对地区一体化的态度是有限支持，其政策和行为在某些方面存在限制和约束”。即本研究的核心假设 3 得到了验证。

第四章　俄罗斯分领域推动地区一体化（2000～2003）

1999年8月，叶利钦将名不见经传的弗拉基米尔·普京（В.В.Путин）提拔为政府总理，随后出人意料地提前辞去了总统职务。普京在2000年3月成功当选俄罗斯总统，国内改革的各种措施由此铺陈开来。面对国家实力和地区内外形势的新变化，普京采取多种措施，推动了地区一体化的发展。

第一节　普京时代的开启与俄罗斯国力的恢复

1999年夏，时任安全会议秘书的普京被叶利钦提拔为俄罗斯总理，从而结束了自1998年3月以来的总理频繁更换的局面。一个新时代由此揭开了序幕。

一　普京时代的开启与俄罗斯的改革

普京成为总理后的首要任务是针对车臣非法武装的军事行动。车臣问题的久拖不决，不仅给当地民众造成巨大的生命和财产损失，更使俄罗斯的国家主权面临极大的挑战，车臣一旦独立，俄罗斯将极有可能再次解体。因此，俄罗斯联邦政府持有非常坚定的决心，要解决困扰俄罗斯多年的车臣问题。随着战事的不断推进，不仅车臣的安全形势得到扭转，也推升了民众对普京的信任和支持。

1999年12月19日，俄罗斯国家杜马选举顺利举行。根据12月29日公布的结果，第一大党仍然是俄罗斯共产党，得票率为24.29%，第二大党为“统一”联盟，得票率为23.32%。[①] 此一结果改变了多年来俄罗斯共产党控制国家杜马的局面，“统一”联盟在杜马中可以抗衡俄共，

---

① 《俄罗斯联邦内政外交大事记（1990—2004年）》，第442页。

使得未来的总统不至于受到国家杜马的过多制约。这或许是一个令叶利钦颇为满意的结果，使他可以放心离开。于是在 1999 年 12 月 31 日，叶利钦突然宣布辞去总统职务，由普京出任代总统。这一职务交接进行得如此突然，令国内外颇感惊讶。尽管叶利钦的辞职有多重考虑，但他把原定于2000 年6 月4 日举行的总统选举提前到2000 年3 月底，为普京赢得总统大选奠定了更为坚实的基础。2000 年 3 月，普京成功当选总统，俄罗斯平稳地从叶利钦时代过渡到新世纪的普京时代。

但摆在普京总统面前的是一个“烂摊子”，他曾在文章中写道：“俄罗斯正处于其数百年来最困难的一个历史时期。大概这是俄罗斯近 200 ~ 300 年来首次真正面临沦为世界二流国家，甚至三流国家的危险。”① 为了摆脱世纪末的窘境，成为总统的普京开始从多个方面采取措施，推动俄罗斯的改革。

第一，完善联邦制，将全国划分为 7 大联邦区，颁行地方自治法，理顺中央与地方的关系，确保政令畅通。第二，团结国内各党派，特别是理顺政府与国家杜马的关系，改变叶利钦时期相互掣肘的现象，修改议会上院的组成办法，制定政党法，规范政党活动。第三，通过《反洗钱法》等多部法律，打击腐败行为，整顿金融秩序，提高百姓生活水平。第四，对军队进行职业化改革，优化武装力量结构，提高战斗力。

在对外政策方面，21 世纪之初，普京的思路是外交政策需要服务于国内改革。他在 2000 年 2 月 25 日发表的致选民的公开信中指出，俄罗斯外交政策应建立在俄罗斯国家利益的基础上，实质上应当承认，俄罗斯的国内目标高于对外目标，因为俄罗斯在世界上的地位直接取决于俄罗斯对国内问题的成功解决。② 因此，普京执政之初的 2000 年，俄罗斯将大部分工作重心放在国内改革问题上。改革也很快见到成效，由此，普京在 2000 年的总统国情咨文中提出，“俄罗斯惟一现实的选择是选择做强国，做强大而自信的国家，做一个不反对国际社会，不反对别的强

---

① 〔俄〕普京：《千年之交的俄罗斯》，《普京文集——文章和讲话选集》，第 16 页。

② Открытое письмо Владимира Путина к российским избирателям //Коммерсант. №32 (1917) . 25. 02. 2000.

国，而是与其共存的强国”。[①] 这一表态给俄罗斯的国际目标和国际角色进行了重新定位。

二 俄罗斯国力的恢复和发展

在一系列改革措施的有力推动下，俄罗斯的国力呈现恢复和发展的势头，也改变了其在双重结构中的相对权力地位。

（一）俄罗斯经济形势的全面向好

普京总统在2000年的国情咨文中曾说，“如果俄罗斯的顺利发展要一次次地依靠国际贷款和世界经济领袖们的恩典，那么俄罗斯无法作为一个民族或文明国家存在下去。稳定的经济——这是民主社会的主要保障，是世界上受尊敬的强国的基础”。[②] 因此，一系列改革措施的目标“是建立有效的、与主要工业国家发展水平相符的经济体系”，“战后西欧国家面临的许多任务与我们今天要解决的任务相似。这里首先说的是经济真正的现代化”。[③] 以此为目标的努力很快收到了效果。

2000年第一季度俄罗斯经济增长7%～8%，上半年出口增长43.5%，债务从150亿美元减少到60亿美元，退休金相比1999年8月提高了3倍，失业人口也从150万人减少到106.9万人。[④] 2001年，俄罗斯失业人数减少了70万，公民实际收入增长近6%；国家预算已连续第二年出现结余。俄罗斯也恢复到石油产量世界第二的地位和能源出口世界第一的地位。[⑤] 如表4-1所示，俄罗斯的国内生产总值无论是总量、人均还是在全球所占的份额，在1999年跌入谷底后，从2000年开始都

---

① 〔俄〕普京：《向俄罗斯联邦会议提交的2000年国情咨文》（2000年7月8日，莫斯科），《普京文集——文章和讲话选集》，第78页。

② 〔俄〕普京：《向俄罗斯联邦会议提交的2000年国情咨文》（2000年7月8日，莫斯科），《普京文集——文章和讲话选集》，第80页。

③ 〔俄〕普京：《答法国〈费加罗报〉记者问》（2000年10月26日），《普京文集——文章和讲话选集》，第190页。

④ 〔俄〕普京：《俄罗斯不应该也不会成为警察国家——对〈消息报〉记者的谈话》（2000年7月14日），《普京文集——文章和讲话选集》，第108～109页。

⑤ 〔俄〕普京：《向俄罗斯联邦会议提交的2002年国情咨文》（2002年4月18日），《普京文集——文章和讲话选集》，第602～603页。

出现了明显的恢复和增长，这些数据反映出俄罗斯的经济已经在相当程度上摆脱了20世纪末期的颓势。

表4－1 1999～2004年俄罗斯的国内生产总值（GDP）

年份	GDP（十亿美元）	人均GDP（美元）	占全球GDP份额（%）
1999	196	1331	0.61
2000	259	1765	0.79
2001	306	2093	0.94
2002	345	2371	1.01
2003	430	2968	1.13
2004	591	4095	1.38

资料来源：伊万·库什尼尔经济与法律学院（Институт экономики и права Ивана Кушнира）网站整理的数据，http://www.be5.biz/makroekonomika/gdp/gdp_russia.html，笔者比对过世界银行公布的相关数据，两者一致，数据可用。

普京在2000年八国集团峰会期间提出了俄罗斯经济发展的任务，即“国内生产总值平均年增长率不低于5%”，并在十年内翻一番。[①] 而2000～2002年三年间，俄罗斯国内生产总值（GDP）年均增长6%，资金外流从1999年的248亿美元降至2002年的112亿美元，[②] 基本达到了普京的预期。这样的经济表现激励了普京的信心，俄罗斯政府2003年8月提出了修改后的2003～2005年社会经济中期发展方案，将国内生产总值（GDP）增速拟定为2003年5.9%，2004年3.8%～5.2%，2005年4.8%～5.9%。[③] 这些目标的提出显示了俄罗斯对经济稳健发展的需要和信心。

（二）俄罗斯的相对权力地位在双重结构中的变化

经济形势的向好改变了俄罗斯在双重结构中的相对权力地位。从全

① 〔俄〕普京：《就参加八国首脑会议结果举行的记者招待会上的讲话和答记者问》（2000年7月23日，冲绳），《普京文集——文章和讲话选集》，第128页。

② 《俄罗斯联邦内政外交大事记（1990—2004年）》，第642页。

③ Об утверждении Программы социально-экономического развития Российской Федерации на среднесрочную перспективу（2003－2005 годы），Распоряжение Правительства РФ от 15 августа 2003 г. N 1163－р，http://docs.cntd.ru/document/901871783.

球范围来看，在21世纪初的这段时间内，没有出现金融危机或大的经济波动，各国经济都呈现出稳中有升的局面。俄罗斯的国内生产总值虽仍与主要大国不在一个数量级上（参见表4－2），但其增长确实是快速而明显的，从俄罗斯在六大国中所占的份额（参见表4－3）也可以清晰地看到俄罗斯在体系结构中的相对权力地位呈上升趋势。对于这一时期的俄罗斯而言，发展地区一体化有利于进一步推动经济增长，且由于俄罗斯的整体经济实力仍然与主要大国存在明显差距，因此，一方面俄罗斯有发展地区一体化的动力，另一方面明显差距的存在不致引起各大国的极力阻挠。

表4－2 1999～2004年主要国家的国内生产总值

单位：十亿美元

年份	俄罗斯	美国	中国	日本	德国	法国
1999	196	9666	1101	4433	2131	1456
2000	259	10290	1193	4731	1886	1326
2001	306	10625	1317	4160	1881	1338
2002	345	10980	1456	3981	2007	1452
2003	430	11512	1651	4303	2424	1792
2004	591	12277	1945	4656	2726	2056

资料来源：伊万·库什尼尔经济与法律学院（Институт экономики и права Ивана Кушнира）网站整理的数据，http://www.be5.biz/makroekonomika/gdp/gdp_russia.html。

表4－3 1999～2004年主要国家的国内生产总值占六国总和的比重

年份	俄罗斯	美国	中国	日本	德国	法国
1999	1.03%	50.92%	5.80%	23.35%	11.23%	7.67%
2000	1.32%	52.27%	6.06%	24.03%	9.58%	6.74%
2001	1.56%	54.13%	6.71%	21.20%	9.58%	6.82%
2002	1.71%	54.30%	7.20%	19.69%	9.93%	7.18%
2003	1.94%	52.06%	7.47%	19.46%	10.96%	8.10%
2004	2.44%	50.62%	8.02%	19.20%	11.24%	8.48%

资料来源：由表4－2的数据计算得出。

表 4－4　1999～2004 年后苏联空间内主要国家的国内生产总值

单位：十亿美元

年份	俄罗斯	乌克兰	白俄罗斯	哈萨克斯坦
1999	196	32	12	17
2000	259	31	10	18
2001	306	38	12	22
2002	345	42	15	25
2003	430	50	18	31
2004	591	65	23	44

资料来源：伊万·库什尼尔经济与法律学院（Институт экономики и права Ивана Кушнира）网站整理的数据，http://www.be5.biz/makroekonomika/gdp/gdp_russia.html。

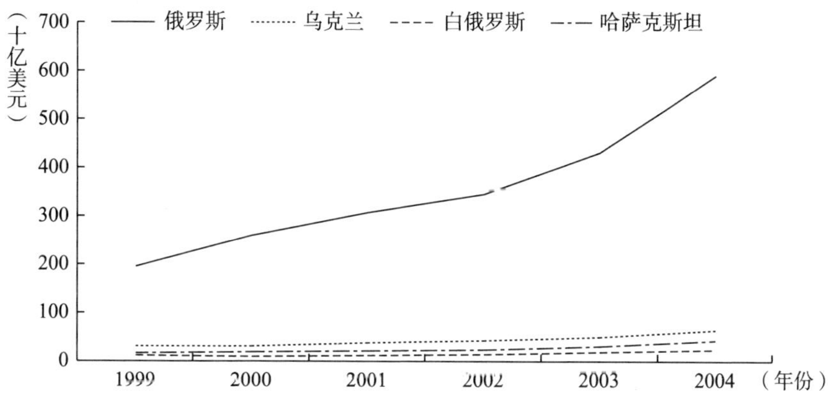

图 4－1　1999～2004 年后苏联空间内主要国家的国内生产总值

资料来源：由表 4－4 的数据做出。

在后苏联空间内，各国经济进入 21 世纪后都有了较为明显的增长，相比 1999 年，2003 年乌克兰、白俄罗斯和哈萨克斯坦三国的国内生产总值都增长了 50% 以上，而俄罗斯则增长了一倍有余（参见表 4－4），拉开了与地区内国家的距离，换句话说，俄罗斯在地区结构中的相对权力地位呈明显的上升趋势（参见图 4－1）。

由此看来，进入 21 世纪后，俄罗斯在普京总统的领导下通过改革措施的实施使国家面貌发生新变化，整体实力得到加强，在体系结构和地区结构中的相对权力地位呈现不同程度的上升趋势。这与 20 世纪末期的颓势形成了鲜明对比。而同样发生改变的还有俄罗斯与外部世界的关系。

第二节 俄罗斯与主要大国关系的优化

21 世纪之初，俄罗斯调整了外交政策，以崭新的姿态参与到国际事务中，在新的起点上与主要大国发展关系。“9·11” 事件的发生，使反对恐怖主义成为一段时间内国际社会的核心议题。在反恐的名义下，俄罗斯与美国等西方国家开展合作，优化了彼此之间的关系。

一 俄罗斯在 21 世纪初的外交姿态

成为代总统时，普京只有 47 岁，他展现出不同于叶利钦的工作状态，其高效、务实、积极、果断的工作作风给人留下了深刻印象。在外交方面，俄罗斯在普京的带领下也展现出不同于以往的积极姿态。

（一）外交政策的革新

普京成为代总统后，俄罗斯制定和通过了一系列新文件，对外交政策进行了革新。

2000 年 1 月，俄罗斯批准了《俄罗斯联邦国家安全构想》。这份新构想中有三点值得注意的内容。第一，文件明确表达了俄罗斯对国际格局的看法，主张建立多极世界，强调作为大国的俄罗斯应该成为多极世界中具有影响力的一个中心，并在多极世界的形成过程中发挥应有的作用。第二，文件明确规定，在解决危机局势的所有手段用尽或被证明无效的情况下，俄罗斯将采用所有可能的手段，包括使用核武器反击侵略行为。[①] 与这条规定配套拟定的是一份新的军事学说，其中一项重要规定是在俄罗斯及其盟友遭到侵略的情况下，俄罗斯将有权使用核武器。[②] 俄罗斯武装力量第一副总参谋长马尼洛夫对此解释说，“过去的军事学说只阐明了俄罗斯不使用核武器的条件，而未明确俄罗斯在何种情况下将可能使用核武器的立场”。[③] 因此，这一规定从正面明确了俄罗斯使用核

---

① Концепция национальной безопасности Российской Федерации（утв. Указом Президента РФ от 10 января 2000 г. N 24），http://stra. teg. ru/library/national/34/2/1.

② Военная доктрина Российской федерации，http://www. ng. ru/politics/2000-04-22/5_doktrina. html.

③ Обнародована новая военная доктрина России，http://lenta. ru/russia/2000/01/14/nuke.

武器的条件，即为了保护本国及其盟友免遭侵略，俄罗斯将有可能动用包括核武器在内的一切手段。这一规定的隐含意义在于，那些愿意与俄罗斯成为盟友的国家将获得俄罗斯提供的更为强有力的安全保护。第三，这份安全构想将独联体内一体化进程的削弱、在独联体成员国外部边界附近地区出现的冲突认定为对俄罗斯国家安全的主要威胁之一，将同独联体成员国发展与俄罗斯利益相适应的一体化进程、进行有效的军事安全合作、保证独联体成员国集体边界安全等作为保障俄罗斯国家安全的主要任务。[①] 这一规定体现了俄罗斯对独联体地区的高度重视。

2000 年 7 月，新的《俄罗斯联邦对外政策构想》正式颁布。关于俄美关系，文件表态说俄罗斯准备克服当前存在的巨大困难，将在延续了近十年的俄美友好合作的基础上继续发展俄美关系。在欧洲，俄罗斯的主要目标是建立稳定、民主的全欧安全与合作体系。对独联体地区，俄罗斯表示将发展与独联体所有国家的睦邻关系和战略伙伴关系，根据独联体各国一体化的不同速度和不同水平决定自己与整个独联体的合作以及与各种次地区机制的合作，调解独联体国家的冲突，发展军事、政治、经济和安全领域的各种合作。[②] 这些规定显示出俄罗斯意图调整同各国、各地区相互关系的发展状态。

俄罗斯外长伊万诺夫对此时的俄罗斯外交政策进行了概括性评述。2001 年 4 月 20 日，他在俄罗斯国际问题研究协会组织的题为“俄罗斯外交十年”的国际研讨会上表示，俄罗斯外交战略已经成形，即独立自主的、可预测的外交政策。主要原则是俄罗斯的国家利益、务实精神和经济效益。主要优先方向之一是独联体。欧洲是俄罗斯外交的另一个极为重要的优先方向。在对美关系中，俄罗斯将坚定维护本国的国家利益，寻求建立伙伴关系，寻找相互都能接受的解决办法，不搞竞争和对抗。[③]

---

① Концепция национальной безопасности Российской Федерации（утв. Указом Президента РФ от 10 января 2000 г. N 24），http://stra. teg. ru/library/national/34/2/1.

② Концепция внешней политики Российской Федерации，http://www. mid. ru/Bl. nsf/arh/19DCF61BEFED61134325699C003B5FA3? OpenDocument.

③ *Иванов И. С.* Выступление на первом Конвенте Российской ассоциации международных исследований（Москва，20 апреля 2001 г.）// *Иванов И. С.* Внешняя политика России в эпоху глобализации：Статьи и выступления. М.：ОЛМА-ПРЕСС，2002. С. 163 – 174.

（二）主动积极的外交姿态

与文件颁行同时展现的是俄罗斯在多个领域的积极外交姿态。

第一，主动与各国和各国际组织进行联系，表达推动关系发展的意愿。2000 年 1 月，普京多次同后苏联空间内的各国领导人通电话，讨论双边关系和独联体国家首脑会议的准备情况。1 月 9 日，普京回复了欧盟 1999 年 12 月的来函，表示俄罗斯愿意与欧盟建立战略伙伴关系。[①] 1 月 20 日，俄罗斯外长伊万诺夫在《独立报》上发表了题为《俄罗斯与当代世界——世纪之交莫斯科的对外政策》的文章，其中不仅强调了俄罗斯建立多极世界的主张，同时表示俄罗斯与北约恢复接触的大门并未关死，俄罗斯承认北约是欧洲的一个现实存在。[②] 普京也在采访中表示，“俄罗斯是个大而复杂的国家，它既位于亚洲，又位于欧洲。……过去和将来俄罗斯始终依靠两翼——欧洲一翼和亚洲一翼”。[③] 这些看法表明俄罗斯重视同各国发展关系。

第二，主动解决一些久拖未决的问题，并在焦点问题上提出新的解决倡议。2000 年 4 月 15 日，俄罗斯国家杜马通过了《第二阶段削减进攻性战略武器条约》，从而使这一延续 7 年未曾解决的问题获得了阶段性突破。6 月，普京提出在美国参与的情况下，与北约、欧盟联合建立一个可以保护整个欧洲大陆免遭导弹攻击威胁的反弹道导弹防御系统，即建立一个全欧非战略反导系统。[④] 这一建议的目的是以建立共同安全保障体系的方式，减少俄罗斯同西方国家之间的安全疑虑。尽管西方各国对普京的建议反应谨慎，[⑤] 但建议本身反映了俄罗斯愿意在反导系统这一焦点问题上寻找新解决办法的积极立场。9 月，俄罗斯宣布计划在 3

---

① 《俄罗斯联邦内政外交大事记（1990—2004 年）》，第 445 页。

② *Иванов И. С.* Россия и современный мир（Внешняя политика Москвы на пороге XXI века）//Независимая газета. 20. 01. 2000.

③ 〔俄〕普京：《对中国〈人民日报〉、新华通讯社和中央电视台记者的谈话》（2000 年 7 月 16 日），《普京文集——文章和讲话选集》，第 116 ~ 117 页。

④ Владимир Путин предлагает создать единую систему противоракетной обороны России, США и западной европы, http://press-archive. ru/fakty/3 - 06 - 00/vladimir-putin-predlagaet-sozdat-edinuu-sistemu-protivoraketnoy-oborony-rossii-ssha-i-zapa_1381035. html.

⑤ Отклики на предложение Владимира Путина о создании единой европейской системы противоракетной обороны, 07 июня 2000, http://www. 1tv. ru/news/social/104665.

年内裁军35万人。[①] 主动裁军这一战略收缩举动，显示出俄罗斯希望与世界各国在新时期发展友好关系的愿望。

第三，希望以平等身份参与多领域国际问题的讨论和国际机构相关议程的制定。2000年7月12日，普京在接受媒体采访时表示，俄罗斯不要求任何优待和特权，并准备在冲绳八国集团峰会上以平等者的身份参与讨论全球问题。[②] 俄罗斯愈加积极的原因在于它认为“八国首脑会议制定和准备通过的决定，在很大程度上，决定着国际安全领域的总体结构，决定着经济、金融结构，解决全球性质的问题。……对俄罗斯来说，参与制定这些决定至关重要。……如果同俄罗斯一起制定这些决定，那么，在制定这些决定时就会考虑俄罗斯的利益。这一点非常重要”。普京还表示，“我们需要加入所有做出这些涉及俄罗斯的决定的机构”，“而且我们还准备扩大我们的参加范围”，并且俄罗斯“将力争成为世贸组织的成员”。[③]

普京在联合国千年首脑会议上的讲话可以作为对俄罗斯外交新姿态的注脚，他说“俄罗斯从来没有像现在这样开放、负责和准备在平等的伙伴关系基础上相互协作”，[④] 因此，21世纪的俄罗斯是一个有别于以往的俄罗斯。

二　俄美关系的发展和反恐的推动作用

普京成为总统后，恰逢克林顿任期的最后一年，俄美关系的发展较为平稳。小布什执政后，两国关系在21世纪有了新的开端，特别是“9·11”事件后，俄罗斯与美国找到了开展合作的核心议题——反对恐怖主义，有利地推动了两国关系的发展。

---

① 《俄罗斯将再次大幅度裁军》，新华社莫斯科2000年9月8日电，http://www.people.com.cn/GB/channel2/17/20000909/225184.html。

② Владимир Путин о том, что ожидает Россия от саммита “большой восьмерки”, 12 июля 2000, http://www.1tv.ru/news/social/124798.

③ 〔俄〕普京：《就参加八国首脑会议结果举行的记者招待会上的讲话和答记者问》（2000年7月23日，冲绳），《普京文集——文章和讲话选集》，第131～133页。

④ 〔俄〕普京：《在联合国千年首脑会议上的讲话》（2000年9月6日，纽约），《普京文集——文章和讲话选集》，第155页。

（一）21 世纪初俄美关系的积极变化

1999 年的最后一天，叶利钦辞去了总统职务，宣告了一个时代的结束。2000 年 1 月 4 日，美国总统克林顿在《时代》周刊上发表题为《记住叶利钦》的文章，表示“美国是一个渴望与俄罗斯合作的积极伙伴”。[①] 1 月底，美国国务卿奥尔布赖特访问俄罗斯，成为自 1999 年科索沃危机以来访问俄罗斯的美国最高级别官员。2 月中旬，俄罗斯安全会议秘书谢尔盖·伊万诺夫对美国进行工作访问，并转交了普京致克林顿的信件，普京在信中表示美国是俄罗斯对外政策优先方向之一，俄美双方战略目标一致，即加强国际稳定与安全、推动裁军进程和巩固核不扩散机制。[②] 这一切都预示着俄美关系因 1999 年科索沃危机跌入谷底后有了回暖的迹象。

2000 年 6 月，克林顿访问俄罗斯，双方签署了关于战略稳定原则的联合声明。6 月 5 日，克林顿在俄罗斯国家杜马发表演讲，表示美国主张在欧洲建立一个包括俄罗斯在内的民主、和平、不可分割的社会，希望任何一个欧洲组织或跨大西洋组织都对俄罗斯开放。[③] 普京则在与克林顿联合举行的记者招待会上说，“美国是我们主要伙伴国之一”，俄罗斯“在同美国的关系中永远也不会做出恢复任何对抗因素方面的选择”。[④]

在这样一个承前启后的过渡年份，双方都释放出相当程度的善意。9 月 27 日，美国国务卿奥尔布赖特在国会作关于俄美关系报告时表示，美国不应重新将俄罗斯“制造成”敌人，尽管美国对普京的一些行为存在忧虑，但不应将普京逼到墙角。[⑤] 奥尔布赖特的表态在一定程度上营造了政权交接前后的良好氛围。10 月，普京在接受采访时表示，“必须建立多极的，也可以说是‘非垄断的’国际关系体系，容纳世界所有成员和保障世界利益多样性和平衡的体系。……任何一个国家，无论它多么强大，都无能力独自解决世界所积累下来的所有问题。我们正是从这种

---

① Bill Clinton, “Remembering Yeltsin,” *Time*, Vol. 155, Jan. 1, 2000, p. 95.

② Сообщение Пресс-службы Президента Российской Федерации, Москва, Кремль, 18 февраля 2000 г. http://2002. kremlin. ru/pressa/2000021807. html.

③ 《俄罗斯联邦内政外交大事记（1990—2004 年）》，第 484 页。

④ 〔俄〕普京：《在与美国总统克林顿联合举行的记者招待会上的讲话和答记者问》（2000 年 6 月 4 日，莫斯科），《普京文集——文章和讲话选集》，第 73 页。

⑤ 《俄罗斯联邦内政外交大事记（1990—2004 年）》，第 513 页。

理解出发，来试图同美国建立我们两国的关系的。对于我们而言，宝贵的是互相促进、平等和利益平衡”。①

小布什当选新一任美国总统后，俄罗斯很快开始着手同美国新政府发展关系。2000 年 12 月 14 日，俄罗斯外交部就乔治·W. 布什当选美国总统发表声明，表示俄罗斯期待美国新政府能够在国际领域和双边关系中的关键问题上继续同俄罗斯开展积极和互利的对话。声明强调，为了维护世界和平，巩固战略稳定，以及应对当前面临的全球性挑战，俄罗斯领导人将首先把注意力放在与美国的合作上。② 几天后，普京也表达了更为积极的看法：“美国和俄罗斯再不像当年苏联时期是敌人或对手”，这“使人有理由期待未来俄罗斯和美国之间的友好关系”，俄美之间“已有良好的开端，克林顿总统的政府所奠基的开端”，“我非常希望这个接力棒被新政府接过去。我们希望这个并做好准备，以便积极地进行合作”。③

2001 年 1 月，乔治·W. 布什正式宣誓就任新一届美国总统。1 月 26 日，俄罗斯外长伊万诺夫表示，俄罗斯愿意与美国新政府继续开展积极对话，对美关系是俄罗斯对外关系中的优先方面，因为俄美关系在很大程度上影响到国际政治气候的变化。④ 1 月 31 日，普京与小布什通电话，祝贺小布什正式就任美国总统，双方表示坚决主张扩大俄美合作，开展密切而富有成效的谈话，在一些问题上寻求合理的、彼此都能接受的解决办法。⑤ 3 月 21 日，普京指出：“布什总统不久前表示，俄罗斯既不是美国的敌人，也不是对手。我认为这是一个非常积极的信号，我们将以同样的方式对待美国。”⑥

---

① 〔俄〕普京：《答法国〈费加罗报〉记者问》（2000 年 10 月 26 日），《普京文集——文章和讲话选集》，第 193 页。

② Заявление официального Представителя МИД России, 14 декабря 2000 //Дипломатический вестник. 2001. №1. С. 82.

③ 〔俄〕普京：《答俄罗斯公共电视台、俄罗斯电视广播公司和〈独立报〉记者问》（2000 年 12 月 24 日），《普京文集——文章和讲话选集》，第 238 页。

④ Интервью министра иностранных дел Российской Федерации И. С. Иванова, 26 января 2001 //Дипломатический вестник. 2001. №2. , http://www. mid. ru/bdomp/dip _ vest. nsf/99b2ddc4f717c733c32567370042ee43/f217ef1830615c83c3256a3a003d8456! OpenDocument.

⑤ Дипломатический вестник. 2001. №2. С. 42.

⑥ Владимир Путин: интервью четырем российским газетам (часть вторая), http://www. newsru. com/russia/21Mar2001/putin_gazeta2. html.

这些表态传达出俄罗斯有意同美国发展良好关系的信号。2001 年 6 月 16 日，在斯洛文尼亚首都卢布尔雅那，普京与小布什举行了首次会晤。这次在小布什就职半年内就成功进行的首次会晤令普京比较满意，他认为两位总统“为发展合作和俄罗斯与美国之间走上务实的伙伴关系找到了很好的基础”，而小布什在两人会谈后表示，“俄罗斯和美国不是敌人，彼此不构成威胁，而是完全可以成为盟友”。[①] 普京对此回应道，“我非常感谢美国总统的是，最终从美国领导人嘴上说出了这些话。这对于我们是非常重要的。当一个大国的总统说他希望看到俄罗斯是一个伙伴，也许还是一个盟友的时候，这是十分有价值的”。[②] 7 月 23 日，普京和小布什在热亚那举行了年内第二次会晤。两次会面，让普京和小布什对两国关系的发展方向有了更为明确的把握，俄美关系在向着更加友好的方向发展。一个多月后，一场“9·11”事件又为俄美合作提供了动力。

（二）反对恐怖主义成为俄美合作的推动力量

2001 年 9 月 11 日，位于纽约的世贸大厦遭到恐怖分子驾驶飞机撞击，世贸大楼坍塌，造成了重大的人员伤亡，全世界都陷入了震惊和哀伤中。然而，这场袭击美国的恐怖主义行动却为俄罗斯进一步拉近同美国的关系提供了契机。袭击发生后不久，普京成为第一个给小布什打电话的国家元首，普京在致小布什的唁电中表达了震惊和哀悼。随后，普京发表声明，表示美国发生的恐怖事件是对全人类的威胁，再次提出联合反恐的建议，号召国际社会团结起来打击恐怖主义。同时，普京还表达了对美国和美国人民的坚定支持。声明的原文极具感染力，似乎美国经历的痛苦对俄罗斯而言是感同身受的，“我们同你们在一起，我们完完全全地分担和感受你们的痛苦。我们支持你们”。[③] 9 月 12 日，普京签署命令，俄罗斯 13 日中午下半旗，为美国恐怖袭击遇难者默哀 1 分钟。此后的几周，普京多次与小布什通电话，讨论国际形势和双边关系，并多

---

① 〔俄〕普京：《在与美国总统布什首次会晤后联合举行的记者招待会上的讲话和答记者问》（2001 年 6 月 16 日，卢布尔雅那），《普京文集——文章和讲话选集》，第 329 页。

② 〔俄〕普京：《在与美国总统布什首次会晤后联合举行的记者招待会上的讲话和答记者问》（2001 年 6 月 16 日，卢布尔雅那），《普京文集——文章和讲话选集》，第 334 页。

③ 〔俄〕普京：《“9·11”恐怖事件是对整个人类文明肆无忌惮的挑衅——就美国“9·11”恐怖事件发表的声明》（2001 年 9 月 11 日，莫斯科），《普京文集——文章和讲话选集》，第 415 页。

次表示愿意向美国提供协助，确定制造事件的凶手。9 月 24 日，普京在电视讲话中表示俄罗斯愿意为反恐提供空中走廊，不排除同意中亚盟国向美国提供空军基地。[①] 可以说，普京在“9・11”事件后的最初反应，一方面减轻了美国对俄罗斯是幕后指使的怀疑，另一方面也借机有力地拉近了同美国之间的关系。

10 月，美国决定打击阿富汗塔利班和基地组织时，俄罗斯表示了支持。10 月 21 日，普京和小布什在上海出席亚太经合组织领导人非正式会晤期间举行了双方年内的第 3 次会面，在会后的记者招待会上，普京说：“今天俄美合作正在有把握地向前发展。……我们的战略优先点就是建立长期的伙伴关系。”[②] 在某种程度上，“9・11”事件所提供的“独特”契机，使俄罗斯可以抛卜过去所有的困难和争执，完全与西方发达世界站在一起，不仅是在每天的政治安全经济事务上，而且是在文化和文明方面。[③] 用普京自己的话说，从 9 月 11 日以后，人们开始充分意识到“俄罗斯不仅完全能够，而且应该成为整个文明社会的战略同盟军，当然，也包括首先成为美国的同盟军”。[④] 作为美国的同盟军，俄罗斯与美国的共同目标是与恐怖主义做斗争，由此，在情报共享、信息交流等方面展开了一系列工作。

11 月中旬，普京对美国进行了首次正式访问，双方签署了俄美新关系联合声明等 6 份文件，普京邀请小布什 2002 年夏天访俄。两位总统的会谈是在小布什总统的克劳福德农场进行的，足见小布什对普京来访的重视以及两位总统建立的私人友谊。而在 2001 年年内，这已经是普京和小布什的第四次会晤。普京自己都认为“这是最近时期俄美关系取得进展的明显标志”。[⑤]

---

① Телеобращение президента России В. Путина, Коммерсанты, 25 сентября 2001г.

② 〔俄〕普京：《我们的战略优先方面是建立俄美长期的伙伴关系》（2001 年 10 月 21 日，上海），《普京文集——文章和讲话选集》，第 453 页。

③ Bobo Lo, *Vladimir Putin and the Evolution of Russian Foreign Policy*, pp. 115 – 116.

④ 〔俄〕普京：《答美国广播电视公司的采访》（2001 年 11 月 5 日，莫斯科），《普京文集——文章和讲话选集》，第 463 页。

⑤ 〔俄〕普京：《俄美在双边关系和国际关系关键问题上的立场正一步步地接近——在与美国总统布什联合举行的记者招待会上的讲话和答记者问》（2001 年 11 月 13 日，华盛顿白宫），《普京文集——文章和讲话选集》，第 482 页。

普京曾说“我们的出发点是，我们和美国应当是在很多方面的活动中的伙伴，而且甚至是盟友”。[①] 因此，当美国于2001年12月宣布退出1972年签订的反导条约时，俄罗斯并没有做出激烈反应。普京甚至满怀信心地宣布，“美国总统所做出的决定不会对俄罗斯联邦的国家安全构成威胁”。[②]

2002年5月下旬，美国总统小布什对俄罗斯进行了首次国事访问，双方签署了《俄美削减进攻性战略力量条约》（又称《莫斯科条约》）和《俄美新型战略关系联合声明》两份文件。《莫斯科条约》削减了美俄各自实战部署的战略核力量的2/3，“是朝着核裁军道路迈出的重要一步”。[③] 而《俄美新型战略关系联合声明》则将俄美两国的新型战略关系确定下来。普京对此评价道，俄美双方“以各种不同的尺度”推进了两国“方方面面的平等伙伴关系”，他甚至表示，“从原则上说，今天谈论莫斯科与华盛顿之间在争取对独联体国家的影响的竞争是不对的。除此以外，最近俄美在独联体空间内的相互关系开始采用的是新原则，可以把它们归结为‘以合作代替竞争’”。[④] 这显然是少有的高规格评价。

2002年6月6日，美国政府正式宣布承认俄罗斯为市场经济国家，为俄罗斯加入世贸组织又扫除了一个障碍。7月，普京讨论了反恐对俄美关系的推动作用，他指出，“维护全球稳定的特殊责任理所当然地落在俄罗斯和美国的肩上。……俄罗斯与美国之间相互信任的伙伴关系不仅符合两国人民的利益。这种关系对整个国际局势体系产生积极作用，因此，这毫无疑问是我们的优先方向之一”。[⑤] 11月下旬，小布什再次访问俄罗斯，与普京在圣彼得堡举行会晤。这是两年来俄美首脑举行的第六次会晤。

---

① 〔俄〕普京：《答美国广播电视公司的采访》（2001年11月5日，莫斯科），《普京文集——文章和讲话选集》，第474页。

② 〔俄〕普京：《就美国宣布将退出反导条约发表的声明》（2001年12月13日，莫斯科），《普京文集——文章和讲话选集》，第522页。

③ 田景梅、田东风：《〈莫斯科条约〉与美俄核裁军》，《现代国际关系》2004年第5期，第8页。

④ 〔俄〕普京：《书面答中国〈人民日报〉社问》（2002年5月28日），《普京文集——文章和讲话选集》，第662、667页。

⑤ 〔俄〕普京：《在外交部使节会议上的讲话》（2002年7月12日，莫斯科外交部），《普京文集——文章和讲话选集》，第730~731页。

2003年头几个月，尽管俄美围绕伊拉克战争产生了分歧，但彼此都比较克制。2003年5月14日，美国国务卿鲍威尔访问俄罗斯，双方重点就伊拉克问题进行了沟通，有效减少了彼此之间的分歧。同日，俄罗斯国家杜马以294票赞成的表决结果批准了《俄美削减进攻性战略武器条约》。[①] 6月，俄罗斯－北约理事会国防部长会议确定了双方2004年的联合军事演习计划。7月4日是美国独立日，普京在致小布什的贺信中表示，俄罗斯希望继续同美国在打击恐怖主义和解决全球性问题上开展合作，认为这是保证国际安全和战略稳定的关键因素。[②] 8月，美国和加拿大参加了俄罗斯在太平洋举行的军事演习。

从以上的回顾中可以看到，2000～2003年的这一时期，俄美关系保持了良好的合作状态，两国互视为朋友，愿意以合作的态度处理彼此之间的问题。

三　俄罗斯与其他大国和国际组织关系的发展

俄美关系的良好发展带动了俄罗斯与欧盟等主要国际组织关系的发展，显示出俄罗斯与主要西方国家良好的关系状态。而俄罗斯与中国的关系也在21世纪初继续向前推进。

（一）俄罗斯与欧盟关系的推进

俄罗斯与欧盟的关系在1999年上半年因为科索沃危机也曾一度陷入低潮，但以下三个原因促成了俄罗斯同欧盟关系的优先改善。第一，随着一体化进程的深入，欧盟成为日益重要的国际行为体，欧元平稳发行后，欧盟在经济领域中的地位更为突出。第二，欧盟是经济政治一体化组织，俄欧关系有较好的基础，欧洲也需要俄罗斯。第三，俄罗斯希望借助俄欧合作，促进自身更好地融入欧洲和世界，并发挥更大的影响力。正如普京所说，"欧洲如果能够把自己的条件和俄罗斯的条件——人的、领土的和自然的资源条件结合起来，和俄罗斯的经济、文化和国防潜力结合起来，那么，欧洲就将能坚定而长久地巩固自己作为世界政治真正

---

① Вступительное слово Президента Российской Федерации В. В. Путина на встрече с государственным секретарем США К. Пауэллом в Москве, 14 мая 2003г. //Дипломатический вестник. 2003. №6. С. 25－26.

② 郑羽主编《新普京时代（2000～2012）》，北京：经济管理出版社，2012，第277页。

独立的中心的声誉”。[①]

由此，俄欧关系从1999年下半年开始逐步回暖。1999年10月22～23日，俄罗斯与欧盟峰会在芬兰首都赫尔辛基举行，通过了2000～2010年俄罗斯与欧盟关系的中期发展战略。[②] 2000年3月，俄罗斯、欧盟、美国三方外长在葡萄牙首都里斯本举行了首次会谈，宣告了三方会晤机制的建立。三方外长达成一致，认为最重要的任务是统一而自由的欧洲实现稳定和繁荣，这将有利于各国人民；三方强调要采取积极行动共同应对诸如恐怖主义和有组织犯罪等跨国挑战。[③] 4月16日，普京访问英国，这是他正式当选总统后出访的第一个西方国家，双方商定俄英首脑每年会晤一次。6月6日，德国总理施罗德表示，德国主张积极吸收俄罗斯参加全欧进程的建设，愿与俄建立良好而密切的合作关系。[④] 俄罗斯在双边、多边领域都同西方各国建立起良好的会晤沟通机制。

关于同欧盟的关系，普京多次表达了俄罗斯的立场。2000年10月26日，普京在接受法国媒体采访时表示，欧盟东扩本身不会让人感到任何忧虑，但欧盟东扩不能损害俄与欧盟以及俄与中东欧各国的传统伙伴关系。普京此时并没有排除俄罗斯加入欧盟的可能，但认为当前的俄罗斯不具备成为当之无愧的欧盟成员的政治经济条件。普京赞同建立没有霸权主义的“大欧洲”的思想，表示俄罗斯将抱着这一思想同美国和欧洲发展关系。俄罗斯不把任何国家视为敌人或对手，也无意于去平衡某个国家。俄罗斯已经改变了对外政策原则，不再谋求到离俄罗斯边界十分遥远的地方去将自己的意愿强加于人。[⑤] 2001年初，普京表示，“我们和欧洲联盟的关系无疑具有越来越重要的意义。……我们今天当然不提出成为欧洲联盟成员的任务，但是我们应当力求从根本上提高合作的有效性，改善这种合

① 〔俄〕普京：《在联邦德国国会的演讲》（2001年9月25日，柏林国会），《普京文集——文章和讲话选集》，第422页。

② Стратегия развития отношений РФ с ЕС на среднесрочную перспективу（2000—2010 гг.），http://www.mgimo.ru/files2/y11_2013/243404/4.4.strategy_russia_relations_eu.htm.

③ Встреча представителей России, Европейского Союза и США //Дипломатический вестник. 2000. №4. С. 5.

④ 《俄罗斯联邦内政外交大事记（1990—2004年）》，第484页。

⑤ Интервью французской газете “Фигаро”, 26 октября 2000 года, Москва, Кремль, http://archive.kremlin.ru/text/appears/2000/10/28946.shtml.

作的质量”。[①] 普京在另一个场合更进一步强调，“不建立对伙伴国家的善意气氛，就很难做到让人们自己更加接近和彼此信任。正是这种相互的理解通常能够成为真正的而不是表面的伙伴关系的坚实支柱”。[②] 也就是说，俄罗斯希望同欧洲国家建立起彼此信任的真正的伙伴关系。

欧盟方面也积极回应了俄罗斯释放的善意。2001 年 10 月，俄欧峰会在布鲁塞尔举行，双方就反恐和安全合作问题发表联合声明，达成合作协定。法国总统在 2001 年承认了俄罗斯具有欧盟全球性伙伴的法律地位并提出关于建立俄罗斯 - 欧盟内部安全委员会的建议。[③] 2002 年 5 月 29 日，俄罗斯与欧盟在莫斯科召开第 19 次峰会，欧盟准备最后完成承认俄罗斯是市场经济国家的决定所需的立法手续，也就是说在加入世界贸易组织的进程中，俄罗斯获得了欧盟的支持。也是在这一年，俄罗斯与欧盟之间的能源对话有了非常积极的进展。

2003 年年初，伊拉克危机严峻之际，俄罗斯、法国和德国三国发表联合声明，反对诉诸武力，强调任何解决方案都必须符合联合国宪章。俄德法三国在反对美国对伊拉克动武问题上的合作也促进了彼此关系的发展。此外，俄欧之间在多个领域围绕建立欧洲统一空间开展了合作。2003 年 4 月 24 日，俄罗斯司法部长柴卡表示，俄方已向欧洲委员会提交了建立俄罗斯与欧洲统一法律空间的构想，并已得到欧洲委员会法律委员会的赞同。[④] 5 月 31 日，俄欧领导人在圣彼得堡举行会议，讨论了建立欧洲共同经济空间的问题，会后发表联合声明，确认将进一步加强合作，决定将现有的欧俄合作理事会升格为伙伴关系理事会。[⑤] 11 月，俄

---

① 〔俄〕普京：《外交政策的优先任务是为社会经济发展创造外部安全环境——在俄罗斯联邦外交部的讲话》（2001 年 1 月 26 日，莫斯科），《普京文集——文章和讲话选集》，第 254 页。

② 〔俄〕普京：《俄德必须共同构筑长期合作的前景——对“俄德彼得堡对话论坛”与会者发表的欢迎词》（2001 年 4 月 9 日，圣彼得堡），《普京文集——文章和讲话选集》，第 296 页。

③ 〔俄〕普京：《在与法国总统联合举行的记者招待会上答记者问》（2002 年 1 月 15 日，巴黎），《普京文集——文章和讲话选集》，第 547 页。

④ 《俄罗斯联邦内政外交大事记（1990—2004 年）》，第 633 页。

⑤ Заключительное слово Президента Российской Федерации В. В. Путина на саммите Россия-ЕС в Санкт-Петербурге, 31 мая 2003г. //Дипломатический вестник. 2003. №6. С. 53 - 54; Совместное заявление по итогам саммита Россия-ЕС, Санкт-Петербург, 31 мая 2003 года, http://www. gazeta. ru/2003/05/31/sovmestnoeza. shtml.

罗斯－欧盟罗马峰会上，双方领导人签署了加强俄欧政治和安全对话与合作联合宣言等文件，批准了建立欧洲共同经济空间构想。

（二）俄罗斯与北约的关系

相比而言，与欧盟发展关系比较容易推进，而作为政治军事组织的北约，与俄罗斯关系的恢复就需要更加耐心和细致的工作。

2000 年 2 月 15 日，北约秘书长罗伯逊对俄罗斯进行了短暂的工作访问，这是 1999 年双方关系因科索沃危机冻结后的一次最高级别接触。3 月 5 日，普京在接受英国广播公司（BBC）记者采访时表示，"如果有人企图将俄罗斯从决策过程中排除，这将引起俄罗斯的担忧和愤怒。但这并不意味着俄罗斯准备关上大门、自我封闭和孤立，（我们）当然不会这样做。俄罗斯是欧洲文化的一部分，我无法想象俄罗斯会孤立于欧洲文明世界之外"。在回答"俄罗斯是否可能加入北约"的问题时，普京说："为什么不呢？我不排除这种可能性。我想重申并特别强调的一点是：（这种可能）只有在俄的利益受到尊重和俄罗斯将成为有平等权利的伙伴的情况下才会存在。"① 普京的这一表态引发了舆论的普遍关注，这是俄罗斯希望与北约关系修好的表现，而是否修好取决于俄罗斯是否能够获得一个"平等相待"。

尽管反对北约东扩的立场未曾改变，但俄罗斯同北约还是通过召开会议、建立机制、应急事件合作处置等方式逐步恢复了沟通与合作。2000 年 3 月 16 日，俄罗斯－北约常设联合小组大使级会议在布鲁塞尔召开，这是近一年来该小组第一次举行大使级磋商。5 月 24 日，俄罗斯同北约 19 国外长举行俄－北约常设理事会外长级会议，这是科索沃危机之后的首次外长级会议。8 月中旬，俄罗斯接受了北约成员国对失事的"库尔斯克"号核潜艇提供的救援协助。

俄罗斯同北约发展合作，主要是为了促进欧洲和平继而实现国际关系体系的结构性改变，促进多极世界的建立，保障俄罗斯的外部环境。2000 年 11 月下旬，俄罗斯外长伊万诺夫在柏林参加"欧洲论坛"国际会议，并做了题为"俄罗斯与欧洲：全欧合作的可能与前景"的报告。

---

① Интервью программе Би-би-си "Завтрак с Фростом", 5 марта 2000 года, http://www.bbc.co.uk/russian/specials/putin_year/frost.shtml.

他表示，如果俄罗斯确信北约不再违反俄－北约关系的基础文件，俄罗斯可与其进行对话与合作；就核不扩散问题，应当建立起俄、欧、美三方经常性的对话机制，欧洲能够并且应该成为全球战略稳定的发电机。[①]

2001年11月17日，英国首相布莱尔致信普京，建议根本改变俄罗斯和北约的关系，提升现有机制级别，以俄－北约协作委员会取代现有的常设委员会。[②] 11月23日，普京在会见来访的北约秘书长罗伯逊时，排除了俄罗斯加入北约的任何可能性，但表示俄罗斯愿意与西方国家发展良好关系。[③] 12月7日，在布鲁塞尔举行了俄罗斯－北约外长理事会会议，双方发表共同声明，表示将共同努力推动"20国"（19＋1）机制的建立。[④] 2002年5月14日，俄罗斯与北约外长会议在冰岛的雷克雅未克举行，双方草签了俄－北约新型合作关系文件，同意建立俄－北约理事会。[⑤] 5月28日，在意大利首都罗马举行了俄罗斯与北约19国元首峰会，普京与各国元首签署了《俄罗斯与北约关系：新的质量》宣言，决定成立俄－北约理事会（即"20国机制"）。该理事会受北约秘书长领导，每年召开两次外长和国防部长会议，每月至少开一次大使级会议，根据日程需要召开国家元首和政府首脑会议。双方的主要合作领域为：打击恐怖主义、调解危机、防扩散、武器核查与加强信任措施、战区导弹防御、海上搜救、军事改革与军事人员领域的合作、民事紧急状态反应、应对新威胁与挑战。[⑥] 理事会的建立标志着双方关系确立起新的基

---

① *Иванов И. С.* Россия в Европе: возможности и перспективы общеевропейского сотрудничества (выступление на конференции "Европейского форума", Берлин, 25 ноября 2000 года) // *Иванов И. С.* Внешняя политика России в эпоху глобализации: Статьи и выступления. С. 261－272.

② 《俄罗斯联邦内政外交大事记（1990—2004年）》，第574页。

③ 《俄罗斯不加入北约》，《中国日报》2001年11月24日，http://www.china.com.cn/chinese/2001/Nov/79297.htm。

④ Совместное заявление Россия-НАТО, 7 декабря 2001г. //Дипломатический вестник. 2002. №1. С. 37－38.

⑤ Заявление Совместного постоянного совета Россия-НАТО на уровне министров иностранных дел в Рейкьявике, 14 мая 2002г. //Дипломатический вестник. 2002. №6. С. 25－26.

⑥ Декларация глав государств и правительств Российской Федерации и государств-членов НАТО «Отношения Россия-НАТО: новое качество», 28 мая 2002г. //Дипломатический вестник. 2002. №6. С. 53－55.

础。普京对此表态说“加强同北约的平等协作是我们多方位的态度的现实体现之一”,[①] 他把俄罗斯对北约的作用界定为是“有意识进行帮忙”,共同为维护和平而努力。[②] 理事会很快就投入工作,2002 年 6 月 6 日,理事会举行了首次国防部长会议。

罗伯特·阿特对俄罗斯与北约关系在这一时期的发展做出如下评价:“9·11”事件改变了俄罗斯的看法,普京和小布什在反恐方面形成了亲密的合作关系,普京决定把俄罗斯的命运与西方联系在一起。2002 年成立的北约-俄罗斯理事会(NATO-Russia Council, NRC)开始将俄外交政策的这一转变制度化。在某种程度上,该委员会消除了俄罗斯被西方排除在外的感觉,从而使俄罗斯减少了对美国在欧洲军事存在的反对。[③]

随着合作的开展和新机制的建立和运行,俄罗斯同北约的关系得到了提升。普京在 2002 年底会见北约秘书长罗伯逊时表示俄罗斯与北约的关系得到了发展,“从空谈转向实际行动”。[④] 2003 年 2 月 8 日,俄罗斯国防部长伊万诺夫与北约秘书长罗伯逊在慕尼黑签署了有关向潜艇遇难人员提供协助的框架协议,这是俄罗斯与北约军事部门签署的第一个协议。5 月 13 日,普京与北约秘书长罗伯逊再次举行会谈,普京指出“虽然对世界形势存在某些不同的看法,但俄罗斯-北约理事会基本上符合我们的预期”,罗伯逊表示,此次会议宣告北约与俄罗斯互视为对手的陈旧关系不复存在。[⑤] 12 月 4 日,俄罗斯-北约理事会外长级会议在布鲁塞尔举行,双方就会议成果发表的声明指出,俄罗斯与北约成员国致力于推动彼此之间紧密伙伴关系的快速发展,以共同的方式应对共同的威胁。[⑥]

---

① 〔俄〕普京:《在俄罗斯—北约委员会会议上的讲话》(2002 年 5 月 28 日),《普京文集——文章和讲话选集》,第 646 页。

② 〔俄〕普京:《在与北约秘书长罗伯逊和意大利总理贝卢斯科尼共同举行的记者招待会上的讲话和答记者问》(2002 年 5 月 28 日),《普京文集——文章和讲话选集》,第 650 页。

③ 〔美〕罗伯特·阿特:《美国大战略》,第 181 页。

④ 郑羽主编《新普京时代(2000—2012)》,第 275 页。

⑤ Вступительное слово Президента Российской Федерации В. В. Путина на встрече с генеральным секретарем НАТО Дж. Робертсоном в Москве, 13 мая 2003г. // Дипломатический вестник. 2003. №6. С. 23-24;《俄罗斯联邦内政外交大事记(1990-2004 年)》,第 635 页。

⑥ Заявление по итогам заседания Совета Россия-НАТО на уровне министров иностранных дел, 4 декабря 2003г. //Дипломатический вестник. 2004. №1. С. 17-18.

可见，21世纪初的几年间，俄罗斯与北约的合作逐渐深化，机制化水平逐步提高，反映了俄罗斯与主要西方大国之间的关系日益友好。

（三）俄罗斯与中国的友好关系进一步提升

2000年3月27日，就在普京当选后的第二天，中国国家主席江泽民成为第一个向普京表示祝贺的外国元首。7月，普京对中国进行国事访问，两国签署了《中华人民共和国和俄罗斯联邦北京宣言》等多项文件。2001年7月，江泽民对俄罗斯进行正式访问，与普京共同签署了《中俄睦邻友好合作条约》，并发表《中俄元首联合声明》。普京对这一“世纪条约”的评价是：它是基础性的条约，确定中俄之间彼此相互协作的原则，它“起着特殊的作用和具有特别的意义”。[①] 8月，当中国驻俄罗斯大使递交国书时，普京表示，中俄关系已进入发展最好、最富有成果的历史时期，[②] 再次肯定了中俄关系的发展成就。条约签署半年后，2002年1月底，条约在俄罗斯国内完成了批准程序，正式成为俄罗斯的联邦法律，确定了中俄两国在21世纪发展全面关系的指导方针，也体现出两国关系的高水平。

2001年10月，中国国家副主席胡锦涛访问俄罗斯，普京在致辞中表示，“今天我们和中国的关系实际上在所有方面——在政治关系领域里、在国际舞台上的协调、在经济联系上，都达到了非常高度的相互配合”。[③] 2002年12月，普京再度访华，双方签署联合声明。此外，中俄总理定期会晤每年都会顺利举行，有力地推动了双边合作的开展，促进了彼此关系的巩固和信任的加深。2003年10月14日，普京在会见即将离任回国的中国驻俄罗斯大使张德广时表示，不断巩固和发展俄中战略协作伙伴关系符合两国人民的根本利益，也有利于地区和世界的和平与稳定，俄方将与中方共同努力，促进这一关系不断深入发展。[④] 由此看

---

① 〔俄〕普京：《将签署的俄中睦邻友好合作条约是面向未来和今后世世代代的条约——答中华人民共和国中央电视台、新华社和〈人民日报〉记者问》（2001年6月13日，莫斯科克里姆林宫），《普京文集——文章和讲话选集》，第321页。

② 《俄罗斯联邦内政外交大事记（1990—2004年）》，第566页。

③ 〔俄〕普京：《在会见中华人民共和国副主席胡锦涛时的致辞》（2001年10月27日，莫斯科），《普京文集——文章和讲话选集》，第457页。

④ 《普京总统会见我驻俄大使张德广》，2003/10/14，外交部网站，http://www.fmprc.gov.cn/mfa_chn/wjdt_611265/zwbd_611281/t29106.shtml.

来，普京成为总统后的几年间，俄罗斯与中国的友好关系在原有基础上进一步提升。

从本节的回顾中，可以看到21纪初的几年间，各大国与俄罗斯的关系处于比较良好的发展状态，体系结构中的主导观念状态平稳且日益优化。例如，当2002年6月在加拿大举行的八国集团会议决定2006年的八国首脑会议将在俄罗斯举办时，普京对此积极评价说，“这是个很好的信号，说明俄罗斯的地位在提高，更主要的是，说明我们与世界主要工业国家的关系的性质在改变”。① 这很大程度上是由于俄罗斯采取了主动合作的姿态，它尽可能地扮演了“自我克制”的“合作者”角色。② 正如普京所指出的，“在当今世界上，任何人都不打算与我们为敌，任何人都不想这么做，任何人也不需要这么做”，③ 因为“俄罗斯不仅对中国，也不仅对我们的所有邻国，而且对世界的其他国家都是一个自然的、非常好的和有前途的伙伴”。④

第三节 后苏联空间向心趋势的增强

俄罗斯在外交政策上的积极性不仅表现在同主要大国的关系上，也反映在它与后苏联空间内国家的相互关系中。通过发展双边关系，一些重要问题获得阶段性解决，改变了后苏联空间内的主导观念，增强了空间的向心趋势。

一 俄罗斯的主要政策及双边关系的拓展

普京上台后，俄罗斯在后苏联空间开始实施更为清晰的政策。1999

① 〔俄〕普京：《在加拿大参加八国集团会议后答记者问》（2002年6月27日，加拿大卡纳纳斯基斯），《普京文集——文章和讲话选集》，第728页。

② 许志新：《重新崛起之路——俄罗斯发展的机遇与挑战》，北京：世界知识出版社，2005，第293页。

③ 〔俄〕普京：《向俄罗斯联邦会议提交的2002年国情咨文》（2001年4月3日，莫斯科），《普京文集——文章和讲话选集》，第604页。

④ 〔俄〕普京：《将签署的俄中睦邻友好合作条约是面向未来和今后世世代代的条约——答中华人民共和国中央电视台、新华社和〈人民日报〉记者问》（2001年6月13日，莫斯科克里姆林宫），《普京文集——文章和讲话选集》，第322页。

年12月15日，普京主持召开安全会议，讨论现阶段俄罗斯对独联体国家的政策问题。普京表示，同独联体国家关系是俄罗斯外交的绝对优先方向，俄罗斯必须以现实主义为基础同这些国家建立面向长远的关系，俄原则上反对把谁宣布为自己的利益范围，俄罗斯对独联体国家没有任何“帝国计划”。俄罗斯确定国家政策方针时应从“同独联体国家关系是俄外交优先方向”这个原则出发，同时还必须考虑到俄罗斯的民族利益。[①] 这个表态意图给后苏联空间的各国吃下定心丸，俄罗斯重视同各国发展关系，各国不必担心俄罗斯会采取强权政治，损害各国包括俄罗斯自身的利益。就俄罗斯在地区内承担的调解地区冲突的责任，普京指出，“如果我们希望地区冲突解决得公正，以公正原则为基础并且解决得有效，那么这种解决就应该建立在联合国宪章和联合国其他文件所确立的基本的国际法准则的基础上”，[②] 俄罗斯强调联合国宪章和国际法的突出作用，意在表明它对国际规范的遵守。

在这一政策方针指导下，俄罗斯与后苏联空间内各国的双边关系在世纪之交平稳过渡并继续保持良好的发展水平。

（一）俄罗斯主动在焦点问题上做出让步

1999年11月22日，俄罗斯国防部表示将大大削减俄军在格鲁吉亚的军事存在，在2000年12月31日前削减在格鲁吉亚的武器装备水平，到2001年7月1日前撤出在格境内的瓦齐阿尼和古塔乌塔军事基地。此外，根据欧安组织伊斯坦布尔首脑会议成果，俄罗斯将在2001年12月31日前从摩尔多瓦撤出所有常规武器，到2002年12月31日前从摩尔多瓦撤军。俄罗斯军队从部分国家撤出的问题一直是俄罗斯同有关国家双边关系中的焦点问题，世纪之交，俄罗斯同意设定具体的撤军日程表，使得这些延续多年未曾解决的遗留问题获得突破，俄罗斯的让步显示出其同有关国家改善关系的积极立场。

在谈到从格鲁吉亚撤走俄军基地的问题时，普京指出，“我们只是在格鲁吉亚自己提出这一问题之后才做出这一决定的。格鲁吉亚是一个独

① 《俄罗斯联邦内政外交大事记（1990—2004年）》，第438页。

② 〔俄〕普京：《就联合国“千年峰会”结果答记者问》（2000年9月7日，纽约），《普京文集——文章和讲话选集》，第159页。

立的主权国家，它不愿在自己的领土上有俄罗斯的基地。这对格鲁吉亚是好还是不好——这应由格鲁吉亚领导自己决定”，“我们将按照同格鲁吉亚方面达成的协议去做。同时，我们自然遵循国际法准则和保持我们同格鲁吉亚邻居的睦邻友好关系”。[①] 俄罗斯的这些让步也得到格鲁吉亚的积极回应。2000 年 2 月，格鲁吉亚议会表示将加快批准俄格两国 1994 年签署的自由贸易协议。[②] 俄格关系得到推进。

（二）俄罗斯与各国领导进行高层互访

俄罗斯与各国的双边关系在世纪之交实现平稳过渡。1999 年 12 月 6 日，乌克兰总统库奇马访问俄罗斯，这是库奇马总统 11 月获得连任后的第一次正式出访，两国表示要不断充实俄乌战略伙伴关系内容。同日，亚美尼亚外长访问俄罗斯，表示同俄罗斯的关系对亚美尼亚具有重要战略意义，是亚美尼亚外交的重要优先方向。12 月 10 日，俄罗斯总理普京访问乌兹别克斯坦，普京表示乌兹别克斯坦不是俄罗斯的战略利益范围，而是俄当之无愧的战略伙伴。乌总统卡里莫夫表示，俄罗斯在中亚有自己的利益，依靠这个大国可以维护本地区的稳定与安全。12 月 15 日，哈萨克斯坦总统纳扎尔巴耶夫表示，新世纪哈萨克斯坦保证自身战略安全的条件之一是同俄罗斯建立伙伴关系。12 月 29 日，土库曼斯坦总统尼亚佐夫表示，土库曼斯坦主张不断发展和扩大同俄罗斯的伙伴关系。[③]

进入 21 世纪后，各国纷纷表示愿意与俄罗斯发展关系，认为双边关系处于良好状态。2000 年 10 月，普京访问哈萨克斯坦，哈萨克斯坦总统纳扎尔巴耶夫表示，哈萨克斯坦永远愿意做俄罗斯的长期、平等伙伴，普京表示俄罗斯视哈萨克斯坦为最亲密的伙伴和盟友。11 月，普京与格鲁吉亚总统谢瓦尔德纳泽举行会晤，授权两国外交部加快制定出新的两国关系基础条约。2001 年 1 月，普京访问阿塞拜疆，这是阿塞拜疆独立以来俄罗斯总统的首次到访，双方签署了《巴库宣言》及里海法律地位共同声明。2001 年 4 月，摩尔多瓦新任总统沃罗宁将就任总统后的首次

① 〔俄〕普京：《答俄罗斯公共电视台、俄罗斯电视广播公司和〈独立报〉记者问》（2000 年 12 月 24 日），《普京文集——文章和讲话选集》，第 239 页。

② 《俄罗斯联邦内政外交大事记（1990—2004 年）》，第 452 ~ 453 页。

③ 《俄罗斯联邦内政外交大事记（1990—2004 年）》，第 436 ~ 442 页。

出访目的地选择为俄罗斯。11月，沃罗宁再次访问俄罗斯，并签署了俄摩友好合作条约。2002年2月，乌克兰总统库奇马表示，与俄罗斯的关系具有面向未来的战略意义，双方对可能出现的问题都能采取负责任的态度去解决。①

（三）俄罗斯与各国在经济、军事、文化等领域开展合作

俄罗斯与各国开展合作，首先聚焦于经济领域。2000年5月，普京出访乌兹别克斯坦，双方签订协议，俄罗斯每年从乌购买50亿立方米天然气，期限不少于5年。随后，普京又到访土库曼斯坦，双方达成协议，俄罗斯将每年从土库曼斯坦购买的天然气从现有的200亿立方米逐年递增100亿立方米，直至500亿～600亿立方米。② 7月，吉尔吉斯斯坦总统阿卡耶夫访问俄罗斯，双方签署了两国友好、合作、伙伴关系宣言和2000～2009年经济合作计划，为今后的经济合作拟定规划。③ 2002年1月，阿塞拜疆总统阿利耶夫访问俄罗斯，双方签署俄罗斯向阿塞拜疆租用卡巴拉雷达站协议及两国至2010年长期经济合作条约，④ 强调两国将深化在国际和地区问题中的合作。6月7日，俄罗斯和哈萨克斯坦签署石油过境协议以及建立俄哈天然气合资企业的政府间协议，规定15年内哈过境俄的石油外运量每年不少于1750万吨。6月10日，俄、乌、德签署联合声明，宣布三国将在利用乌克兰天然气管道向欧洲稳定提供天然气方面进行合作。⑤ 2003年4月中旬，土库曼斯坦总统尼亚佐夫对俄罗斯进行工作访问。双方签署了为期25年的天然气领域战略合作协定和安全合作协定，普京认为此次会谈具有特殊意义，两国友好合作条约从此正式生效。⑥

---

① 《俄罗斯联邦内政外交大事记（1990—2004年）》，第516、535、547、585页。

② 《俄罗斯联邦内政外交大事记（1990—2004年）》，第478页。

③ Визит А. А. Акаев в Россию; Декларация о вечной дружбе, союзничестве и партнерстве между Российской Федерацией и Киргизской Республикой //Дипломатический вестник. 2000. №8. С. 64－68.

④ Совместное заявление Президента Российской Федерации В. В. Путина и Президента Азербайджанской Республики Г. А. Алиева, 24 января 2002г.; Сообщение о государственном визите Президента Азербайджанской Республики Г. А. Алиева, 25 января 2002г. //Дипломатический вестник. 2002. №6. С. 53－56.

⑤ 《俄罗斯联邦内政外交大事记（1990—2004年）》，第599页。

⑥ Заявление Президента Российской Федерации В. В. Путина по итогам российско-туркменских переговоров, 10 апреля 2003г. //Дипломатический вестник. 2003. №5. С. 68.

军事领域一直是俄罗斯的优势所在，而且各国也在不同程度上需要俄罗斯的军事支持和援助，特别是在反恐成为地区核心问题后，俄罗斯与各国在军事领域的合作在保持原有水平的基础上获得深化。2000 年 5 月，俄罗斯与乌兹别克斯坦商定了总额为 3200 万美元的军事技术合作合同。2000 年 8 月和 2011 年 7 月，俄罗斯和摩尔多瓦一同进行了“蓝色盾牌”联合维和演习。2001 年 9 月 17 日，俄罗斯黑海舰队和乌克兰海军举行了“2001 和平航线”联合军事演习，内容涉及维和行动和海上打击恐怖分子。2003 年 11 月，俄罗斯国防部长伊万诺夫对亚美尼亚进行正式访问，签署两国国防部 2004 年合作计划。伊万诺夫表示，亚美尼亚是俄罗斯在外高加索的战略伙伴，也是独联体集体安全条约成员国中唯一直接同北约交界的国家，俄罗斯有意采取实际措施，建立类似俄白联盟的俄亚地区集团。①

俄罗斯与吉尔吉斯斯坦之间的军事合作在俄罗斯与后苏联空间各国的双边军事合作中非常突出。2002 年 10 月 5 日，俄罗斯与吉尔吉斯斯坦政府间军事技术合作委员会召开会议，确定双方至 2005 年联合行动计划，俄罗斯将据此向吉尔吉斯斯坦提供军事装备。11 月中旬，俄吉签署“两国护法部门相互协作备忘录”，就俄罗斯帮助吉尔吉斯斯坦培训警察达成协议。11 月 29 日，俄罗斯空军首批 6 架作战飞机飞抵吉尔吉斯斯坦坎特军用机场，俄部署中亚快速反应部队空军基地拉开序幕。② 12 月 5 日，普京访问吉尔吉斯斯坦，双方签署《比什凯克宣言》《俄吉安全领域合作协定》和重组吉尔吉斯斯坦欠俄罗斯债务协议。2003 年 10 月 23 日，普京访问吉尔吉斯斯坦，为俄驻吉坎特基地剪彩，这是俄罗斯自苏联解体 12 年来在国外启用的第一个军事基地，也是俄罗斯最现代化的军事设施之一。

在文化领域，俄罗斯通过与各国互办国家年的方式扩大双方在科教和文化领域的交往，加深彼此之间的联系。例如，2002 年被确定为俄罗斯的“乌克兰年”，2003 年则是乌克兰的“俄罗斯年”，而 2003 年是俄罗斯的“哈萨克斯坦年”，各国在国家年期间组织了一系列活动，加强

① 《俄罗斯联邦内政外交大事记（1990—2004 年）》，第 665 页。

② 《俄罗斯联邦内政外交大事记（1990—2004 年）》，第 608、615 页。

民众之间的交流。

二　空间向心趋势的增强及其原因

随着政策效果的显现，俄罗斯的吸引力逐渐增强，后苏联空间的向心趋势日渐明显。

第一，各国重视同俄罗斯发展关系，愿意提升双边关系水平。正如前文所提到的，各国对本国与俄罗斯关系的评价提升了水平。又如，一些国家为了与俄罗斯发展关系而改变了原先的国内政策。2000 年 5 月，吉尔吉斯斯坦通过法律，恢复了俄语的官方语言地位。第二，后苏联空间内的离心性组织——古阿姆集团，其成员出现分化。2001 年 6 月，乌兹别克斯坦加入上海合作组织，随后在 2002 年 6 月，暂停了其古阿姆集团成员的身份。2003 年 8 月，普京访问乌兹别克斯坦。乌总统卡里莫夫表示，乌兹别克斯坦重视俄罗斯在独联体的作用，相信俄罗斯一定能恢复大国地位，在世界占据应有位置，乌兹别克斯坦一贯承认俄罗斯在中亚的作用和利益，希望俄罗斯也理解乌兹别克斯坦在本地区的作用。[①] 俄罗斯与乌兹别克斯坦关系的接近反映了俄罗斯吸引力的提升。第三，后苏联空间的国家在国际舞台上对俄罗斯提供支持。就在美俄两国围绕反导条约争执不下之际，2000 年 11 月 20 日，联合国大会以 88 票赞成、5 票反对的结果通过了中国、俄罗斯、白俄罗斯与吉尔吉斯斯坦联合提交的提案《关于遵守与维护反导条约的决议》，[②] 白俄罗斯和吉尔吉斯斯坦等国给俄罗斯提供了有力支持。

后苏联空间在这一阶段的向心力提升主要有如下原因。在俄罗斯方面，俄罗斯经济的提升使其有能力向各国提供更多的安全保护和经济支持，能够与各国开展多领域合作，普京执政后的俄罗斯，“在很多方面改变了自己的对外政策原则。它不再想把自己的意志强加于任何人。我们准备在广泛的民主的基础上参与国际事务”。[③] 在这种心态的影响下，俄

① 《俄罗斯联邦内政外交大事记（1990—2004 年）》，第 650 页。

② 《联大通过维护和遵守〈反导条约〉决议案》，新华社联合国 2000 年 11 月 20 日电，http://www.people.com.cn/GB/channel2/17/20001121/320824.html。

③ 〔俄〕普京：《答法国〈费加罗报〉记者问》（2000 年 10 月 26 日），《普京文集——文章和讲话选集》，第 175 页。

罗斯外交态度积极、工作效率高，容易促进与各国的多方面联系。而从后苏联空间各国的情况看，有的国家在大选中更换了政府，例如摩尔多瓦政府更迭后，其国内的反俄情绪有所缓和；有的国家自身无法应对日益强势的恐怖主义威胁，必须寻求外部支援，尽管美国借助反恐开始进入中亚，但就帮助的成本而言，作为近邻的俄罗斯依然具有优势，因此，它们寻求俄罗斯的帮助，例如吉尔吉斯斯坦和俄罗斯的军事合作，就在相当程度上是因为前者受到严重的恐怖主义威胁。从外部情况看，美国等西方国家在这一时期，特别是 2001 年“9·11”事件后，将主要精力放在反恐议题上，尽管与后苏联空间内的中亚国家也开展了合作，但多数议题围绕反恐，经贸合作等双边领域的交流相对较少，从而使空间内各国更多希望借助于同俄罗斯的合作或者是彼此之间的相互合作来提振国家经济。因此，后苏联空间内的向心力呈现出上升趋势。

第四节　俄罗斯分领域分层次推动地区一体化

世纪之初的几年间，后苏联空间的地区一体化，特别是次地区一体化得到比较快速的发展，呈现出不同于 20 世纪 90 年代的特点。这与俄罗斯的意愿和推动作用密不可分。普京曾说，“俄罗斯是连接亚洲、欧洲和美洲的独特的一体化枢纽”。[①] 因此，俄罗斯有意推动一体化，但整体上看，这种态度依然是有限支持，只是与 20 世纪末期的无奈选择不同，此时的有限支持是一种量力而行。

一　独联体一体化的发展与俄罗斯的立场

2000 年至 2003 年间，尽管 12 个国家对独联体的发展现状都抱有不同程度的不满，但独联体仍然是后苏联空间内涵盖全部国家的地区机制，也是发展地区一体化的主要平台。俄罗斯在独联体一体化的过程中发挥了重要的支持作用。

---

① 〔俄〕普京:《俄罗斯：新的东方前景》（2000 年 11 月 10 日），《普京文集——文章和讲话选集》，第 196 页。

（一）独联体一体化的发展及其特点

进入21世纪后，各国逐渐摆脱了金融危机的影响，开始在多个领域推动独联体一体化进程。2000年3月10日，独联体经济委员会会议批准了至2005年独联体的发展行动计划以及其他一些加强经济合作的文件。6月21日，独联体首脑会议讨论了建立独联体自由贸易区问题，决定在2001年上半年解决所有程序性问题。8月8日，除乌兹别克斯坦、吉尔吉斯斯坦和土库曼斯坦三国外，独联体国家总统在乌克兰的雅尔塔举行非正式会晤，就联合国千年首脑会议和促进独联体一体化进程问题发表了声明。2001年8月，除土库曼斯坦和格鲁吉亚外的独联体10国元首在俄罗斯城市索契举行非正式会晤，讨论独联体内各个地区组织之间开展合作的问题。2001年11月30日，独联体12国元首峰会在莫斯科召开，会后发表了回顾独联体成立10年的元首声明，表示要深化独联体内的多边合作，促进该组织的发展。[①] 2002年10月，在独联体基希纳乌峰会上，各国批准了提高独联体机构活动效率和优化结构的一整套措施。

独联体各国在军事领域以召开会议、进行军事演习等方式开展合作，提升一体化合作水平。2000年10月25日，在杜尚别举行了独联体国家国防部长会议，讨论进一步发展军事领域一体化等问题。2001年6月1日，除土库曼斯坦外的11国元首在白俄罗斯首都明斯克举行了独联体国家首脑会议，决定在吉尔吉斯斯坦首都比什凯克建立独联体反恐中心地区分部，这是在2000年12月建立独联体反恐中心的基础上各国进一步加强反恐合作的重要举措。2001年8月下旬，俄罗斯、白俄罗斯、亚美尼亚和塔吉克斯坦四国举行“2001－战斗值勤”联合防空演习，假想威胁是独联体西部和南部边境遭到非法空中入侵。11月21日，独联体国防部长会议在莫斯科举行，普京到会讲话，指出“军事领域一体化优先的任务是切实加强军事技术合作”。[②]

尽管此时的独联体已经年满十岁，但它并不像少年般茁壮成长，可

---

① Заявление глав государств-участников Содружества Независимых Государств в связи с 10-летием образования СНГ, 30 ноября 2001г. //Дипломатический вестник. 2001. №12. С. 82－83.

② 《在同独联体参加国国防部长会晤时的讲话》（2001年11月21日，莫斯科克里姆林宫），http://euroasia. cass. cn/news/98561. htm.

却面临着这个年龄的孩子可能遇到的各种问题。独联体自身的改革缓慢推进，也在一些领域提高了效率，但一体化的发展却并不尽如人意。最突出的特点在于并非所有国家都会参与到一体化的合作中，无论召开是会议还是机制的建立和运行，大多只是个别国家参与其中，很难实现全区域、全成员的合作。在独联体框架内，只是部分国家就相关领域的合作进行谈判，达成协议。这种模式的主要出发点，一是减少参与国数量，从而减少谈判引发的内部摩擦；二是缩小问题领域，使参加国仅就具体问题进行讨论，有利于形成决议。例如，2002 年 2 月 28 日，俄罗斯、哈萨克斯坦、土库曼斯坦和乌兹别克斯坦四国总统发表联合声明，决定组建天然气联盟，在能源政策和保障天然气生产国利益问题上进行合作。①显然，四国只是在独联体内进行了部分合作。尽管合作领域和参加国数目都有限，但相较 20 世纪的最后几年，独联体一体化在 21 世纪初取得了一定的实际进展。

（二）俄罗斯对独联体一体化的支持

普京曾说，“我们认为，首先必须同近邻的伙伴发展互利的经济合作关系，共同努力保卫和平和稳定，其中包括集体反击国际恐怖主义和极端主义，才会有巩固俄罗斯阵地的前景。在这个意义上，我想引用我们独联体各国总统不久前在雅尔塔会晤时发表的声明：‘在独联体范围内，加深多边和双边合作符合 21 世纪初的全球趋势，符合独联体各国的民族利益’”。② 因此，相比 20 世纪末，俄罗斯对独联体一体化的支持态度有所增强。

俄罗斯把同独联体各国的关系作为对外政策的主要优先方面，强调在多个层次上发展相互关系。2000 年底，普京谈道，“我们同独联体国家的关系正由政治形式走向这样的认识：我们需要一个能使我们为进一步一体化首先是经济上的一体化创造条件的工具。……总的说来，我们是按照不同的方针——在单边基础上、双边基础上或在几个国家的基础

① Совместное заявление президентов Ресбуплики Казахстан, Российской Федерации, Туркменистана и Ресбуплики Узбекистан, 1 марта 2002г. //Дипломатический вестник. 2002. №4. С. 65 – 66.

② 〔俄〕普京：《答法国〈费加罗报〉记者问》（2000 年 10 月 26 日），《普京文集——文章和讲话选集》，第 188 页。

上同独联体国家发展关系的。我们利用一切可能拉近我们的关系，使我们的相互关系更有利和更有效，以期使这些关系给生活在我们这些国家里的人们和我们的经济带来现实的好处。但不要忘记，在原苏联空间，在独联体各国，生活着近2000万以俄语为母语的俄罗斯公民。所以，对于我们来说，同独联体国家的关系——不是同作为一个组织的独联体的关系，而是同独联体各国的关系——过去、现在和将来都是首要的优先方面”。①

在关系发展的基础上，俄罗斯更强调一体化。2001年11月底，在莫斯科召开了独联体国家元首理事会全体会议，独联体12个国家的总统悉数出席，既是为纪念独联体成立10周年，也是为未来发展共谋良策。会上，普京指出，“独联体是后苏联空间内所有成员实行一体化的必须的和不可避免的形式”，它是具有联合、协调和稳定作用的大型国际区域组织。“只有靠一体化进程，我们每个国家的国家利益才可以以最好的方式得到保证。但对这种一体化的准备程度起着决定性的作用。”在实施方式上，普京强调要以务实的态度进行合作，把多方的利益，首先是经济利益加以结合。独联体已经经历了恢复“经济联系”的一体化阶段，现在开始谈论新的国际分工阶段。② 也就是说，俄罗斯支持开启一体化的新阶段。这种支持立场落实为三个方面的具体行动。

第一，俄罗斯愿意提供资金支持或优惠政策，以促进一体化合作。2000年2月29日，俄罗斯独联体事务部部长德拉切夫斯基表示，2000年俄罗斯预算中有5亿卢布的款项用于向独联体国家提供贷款，但贷款不是俄罗斯同独联体国家经济关系中的决定性因素，俄将努力寻找互利的经济合作项目。③ 在军事领域，俄罗斯也同样愿意“付出”。俄罗斯认为自己“在独联体内确实有着特殊的利益”，“对局势要承担特别的责任”，要“积极促进安全方面的多边合作的发展，其中包括承担独联体反恐中心50%的费用”。而由独联体国家委任的、负责维护格鲁吉亚－

---

① 〔俄〕普京：《答俄罗斯公共电视台、俄罗斯电视广播公司和〈独立报〉记者问》（2000年12月24日），《普京文集——文章和讲话选集》，第238～239页。

② 〔俄〕普京：《独联体十年的基本经验——在独联体国家元首理事会全体会议上的讲话》（2001年11月30日，莫斯科克里姆林宫），《普京文集——文章和讲话选集》，第504～505页。

③ 《俄罗斯联邦内政外交大事记（1990—2004年）》，第459页。

阿布哈兹争端区和平的独联体维和部队的全部人员都是俄罗斯军人，全部费用也由俄罗斯承担。[①] 2003 年 12 月 10 日，普京会见独联体国家国防部长时指出，军事和军事技术合作是独联体国家相互协作的最重要因素，是保障各国安全、稳定及社会和经济发展的必要条件，独联体国家在建立统一防御体系方面有很大前景。俄罗斯应向集体安全条约组织成员国提供特惠，其中包括免费培训军官和以国内价格出售武器等。[②] 可见，此时的俄罗斯愿意出钱、出人、出力，提供地区公共产品。

第二，俄罗斯非常重视一体化的发展，设定了具体的时间表和发展规划，并采取拓宽合作领域的方式，推动一体化进程。2001 年，普京指出独联体国家的工作是“俄外交重要的优先方面”，提出在人文项目方面蕴藏着巨大的一体化潜力，俄罗斯政府应讨论增加独联体留学生人数的可能性。[③] 也即是说，俄罗斯试图通过人文合作发展一体化。2001 年 6 月 13 日，卡西亚诺夫总理在第五届圣彼得堡国际经济论坛开幕式上表示，俄罗斯将完善保护私人投资者利益的法律，加强俄罗斯与欧洲和独联体国家的一体化。[④] 2003 年 3 月，普京在会见集体安全条约组织成员国安全会议秘书时指出，“过去的一年（2002 年）对独联体这个有影响的地区组织的发展来说是阶段性的。我们完成对独联体各项机制的认真盘点，现在我们的共同工作是更为实际、更为具体的事项”。[⑤] 这些表态体现出俄罗斯对地区一体化的发展具有规划性。

第三，俄罗斯注意排除外部势力对独联体一体化的影响。“9·11”事件后，美国借在阿富汗开展军事行动之机，将本国影响深入中亚地区，

---

① 〔俄〕普京：《书面答中国〈人民日报〉社问》（2002 年 5 月 28 日），《普京文集——文章和讲话选集》，第 666 页。

② 《俄罗斯联邦内政外交大事记（1990—2004 年）》，第 670 页。

③ 〔俄〕普京：《向俄罗斯联邦会议提交的 2001 年国情咨文》（2001 年 4 月 3 日，莫斯科），《普京文集——文章和讲话选集》，第 622 页。

④ О выступлении Председателя Правительства Российской Федерации М. М. Касьянова на открытии V Петербургского экономического форума 13 июня 2001 года, http://www.mid.ru/bdomp/ns-dipecon.nsf/68c8b3d0cf6fc468c32576bf002c7405/43256a0c0033bf7a43256a6b00555a02! OpenDocument.

⑤ Выступление Президента Российской Федерации В. В. Путина на встрече с секретарями советов безопасности государств-участников Договора о коллективной безопасности в Москве, 21 марта 2003г. //Дипломатический вестник. 2003. №4. С. 55 – 56.

并对独联体一体化产生影响。对此，俄罗斯强调需要排除外部势力的影响。2002 年 1 月初，俄罗斯国家杜马主席谢列兹尼奥夫在访问塔吉克斯坦时表示，外国在中亚驻军不符合俄罗斯的利益，不希望美国军事基地在中亚长期存在。① 3 月 6 日，俄罗斯国家杜马表决通过了一项“关于美在格鲁吉亚保持军事存在情况下格形势的声明”，对格鲁吉亚局势的发展表示严重担忧，希望格鲁吉亚军事潜力在美国帮助下得到加强后，不会致力于武力解决阿布哈兹和南奥塞梯问题。② 4 月 11 日，俄罗斯安全会议秘书鲁沙伊洛指出，美国驻军中亚不是长期的，其存在仅限于阿富汗反恐行动期间，并表示集体安全条约向所有希望加入该组织的国家敞开大门。③ 普京一方面强调“所有国家都有权选择自己的伙伴”，俄罗斯遵循互不干涉内政的原则；另一方面，他也指出，“俄罗斯认为，在地区事务中启用该地区以外的力量不应该引起局部的或国家间的争端，因为这会构成威胁，使局势丧失稳定”。④

所以，正如普京所说，“独联体是一个国际性组织，它完全能够对区域内许多问题的决策产生积极影响，而且要承担起自己的责任。……我相信，俄罗斯经济的上升和我们的伙伴们的成功将围绕独联体国家一体化前景创造出崭新的气氛”。⑤ 可见，经济增长带来的信心推动了独联体的发展，也促进了地区一体化的发展。

二 次地区一体化的发展与俄罗斯的推动

后苏联空间的次地区一体化，在经济、安全领域都分别取得进展，这与俄罗斯的积极推动密切相关。

---

① 《俄罗斯联邦内政外交大事记（1990—2004 年）》，第 581 页。

② Постановление ГД ФС РФ от 06. 03. 2002 N 2526 - III ГД, О Заявлении Государственной Думы Федерального Собрания Российской Федерации "О ситуации в Грузии в связи с военным присутствием США на ее территории", http://base. consultant. ru/cons/cgi/online. cgi? req = doc; base = EXP; n = 247880.

③ 《俄罗斯联邦内政外交大事记（1990—2004 年）》，第 592 页。

④ 〔俄〕普京：《书面答中国〈人民日报〉社问》（2002 年 5 月 28 日），《普京文集——文章和讲话选集》，第 664 页。

⑤ 〔俄〕普京：《在外交部使节会议上的讲话》（2002 年 7 月 12 日，莫斯科外交部），《普京文集——文章和讲话选集》，第 732 页。

（一）俄白联盟的深化

2000年1月26日，俄白两国建立联盟国家条约走完了批准程序，正式生效，联盟国家最高国务委员会举行了首次会议，使俄白联盟的发展进入了一个新阶段。俄白联盟是后苏联空间内一体化发展水平最高的次地区机制，俄罗斯采取多种措施推动其发展。

第一，俄罗斯对发展俄白联盟高度重视，愿意以经济手段推动两国的经济一体化。2000年7月7日，俄白联盟国家国务秘书博罗金表示俄白两国拟大大加快联合进程，2000年联盟国家预算是1999年的5倍，达到22.3亿卢布。11月14日，俄白两国总理达成协议，俄罗斯将向白俄罗斯提供总额为1亿美元的贷款，用于建立稳定白俄罗斯货币的基金和支持白俄罗斯的支付平衡。[①] 资金投入的增加显示出俄白两国对联盟发展的重视。1999年至2003年间，俄罗斯对独联体国家的投资主要集中在白俄罗斯，俄罗斯是白俄罗斯的最大投资国。[②]

第二，俄白联盟在经济一体化方面进展突出，合作水平提升。2001年1月29日，俄白联盟国家部长委员会通过2001年联盟预算，签署建立俄白政府间完成统一税率并建立统一关税和非关税调解体系的文件。2002年4月11日，白俄罗斯总统卢卡申科访问俄罗斯，双方举行俄白联盟国家最高国务会议，签署了联盟国家宪法草案起草进程、执行联盟国家预算规则等决议和实行统一价格政策、扩大天然气领域合作等政府间协定。[③] 6月4日，俄白联盟国家政府首脑会议签署两国实行统一货币的联合行动计划。2003年1月，俄白联盟最高国务会议批准了俄白联盟国家2003年预算和2005年之前联盟国家社会发展构想，决定于2005年1月1日起将卢布作为联盟国家统一货币。

第三，俄白联盟的吸引力增加，有进一步扩容的前景。2000年5月，亚美尼亚被俄白联盟议会大会批准为大会常设观察员国。2001年6月6日，摩尔多瓦议长阿斯塔普丘克访问俄罗斯时，表示摩尔多瓦希望今后能加入俄白联盟，积极发展与俄罗斯的双边关系，希望俄罗斯

---

① 《俄罗斯联邦内政外交大事记（1990—2004年）》，第493、531页。

② 潘广云：《独联体框架内次区域经济一体化问题研究》，第97页。

③ 《俄罗斯联邦内政外交大事记（1990—2004年）》，第550、592页。

帮助摩尔多瓦解决社会经济问题。[①] 俄白联盟对周边国家的吸引力之所以增强，得益于俄白联盟自身的快速发展以及俄罗斯在其中作用的显现。各国自然明白，发展同俄白联盟的关系，实际上是寻求同俄罗斯加强合作。

2003 年 4 月 2 日，在俄白联盟国家纪念日上，白俄罗斯总统卢卡申科发表讲话指出，俄白联盟“有生命力”，正在成为“互利一体化的样板”，普京在贺信中也指出，俄白建立联盟国家的进程已开始取得具体成果。[②] 而这些“样板”性成果的取得在相当程度上得益于俄罗斯的积极支持。

（二）五国关税同盟发展为欧亚经济共同体

比俄白联盟规模更大且更为集中在经济领域的次地区一体化机制是五国关税同盟。1999 年，俄罗斯、白俄罗斯、哈萨克斯坦和吉尔吉斯斯坦四国关税同盟接收塔吉克斯坦加入，成立了五国关税同盟。21 世纪后，各国决定推进关税同盟的发展。2000 年 5 月 23 日，俄白哈吉塔五国关税同盟首脑会议在白俄罗斯首都明斯克召开，各国同意提升关税同盟的合作有效性，决定使关税同盟成为一个享有国际法主体地位的国际经济组织，并决定成立专门工作小组完成相关文件的准备工作。[③] 各国将关税同盟的组织性质提升并着意落实，显示出各国推动经济一体化发展的决心。10 月 6 日，五国关税同盟在哈萨克斯坦首都阿斯塔纳举行总理会议，签署了加强经济一体化的 13 个文件，同时决定制定五国公民往来互免签证协议。

2000 年 10 月 10 日，五国关税同盟成员国在哈萨克斯坦首都阿斯塔纳举行会议，俄白哈吉塔五国总统签署了建立欧亚经济共同体条约，决定在关税同盟基础上建立一个新的国际经济组织——欧亚经济共同体（ЕврАзЭС）。各成员国将实行统一的贸易和关税政策，并协调五国所有经济领域以及社会、人文和法律政策。共同体的建立旨在推动形成关税同盟和建立统一经济空间，推进一体化。一体化委员会的决定将按如下

---

① 《俄罗斯联邦内政外交大事记（1990—2004 年）》，第 561 页。

② 《俄罗斯联邦内政外交大事记（1990—2004 年）》，第 629 页。

③ Заседания высших органов Таможенного союза //Дипломатический вестник. 2000. №6. С. 29 – 30.

原则分配票权：俄罗斯40%，哈萨克斯坦20%，白俄罗斯20%，塔吉克斯坦和吉尔吉斯斯坦各10%。[①] 这种分配方法一方面有利于维护集体决策，即若要超过半数必须至少获得两个国家的支持，另一方面也使俄罗斯不可能开一言堂、自行其是。普京对此评价道："俄罗斯对这种做法表示满意，因为这考虑到了俄罗斯的经济潜力，但同时也没给俄罗斯进行操纵的可能性，因为决定不能由一家通过。"[②]

此后，以欧亚经济共同体为依托，各国开展合作，推动经济一体化。2000年11月30日，欧亚经济共同体成员国总理在白俄罗斯首都明斯克签署了关于五国公民往来互免签证的政府间协议。2001年5月31日，在明斯克举行的欧亚经济共同体峰会宣布欧亚经济共同体正式成立。随后成立了跨国委员会，普京提议哈萨克斯坦总统纳扎尔巴耶夫担任跨国委员会第一任主席，这既是对纳扎尔巴耶夫一直致力于推动一体化的褒奖，也显示出俄罗斯希望各国为欧亚经济共同体的发展共同献计的立场。俄罗斯非常重视欧亚经济共同体，普京指出，"我们的基本任务就是，加快工作速度，在实现一体化的道路上向前推进。……欧亚经济共同体是发展独联体整个空间内一体化进程的强大因素，是我们这些国家经济的现实因素"。[③]

2002年2月26日，欧亚经济共同体成员国政府首脑会议在莫斯科举行，各国就加强经济合作、推动统一经济空间和关税同盟建设等问题交换了意见。[④] 5月13日，欧亚经济共同体成员国元首峰会在莫斯科举行，会议的中心议题是成员国在加入世贸组织过程中的立场协调问题，各国确定将欧亚经济共同体视为整个独联体空间一体化的"天然轴心"，讨

---

① Заседание межгосударственного Таможенного союза //Дипломатический вестник. 2000. №11. С. 53.

② 〔俄〕普京：《在独联体跨国关税同盟成员国首脑共同举行的新闻发布会上答记者问》（2000年10月10日），《普京文集——文章和讲话选集》，第169～170页。

③ 〔俄〕普京：《欧亚经济共同体是发展独联体一体化的强大因素——在欧亚经济共同体跨国委员会工作会议上的讲话》（2001年5月31日，明斯克），《普京文集——文章和讲话选集》，第307～308页。

④ Сообщение о заседании Межгосударственного Совета Евразийского экономического сообщества в Москве, 26 февраля 2002г. //Дипломатический вестник. 2002. №3. С. 58 – 59.

论加快经济一体化进程、完善贸易机制建设等问题。[①] 2003年4月27日，在塔吉克斯坦首都杜尚别举行的欧亚经济共同体成员国峰会讨论了欧亚经济共同体2003～2006年发展计划，重点关注了经济问题，强调在能源、交通、共同农产品市场等领域积极合作，各成员国还同意就加入世贸组织问题进行协商。[②] 10月，在莫斯科召开了欧亚经济共同体跨国委员会政府首脑会议，制定了《2003～2006年欧亚经济共同体优先发展方向》，各国草签了成员国出口管制统一手续协定、图书馆事务合作协定、关于在成员国贸易中使用特别保护、反倾销和补偿措施的机制议定书、保护成员国自然人过境自由和平等权利协定修正议定书等多份文件。[③] 这几次会议讨论的问题领域逐渐扩大，达成的共识逐渐增多，推动了一体化进程的发展。

通常而言，经济一体化是最能够扩展成员吸引他国参加的领域。在五国关税同盟深化发展为组织化程度更强的欧亚经济共同体后，此机制显示出对其他后苏联空间国家的吸引力。在2002年5月召开的欧亚经济共同体成员国莫斯科元首峰会上，乌克兰和摩尔多瓦总统作为观察员出席。2003年4月的杜尚别元首峰会上，亚美尼亚总统科恰良首次以观察员身份出席。观察员国的增多成为该机制具有生命力和吸引力的一个印证，也显示出各国发展次地区一体化的决心和信心。

普京曾指出，欧亚经济共同体创立不久就显示出它的有效性，因为它的建立原则同独联体的建立原则不同，它聚焦于解决成员国的经济问题，成员国之间贸易增长的事实是对欧亚经济共同体建立时所采取步骤的正确性的最好证明。[④] 可见，普京更加肯定欧亚经济共同体的建立原则。但从欧亚经济共同体所代表的经济一体化发展来看，由于其成员局限为5个国家，一体化的各项措施还有待进一步落实，因此，后苏联空

① Сообщение о заседании Межгосударственного Совета Евразийского экономического сообщества в Москве, 13 мая 2002г. //Дипломатический вестник. 2002. №6. С. 73 – 74.

② Сообщение о заседании Межгосударственного Совета ЕврАзЭС в Душанбе, 27 апреля 2003г. //Дипломатический вестник. 2003. №5. С. 56.

③ 《俄罗斯联邦内政外交大事记（1990—2004年）》，第663页。

④ Выступление Президента Российской Федерации В. В. Путина на пресс-конференции по итогам российско-киргизских переговоров в Бишкеке, 5 декабря 2002г. //Дипломатический вестник. 2003. №6. С. 73 – 74.

间内的经济一体化是次地区一体化占优势的发展状态。

（三）集体安全条约的组织性深化

在军事和安全领域，后苏联空间内发展较好的次地区一体化机制是集体安全条约。1992 年，俄罗斯与多国一同签订了《独联体集体安全条约》，尽管这一条约机制是在独联体框架内建立的，但它并不是一个涉及全部独联体国家的全地区机制。1999 年，阿塞拜疆、格鲁吉亚和乌兹别克斯坦三国宣布退出集体安全条约，更进一步降低了该条约机制的覆盖面，也显示出后苏联空间在军事安全一体化方面的倒退。造成此种局面的原因是多方面的，但其中的重要一点是机制本身的发展和运行存在问题。因此，进入 21 世纪后，各国试图对独联体集体安全条约进行改革。

2000 年 5 月 24 日，俄罗斯、白俄罗斯、哈萨克斯坦、吉尔吉斯斯坦、塔吉克斯坦和亚美尼亚六国总统在白俄罗斯首都明斯克举行会议，决定成立安全会议秘书委员会，以优化集体安全条约的组织结构。9 月，安全会议秘书委员会首次会议在莫斯科召开，讨论加强共同安全、建立地区安全体系、打击恐怖主义等问题。[①] 10 月 11 日，独联体集体安全条约成员国首脑会议在吉尔吉斯斯坦首都比什凯克举行，六国表示愿意建立集体安全地区体系，深化军事政治领域合作，并签署了关于 2001 ~ 2005 年建立集安体系主要措施的计划。[②] 2001 年 5 月 25 日，独联体集体安全条约成员国首脑峰会决定成立中亚联合快速反应部队，以打击“三股势力”。普京表示俄罗斯希望“条约能够充实以新的内容，能够发展”。在普京看来，对条约的“第一个高质量的补充”是建立快速反应力量，此后可以根据地区形势逐步推进联合军团的建立，当前可以通过条约参加国签订新的双边协议的方式来进行，俄罗斯可以参加这些双边协议，最后也可以参加建立联合军团。对条约的第二个补充是“加深在军事技术相互协作问题上的合作”。[③]

---

① Первое заседание Комитета секретарей Советов безопасности государств-участников ДКБ // Дипломатический вестник. 2000. №10. С. 43.

② 《俄罗斯联邦内政外交大事记（1990—2004 年）》，第 517 页。

③ 〔俄〕普京：《联合起来反对任何形式的恐怖主义和极端主义——就独联体国家集体安全委员会会议结果举行的记者招待会上答记者问》（2001 年 5 月 25 日，埃里温），《普京文集——文章和讲话选集》，第 303 ~ 304 页。

“9·11”事件后，反恐成为维护地区安全的重要内容。2001年11月28日，独联体集体安全条约成员国外长会议在莫斯科召开，讨论建立集体安全地区体系、组建中亚快速反应部队、开展军事技术合作、完善独联体内安全与稳定机制等问题。2002年4月11日，独联体集体安全条约成员国安全会议秘书在哈萨克斯坦城市阿拉木图举行会晤，俄罗斯安全会议秘书鲁沙伊洛指出，集安条约对地区和国际局势的影响力还应继续上升，它向所有希望加入该组织的国家敞开大门，[①] 这表明集体安全条约有意进行扩容，也显示出俄罗斯对该机制的支持。

2002年5月14日，时值条约签订10周年之际，独联体集体安全条约峰会在莫斯科召开。与会总统达成共识，决定将集体安全条约提升为地区性国际组织——集体安全条约组织，加强机制化和组织性建设，形成统一的大范围的集体安全体系，优先发展成员国之间的军事政治关系，促进集体安全条约组织在保障成员国安全和领土完整方面不断发挥更大的作用。[②] 普京在会后的记者会上指出，当前的核心工作是“要对条约现有的各种机制的工作从职能上做出修正，同时最大限度地保留和发展已经积累的潜力”。[③] 自此，集体安全条约开启了组织性深化的第一步。10月7日，独联体集体安全条约组织成员国元首在独联体基希纳乌峰会期间签署了《集体安全条约组织章程》和《集体安全条约法律地位协定》。这两份文件进一步强化了集体安全条约组织的组织性，也提高了该组织的工作效率。11月20日，集体安全条约组织成员国国防部长在莫斯科举行会晤，讨论独联体军事政治一体化、军事技术合作及加强反恐合作等问题，决定于2003年正式启动中亚快速反应部队司令部。

进入2003年，集体安全条约组织继续推进军事一体化合作。2003年3月20日，集体安全条约成员国安全会议秘书委员会第六次会议举行，除土库曼斯坦和乌兹别克斯坦外，其他独联体国家安全会议秘书作为观察员与会，显示了各国对俄罗斯的支持。普京第二天在会见与会秘书时

① 《俄罗斯联邦内政外交大事记（1990—2004年）》，第592页。

② Заявление глав государств-участников Договора о коллективной безопасности по случаю десятилетия подписания Договора о коллективной безопасности, 14 мая 2002г. // Дипломатический вестник. 2002. №6. С. 77－78.

③ 〔俄〕普京：《在独联体集体安全条约成员国元首举行的记者招待会上的声明和答记者问》（2002年5月14日），《普京文集——文章和讲话选集》，第632页。

强调，“有效的一体化对我们国家是有益的，因为它不仅能够显著增强民族国家的安全，而且对集体安全条约组织所在的空间安全同样有益”。[①] 4 月，六国元首在塔吉克斯坦首都杜尚别举行会晤，确保集体安全是本次会议的主要议题，各国强调要发展和深化应对新威胁和挑战——特别是国际恐怖主义——的集体协调行动，一致同意建立集体安全条约组织联合司令部和快速反应部队，并于 2004 年 1 月之前，建立该组织统一的军事指挥机构。[②] 11 月，集体安全条约组织成员国外长会议在吉尔吉斯斯坦首都比什凯克召开，发表联合声明指出，各成员国认为自己是国际反恐联盟不可分割的一部分，愿意建立各自对外政策部门之间的合作，并愿意同其他国际和地区组织包括北约开展反恐合作。[③]

（四）其他次地区一体化机制获得发展

除上述三个次地区一体化机制外，后苏联空间内还有一些次地区一体化机制也在这一时期获得了不同程度的发展。

1. 古阿姆集团

作为后苏联空间内抛开俄罗斯影响的另一种一体化选择，古阿姆集团成员国于 2000 年 6 月 7 日签署《雅尔塔宪章》，将这一地区机制转变为正式组织，从而提高了该机制的组织化程度。但 2002 年乌兹别克斯坦宣布暂停古阿姆集团的成员国身份，体现出该机制的发展并不能完全符合预期。此种情况也受到俄罗斯在外高加索地区建立的另一个机制的影响。

2. 高加索四国

古阿姆集团的成员国中有两个重要的外高加索国家——格鲁吉亚和

---

① Выступление Президента Российской Федерации В. В. Путина на встрече с секретарями советов безопасности государств-участников Договора о коллективной безопасности в Москве, 21 марта 2003г. //Дипломатический вестник. 2003. №4. С. 55 – 56.

② Заявление глав государств Республики Армения, Республики Белоруссия, Республики Казахстан, Киргизской Республики, Российской Федерации и Республики Таджикистан, 28 апреля 2003г. //Дипломатический вестник. 2003. №5. С. 58 – 59；《俄罗斯联邦内政外交大事记（1990—2004 年）》，第 633 页。

③ Заявление министров иностранных дел государств-членов Организации Договора о коллективной безопасности, 19 ноября 2003г. //Дипломатический вестник. 2003. №12. С. 51.

阿塞拜疆，它们在后苏联空间内一直具有较强的离心倾向。普京成为总统后，注意采取措施加强同它们的合作，不仅有利于双边关系，更有利于自身安全和外高加索地区的稳定。2000 年 1 月 24 日，普京在独联体首脑会议召开期间专门同位于外高加索地区的亚美尼亚、阿塞拜疆和格鲁吉亚三国总统举行了四方会谈，讨论外高加索地区形势。6 月 21 日，以上述四国为成员的"高加索四国"首脑举行会晤，并商定今后每年至少举行两次四方首脑会晤。[①] 这一安排提升了四方会晤的机制化水平，使四国的合作具有次地区机制的特点。9 月，亚美尼亚总统访问俄罗斯，俄亚两国表示"高加索四国"论坛是高加索国家为加强本地区安全、开展多边合作而建立的协调立场的中心。[②]

2001 年 5 月，普京主持召开高加索四国峰会。2002 年 3 月，高加索四国议长会议在圣彼得堡举行，俄罗斯提出了一个解决族际冲突的新模式。俄罗斯能够主动提出机制建设倡议，反映出其对该机制的重视和期望。3 月 27 日，高加索四国安全会议秘书在索契举行会晤，讨论地区安全等相关问题，进一步巩固四国合作。由此，在俄罗斯的推动下，高加索四国成为俄罗斯发展同外高加索地区国家关系的新平台。

3. 俄白哈乌统一经济空间

对俄罗斯而言，后苏联空间内最重要的国家莫过于乌克兰，这既有历史渊源，也有现实考虑。用布热津斯基的话说，"没有乌克兰，俄罗斯就不再是一个欧亚帝国"。[③] 而既存的次地区机制——欧亚经济共同体、集体安全条约组织——中都没有乌克兰参加，因此，建立和发展一个包括乌克兰在内的具有较高效率和相当吸引力的地区机制一直是俄罗斯的重要政策着眼点。早在 1996 年，叶利钦就曾提出一个建立包括俄罗斯、白俄罗斯、哈萨克斯坦和乌克兰在内的四国联盟的设想，但由于时机并不成熟，一直被搁置下来。随着 21 世纪初，俄乌双边关系和地区形势的良好发展，俄罗斯有意推动这四个国家开展新的合作。

2003 年 2 月 22～23 日，俄白哈乌四国总统在莫斯科会晤，讨论独联体一体化进程。会后，四国元首发表联合声明，宣布四国将开始建立统

---

① 《俄罗斯联邦内政外交大事记（1990—2004 年）》，第 489 页。

② 《俄罗斯联邦内政外交大事记（1990—2004 年）》，第 511 页。

③ 〔美〕兹比格纽·布热津斯基：《大棋局：美国的首要地位及其地缘战略》，第 62 页。

一经济空间的实质谈判，并成立由哈萨克斯坦副总理马西莫夫任组长、由其余各国副总理任高级代表的联合工作小组，小组的工作地点设在基辅。[①] 3月21~22日，四国统一经济空间联合工作小组第二次会议在阿斯塔纳举行，讨论四国加入世贸组织和建立统一经济空间构想草案的主要条款及2003年工作组计划。此后，联合工作小组每月都会召开一次工作会议，就相关问题进行协商讨论。7月25日，第六次会议在莫斯科举行，普京在会见工作组时表示，“统一经济空间建设的任何一步前进都对我们国家的经济发展是积极良好的信号”，希望四国能够建立统一经济空间，这有助于各国与世界经济实现一体化。[②]

2003年9月19日，在经过前期的充分协商和精心准备后，四国总统签署了关于建立统一经济空间的协议和实施方案，发表联合声明，表示建立统一经济空间的想法和规则是在欧盟和独联体国家多边合作的经验和实践的基础上形成的，将建立工作组准备相关的具体文件和实施方案，四国将利用独联体现有的各种形式的一体化渠道开展具有开放性特点的合作，并认为统一经济空间的建设将得到独联体其他国家的支持。[③] 12月19日，四国草签了建立统一经济空间文件，普京在会见签署文件的乌白哈三国副总理时表示，四国应采取一系列措施落实四国已签署的协议，俄罗斯将成立必要的海关、政策、税收等方面的机构和工作组，予以全力推动。[④] 显然，俄罗斯非常重视四国统一经济空间的发展，因为可以“通过联合独联体内最发达的四个国家，打造最强劲的一体化机制，带动整个独联体经济一体化”，[⑤] 即四国统一经济

① Сообщение о встрече Президентов Белоруссии, Казахстана, Российской Федерации и Украины; Заявление Президентов Белоруссии, Казахстана, Российской Федерации и Украины, 23 февраля 2003г. //Дипломатический вестник. 2003. №3. С. 66.

② Выступление Президента Российской Федерации В. В. Путина на заседании Группы высокого уровня по формированию Единого экономического пространства в Москве, 25 июля 2003г. //Дипломатический вестник. 2003. №8. С. 56.

③ Сообщение о подписании в Ялте Соглашения и Концепции о формировании Единого экономического пространства, 19 сентября 2003г.; Заявление президентов Республики Беларусь, Республики Казахстан, Российской Федерации и Украины, 19 сентября 2003г. //Дипломатический вестник. 2003. №10. С. 60, 62.

④ 《俄罗斯联邦内政外交大事记（1990—2004年）》，第672页。

⑤ 柳丰华：《普京时期俄罗斯的独联体政策》，《国际论坛》2008年第5期，第65页。

空间将是一个比俄白联盟更具代表性和权威性、更有实力和推动力的一体化机制。

4. 上海合作组织

2001年6月15日，在1996年建立的上海五国机制的基础上，上海合作组织成立会议在上海举行，中国、俄罗斯、哈萨克斯坦、吉尔吉斯斯坦、塔吉克斯坦、乌兹别克斯坦六国参加会议。尽管上海合作组织最初的一体化特征并不明显，其成员国也包含一个位于后苏联空间外的中国，但上海合作组织成为上述六国开展安全合作的有效机制，普京认为它将会促进和加强中亚的和平和稳定，上海合作组织要通过合作达到安全。[①] 俄罗斯通过上海合作组织搭建的机制平台，处理地区安全问题和开展军事合作，能够对除中国外的其他四个后苏联空间国家发挥影响作用。因此，上海合作组织也成为本部分讨论的一个次地区机制。

2002年6月7日，中俄哈吉塔乌六国元首签署《上海合作组织成员国元首宣言》和《关于地区反恐怖机构的协定》，决定成立秘书处和反恐怖组织总部，其中秘书处设在中国的北京，反恐怖组织总部设在吉尔吉斯斯坦首都比什凯克。这两个常设机构有利于加强各国在安全领域的合作。俄罗斯认为上合组织是开放的联合体，走多边的平等合作道路。“俄罗斯联邦将竭尽全力，促使上海合作组织成为一个有效的机构，在国际事务中扮演独立、有分量和建设性的角色。”[②]

三　俄罗斯对地区一体化的立场特点及其原因

21世纪的最初几年间，后苏联空间的地区一体化和次地区一体化均呈现出比较良好的发展状态，这在相当程度上得益于俄罗斯的支持和推动。但这一时期，俄罗斯对一体化的支持立场具有如下特点。

第一，俄罗斯希望参与的是更大范围的全球一体化，而不局限于本地区，且一体化的核心目标是为了提升俄罗斯在世界中的地位。2001年年初，普京对新的对外政策构想做出评价，“这是我们在相当长的一段时

① 〔俄〕普京：《“上海合作组织”将促进中亚的和平和稳定》（2001年6月15日，上海），《普京文集——文章和讲话选集》，第324页。

② 〔俄〕普京：《在与上海合作组织国家元首会晤时的讲话》（2002年6月7日，圣彼得堡），《普京文集——文章和讲话选集》，第680~681页。

间里第一次提出了一个明确的整个国家的对外政策和安全战略”。俄罗斯碰到的问题是“重大的和范围广泛的”，“需要给自己找到在世界上的定位”，在此情况下，俄罗斯“对一体化的战略方针当然是和国际社会的一体化，是和所有愿意并准备和我们实现合作的人发展广泛的政治对话和互利合作”。[①] 2001 年秋天在上海举行的亚太经合组织（APEC）领导人峰会上，普京指出“如何把一体化进程纳入这样一个轨道，使全球化中的得益和受损问题上的分配的不平衡不至成为新的担忧的根源”这一问题应当得到重视。[②] 2002 年，普京表示，俄罗斯的对外政策规模是全球性的，“我们既存在于北方和南方，也存在于欧洲和亚洲”。这些地方都有俄罗斯的利益，为此，俄罗斯应该在全球范围寻找伙伴和盟友。“我们的盟友应该是尊重和承认俄罗斯国家利益的盟友。最主要的是，与它们的合作必须是平等的，并且能给俄罗斯带来实际益处。”[③] 普京的这些表态显示出俄罗斯具有更为宏大的视野，希望通过一体化找到自己的伙伴和盟友，在全球范围实现俄罗斯的利益。

第二，俄罗斯对地区一体化的支持是工具性质的，是为本国发展建立有利的外部环境，并不把一体化作为一个纯粹目标。俄罗斯的目标是“在可预见的未来，俄罗斯应当在世界上真正强大的、经济先进的和有影响力的国家中占有一席之地”，因此，俄罗斯的“所有决定，所有行动都只能服从于这一点”。[④] 为实现这一目标，“要优先考虑的任务是，在俄罗斯周围建立稳定的、安全的环境，建立能够让我们最大限度地集中力量和资源解决国家的社会经济发展任务的条件”。[⑤] 而地区一体化是完

① 〔俄〕普京：《外交政策的优先任务是为社会经济发展创造外部安全环境——在俄罗斯联邦外交部的讲话》（2001 年 1 月 26 日，莫斯科），《普京文集——文章和讲话选集》，第 250 ~ 251 页。

② 〔俄〕普京：《俄罗斯准备发展同亚太地区各国的合作——在亚太经济合作组织工商领导人峰会上的讲话》（2001 年 10 月 19 日，上海），《普京文集——文章和讲话选集》，第 446 页。

③ 〔俄〕普京：《在外交部使节会议上的讲话》（2002 年 7 月 12 日，莫斯科外交部），《普京文集——文章和讲话选集》，第 732 ~ 733 页。

④ 〔俄〕普京：《2003 年致联邦会议的国情咨文》（2003 年 5 月 6 日），《普京文集（2002—2008）》，第 18 页。

⑤ 〔俄〕普京：《外交政策的优先任务是为社会经济发展创造外部安全环境——在俄罗斯联邦外交部的讲话》（2001 年 1 月 26 日，莫斯科），《普京文集——文章和讲话选集》，第 250 ~ 251 页。

成上述任务、实现国家目标的一种方式。正如普京自己所说，“一体化本身不过是一个过程，这不是目的本身。我们也不是需要那样的一体化，不需要把它当作口号或者当作招牌，它应该能为我们的国家和我们的公民带来实际好处”。[①] 这种工具性的认识决定了俄罗斯在支持一体化发展方面采取了差别化对待的方式。

第三，俄罗斯支持地区一体化和次地区一体化的发展，但比较而言，它对次地区一体化的支持更为积极，特别是那些以俄罗斯为核心的次地区一体化。普京在2001年的国情咨文中表示，“俄罗斯依然是独联体一体化进程的核心，而对于处于经济振兴期间的俄罗斯来说，它在这里将大有作为”。[②] 普京支持独联体的发展，强调要改变独联体“宣言式”或“辩论俱乐部”的发展现状，进行高质量的转型。他指出，独联体“是需要的，它可以保持我们地区的稳定，保障经济增长”，并赞同继续完善合作机制。当有记者问到独联体中军事、政治问题占优先地位而经济发展如何推进，特别是何时能够建立自由贸易区时，普京并未给出一个明确的时间表。他一方面强调任何一体化的基础首先是经济性质的问题及其解决，也认为解决这些问题要遵循俄罗斯的国家利益，另一方面，他也表示会在俄罗斯领土上全力落实对这一“敏感问题”达成的协议。[③] “敏感”一词的使用，体现出普京对自贸区协议可能在国内遭遇的阻力有所预估，因此，尽管其口头上表达了推进经济一体化的态度，但实际上并不十分乐观。在蓬勃发展的众多次地区一体化机制中（参见表4－5），俄罗斯多次提到和最为重视的是俄白联盟、欧亚经济共同体和集体安全条约组织。普京在2001年的国情咨文中表示，“为同白俄罗斯建立联盟国家，我们将继续做深入细致的工作，促进整个独联体一体化进程的进一步发展。建立欧亚经济共同体条约的签订，这只是迈出了头一

① 〔俄〕普京：《外交政策的优先任务是为社会经济发展创造外部安全环境——在俄罗斯联邦外交部的讲话》（2001年1月26日，莫斯科），《普京文集——文章和讲话选集》，第253页。

② 〔俄〕普京：《向俄罗斯联邦会议提交的2001年国情咨文》（2001年4月3日，莫斯科），《普京文集——文章和讲话选集》，第291页。

③ 〔俄〕普京：《在独联体国家元首记者招待会上的讲话和答记者问》（2001年11月30日，莫斯科克里姆林宫），《普京文集——文章和讲话选集》，第512～513页。

大步，我们将朝这个方向继续努力”。① 在2003年的国情咨文中，普京强调“独联体趋于联合的经济进程与我们这些国家同世界经济一体化是有关系的，这种进程有助于更快地、在对我们所有伙伴更有利的条件下实现一体化。同时我们将逐步地在更加有效地运作的欧亚经济共同体的框架内深入合作。此外，世界上发生的事情证明我们朝着建立集体安全条约组织方面迈进的选择是正确而及时的”。② 统观俄罗斯支持的这些次地区一体化机制，它们基本都是以俄罗斯为核心，承认俄罗斯在地区结构中的优势，并不挑战俄罗斯的主导地位。

表4－5 2000－2003年间后苏联空间内存在的主要地区与次地区组织

组织名称	参加国
俄罗斯与白俄罗斯国家联盟（СГРБ）	俄罗斯、白俄罗斯
统一经济空间（ЕЭП）	俄罗斯、白俄罗斯、哈萨克斯坦、乌克兰
欧亚经济共同体[1]（ЕврАзЭС）	俄罗斯、白俄罗斯、哈萨克斯坦、吉尔吉斯斯坦、塔吉克斯坦
集体安全条约组织[2]（ОДКБ）	俄罗斯、白俄罗斯、哈萨克斯坦、吉尔吉斯斯坦、塔吉克斯坦、亚美尼亚
上海合作组织[3]（ШОС）	俄罗斯、中国、哈萨克斯坦、吉尔吉斯斯坦、塔吉克斯坦、乌兹别克斯坦
古阿姆集团[4]（ГУУАМ）	格鲁吉亚、乌克兰、阿塞拜疆、摩尔多瓦、乌兹别克斯坦
独联体[5]（СНГ）	俄罗斯、白俄罗斯、哈萨克斯坦、塔吉克斯坦、吉尔吉斯斯坦、乌兹别克斯坦、土库曼斯坦、乌克兰、亚美尼亚、阿塞拜疆、摩尔多瓦、格鲁吉亚

注：1. 乌兹别克斯坦2006年加入，于2008年退出。

2. 阿塞拜疆、格鲁吉亚和乌兹别克斯坦原为集体安全条约的成员国，1999年终止；乌兹别克斯坦2006年恢复成员国资格，2012年又再次退出。

3. 上海合作组织包含一个非后苏联空间国家——中国。

4. 乌兹别克斯坦1999年加入，2002年暂停成员国身份，于2005年退出。

5. 格鲁吉亚1993年加入独联体，于2009年正式退出。

资料来源：笔者根据资料自行整理。

① 〔俄〕普京：《向俄罗斯联邦会议提交的2001年国情咨文》（2001年4月3日，莫斯科），《普京文集——文章和讲话选集》，第291页。

② 〔俄〕普京：《2003年致联邦会议的国情咨文》（2003年5月6日），《普京文集（2002—2008）》，第32页。

第四，俄罗斯尊重后苏联空间内的其他国家，强调一体化合作的自愿、平等和互利，减少各国对俄罗斯的怀疑。普京在 2001 年指出，俄罗斯“毫无疑问地要优先考虑独联体国家”，“俄罗斯依然是这个联合体各种一体化进程的自然核心”。为此，俄罗斯主持举行了例行的联盟国家最高国务委员会和独联体国家首脑理事会会议。以协商的态度进行对话，不仅是其他国家能够接受的，而且这些国家也愿意这样做。[①] 在另一场合，普京也强调俄罗斯对他国主权的尊重和不干涉内政的政策，他指出，“我们在独联体所执行的路线与企图控制他们或向他们施加压力没有丝毫的共同之处。我们在自己的实际政策中从未忘记，我们是在同主权国家打交道，其中也包括它们有权选择自己在国际舞台上的伙伴。请相信，莫斯科从不会对我们的近邻与第三国交好而心怀忌妒，无论是美国还是其他国家”。[②] 在 2003 年的国情咨文中，普京强调了互利的重要意义，“加强与独联体国家的关系无疑是我国的外交重点”，“坦率地说，我们把独联体地区看作我们的战略利益范围。我们还认为，对独联体国家来说，俄罗斯也是它们的国家利益范围。同时，我国希望独联体地区稳定，希望这个地区在经济上有发展”。[③]

相比 20 世纪最后几年，俄罗斯在 21 世纪初对地区一体化的态度更为务实，它有选择地支持对自己最为有利的地区一体化机制，特别是成员国较少、达成协议更为容易和不损害俄罗斯核心地位的次地区一体化更受到俄罗斯的支持。从这些特点看，2000～2003 年俄罗斯对地区一体化持有有限支持的立场。此种原因并非世纪末的无可奈何，而是在世纪之初，俄罗斯国力出现恢复和提升的阶段，采取的一种量力而行的举措。俄罗斯需要将有限的资源投入到能够较快见到效果的次地区一体化机制中，以实现振兴俄罗斯的核心目标。

2003 年 12 月 28 日，俄罗斯外长伊万诺夫在接受媒体采访时表示，

---

① 〔俄〕普京：《外交政策的优先任务是为社会经济发展创造外部安全环境——在俄罗斯联邦外交部的讲话》（2001 年 1 月 26 日，莫斯科），《普京文集——文章和讲话选集》，第 253 页。

② 〔俄〕普京：《书面答中国〈人民日报〉社问》（2002 年 5 月 28 日），《普京文集——文章和讲话选集》，第 666 页。

③ 〔俄〕普京：《2003 年致联邦会议的国情咨文》（2003 年 5 月 6 日），《普京文集（2002—2008）》，第 32 页。

俄罗斯2004年的主要任务是创建良好的外部环境以保障国家安全和经济稳步发展，致力于建立应对新威胁和新挑战的全球机制；预防冲突、推进独联体一体化进程、使独联体国家协调地融入世界经济是俄罗斯的优先任务，俄罗斯将积极发展同中国、印度、美国、欧盟及其他有影响的国家和国际组织的战略伙伴关系。[①] 可见，俄罗斯为了创建良好的外部环境，其重要手段之一依然是发展地区一体化。然而，事件的发展却远没有俄罗斯期待的顺利。

本章小结

2000年，俄罗斯顺利完成了总统大选，开启了属于21世纪的普京时代。在这样一位年富力强的总统领导下，俄罗斯继续推进国内改革，配合良好的外部经济形势，实现了苏联解体以来的第一次经济持续快速增长。国力的提升，使俄罗斯有能力支持和推进地区一体化。在全球范围内，由于反对恐怖主义的需要，俄罗斯同美国的双边关系处于良好的发展状态，同北约的关系得到恢复，与欧盟、中国等重要国际行为体之间的关系都稳中有升。各国都对俄罗斯采取了比较友好的态度，整个体系结构中的主导观念呈现优化趋势。在后苏联空间，俄罗斯积极开展外交活动，拓展双边关系，提升了本国在地区内的吸引力，各国同俄罗斯保持良好关系，俄罗斯在地区结构中的主导观念同样呈现优化趋势。在此背景下，俄罗斯积极推动独联体地区一体化和各种次地区一体化机制的发展，但从俄罗斯的立场特点看，它持有的仍然是一种有限支持的立场。

回到本研究的理论框架，俄罗斯的相对权力地位在体系结构和地区结构中均呈现上升趋势，而体系结构和地区结构中的主导观念也都比较友好，呈现优化趋势。因此，这一阶段的双重结构产生的是一种中档激励（激励C和激励J，即一个次弱和一个最强的激励组合）。俄罗斯有选择地支持部分次地区一体化机制、对整个地区的一体化信心不足等表现，

① Интервью Министра иностранных дел России И. С. Иванова агентству «Интерфакс» о внешнеполитических планах России на 2004 год, 28 - 12 - 2003, http://www.mid.ru/bdomp/brp_4.nsf/997e7b027bbf661cc3256f6d00540731/6a70d2e74c01e0d5c3256e0a002efac0! OpenDocument.

反映出俄罗斯对地区一体化持有限支持的立场。本书的核心假设 3 再次得到验证。

但这里需要明确指出的是，同上一章讨论的阶段相比，此时的有限支持在支持程度上更为强烈，俄罗斯在立场上愿意发展一体化，但受实力所限，采取量力而行的思路，试图务实地发展地区一体化，所以在不同领域采取不同措施推动一体化的发展。这两个阶段相比，双重结构提供的激励都是中档激励，但 20 世纪末是激励 B 和激励 I（次强和次弱）的组合，21 世纪初则是激励 C 和激励 J（次弱和最强）的组合，在支持力度和积极性上，21 世纪初相较 20 世纪末有所提升。

第五章　俄罗斯维持地区一体化的发展现状（2004 ~ 2007）

从 2003 年冬天开始，一场席卷多国的颜色革命，使后苏联空间的政治生态发生新的变化，且随着欧盟和北约东扩进程的新一轮推进以及美国对这一地区事务的积极参与，外部力量对后苏联空间的介入和争夺日益增多。普京在 2004 年成功连任总统，执政经验更加丰富，加上俄罗斯国力的稳中有升，其发展目标也更为明确。在地区形势日益复杂化、一体化发展徘徊不前的情况下，俄罗斯进行单独行动的意愿逐渐增强，提供公共产品的意愿相应减弱，对地区一体化采取了维持现状的政策。

第一节　主要大国对后苏联空间的争夺

21 世纪初，有利的地区内外形势推动俄罗斯与各国保持了较为良好的关系发展水平，后苏联空间内的各种地区一体化机制也获得了不同程度的发展。然而，一些学者认为“只要俄罗斯力量壮大，它对西方核心大国的反对就会增强”,① 因此，西方主要大国仍然警惕着俄罗斯恢复国力。而且，从地区一体化的发展过程看，一体化进行得越深入，第三方对它做出反应的可能性越大，无论是支持，还是反对。② 这两个方面叠加起来，导致主要大国同俄罗斯的关系发生了新的变化，也导致各方对后苏联空间的争夺日趋激烈。

一　颜色革命对后苏联空间的影响

尽管世纪之初俄罗斯同后苏联空间内各国的关系获得平稳快速发展，

① 〔美〕理查德·罗斯克兰斯、阿瑟·斯坦：《超越现实主义：大战略研究》，〔美〕理查德·罗斯克兰斯、阿瑟·斯坦主编《大战略的国内基础》，第 11 页。

② Joseph S. Nye, *Peace in Parts: Integration and Conflict in Regional Organization*, Boston: Little, Brown, 1971, p. 93.

但各种导致矛盾激化的问题依然不断涌现。2003 年，俄罗斯同乌克兰围绕刻赤海峡修建堤坝问题发生口角，同格鲁吉亚围绕潘基西峡谷的反恐问题起了摩擦。随后发生的席卷多国的颜色革命，不仅改变了地区内部的政治形势，也引发了各国在后苏联空间内的激烈争夺。

（一）“玫瑰革命”与格鲁吉亚的转向

2003 年 11 月 2 日，格鲁吉亚举行议会选举。结果公布后，反对派指责选举存在大规模舞弊和违宪行为，并召集支持者进行集会示威等抗议活动，要求总统谢瓦尔德纳泽辞职。由此，格鲁吉亚政权出现危机，引发国内局势动荡。11 月 23 日，格鲁吉亚总统谢瓦尔德纳泽宣布辞职，政府危机宣告和平解决。2004 年 1 月 4 日，格鲁吉亚举行总统大选，年轻的反对派领导人米哈伊尔·萨卡什维利（Mikhail Saakashvili）当选格鲁吉亚总统。鉴于很多参加抗议活动的人手持玫瑰，这场变革被称作“玫瑰革命”。

玫瑰革命的成功，得益于西方的支持，萨卡什维利曾在美国学习和工作的背景使其受到美国等西方国家的青睐，由此格鲁吉亚的政策走向备受关注。萨卡什维利执政后，格鲁吉亚同时做着两方面的工作，一方面为了使俄罗斯从格鲁吉亚撤出军事基地而修补同俄罗斯的关系；另一方面也同美国积极开展外交活动，接受美国提供的军事援助。2 月 10 日，萨卡什维利访问俄罗斯，同普京举行了会谈，讨论两国关系正常化问题。3 月 22 日，萨卡什维利表示，同俄罗斯建立友好关系是格鲁吉亚对外政策的主要优先方向之一，但格鲁吉亚对外政策的优先方向仍然是同美国建立战略关系，最大可能地融入欧洲大西洋体系。[①] 在此方针的指导下，格鲁吉亚与俄罗斯围绕南奥塞梯和阿布哈兹冲突以及俄罗斯军事基地撤出问题摩擦不断。2004 年 8 月 3 日，俄罗斯国家杜马独联体事务委员会主席科科申的车队在南奥塞梯遭到格鲁吉亚方面枪击，俄罗斯外交部发表声明强烈抗议，萨卡什维利总统则全不理会，反而宣布在阿布哈兹冲突解决前，不欢迎俄罗斯旅游者赴阿旅游，外国游客如未经格方允许擅自进入阿布哈兹水域，格鲁吉亚军队将向船只开火并将其击沉。针对格鲁吉亚的这一立场，俄罗斯外交部发表声明，表示任何企图损害

---

① 《俄罗斯联邦内政外交大事记（1990—2004 年）》，第 674、679 页。

和侵犯俄罗斯公民生命安全的行为都将遭到俄罗斯方面应有的回击，警告格鲁吉亚不要对俄采取敌对行动。[①] 显见，这场“玫瑰革命”的结果使格鲁吉亚更加远离俄罗斯。

（二）持续蔓延的颜色革命和各国对外政策的调整

类似格鲁吉亚的形势变化随后在后苏联空间内蔓延，人们以颜色命名这些运动，并将其统称为“颜色革命”。发生颜色革命的国家在对外政策方面进行了不同程度的调整。

1. 乌克兰的“橙色革命”

2004 年 11 月，围绕乌克兰总统大选，美国等西方势力如法炮制，以类似在格鲁吉亚的行为方式，再度进行了干预。首轮投票中，时任总理亚努科维奇和反对派领导人尤先科均未获得半数以上选票，按程序需要进行第二轮投票。11 月下旬，亚努科维奇在第二轮中以微弱多数战胜尤先科，普京曾向亚努科维奇发去当选贺电，美国随即支持尤先科带领反对派发动了为期 17 天的抗议示威。迫于形势，乌克兰最高法院不得不裁决第二轮投票结果无效，并于 2004 年 12 月 26 日重新举行第二轮投票。最终，尤先科在重新举行的选举中胜出，成为乌克兰的新一任总统。因尤先科在竞选时使用橙色作为代表色，所以，发生在乌克兰的这次政权变更被叫作“橙色革命”。

2005 年 1 月 23 日，尤先科宣誓就职，并在就职宣言中表示一个团结的欧洲要走的方向就是乌克兰的未来之路，[②] 表现出比其前任库奇马总统更为明显的亲欧倾向。尽管宣誓后的第二天，尤先科以总统身份的首次出访就去了俄罗斯，但这场短暂访问结束后，1 月 25 日，他就飞赴法国的斯特拉斯堡，在欧洲委员会议会大会上发表演说，宣讲关于加入欧盟的 5 年行动计划。由此看来，橙色革命后的乌克兰尽管仍然重视同俄罗斯的关系，但其更加亲近西方国家，特别是希望加入欧盟的立场都体现了其对外政策的调整。

2. 吉尔吉斯斯坦的“郁金香革命”

2005 年 3 月，吉尔吉斯斯坦出现局势动荡，反对派对议会选举结果

---

① 《俄罗斯联邦内政外交大事记（1990—2004 年）》，第 690 页。

② 周建军：《面临五大棘手任务　尤先科风光就职艰难上路》，《文汇报》2005 年 1 月 24 日。

不满而组织抗议示威活动，因反对派采用握拳的手势——形似郁金香花——表达意愿，因此，这次动荡被称为“郁金香革命”。3月24日，苏联解体后一直担任吉尔吉斯斯坦总统的阿斯卡尔·阿卡耶夫被迫流亡俄罗斯。在乌克兰的橙色革命中俄罗斯曾犯下一些失误，为避免重蹈覆辙，俄罗斯改变了坚定支持某一派别的立场。在俄罗斯的推动下，4月4日，阿卡耶夫在吉尔吉斯斯坦驻俄罗斯大使馆签署了辞职声明；4月5日，俄罗斯国防部长伊万诺夫在塔吉克斯坦首都杜尚别对新闻界表示，俄罗斯与吉尔吉斯斯坦两国依然是战略伙伴，俄将同吉新领导人保持经常联系。[①] 4月11日，吉尔吉斯斯坦议会接受了阿卡耶夫的辞呈，动荡多日的局势得以平息。7月10日，吉尔吉斯斯坦举行总统大选，在3月25日后作为代总统和总理的库尔曼别克·巴基耶夫（Kurmanbek Bakiyev）当选总统，郁金香革命宣告结束。

巴基耶夫在担任代总统期间，其对外政策在相当程度上与其前任保持了连贯性，并未改行亲美疏俄的政策。例如巴基耶夫曾呼吁美国尽快制定从吉尔吉斯斯坦的空军基地撤出的时间表等。2005年9月4日，普京在会见巴基耶夫时表示，巴基耶夫当选总统后，首次对国外进行的正式访问选择俄罗斯，这符合两国战略伙伴关系发展的水平。[②]

除上述两个国家外，2005年5月，乌兹别克斯坦发生了安集延骚乱事件，但并未对卡里莫夫政权造成严重影响。俄罗斯在骚乱事件中采取了支持乌总统卡里莫夫的立场，对此后乌兹别克斯坦改变对外政策并申请加入欧亚经济共同体发挥了重要影响。

尽管颜色革命的最终结果并非“一边倒”地完全不利于俄罗斯，但这一系列事件的发生影响了俄罗斯在后苏联空间内的吸引力，使“‘去俄入欧’已经成为独联体内多数国家的政治选择，这不仅是长期以来‘去俄罗斯化’趋势在新时期的继续发展，也是这些国家在重新选择对国际经济政治体系的归属”。[③] 对于颜色革命发生的原因，俄罗斯有着清醒的认识。俄罗斯联邦安全局局长帕特鲁舍夫在2005年5月13日表示，美国等西方国家的一些非政府组织披着“援助”的外衣，在俄罗斯及其

① 何明：《俄罗斯大事记（2005年4—6月）》，《俄罗斯研究》2005年第3期，第95页。
② 郑羽主编《新普京时代（2000～2012）》，第280页。
③ 郑羽主编《新普京时代（2000～2012）》，第193页。

周边国家刺探搜集情报，并资助这些国家的反对派进行了“颜色革命”。[①] 而颜色革命本身已经反映出俄罗斯同美国等西方大国在后苏联空间内的激烈争夺。

二 大国在后苏联空间内的争夺

位于欧亚大陆核心的后苏联空间，本身蕴藏着丰富的能源资源，其南接伊斯兰世界的地理位置使其在反对恐怖主义的行动和日益复杂的国际局势中占据着愈加重要的地缘政治地位，而其中的大国俄罗斯依然有重新崛起的可能。作为俄罗斯传统影响范围的后苏联空间，其地区一体化的发展不仅增加了俄罗斯再次崛起的可能性，也增加了该地区出现一个新的庞大政治实体的可能性。这些成为世界各大国在后苏联空间内激烈争夺的重要原因。

（一）美国与俄罗斯在后苏联空间的争夺

超级大国美国是最有能力对后苏联空间施加影响的域外大国，因此，美国与俄罗斯在后苏联空间的争夺最为激烈。

1. 美国的主要战略目标和俄罗斯的“引美入室”

罗伯特·阿特（Robert J. Art）曾指出，欧亚大陆的霸权国家不再像过去一样威胁美国的安全。[②] 但这并不意味着美国可以高枕无忧。随着俄罗斯国力的提升和较高水平的次地区一体化的开展，美国回忆起历史，日渐担心起这个曾经的敌人。因此，当21世纪初的俄罗斯再次显现出竞争势头时，美国就以支持颜色革命的方式重新对俄罗斯加以遏制。

从美国的视角看，对再次崛起的俄罗斯加以遏制是其重要的战略目标，此种遏制一方面在体系层次由美国及其领导的主要组织直接完成，另一方面则在地区层次，由地区内部具有一定影响力的国家实施。从逻辑上看，“比起崛起中的全球性霸权国来说，崛起中的地区性霸权国能够更加清晰、更加直接地被地区性强国认识，因此地区性遏制更容易实施”。[③] 也就是说，崛起中的俄罗斯更有可能成为地区性霸权，这一发展

---

① 何明：《俄罗斯大事记（2005年4—6月）》，《俄罗斯研究》2005年第3期，第96页。

② Robert J. Art, “A Defensible Defense: America's Grand Strategy after the Cold War,” *International Security*, Vol. 15, No. 4 (Spring 1991), pp. 10 - 23.

③ 〔美〕罗伯特·阿特：《美国大战略》，第109页。

更容易引起乌克兰等具有地区影响力的国家警觉，它们更容易接受美国的支持转而实施远离或遏制俄罗斯的战略。

因此，“对重要的新独立国家的政治和经济支持”是美国“更大的欧亚战略不可分割的组成部分”。[①] 这些重要的新独立国家包括发生颜色革命的乌克兰、格鲁吉亚等，美国当然不会放弃颜色革命这样的有利时机。

尽管苏联解体后，美国很快与新独立的各国建立起双边关系，但无论是美国自身，还是北约、欧盟等国际组织对后苏联空间的介入并不深。科瓦利斯基（Н. А. Ковальский）认为，在世纪之交，“说北约在中亚和高加索的出现给欧亚外围的地缘政治轮廓带来根本转变还为时尚早”。[②] 美国的实质性介入，特别是重要的军事介入始于“9·11”事件之后的阿富汗战争。美国为了打击恐怖主义势力，借用了邻近阿富汗的中亚国家的部分军事设施，而俄罗斯为了借助共同反恐拉近同美国的关系，默许了美国对中亚的军事介入。在某种意义上可以说，俄罗斯为了俄美关系的“大局”损失了其在后苏联空间的“小利”。

对于这种损失，俄罗斯虽然心怀芥蒂，但在反恐的大背景下，美俄双方为维护合作，对彼此在后苏联空间的利益较为尊重，各自的活动都比较克制。例如，2002年2月28日，俄罗斯外长伊万诺夫在同美国国务卿鲍威尔通电话时指出，美军在格鲁吉亚境内直接参与反恐行动可能使地区形势更加复杂，俄罗斯对此表示不安，美国应考虑到这一点。鲍威尔则回应说，美国在格鲁吉亚只有少数军事专家协助训练格鲁吉亚特种部队，用以打击恐怖分子，美国未做出向格鲁吉亚派遣部队的决定。同年6月12日，俄罗斯国防部长伊万诺夫在访问吉尔吉斯斯坦时表示，俄罗斯不准备将吉尔吉斯斯坦作为与另一方对抗的竞技场，美国在吉驻军不会带来任何悲剧，也不会对俄美合作有任何影响。[③] 然而，任何人都明白，奉行国家利益至上的美国不可能就此停止介入后苏联空间的步伐，对俄罗斯也会步步紧逼。

---

① 〔美〕兹比格纽·布热津斯基：《大棋局：美国的首要地位及其地缘战略》，第266页。

② *Ковальский Н. А.* Европа и Россия: проблемы Южного направления Средиземноморье-Черноморье-Каспий. М. Интердиалект, 1999. С. 30.

③ 《俄罗斯联邦内政外交大事记（1990—2004年）》，第588、600页。

对俄罗斯而言，21 世纪初看似是“因大失小”的选择，实际上是“引狼入室”，它同美国不可避免地在后苏联空间开始了更为直接和激烈的争夺。

2. 颜色革命后俄美双方的争夺

颜色革命是俄美在后苏联空间争夺的热点。格鲁吉亚的玫瑰革命成功后，俄罗斯感到的压力日益增大，注意采取多种方式同美国争夺后苏联空间。2004 年 2 月 22 日，普京在祖国保卫者日庆祝大会上的讲话既宣示了俄罗斯在全球特别是后苏联空间的特殊地位，也用“不称霸”的表态安抚了空间内各国的担忧。他指出，俄罗斯没有也不可能有侵略和帝国野心，其防御力量是国际安全的组成部分，俄罗斯自古以来就同其他国家一道对全球和欧亚大陆安全肩负着特别的责任。[①]

围绕俄罗斯在格鲁吉亚的驻军问题，俄美之间也多次交锋。2004 年 1 月下旬，美国国务卿鲍威尔访问俄罗斯。俄方强调俄罗斯在格鲁吉亚驻军纯属双边关系问题，无须中间人，俄格关系的正常化完全符合两国的利益。美方则表示，俄罗斯应按照 1999 年签署的《伊斯坦布尔协议》从格鲁吉亚撤军，具体时间应由俄格两国决定；美国在格鲁吉亚军事存在的目的是帮助格鲁吉亚反对恐怖主义，无意在格鲁吉亚建立军事基地，美俄在格不应是竞争关系，而是合作关系。[②] 数天后，俄罗斯以经济和国内政治为由“回绝”了美国的提议，国防部长伊万诺夫表示，俄罗斯只有在建成必需的军事设施后，才会从格鲁吉亚撤出军事基地，而建设新的军事设施须从国家财政的现实出发，且只有在俄格签署双边协议并获杜马批准后俄罗斯才会拨款。[③]

在美国关注俄罗斯从格鲁吉亚撤军问题的同时，俄罗斯要求美国从后苏联空间撤出军事力量，并通过有关国际组织联合后苏联空间内的其他国家向美国施压。2005 年 5 月 23 日，普京总统在接受媒体采访时表示，俄罗斯驻格鲁吉亚军事基地撤除之后，俄罗斯不希望看到第三国军

---

① 《俄罗斯联邦内政外交大事记（1990—2004 年）》，第 677 页。

② Выступление министра иностранных дел Российской Федерации И. С. Иванова на совместной с государственным секретарем Соединенных Штатов Америки К. Пауэллом пресс-конференции в Москве, 26 января 2004г. //Дипломатический вестник. 2004. №2. С. 25 – 26.

③ 《俄罗斯联邦内政外交大事记（1990—2004 年）》，第 676 页。

队出现在格鲁吉亚。[①] 7月5日，俄罗斯联合上海合作组织成员国发表元首宣言，指出"鉴于阿富汗反恐的大规模军事行动已经告一段落，上海合作组织成员国认为，反恐联盟有关各方有必要确定临时使用上海合作组织成员国上述基础设施及在这些国家驻军的最后期限"。[②] 这实际上是要求美国制定从中亚撤军的具体时间表。12月19日，俄罗斯对外情报部长谢尔盖·列别捷夫表示，外国军队在俄罗斯周边的基地驻军威胁到了俄罗斯的安全。[③] 俄罗斯的态度日渐坚决，是因为美国的撤军问题不仅关系到后苏联空间的地区形势，更与俄罗斯自身的安全密切相关。

（二）其他力量同俄罗斯在后苏联空间的争夺

2004年3月29日，北大西洋公约组织进行了历史上第五次也是规模最大的一次东扩，爱沙尼亚、拉脱维亚、立陶宛、斯洛伐克、斯洛文尼亚、罗马尼亚和保加利亚7国加入，使北约成员国总数达到26个。这次东扩不仅使北约在欧洲的战略防线大大东移，压缩了俄罗斯的战略空间，更重要的意义在于波罗的海三国的加入给后苏联空间内的各国起到了示范作用。由此，北约吸纳后苏联空间国家加入，已经不再是因地理间隔而略显遥远的事情，而是就在家门口、一个触手可及的现实与前景。

一个多月后，2004年5月1日，欧洲联盟也完成了历史上规模最大的第五次东扩，10个中东欧国家——波兰、匈牙利、捷克、斯洛伐克、爱沙尼亚、拉脱维亚、立陶宛、斯洛文尼亚、马耳他和塞浦路斯正式加入欧盟。至此，欧盟成员国已达25个。尽管欧盟作为一体化发展较为深化的政治经济实体，并不像军事政治组织北约那样咄咄逼人，但在后苏联空间的西侧矗立这样一个极富经济吸引力的庞大实体，同样对俄罗斯在后苏联空间的影响力形成竞争态势。后苏联空间各国加入欧盟此时也变为一个在俄罗斯之外的更加清晰的替代性选择。由此，俄罗斯需要加紧应对东扩后的欧盟和北约在后苏联空间的争夺。

北约东扩的当天，俄罗斯外交部发言人雅科文科发表声明强调，北

① 何明：《俄罗斯大事记（2005年4—6月）》，《俄罗斯研究》2005年第3期，第96页。

② 《上海合作组织成员国元首宣言（全文）》，2005-07-06，中国外交部网站，https://www.fmprc.gov.cn/web/gjhdq_676201/gjhdqzz_681964/lhg_683094/zyjh_683104/t202445.shtml。

③ 何明：《俄罗斯大事记（2005年10—12月）》，《俄罗斯研究》2006年第1期，第97页。

约扩大牵涉俄罗斯的政治和军事利益，俄罗斯不得不对这一事件持最严正的立场。[①] 2004年6月底，在土耳其城市伊斯坦布尔召开了俄－北约理事会外长会议和由北约国家和独联体“和平伙伴关系计划”成员共46国组成的欧洲大西洋伙伴关系理事会外长会议。俄罗斯外长拉夫罗夫表示，俄罗斯既不是北约的威胁，北约也不是俄罗斯的威胁，俄罗斯和北约是正常的和坦率的工作伙伴关系。但他也重申北约东扩是重大的历史错误，并提出独联体集体安全条约组织与北约建立合作关系等建议，但北约只对俄罗斯的部分合作建议予以响应。[②] 在多边组织层面开展合作遇到阻力后，俄罗斯转而对不同国家，特别是后苏联空间内具有摇摆倾向的国家采取了有针对性的区别对待。

2005年3月，俄罗斯在安集延骚乱事件中支持了乌兹别克斯坦总统卡里莫夫。随后，卡里莫夫投桃报李，5月5日，乌兹别克斯坦宣布退出具有反俄倾向的古阿姆集团。7月底，乌兹别克斯坦要求美国在半年内从本国的军事基地撤出。10月12日，俄罗斯外长拉夫罗夫在莫斯科表示，俄罗斯反对欧盟和美国等西方国家对乌兹别克斯坦实行制裁。[③] 2006年2月，欧亚经济共同体接纳乌兹别克斯坦为正式成员国。6月，集体安全条约组织集体安全理事会会议通过了关于恢复乌兹别克斯坦成员国资格的决议。这些都是俄罗斯给乌兹别克斯坦的“胡萝卜”。

对另一些国家，俄罗斯则挥起了“大棒”。2005年7月8日，俄罗斯国家杜马以414票一致赞成的表决结果通过决议，要求俄罗斯政府把对格鲁吉亚、拉脱维亚、立陶宛、摩尔多瓦、乌克兰和爱沙尼亚六国的天然气供应价格提高到国际市场水平。[④] 2006年6月14日，俄罗斯政府副总理兼国防部长伊万诺夫表示，如果乌克兰执意加入北约，俄罗斯与乌克兰在军事领域的各项合作将不可避免地走向终结。[⑤] 9月29日，伊万诺夫表示，俄罗斯要向俄格边境地区派出两个师，以确保“一旦格鲁

① 何明：《俄罗斯大事记（2004年1—3月）》，《俄罗斯研究》2004年第3期，第95页。

② Выступление министра иностранных дел Российской Федерации С. В. Лаврова на пресс-конференции по итогам заседантя Совета Россия-НАТО в Стамбуле, 28 июня 2004г. // Дипломатический вестник. 2004. №7. С. 61 – 64.

③ 何明：《俄罗斯大事记（2005年10—12月）》，《俄罗斯研究》2006年第1期，第96页。

④ 何明：《俄罗斯大事记（2005年7—9月）》，《俄罗斯研究》2005年第4期，第96页。

⑤ 何明：《俄罗斯大事记（2006年4—6月）》，《俄罗斯研究》2006年第3期，第96～97页。

吉亚加入北约，俄罗斯的安全不受损害”。[①] 10月16日，俄罗斯武装力量总参谋长巴卢耶夫斯基表示，北约加紧同格鲁吉亚对话为俄罗斯与格鲁吉亚关系的恶化推波助澜。[②] 以上这些举动，反映出俄罗斯有意采取联系战略，将不同议题进行挂钩处理，以经济、政治等手段向有关国家施压，有时甚至不惜发出惩罚性威胁。

俄罗斯认为它在其“影响区域——后苏联空间，应当区别于美国与欧洲，是完全独立的”，[③] 然而一切的发展完全非其所愿。既然俄罗斯无力排除来自外部势力的影响，那么面对日渐增大的压力，俄罗斯必须全力以赴。由此便不难理解俄罗斯的强硬。麦德维杰夫对此曾这样评价：“俄罗斯凭什么应当支持北约的东扩或者削弱俄罗斯在后苏联区域的立场和影响的尝试呢？显而易见，无论格鲁吉亚抑或乌克兰事件，都被西方各种集团用来对俄罗斯施加压力。为什么俄罗斯就不可以对抗这种压力呢？合理的伙伴关系并不是单方面让步的结果：我们从戈尔巴乔夫、谢瓦尔德纳泽、叶利钦和科济列夫所执行的政策的结果便可以看清这一点。”[④] 这显然代表了相当一部分俄罗斯人的看法。

三 主要大国与俄罗斯关系的发展

颜色革命以及美国等西方国家对后苏联空间的介入让俄罗斯感到了日益增大的压力，受此影响，俄罗斯与西方主要大国的关系也出现稳中下行。除了与中国的关系保持平稳较快发展外，俄罗斯与美国等西方主要国家都出现了不同程度的摩擦和紧张，体系结构的主导观念出现恶化的迹象。

（一）美国与俄罗斯分歧增多

2004年1月下旬，美国国务卿鲍威尔对俄罗斯进行工作访问期间，俄罗斯强调，得益于共同的努力，俄美关系在最近三年间的所有方面都

---

① 何明：《俄罗斯大事记（2006年7—9月）》，《俄罗斯研究》2006年第4期，第95页。

② 何明：《俄罗斯大事记（2006年10—12月）》，《俄罗斯研究》2007年第1期，第96页。

③ *Джессика Т. Мэтьюз*, Предисловие // *Тренин Д.* Интеграция и идентичность: Россия как «новый Запад». М.: Изд-во «Европа», 2006. С. 4.

④ 〔俄〕罗伊·麦德维杰夫：《普京总统的第二任期》，王尊贤译，北京：社会科学文献出版社，2007，第216页。

向前推进。[①] 这是对此前双边关系发展的积极评价。普京顺利赢得大选开启第二任期后，对俄美关系的发展仍然高度重视。2004 年 7 月 12 日，普京在年度例行使节会议上表示，应持续关注对美关系，有条件地在照顾双方利益的前提下发展同美国的长期伙伴关系和开展建设性对话。[②] 尽管对未来四年的俄美关系高度重视并抱有期待和信心，但俄美之间的矛盾和摩擦仍然逐渐增多。

第一，俄美围绕车臣问题矛盾不断。美国在其发表的年度人权报告中经常指责俄罗斯在车臣侵犯人权，俄罗斯对此予以反驳。2004 年 8 月 6 日，俄罗斯外交部发表通报指出，美国为所谓的“车臣前外长”阿赫马多夫提供政治避难的行为表明其在反恐问题上明显实行双重标准。9 月，别斯兰事件发生后，小布什政府要求俄罗斯政府与车臣恐怖分子谈判，还表示将继续同车臣分裂势力的温和派领导人进行接触，这些表态都让俄罗斯强烈不满。[③]

第二，在部分国际问题上，俄罗斯与美国立场相左。2004 年 4 月 21 日，俄罗斯投出否决票，导致联合国安理会未能通过由美英两国提出的支持塞浦路斯统一方案的决议案。2005 年 1 月 12 日，美国国务院发言人鲍彻在记者招待会上表示，美国已要求俄罗斯不要向叙利亚出售 SS－26 导弹，否则美国将考虑对俄罗斯实行制裁。[④] 2006～2007 年，俄罗斯与美国围绕美国在东欧部署反导系统的问题多次争执。即便在 2007 年 10 月举行了国防部长和外长共同参加的“2＋2”会谈，也未能解决俄美的意见分歧。

普京在 2007 年底接受采访时表示，“过去的 15 年间，俄罗斯不仅说过，也多次用自己的全部政策来表示，我们不仅愿意成为美国的伙伴，

---

① Выступление министра иностранных дел Российской Федерации И. С. Иванова на совместной с государственным секретарем Соединенных Штатов Америки К. Пауэллом пресс-конференции в Москве, 26 января 2004г. //Дипломатический вестник. 2004. №2. С. 25－26.

② Выступление Президента Российской Федерации В. В. Путина на пленарном заседании совещания послов и постоянных представителей Российской Федерации в Москве, 12 июля 2004г. //Дипломатический вестник. 2004. №8. С. 10－12.

③ 何明：《俄罗斯大事记（2004 年 7—9 月）》，《俄罗斯研究》2004 年第 4 期，第 92 页。

④ 何明：《俄罗斯大事记（2005 年 1—3 月）》，《俄罗斯研究》2005 年第 2 期，第 96 页。

更希望成为朋友。但有时我们会感觉到，美国并不需要朋友。我们觉得，美国需要的是听命于它的附庸”。[①] 这一表态表明，普京将美国的不平等相待作为其第二任期内俄美关系未能实现长期稳定发展的重要原因之一。无论是颜色革命还是在东欧部署反导系统的问题，都体现了美国对快速发展的俄罗斯加以防范和遏制，由此，俄美两国在21世纪之初经由共同反恐和两国领导人的私人友谊而建立起的良好关系被更为务实的追求本国利益的政策导向所取代。

（二）俄罗斯与欧盟及其他西方国家关系逐渐下行

2004年，北约与欧盟先后完成了历史上最大规模的一次东扩，不仅将许多中东欧国家纳入其中，更吸收了作为苏联加盟共和国的波罗的海三国，将各自的战略前沿扩展至后苏联空间的边界上。俄罗斯无力阻挡东扩进程，两大组织同俄罗斯的关系也受此影响呈现出新变化。

2004年4月2日，北约东扩后第四天，德国总理施罗德访问俄罗斯。普京在记者会上表示，俄罗斯积极发展同北约的关系，但认为北约东扩并不能解决现实中的安全威胁，俄罗斯的专家正在认真研究北约军事设施向俄接近的情况，并将据此调整本国在国防和安全领域的政策。[②] 4月8日，北约秘书长夏侯雅伯访问俄罗斯，这是夏侯雅伯在北约新一轮扩大后对俄罗斯进行的首次访问，尽管意在安抚俄罗斯，但普京仍然表示：俄罗斯对北约东扩的立场是明确的、不变的，现实证明，机械地扩大北约无助于解决今天面临的威胁。[③]

俄罗斯坚决反对北约东扩的一个重要原因是北约的军事政治组织性质，而对于一体化组织欧盟的东扩，俄罗斯的立场要软化许多。欧盟东扩前后，俄罗斯多次表达了重视俄欧关系发展的立场。2004年4月3日，

---

① 〔俄〕普京：《答美国〈时代〉周刊记者问》（2007年12月12日），《普京文集（2002—2008）》，第652页。

② Выступление Президента Российской Федерации В. В. Путина на пресс-конференции по итогам встречи с Федеральным канцлером Федеративной Республики Германия Г. Шрёдером в Ново-Огарево, 2 апреля 2004г. //Дипломатический вестник. 2004. №5. С. 25 – 27.

③ Выступление Президента Российской Федерации В. В. Путина на встречи с генеральным секретарем НАТО Я. Де Хооп Схеффером в Москве, 8 апреля 2004г. //Дипломатический вестник. 2004. №5. С. 35.

普京在同法国总统希拉克会谈后表示，俄罗斯将欧盟视为最重要的伙伴之一，今后将继续加强同欧盟之间的合作。[①] 4 月 21 日，意大利总理贝卢斯科尼访问俄罗斯，普京表示，俄罗斯一直对欧盟扩大持有积极立场，并拟在经济、人文、护法及反恐领域同欧盟深入开展合作。[②] 欧盟也显示出对欧俄关系的重视。4 月 21 日，欧盟委员会主席普罗迪访问俄罗斯时表示，欧俄关系已走出一般伙伴关系范畴，欧盟同意降低俄罗斯的入世门槛，俄罗斯同时表示不对欧盟东扩设置障碍。[③] 5 月 21 日，俄欧第 13 次峰会在莫斯科举行，双方签署了《关于欧盟支持俄罗斯加入世贸组织议定书》，不仅推进了俄罗斯的入世进程，也显示欧俄关系达到了新水平。

此后，俄罗斯同欧盟以及欧洲主要大国的关系都呈现比较平稳的发展。2005 年 5 月 30 日，俄罗斯与欧盟签署四个空间协议，所谓“四大共同空间”是指俄罗斯同欧盟建立经济、司法与内政、外部安全和科教文等“四大共同空间”。11 月 30 日，普京在文章中指出，“俄罗斯和德国达到了两国关系史上最高的相互谅解和合作的水平”。[④] 2006 年，普京在国情咨文中表示，“我们最主要的伙伴是欧盟”。[⑤] 2006 年 7 月在圣彼得堡召开的八国集团首脑会议上，俄罗斯首次出任八国集团主席，各国首脑表示支持俄罗斯加入世界贸易组织。普京对俄欧关系曾明确指出：“发展与欧盟多层次的关系，这是俄罗斯的根本选择。俄罗斯既不打算加入欧盟，也不打算同它一起加入某种联合形式。俄罗斯打算在条约基础上和战略伙伴原则上建立同欧盟的关系。”[⑥]

---

① 郑羽主编《新普京时代（2000～2012）》，第 278 页。

② Выступление Президента Российской Федерации В. В. Путина на пресс-конференции по итогам переговоров с Председателем совета министров Итальянской Республики С. Берлускони в Липецке, 21 апреля 2004г. //Дипломатический вестник. 2004. №5. С. 44－46.

③ 《俄罗斯联邦内政外交大事记（1990—2004 年）》，第 682 页。

④ 〔俄〕普京：《格·施罗德与国际政治——在德国〈前进〉周刊上发表的文章》（2005 年 11 月 30 日），《普京文集（2002—2008）》，第 226 页。

⑤ 〔俄〕普京：《2006 年致联邦会议的国情咨文》（2006 年 5 月 10 日），《普京文集（2002—2008）》，第 300～301 页。

⑥ 〔俄〕普京：《欧洲一体化的 50 年及俄罗斯——发表在一些欧洲报纸上的文章》（2007 年 3 月 25 日），《普京文集（2002—2008）》，第 425 页。

然而，从2007年开始，围绕《欧洲常规武装力量条约》，俄罗斯同欧洲各国的矛盾日益增多。2007年5月3日，俄罗斯第一副总理谢尔盖·伊万诺夫宣布俄罗斯政府考虑继续暂缓执行《欧洲常规武装力量条约》，直至所有北约成员国批准该条约。[①] 7月14日，普京签署命令，决定暂停执行《欧洲常规武装力量条约》以及与其相关的国际协议。11月30日普京签署了暂停执行《欧洲常规武装力量条约》的联邦法案。12月7日，俄罗斯－北约理事会举行外长级会谈，双方分歧严重，争论激烈。北约发言人阿帕苏莱伊表示，会议未能缩小双方在《欧洲常规武装力量条约》这一主要问题上的分歧。普京在11月30日签署的联邦法案于12月12日正式生效，这意味着从12日起，俄罗斯将暂停提供常规武器相关信息，并拒绝接受核查；在此期间，俄罗斯在发展常规武器方面将不受限制，何时恢复执行这一条约将由总统决定。[②] 俄罗斯这一强硬立场使它同各国的关系面临考验。

俄罗斯同欧洲主要大国的双边关系也出现了问题。2007年，俄罗斯同英国闹起外交官风波。7月19日，俄罗斯政府宣布四名英国外交官为不受欢迎的人，并宣布将中止同英国的反恐合作。7月24日，普京指责英国以殖民者心态对待俄罗斯。[③] 12月12日，俄罗斯外长拉夫罗夫要求英国驻俄罗斯文化委员会于2008年1月1日关闭其地区代表处，以回应英国政府处理俄英关系的“失当”行为。12月14日，拉夫罗夫再次表示英国文化委员会必须关闭其地区办公室，因为其违反了俄罗斯国内法律。对此，英国针锋相对，首相布朗号召欧盟国家首脑共同反对俄罗斯的这一“不可接受的行为”。[④] 不仅与英国激烈争执，俄罗斯与德法两国的关系也出现问题。2007年10月4日，法国总统萨科奇表示，俄罗斯致使许多全球性问题变得愈加复杂，并正利用其油气资源作为武器向欧洲

---

① 周凡、于璐：《俄罗斯大事记（2007年5—6月）》，《俄罗斯研究》2007年第4期，第96页。

② 《俄暂停执行军控条约考验与西方关系》，http://news.xinhuanet.com/newscenter/2007-12/12/content_7234168.htm。

③ 周凡、于璐：《俄罗斯大事记（2007年7—8月）》，《俄罗斯研究》2007年第5期，第96页。

④ 周凡、于璐：《俄罗斯大事记（2007年11—12月）》，《俄罗斯研究》2008年第1期，第96页。

强加自己的意愿。[①] 11 月 1 日，俄罗斯发布禁令，禁止德国汉莎航空公司的货机飞越西伯利亚领空，这导致俄德紧张关系升级。[②]

在俄罗斯与欧洲各大国关系下行的大背景下，2007 年 10 月，欧盟 - 俄罗斯首脑峰会就双方新的“伙伴关系与合作协定”的谈判没有取得任何进展。

(三) 俄罗斯与中国的关系继续提升

世界主要大国中，与俄罗斯一直着保持良好关系的只有中国。尽管也存在部分问题，但俄中关系在 2004 年后继续提升，特别是在俄罗斯面临的外部压力逐渐增大的情况下，中国向其提供了有力支持。

2004 年 3 月 17 日，俄罗斯外长拉夫罗夫在记者招待会上表示，俄罗斯与中国是邻居和朋友，两国关系良好并正在继续向前发展，双方对重大国际事务的立场一致。[③] 9 月的别斯兰事件后，中国支持了俄罗斯的立场，并为俄罗斯打击恐怖主义的行动提供了物质帮助。9 月，温家宝总理访问俄罗斯，双方确认，相互承认完全市场经济地位。2004 年底，俄罗斯与中国首次正式彻底解决了边界问题。2005 年 7 月 1 日，中俄签署并发表了《中俄关于 21 世纪国际秩序的联合声明》。7 月 8 日，普京表示，连接西伯利亚油田和远东港口的输油管道建成后，俄罗斯将优先向中国供应石油。[④] 12 月初，俄罗斯外长拉夫罗夫发表了题为《2005 年外交工作总结：思考与结论》的文章，他指出 2005 年俄罗斯与中国等亚洲大国的关系取得了实质性进展。[⑤] 2006 年 3 月访华前夕，普京指出，“俄中得以解决了两国之间包括边界问题在内的所有重大政治问题，并从整体上达到了全新的互信水平。……俄方认为，俄中关系的所有方面都有

---

① 周凡、于璐：《俄罗斯大事记（2007 年 9—10 月）》，《俄罗斯研究》2007 年第 6 期，第 94 页。

② 周凡、于璐：《俄罗斯大事记（2007 年 11—12 月）》，《俄罗斯研究》2008 年第 1 期，第 96 页。

③ Выступление и ответы на вопросы россмйских и зарубежных СМИ министра иностранных дел Российской Федерации С. В. Лаврова на пресс-конференции в пресс-центре министерства иностранных дел Российской Федерации, 17 марта 2004г. // Дипломатический вестник. 2004. №4. С. 9 – 15.

④ 郑羽主编《新普京时代（2000 ~ 2012）》，第 280 页。

⑤ *Лавров С. В.* Внешнеполитические итоги 2005 года: размышления и выводы, http://www. dipacademy. ru/anons48. shtml.

最光明的前景”。[①]

2006～2007 年，中俄两国互办了国家年活动，增进了两国人民之间的了解和友谊。2006 年，中俄元首共举行了六次会晤，两国共同庆祝了建立平等的战略协作伙伴关系 10 周年、《俄中睦邻友好合作条约》签署 5 周年、上海合作组织成立 5 周年。2007 年 10 月 1 日，普京致电胡锦涛主席祝贺中华人民共和国成立 58 周年，普京在贺词中说，“令人感到高兴的是，目前俄中两国关系是战略协作和相互信任的伙伴关系，两国关系正处于前所未有的高水平”。[②] 2008 年 5 月，俄罗斯总统梅德韦杰夫宣誓就职后，就对中国进行了其任内的首次国事访问。以上这些都显示出俄中双边关系在 2004 年至 2008 年期间处于良好的发展水平，并继续获得提升。

整体上看，2004 年至 2008 年年中这段时间里，俄中关系依旧保持了良好发展，而俄罗斯同美国以及欧盟的关系，尽管未曾出现大问题，但受颜色革命、反导系统等问题的影响，呈现出逐渐下行的迹象。综合评价，体系结构中的主导观念在这一时期呈现出逐渐恶化的趋势。

第二节 向心趋势的减弱与地区一体化的缓慢发展

受颜色革命的影响，后苏联空间的地区形势更加复杂化。发生颜色革命的国家有的改行亲美入欧的政策，有的则依然执行与俄罗斯亲近的方针。而那些与俄罗斯具有传统友好关系的国家，虽然依然同俄罗斯在多方面开展合作，但也出现了明显的分歧和摩擦。地区一体化和次地区一体化进程在这一阶段进展缓慢。

一 俄罗斯与各国的既有合作继续推进

尽管颜色革命影响了后苏联空间的形势，但各国与俄罗斯的既有合作仍然在多个层面继续发展。

① 〔俄〕普京：《俄中战略协作伙伴关系有助于构建公正合理的国际新秩序——2006 年 3 月 19 日访华前夕回答新华社记者的书面采访》（2006 年 3 月 19 日，莫斯科），《普京文集（2002—2008）》，第 254 页。

② 郑羽主编《新普京时代（2000～2012）》，第 284 页。

（一）俄罗斯推动与各国双边关系的发展

颜色革命的压力使俄罗斯认识到不仅应加强同传统友好国家关系的发展，也需要再下力气拉拢那些相对疏远的国家。因此，俄罗斯从两个方面开展工作。那些同俄罗斯保持传统友好关系的国家，与俄罗斯一起努力解决了双边关系中存在的问题。

以哈萨克斯坦为例。2004 年 1 月，俄罗斯与哈萨克斯坦签署《使用武力共同规划协议》，规定两国将在双边层面和集安组织框架内联合制定所有现有军力的使用和发展计划，提升两国间的军事合作水平。10 月，俄罗斯总理弗拉德科夫访问哈萨克斯坦，表示哈萨克斯坦是俄罗斯在独联体的重要伙伴之一，也是独联体中同俄罗斯一道参加了所有一体化项目的唯一国家。[①] 2005 年 1 月，俄罗斯与哈萨克斯坦签署国界划分协议，这是两国关系史上第一个关于共同国界划分的法律文件。此后，俄罗斯还帮助哈萨克斯坦组建黑海舰队，体现出两国军事合作的高水平。

俄罗斯提升了与塔吉克斯坦的关系。2004 年 6 月，为解决塔吉克斯坦亏欠俄罗斯的 3 亿美元债务，两国决定按“债务换资产”原则处理，塔阿边界由塔边防军保卫，俄罗斯边防军逐步撤出，并决定成立专门工作组研究俄驻塔第 201 摩步师转成基地驻军的问题。这是塔吉克斯坦恢复稳定和国防能力得到提升的体现。10 月中旬，普京与塔吉克斯坦总统拉赫莫诺夫举行会谈，双方正式签署一系列文件，其中之一是在今后五年间，俄罗斯打算向塔吉克斯坦投资 20 亿美元，这在塔吉克斯坦独立后的十余年间是从未有过的巨额支持。另一份重要文件是有关建立军事基地的协议，规定将俄驻塔第 201 摩步师组建成 5000 人的永久性基地，塔吉克斯坦同意将其境内的“天空”卫星监测站以每年 30 美分的象征性价格租给俄罗斯 49 年。这一基地的建立将不仅有利于保护俄罗斯的投资，促进俄塔之间的军事政治合作，也将有利于整个地区的稳定。[②] 俄罗斯通过上述方式既保留了本国在塔吉克斯坦的军事存在和政治影响，也有利于塔吉克斯坦的自身发展和国家主权，由此得到塔吉克斯坦的赞赏和

---

① 《俄罗斯联邦内政外交大事记（1990—2004 年）》，第 696 页。

② Заявление Президента Российской Федерации В. В. Путина для прессы после подписания российско-таджикистанских документов, 16 октября 2004г. //Дипломатический вестник. 2004. №11. С. 61 – 62.

支持。2005 年 10 月 19 日，塔吉克斯坦总统拉赫莫诺夫表示，俄罗斯边防军从塔边境地区撤出并不意味塔吉克斯坦对外政策的改变，俄罗斯不仅过去是而且今后仍将是塔吉克斯坦的战略伙伴和盟友。[①]

而对那些具有离心倾向的国家，俄罗斯则采取了经济、政治、军事等不同手段努力巩固双边关系。乌克兰是具有离心倾向的国家中最被俄罗斯看重的。2004 年 1 月下旬，普京访问乌克兰，强调俄罗斯需要强大的乌克兰，两国能够而且必须成为忠实的盟友和可靠的战略伙伴，库奇马也重申俄罗斯一直是乌克兰的友好近邻，是乌克兰“唯一、稳定的可靠伙伴”，双方签署了“核能合作协议”等四个文件，并就签署为期 15 年的俄罗斯石油过境乌克兰运输协定的主要内容达成一致。[②] 4 月 23 日，俄乌两国就《俄乌边界条约》和《俄乌共同利用亚速海和刻赤海峡条约》举行换文仪式，解决了两国之间遗留多年的问题。

对阿塞拜疆，俄罗斯主要采取了经济手段。2004 年 2 月，阿塞拜疆总统阿利耶夫正式访问俄罗斯，双方在会谈后共同发表了《莫斯科宣言》，并商定尽快签署阿过境俄罗斯运输石油的 15 年长期协议，提出数年内实现双边贸易翻番的目标。对乌兹别克斯坦，俄罗斯则经济和军事手段并重。2004 年 4 月 15 日，乌兹别克斯坦总统卡里莫夫访问俄罗斯，普京表示，在反恐方面乌兹别克斯坦可以得到俄罗斯全面和无条件的支持，卡里莫夫则感谢普京对乌兹别克斯坦发生恐怖悲剧的慰问，指出俄罗斯的关怀让乌感到在“反恐斗争中并不孤独”。[③] 6 月 16 日，普京访问乌兹别克斯坦，两国签署《俄乌战略伙伴关系条约》，相互提供最惠国待遇，俄罗斯在必要情况下，可以使用乌境内的军事设施，俄罗斯向乌提供军工产品，为乌培训军官，促进乌军防空部队和空军的现代化。[④] 格鲁吉亚发生玫瑰革命后，俄罗斯同格鲁吉亚的关系趋冷，为改变形势，俄罗斯采取主动措施。2005 年 3 月 11 日，拉夫罗夫表示，俄罗斯与格鲁吉亚将就有关撤除格境内的俄罗斯军事基地问题恢复谈判。[⑤] 9 月 7 日，

① 何明：《俄罗斯大事记（2005 年 10—12 月）》，《俄罗斯研究》2006 年第 1 期，第 96 页。

② 《俄罗斯联邦内政外交大事记（1990—2004 年）》，第 675 页。

③ 《俄罗斯联邦内政外交大事记（1990—2004 年）》，第 681 页。

④ 《俄罗斯联邦内政外交大事记（1990—2004 年）》，第 686 页；另见郑羽主编《新普京时代（2000～2012）》，第 232 页。

⑤ 何明：《俄罗斯大事记（2005 年 1—3 月）》，《俄罗斯研究》2005 年第 2 期，第 96～97 页。

参加俄格谈判的俄罗斯代表团团长萨沃利斯基宣布俄军将从2006年开始大规模撤出俄驻格军事基地中的军事力量。[①]

(二) 一体化合作的发展与俄罗斯的推动作用

俄罗斯在后苏联空间笼络人心的另一个重要举措是推动一体化。

1. 俄罗斯重视并加强独联体的发展

2004年，普京开始他的第二个总统任期时，俄罗斯对以独联体为核心的地区一体化持有积极推动的立场。2004年4月15日，俄罗斯总理弗拉德科夫在参加独联体政府首脑理事会会议时表示，不同程度和水平的独联体一体化进程与各成员国的利益并不矛盾。[②] 5月，普京在2004年的国情咨文中表示，俄罗斯的“重点仍然是深化独联体内的一体化进程，其中包括统一经济空间和欧亚经济共同体。毫不夸张地说，这是实现地区乃至国际稳定的条件之一”。[③] 在强调利益和谐相融和重视一体化发展的基础上，俄罗斯还强调其对其他国家的尊重。2004年7月12日，普京在年度使节会议上指出，近年来俄罗斯加强了对独联体各国的工作，这有利于国家和民众的利益，但还需要制定完整的独联体长期战略，这将是一个复杂的建构性工作。俄罗斯应该尽一切努力支持欧亚经济共同体和统一经济空间等地区组织的一体化进程，使独联体国家同俄罗斯的关系变得对双方都有吸引力，而绝不能以“只有俄罗斯才有权领导独联体”的心态自居。所以，独联体仍是俄罗斯对外政策的主要优先方向。[④]

此时的俄罗斯，对后苏联空间的地区一体化发展既有宏观的整体安排也有具体的侧重点。2004年7月19日，在俄罗斯国家安全会议例会上，普京表示，独联体正面临抉择，如不切实加强独联体，将其建成实际运作且有世界影响的地区机构，独联体解体将不可避免。俄罗斯要采取切实有效的措施保护苏联地区俄族人的权益，将独联体建成本地区其

---

① 何明：《俄罗斯大事记（2005年7—9月）》，《俄罗斯研究》2005年第4期，第95页。

② 《俄罗斯联邦内政外交大事记（1990—2004年）》，第681页。

③ 〔俄〕普京：《2004年致联邦会议的国情咨文》，《普京文集（2002—2008）》，第124页。

④ Выступление Президента Российской Федерации В. В. Путина на пленарном заседании совещания послов и постоянных представителей Российской Федерации в Москве, 12 июля 2004г. //Дипломатический вестник. 2004. №8. С. 10 – 12.

他组织的典范。[①] 年底时，俄罗斯外交部在总结2004年工作并提出2005年工作重点时表示，2004年俄罗斯与独联体国家的互利合作取得实质性进展，2005年工作的主要方向之一是发展与独联体国家的关系，积极促进上海合作组织、集体安全条约组织、欧亚经济共同体和中亚合作组织等一体化组织机制的完善。[②] 可见，在俄罗斯的发展规划中，独联体的建设是推动后苏联空间发展的整体安排，经济一体化是重点领域，着重需要发展的是欧亚经济共同体、统一经济空间、集体安全条约组织、上海合作组织等次地区一体化机制。

2. 俄罗斯积极推动经济一体化

俄罗斯重视并积极推动欧亚经济共同体的发展。2004年2月，欧亚经济共同体各国政府签署了能源流动备忘录。9月21日，俄罗斯总理弗拉德科夫在出席欧亚经济共同体总理会议时，呼吁各成员国以全新姿态对待一体化，认为各国在稳定本国货币汇率方面应加强合作，同时加快本国加入世界贸易组织的谈判进程，此外，他还提议将卢布作为共同体内的主要支付货币，可利用现有的跨国银行，或建立专门的地区发展银行完成这些工作。[③]

俄罗斯促成了欧亚经济共同体与中亚合作组织的合并。2002年，中亚经济共同体改组成为中亚合作组织。2004年10月18日，普京在出席"中亚合作组织"杜尚别峰会期间签署了俄罗斯加入该组织的文件。在俄罗斯的活动下，一年后的2005年10月6日，中亚合作组织在圣彼得堡举行了成员国元首峰会，并通过决定，将该组织与欧亚经济共同体合并。此时，中亚合作组织拥有俄哈乌吉塔5个成员国，而欧亚经济共同体则是俄白哈吉塔5个成员国，因此，重点问题是乌兹别克斯坦的成员国身份。

鉴于2005年上半年俄罗斯在安集延事件中支持了乌兹别克斯坦政

---

① Выступление Президента России В. В. Путина на заседании Совета Безопасности, 19 июля 2004 г. //Дипломатический вестник. 2004. №8. С. 48 – 50.

② Внешнеполитические итоги 2004 года, http://www.mid.ru/ns-vnpop.nsf/osn_copy/123D87D8D23EA416C325704300315475, Планы и ожидания МИД России в 2005 году, http://www.mid.ru/ns-vnpop.nsf/osn_copy/9F2A6AB2AE7BFBC4C325704300315474.

③ Москва. ИНТЕРФАКС, 21.09.2004, http://www.evrazes.com/news/view/71；《俄罗斯联邦内政外交大事记（1990—2004年）》，第694页。

府，乌兹别克斯坦随后退出了古阿姆集团并改行亲近俄罗斯的政策。2005 年 11 月 14 日，普京与乌兹别克斯坦总统卡里莫夫在莫斯科签署《俄乌联盟关系条约》，将两国战略伙伴关系升格为军事政治联盟关系。2006 年 2 月和 4 月，两国议会相继批准该条约。在如此良好的气氛下，乌兹别克斯坦提出加入欧亚经济共同体。2006 年 2 月 25 日，在圣彼得堡举行的欧亚经济共同体成员国元首非正式会议通过决议，接纳乌兹别克斯坦为正式成员国。由此，欧亚经济共同体扩容为 6 个国家，包括了除中立国土库曼斯坦外的全部中亚国家，“以地区一体化为宗旨的中亚合作组织同欧亚经济共同体的合并，标志着中亚国家完全被纳入俄罗斯主导的经济一体化轨道”。[①]

俄罗斯、白俄罗斯、哈萨克斯坦和乌克兰参加的“四国统一经济空间”是俄罗斯高度重视的另一个次地区经济一体化机制，因为上述四国是后苏联空间内经济实力最强的国家，强强联合有利于提升经济一体化的成果。2004 年 5 月 23 ~ 24 日，在雅尔塔举行了统一经济空间元首峰会，四国讨论了空间组织建设、建立自由贸易区、加强四国经济合作和加入世界贸易组织等问题。这是四国议会在 4 月相继批准建立统一经济空间协议后召开的首次最高层会议，意在落实所达成的各项协议。此外，为了消除乌克兰的顾虑，2004 年 10 月 26 日，普京访问乌克兰时表示，妨碍俄乌关系的所有障碍都已消除，俄罗斯无意图谋恢复苏联，建立统一经济空间的目的也不是重建苏联。[②]

3. 安全领域的一体化进程

除经济领域外，俄罗斯也重视推动后苏联空间在安全领域的合作。打击恐怖主义仍旧是这一时期独联体各国的重要议题。2004 年 4 月 7 日，8 个独联体国家的空军和防空部队举行联合防空演习，演练在遭遇突然空袭和发生恐怖分子劫机事件时的协同应对措施。8 月 1 日，俄罗斯空军、吉尔吉斯斯坦防空军、哈萨克斯坦装甲部队和塔吉克斯坦特种兵在吉尔吉斯斯坦举行代号为“边界 - 2004”的联合反恐演习，有近 1500 名军人参演。这是十年来中亚地区规模最大的军事演习。9 月 16 日，在俄

① 柳丰华：《俄罗斯在中亚：政策的演变》，《国际政治研究》2007 年第 2 期，第 165 页。

② 《俄罗斯联邦内政外交大事记（1990—2004 年）》，第 698 页。

罗斯的直接倡议下，在哈萨克斯坦首都阿斯塔纳举行的独联体国家元首峰会通过反恐声明，表示支持联合国安理会9月1日做出的呼吁各国积极同俄罗斯进行合作调查针对俄罗斯及其公民的恐怖袭击的声明，决定设立独联体安全委员会，提升独联体框架内安全和军事领域的合作水平。①

集体安全条约组织是相关国家维护安全和加强军事一体化合作的重要机制，俄罗斯同样重视该组织的发展。2004年11月10日，俄罗斯外交部发言人雅科文科表示，集体安全条约组织是多功能的军事政治一体化机构，其基本任务是建立发达的集体安全系统，对任何针对其成员国的威胁做出快速反应；应对恐怖主义、极端主义、贩毒、非法移民和有组织犯罪等新挑战和新威胁的任务在集安组织中越发占据重要地位；建立统一信息平台、提高机制工作效率是该组织加强自身建设的另一重要任务。② 为回应乌兹别克斯坦的政策调整，2006年6月23日，集体安全条约组织理事会会议通过了关于恢复乌兹别克斯坦成员国资格的决议。

尽管上海合作组织中存在地区外国家中国，但鉴于俄中关系的良好状态，俄罗斯也与中国积极配合，共同推动了上海合作组织的发展。2004年1月，上合组织秘书处在北京开始正式工作，提高了上合组织的运行效率。2006年，普京对上海合作组织高度评价，认为“上海合作组织成员国不仅完成了组织成立之初提出的任务，而且还超过了最初确定的目标。可以说，上海合作组织已成长为真正意义上的地区一体化机构”。③ “上合组织是成功的国际合作新模式。……目前，‘上合组织因素’是广大的欧亚地区稳定的重要因素。……只有地区一体化机制才能够有效地实现上合组织成员国自然的竞争优势。……上合组织在欧亚地区展示着平等伙伴关系的范例。这种伙伴关系的战略目标是加强地区的安全与稳定，在保持各国的民族和文化独特性的情况下促进经济发展和

---

① Заявление глав государств-участников Содружества Независимых Государств о борьбе с международным терроризмом, 16 сентября 2004г. // Дипломатический вестник. 2004. №10. С. 44 – 45.

② 《俄罗斯联邦内政外交大事记（1990—2004年）》，第699页。

③ 〔俄〕普京：《俄中战略协作伙伴关系有助于构建公正合理的国际新秩序——2006年3月19日访华前夕回答新华社记者的书面采访》（2006年3月19日，莫斯科），《普京文集（2002—2008）》，第258页。

一体化进程。”[①] 在已有成绩的基础上，上海合作组织继续开展各项合作。2007 年 7 月 9 日，普京签署了俄罗斯联邦《关于批准修改〈上海合作组织宪章议定书〉》的法令。8 月 16 日，普京在比什凯克峰会扩大会议上表示，上海合作组织成员国应该巩固安全，完成反恐演习组织程序的制定工作，并继续组建反恐机构网络。[②] 也是在这个 8 月，上合组织进行了第一次联合军演——“和平使命—2007”。

除了经济和军事领域外，俄罗斯还推动和拓展了后苏联空间在人文领域的合作。2006 年 4 月，第一届独联体国家创作和科研知识分子论坛在莫斯科召开，普京在开幕式讲话中指出，“整合我们独联体每个国家所拥有的具有竞争力的优势，这绝对可以给大家带来显著的好处。因此，人文领域的新型协作可以成为独联体国家具有突破意义的一项工程，将为所有一体化进程注入新的活力”。[③] 6 月 23 日，在明斯克召开的欧亚经济共同体成员国元首理事会会议和集体安全条约组织集体安全理事会会议上，各国签署了《关于建立独联体成员国人文合作委员会的协定》，加强了人文领域的合作。

2004 年至 2006 年间，无论是俄罗斯的表态和行动，还是后苏联空间的次地区一体化在多个领域的发展态势，都显示出俄罗斯持有比较积极的态度，推动后苏联空间发展一体化。但与此同时，随着颜色革命的影响不断发酵和外部力量的日益介入，后苏联空间的地区形势更加复杂。

二　地区形势的变化及向心趋势的减弱

随着外部干扰的增多和压力的增大，各国调整了外交政策，不仅改变了地区形势，也使后苏联空间的向心趋势减弱。

（一）具有远俄倾向的国家与俄罗斯矛盾突出

2006 年，乌兹别克斯坦加入了欧亚经济共同体并恢复了在集体安全条约组织中的成员国资格，这意味着俄罗斯将退出古阿姆集团的乌兹别

① 〔俄〕普京：《上海合作组织是成功开展国际合作的新模式——在上海合作组织成员国报纸上发表的文章》（2006 年 6 月 14 日），《普京文集（2002—2008）》，第 334 ~ 337 页。

② 郑羽主编《新普京时代（2000 ~ 2012）》，第 284 页。

③ 〔俄〕普京：《发挥独联体国家的优势，为一体化进程注入新活力——在第一届独联体国家创作和科研知识分子论坛开幕式上的讲话》，《普京文集（2002—2008）》，第 277 页。

克斯坦正式拉入亲俄阵营中。重新变为4个国家的古阿姆集团（ГУАМ）影响力遭到削弱，但却并没有改变其远俄和反俄的倾向。其中，阿塞拜疆同俄罗斯的关系较为平静，2006年还在境内举办了“俄罗斯年”系列活动。摩尔多瓦在俄罗斯经济手段的作用下也相对平稳。俄罗斯和摩尔多瓦2006年12月还达成协议，以解决摩尔多瓦的能源紧张问题。

但俄罗斯同古阿姆集团中的另外两个国家——乌克兰和格鲁吉亚的关系却更加复杂。2005年8月12日，乌克兰和格鲁吉亚两国领导人宣布，他们计划创建一个倡导自由和民主的新型地区联盟，密切两国之间的合作。8月19日，乌克兰经济部长捷廖欣表示，乌克兰准备与俄罗斯、哈萨克斯坦和白俄罗斯加强双边经济合作，但放弃与这三国建立统一经济空间的计划。[①] 乌克兰愿意与俄罗斯合作，但不参加一体化，还同格鲁吉亚“自立”合作，这是对俄罗斯推动的次地区一体化进程的沉重打击。2007年3月，美国国会通过了支持乌克兰和格鲁吉亚加入北约的决议，并提供了专项无偿援助，这无疑激励了两国。

2008年，乌克兰和格鲁吉亚的政策使它们与俄罗斯的关系更加紧张。2008年1月5日，与格鲁吉亚总统选举投票同时进行的民意调查显示，72.5%的选民赞成格鲁吉亚加入北约。这对俄罗斯而言，并不是一个好消息。同月，乌克兰向北约提交了申请书，请求北约同意与乌克兰签署2008年度《北约成员国资格行动计划》，这意味着乌克兰加入北约的进程进入实质阶段。俄罗斯对此坚决反对。2月12日，普京在与乌克兰总统尤先科会谈后对媒体说，如果乌克兰成为北约成员国，并同意在其领土上部署导弹防御系统，俄罗斯可能“不得不”将战略核导弹对准乌克兰。[②] 2月13日，美国国务卿赖斯谴责俄罗斯“威逼”乌克兰、捷克和波兰三国退出美国导弹防御系统，[③] 对乌克兰等国加以声援。4月1日，北约布加勒斯特峰会前夕，美国总统小布什在与乌克兰总统尤先科会见后表示，俄罗斯无权阻碍北约扩张，他支持乌克兰和格鲁吉亚加入“成员国行动计划”。4月8日，俄罗斯外长拉夫罗夫将北约向乌克兰和

---

① 何明：《俄罗斯大事记（2005年7—9月）》，《俄罗斯研究》2005年第4期，第95页。

② 郑羽主编《新普京时代（2000～2012）》，第191页。

③ 周凡、于璐：《俄罗斯大事记（2008年1—2月）》，《俄罗斯研究》2008年第2期，第97页。

格鲁吉亚的扩张描述为“根源于冷战思维”。[①] 5 月 3 日，拉夫罗夫表示西方支持格鲁吉亚加入北约导致格鲁吉亚在一些问题上与俄罗斯“无意协商”。5 月 15 日，俄罗斯国防部谴责北约为格鲁吉亚提供军事支持。6 月 6 日，独联体非正式峰会上，俄罗斯总统梅德韦杰夫向乌克兰总统尤先科表示，加入北约既解决不了乌克兰的任何安全问题，也无益于俄乌关系发展。[②] 显见，2008 年上半年，俄罗斯、美国和北约在争取乌克兰和格鲁吉亚方面进行了激烈的口角，地区形势因外部势力的积极介入而日趋紧张。

对俄罗斯而言，后苏联空间向心趋势减弱的另一个表现是土库曼斯坦的天然气风波。2005 年 8 月 23 日，在俄罗斯城市喀山举行的独联体国家元首理事会会议上，土库曼斯坦表达了希望由独联体正式成员国变为非正式成员国的立场。尽管土库曼斯坦在 1995 年就获得了中立国地位，但它一直比较积极地参与到独联体的各项事务中，此次提出改变身份的请求实际上将削弱独联体的覆盖面。2006 年，土库曼斯坦取消了俄语的官方语言地位，显示出其对土俄关系发展的重视程度降低。2006 年 6 月 29 日，俄罗斯天然气工业股份公司与土库曼斯坦总统尼亚佐夫进行的天然气供应谈判破裂，双方在价格问题上争执不下，首次发生公开冲突，土库曼斯坦威胁将在此前合同完成后停止向俄罗斯提供廉价天然气。[③] 经过艰难的讨价还价，9 月 5 日，土库曼斯坦与俄罗斯签订天然气供应合同，规定自 2006 年第四季度及其后的三年时间里，土方以 100 美元/千立方米的价格向俄罗斯提供 1620 亿立方米天然气，[④] 从而缓和了俄土之间的天然气风波。直到 2007 年 12 月 20 日，俄罗斯、哈萨克斯坦和土库曼斯坦三国总统签署协议，确定建设一条由土库曼斯坦经哈萨克斯坦、俄罗斯通往欧洲的天然气管道后，土库曼斯坦同俄罗斯的关系才告平静。

（二）传统亲俄国家与俄罗斯的关系出现裂痕

在这一时期，传统的亲俄国家中，部分国家也同俄罗斯暴露出较大

① 周凡、于璐：《俄罗斯大事记（2008 年 3—4 月）》，《俄罗斯研究》2008 年第 3 期，第 97 页。

② 于璐、戚树霞：《俄罗斯大事记（2008 年 5—6 月）》，《俄罗斯研究》2008 年第 4 期，第 95 ~96 页。

③ 何明：《俄罗斯大事记（2006 年 4—6 月）》，《俄罗斯研究》2006 年第 3 期，第 97 页。

④ 郑羽主编《新普京时代（2000 ~2012）》，第 282 页。

的分歧，不仅延滞了一体化本身的发展，也加重了后苏联空间的离心倾向。俄白联盟原本是后苏联空间内发展程度最高的次地区一体化合作，白俄罗斯也被认为是俄罗斯最坚定的盟友，但两国从 2004 年起围绕诸多问题出现分歧。

2004 年 2 月，俄罗斯天然气公司因旧合同到期、新合同未及时签署停止对白俄罗斯供应天然气，尽管只停了短短不到一天的时间，但在这样寒冷的冬日，停气对生产和生活造成重要影响，白俄罗斯对此反应强烈。2 月 19 日，白俄罗斯召回驻俄大使，总统卢卡申科表示俄白关系将由此长期受损，俄罗斯外交部发言人表示卢卡申科的讲话带有挑衅性质。4 天后，白俄罗斯方面有所软化，总统卢卡申科表示俄白在天然气问题上的矛盾是两国经济实体间的问题，不应政治化，应尽可能在法律框架内解决，从而避免了矛盾的进一步升级。[①] 经过双方相关企业和政府的共同努力，6 月 8 日，俄白两国总理就天然气供应价格等问题达成一致，暂时弥合了双方在能源领域的分歧。

8 月 23 日，普京和卢卡申科在索契举行会晤，商定将两国计划多年的使用卢布作为统一货币的日期从 2005 年 1 月 1 日推迟到 2006 年 1 月 1 日。这一推迟，既有条件不成熟、准备不充分等事件发展自身的原因，也受到两国“斗气”风波的重要影响。然而，2006 年 1 月 1 日，统一使用卢布的计划依然未能如期实现。

白俄罗斯是独联体地区唯一一个以低价从俄罗斯进口天然气的国家，然而从市场规律和本国利益出发，俄罗斯试图在 2007 年提高天然气供应价格。尽管俄罗斯做出保证——白俄罗斯依然能够享有最优惠的价格，但比此前的价格高出许多，这令白俄罗斯难以接受，认为是破坏两国联盟关系的行为。最终经过艰苦谈判，2006 年 12 月 31 日，俄白就石油进出口合作问题达成一致，避免了更大的矛盾。2007 年 1 月，俄罗斯经由白俄罗斯境内的“友谊”输油管道向白俄罗斯以及其他欧洲国家的石油供应得到恢复。然而，俄白联盟的发展受“斗气”风波影响一度停滞。普京在 2007 年 4 月发表了有关俄白联盟问题的立场，他表示“俄罗斯欢迎任何一体化的形式和模式。我们的白俄罗斯朋友打算走多远，我们就

① 《俄罗斯联邦内政外交大事记（1990—2004 年）》，第 677 页。

愿意走多远。联盟国家的建设速度只取决于一体化进程的内容和实际深度”。[①] 尽管普京表达了推动联盟发展的姿态，但从他的这段话中可以看出，俄罗斯将俄白联盟发展中的问题归咎于白俄罗斯。

此后，俄白能源危机再起。2007 年 6 月 11 日，俄罗斯敦促白俄罗斯年底前还清预估总计达 4 亿美元的天然气债务。7 月 30 日，俄罗斯和白俄罗斯未能就一项数额达 15 亿美金的贷款达成协议，此项贷款拟用于白俄罗斯偿还其天然气债务。8 月 1 日，俄罗斯天然气工业股份公司宣布，鉴于 2007 年上半年白俄罗斯的 4.56 亿美元天然气欠款尚未支付，它们决定从 8 月 3 日起将输往白俄罗斯的天然气供应削减 45%。8 月 3 日，白俄罗斯向俄罗斯支付了首期天然气补偿款 1.9 亿美元，进一步危机得以避免。白俄罗斯总统卢卡申科承诺在未来几天内偿清余款，但同时也谴责了莫斯科对白俄罗斯的羞辱。[②]

在油气供应方面出现的分歧，降低了俄白之间的信任程度，也阻碍了一体化的发展。俄白联盟在这一阶段达成和落实的一体化协议和成果显著减少，只有在双方利益获得协调、尊重和实现的基础上，俄白两国才会在其他国际事务中相互支持。2007 年 12 月 14 日，普京和卢卡申科总统签署一项双边协议，俄罗斯将向白俄罗斯提供 15 亿美金的贷款，俄白协商逐步提高天然气供应价格。普京还与卢卡申科共商了俄白联盟国家宪法草案的起草工作安排。普京表示，希望能够加快建立俄罗斯与白俄罗斯统一经济空间和海关联盟的进程。[③] 卢卡申科随即表示白俄罗斯准备与俄罗斯一起反对美国在东欧部署反导系统的计划。[④]

尽管白俄罗斯一直具有亲俄传统，但俄罗斯不时的天然气提价政策，损害了其作为地区领袖的地位。[⑤] 俄白联盟尚且如此，遑论后苏联空间内的其他国家。所以，在多种因素的影响下，后苏联空间的地区主导观

① 〔俄〕普京：《2007 年致联邦会议的国情咨文》，《普京文集（2002—2008）》，第 464 页。

② 周凡、于璐：《俄罗斯大事记（2007 年 7—8 月）》，《俄罗斯研究》2007 年第 5 期，第 96～97 页。

③ 郑羽主编《新普京时代（2000—2012）》，第 284 页。

④ 周凡、于璐：《俄罗斯大事记（2007 年 11—12 月）》，《俄罗斯研究》2008 年第 1 期，第 96～97 页。

⑤ *Цыганков А. П.* Внешняя политика России от Горбачева до Путина: формирование национального интереса. М.: Научная книга, 2008. С. 215.

念呈现出逐渐恶化的下行趋势。

第三节　俄罗斯国力的变化与维持现状政策

从2004年普京开始他的第二任期到2008年梅普组合建立的四年间，俄罗斯的经济发展形势良好，国力呈现持续上升势头。这增强了俄罗斯的自信和独立意识，所以在后苏联空间的内外形势均呈下行趋势的情况下，俄罗斯推动地区一体化发展的意愿有所减弱，更多采取维持现状的政策。

一　俄罗斯国力的持续稳定提升

2004年5月7日，普京在第二任期的宣誓就职仪式上表示，俄罗斯今后四年的首要任务是将积累的潜力转化为新的发展能量，最大限度地提高民众生活质量，使生活水平得到明显提高。[①] 此后四年，俄罗斯政府取得了令人瞩目的进展。从表5－1中可以明显看到，俄罗斯国内生产总值在总量、人均和全球所占份额等指标上都实现了快速增长。最具转折意义的指标是2007年的数据，这一年，俄罗斯的国内生产总值首次超过了1989年的水平，是1991年的110%左右，这"标志着俄罗斯经济已彻底摆脱危机"。[②]

表5－1　2003～2008年俄罗斯的国内生产总值（GDP）

年份	GDP（十亿美元）	人均GDP（美元）	占全球GDP份额（%）
2003	430	2968	1.13
2004	591	4095	1.38
2005	764	5308	1.64
2006	990	6889	1.96

① Выступление Президента России В. В. Путина на церемонии вступления в должность Президента России, Москва, Кремль, 7 мая 2004 года, http://www.mid.ru/bdomp/bl.nsf/483b39647d9cb20cc3256def0051fa1f/2fc4c52d4e6bdb00c3256e8d003bd24a! Open Document.

② 郑羽主编《新普京时代（2000～2012）》，第69页。

续表

年份	GDP（十亿美元）	人均 GDP（美元）	占全球 GDP 份额（%）
2007	1300	9050	2.29
2008	1661	11561	2.67

资料来源：伊万·库什尼尔经济与法律学院（Институт экономики и права Ивана Кушнира）网站整理的数据，http://www.be5.biz/makroekonomika/gdp/gdp_russia.html。

另一些更为具体的指标和数据从多个方面印证了俄罗斯国力的提升。2004 年上半年，俄罗斯石油工业创新高，石油开采和出口均达到独立后近 13 年的最高水平。[①] 2005 年 5 月 11 日，俄罗斯开始与巴黎俱乐部债权国就提前偿还债务问题进行正式谈判。8 月，俄罗斯提前偿还了 150 亿美元，占总债务量的 1/3。[②] 2006 年，在对外贸易自由化改革多年后，俄罗斯官方终于宣布资本流动性成为经济政策的主要成就。[③] 2007 年 7 月 23 日，俄联邦国家统计署宣布俄罗斯民众的平均月收入水平由 2000 年的 50 美元上升到 2007 年 6 月的 544 美元，[④] 翻了数倍。9 月 26 日，首架苏霍伊 -100 支线客机下线，这是苏联解体后俄罗斯设计制造的第一架新型客机。[⑤] 10 月，俄罗斯的黄金外汇储备创造了俄罗斯历史上的最高水平，达到 4240 亿美元，也出现了 15 年来最高的出生率。[⑥]

2008 年年初，普京这样总结了过去八年的成就：最近八年，投入俄罗斯经济的外资总额增长了 6 倍。2007 年，流入俄罗斯的资金绝对数创造了新纪录，达到 823 亿美元。相比于 1999 年，证券市场的总市值增长了 21 倍。俄罗斯与外国的贸易额增加了 5 倍多。今天，俄罗斯已经完全

---

① 何明：《俄罗斯大事记（2004 年 7—9 月）》，《俄罗斯研究》2004 年第 4 期，第 92 页。

② 何明：《俄罗斯大事记（2005 年 7—9 月）》，《俄罗斯研究》2005 年第 4 期，第 95 页。

③ Pekka Sutela, "Economic Policy," in Stephen K. Wegren eds., *Return to Putin's Russia: Past Imperfect, Future Uncertain*, Fifth edition, Lanham [etc.]: Rowman & Littlefield Publishers, 2012, p. 177.

④ 周凡、于璐：《俄罗斯大事记（2007 年 7—8 月）》，《俄罗斯研究》2007 年第 5 期，第 96 页。

⑤ 周凡、于璐：《俄罗斯大事记（2007 年 9—10 月）》，《俄罗斯研究》2007 年第 6 期，第 94 页。

⑥ 〔俄〕普京：《与俄罗斯总统“直线对话联播”电视广播节目速记记录》，《普京文集（2002—2008）》，第 599 页。

恢复了在20世纪90年代丧失殆尽的社会经济发展水平。国内生产总值达到了最近七年来的最高增长点——8.1%。国家的外债减少到了国民生产总值的3%以下。①

国力的提升也同时改变了俄罗斯在体系结构和地区结构中的相对权力地位。在体系结构中，经过几年的持续增长，俄罗斯的国内生产总值在2007年跨入了1万亿美元的行列，尽管总量仍然不高，但已经大幅缩小了与主要大国之间的差距（参见表5－2）。相应地，俄罗斯的国内生产总值在六大国中所占的比重也几乎以每年1%的速度持续增长（参见表5－3）。这些数据体现了俄罗斯在体系结构中相对权力地位的稳步提升。

如果对比之前的2000～2003年阶段（参见表4－3），当时俄罗斯在体系结构中的相对权力地位也呈现上升趋势，但俄罗斯在六国中所占的比重始终维持在2%以内的水平，其上升速度远没有2004～2008年这个阶段明显。由此，俄罗斯经济在2004～2008年这个阶段的快速增长给各大国特别是主要西方国家造成了更多的心理压力。对于这个曾经的“敌人”，以美国为首的西方国家不能轻视俄罗斯的发展潜力和国家能力。这也从一个侧面解释了在进入2007年后俄罗斯同主要西方国家关系出现下行、体系结构的主导观念出现恶化的原因。

表5－2　2003～2008年主要国家的国内生产总值

单位：十亿美元

年份	俄罗斯	美国	中国	日本	德国	法国
2003	430	11512	1651	4303	2424	1792
2004	591	12277	1945	4656	2726	2056
2005	764	13095	2287	4572	2766	2137
2006	990	13858	2793	4357	2903	2256
2007	1300	14480	3504	4356	3324	2582
2008	1661	14720	4547	4849	3624	2832

资料来源：伊万·库什尼尔经济与法律学院（Институт экономики и права Ивана Кушнира）网站整理的数据，http://www.be5.biz/makroekonomika/gdp/gdp_russia.html。

① 〔俄〕普京：《关于俄罗斯到2020年的发展战略——在俄罗斯国务委员会扩大会议上的讲话》，《普京文集（2002—2008）》，第674～675页。

表 5－3 2003～2008 年主要国家的国内生产总值占六国总和的比重

年份	俄罗斯	美国	中国	日本	德国	法国
2003	1.94%	52.06%	7.47%	19.46%	10.96%	8.10%
2004	2.44%	50.62%	8.02%	19.20%	11.24%	8.48%
2005	2.98%	51.11%	8.93%	17.84%	10.80%	8.34%
2006	3.65%	51.03%	10.28%	16.04%	10.69%	8.31%
2007	4.40%	49.01%	11.86%	14.74%	11.25%	8.74%
2008	5.15%	45.67%	14.11%	15.04%	11.24%	8.79%

资料来源：由表 5－2 的数据计算得出。

在地区结构中，俄罗斯相对权力地位的变化同样突出。从表 5－4 和图 5－1 中可以明显地看到，尽管各国的经济形势表现良好，出现平稳的增长势头，但作为地区内实力最强的国家，俄罗斯国力的快速提升明显拉大了同后苏联空间内主要国家之间的差距。对比 2000～2003 年和 2004～2008 年这两个时期，尽管同样是增长阶段，俄罗斯在后一阶段中相对权力地位的提升明显要快于世纪之初。综上所述，2004～2008 年间，俄罗斯的相对权力地位在体系结构和地区结构中都呈现比较明显的上升趋势。

表 5－4 2003～2008 年后苏联空间内主要国家的国内生产总值

单位：十亿美元

年份	俄罗斯	乌克兰	白俄罗斯	哈萨克斯坦
2003	430	50	18	31
2004	591	65	23	44
2005	764	86	30	58
2006	990	108	37	82
2007	1300	143	45	106
2008	1661	180	61	135

资料来源：伊万・库什尼尔经济与法律学院（Институт экономики и права Ивана Кушнира）网站整理的数据，http://www.be5.biz/makroekonomika/gdp/gdp_russia. html。

二 俄罗斯维持地区一体化的发展现状

国力的提升增强了俄罗斯的自信心，也赋予其更大的政策选择空间。

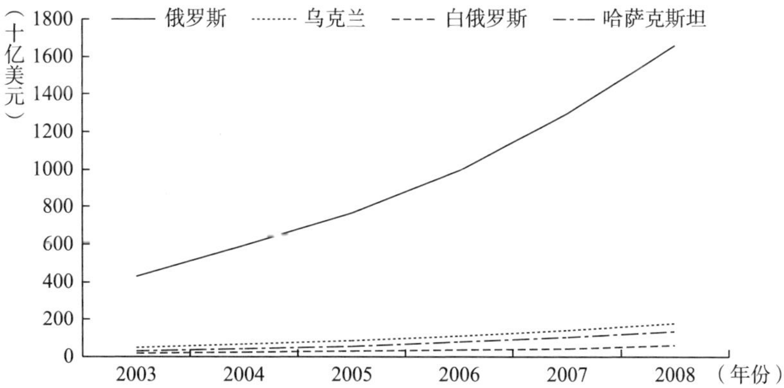

图 5－1　2003～2008 年后苏联空间内主要国家的国内生产总值

资料来源：根据表 5－4 的数据做出。

在体系结构和地区结构中的主导观念都不断恶化的情况下，地区一体化对俄罗斯的吸引力逐渐减弱，它既不需要一体化帮助提升国力，也无意在各种矛盾中推动一体化。由此，硬币的一面是维持一体化的发展现状成为俄罗斯的主要政策方向，硬币的另一面则是俄罗斯单独行动的意愿增强。

（一）俄罗斯采取维持现状政策的表现

2004 年 7 月 12 日，普京在年度驻外使节会议上发表讲话，指出俄罗斯对外政策的优先任务是维护国家经济利益、增加本国的投资吸引力和消除国外市场对俄罗斯的歧视。[①] 这意味着如果地区一体化有助于俄罗斯完成优先任务，那么俄罗斯将积极实施地区一体化政策。然而，俄罗斯在后苏联空间的地区一体化问题上却表现出意愿逐渐减弱的趋势，并采取了一种维持现状的政策。

1. 对全空间的地区一体化并不积极

进入 2005 年后，俄罗斯对独联体一体化的态度发生了细微变化。2005 年的总统国情咨文中，普京尽管谈到了与独联体国家共同发展经济、营建共同空间等问题，但并没有明确提及一体化的内容。[②] 2005 年 8

---

① Выступление Президента Российской Федерации В. В. Путина на пленарном заседании совещания послов и постоянных представителей Российской Федерации в Москве, 12 июля 2004г. //Дипломатический вестник. 2004. №8. С. 10 – 12.

② 〔俄〕普京：《2005 年致联邦会议的国情咨文》，《普京文集（2002—2008）》，第 179～195 页。

月召开的独联体峰会被认为变成了总统俱乐部，[①] 没有取得任何积极成果。俄罗斯外长拉夫罗夫在这次独联体国家外长会议结束后对媒体表示，独联体改革非常必要，但不能急于求成。[②] 显然，俄罗斯的心态已经不再非常迫切了。

2006 年的国情咨文中同样未能出现“独联体一体化”的陈述。在讨论俄罗斯与独联体国家之间的合作时，普京谈道，“围绕独联体存在的合理性及未来命运问题的争论至今没有停止，同时我们也正在致力于解决独联体的改革问题。毫无疑问，独联体曾帮助新独立的国家在没有遭受特别损失的情况下相互间建立起了伙伴关系，并且在遏制前苏联地区冲突方面发挥了积极作用”。但普京随后着重强调了俄罗斯在其中的突出作用。他说，“我想强调一点：上述冲突之所以得到平息，恰恰归功于俄罗斯的参与。我们今后仍将负责任地完成自己的维和使命。……我在此重申：与近邻的关系过去是，现在仍然是俄罗斯联邦对外政策的最重要领域”。[③] 归结起来，普京的核心意思是俄罗斯重视独联体国家，但更强调俄罗斯的作用。

在 2007 年的国情咨文中，普京表示，“俄罗斯今后仍打算在独联体空间——更广阔地说，在整个欧亚大陆的经济一体化进程中发挥创造性的作用。应当巩固欧亚经济共同体和上海合作组织中的一体化进程。我要强调的是，这正好表明经济是安全——包括我国边界的安全——的同义词”。[④] 这表明俄罗斯的意图是通过经济合作促进国家安全，同时，俄罗斯更多关注的是以欧亚经济共同体和上海合作组织为代表的次地区一体化的发展。2008 年 2 月 22 日，12 个成员国元首共同出席了独联体国家元首理事会会议，这是普京离任总统前最后一次参加独联体峰会，普京的讲话中只谈到了一次“一体化”，即会议主席制度对一体化进程的促进作用。其他的篇幅里他更多谈论的是保护移民和开展人

① *Быков А. Н.* Исторический шанс России-евразийская интеграция и трансконтинентальная кооперация. К 15-летию распада СССР и образования СНГ, Российский экономический журнал. 2006. № 5/6. С. 36 – 47.

② 何明：《俄罗斯大事记（2005 年 7—9 月）》，《俄罗斯研究》2005 年第 4 期，第 95 页。

③ 〔俄〕普京：《2006 年致联邦会议的国情咨文》，《普京文集（2002—2008）》，第 300 ~ 301 页。

④ 〔俄〕普京：《2007 年致联邦会议的国情咨文》，《普京文集（2002—2008）》，第 463 页。

文合作的内容。整体上他对独联体进行了如下界定，“独联体显然是俄罗斯不可改变的优先考虑的方面，这不仅因为我们有着共同的过去和必须保存我们人民之间的历史联系，而且还因为我们几个国家的未来在好多方面都取决于独联体的发展”，“这个组织是使我们可以解决重大问题的平台，而如有需要的话，也是进行接触的平台”。[①] 2008 年 5 月，当乌兹别克斯坦总统提出合并欧亚经济共同体和集体安全条约组织时，俄罗斯又予以拒绝。2008 年 7 月颁布的对外政策概论中，俄罗斯强调发展同独联体国家多边或双边的合作是对外政策的优先方面，要分别发挥欧亚经济共同体和集体安全条约组织在不同领域的相应一体化作用。[②]

由以上这些表态和行动中可以看到，俄罗斯对推动全区域的独联体一体化并不积极，而对次地区一体化的发展抱有一定的积极性，同时，俄罗斯反对发展“大而全”的地区一体化机制。

2. 强调俄罗斯需要量力而行

新颁布的《俄罗斯联邦对外政策概论》提到，俄罗斯“必须作为一个有活力的世界大国，必须在量力而行的基础上就迫切的国际问题所涉及的各个方面采取主动政策”。[③] 所谓的“主动”和“量力而行”，实际上意味着俄罗斯为了追求自身利益，将有选择地采取相应的措施。

首先，减少本国的经济负担，实现成本收益的平衡。2007 年，普京在多个场合反复提到，过去 15 年来，俄罗斯一直以低廉的价格向邻国提供能源，俄罗斯与乌克兰、白俄罗斯等国的“斗气”风波也都在很大程度上源自俄罗斯不愿意继续单方面付出。2008 年，俄罗斯提出“在继续融入世界经济一体化的过程中，在考虑到保证国家经济、能源和粮食安全的同时，努力达到利益最大化和风险最小化”。[④] 其次，防止自身受到

---

① 〔俄〕普京：《独联体今后的发展方向——在独联体成员国首脑会晤时的讲话》，《普京文集（2002—2008）》，第 691 页。

② Концепция внешней политики Российской Федерации, 15 июля 2008 года, http://kremlin.ru/acts/785.

③ Обзор внешней политики Российской Федерации, http://www.mid.ru/brp_4.nsf/0/3647DA97748A106BC32572AB002AC4DD.

④ Концепция внешней политики Российской Федерации, 15 июля 2008 года, http://kremlin.ru/acts/785.

一体化机构的束缚。“为了不让自身的主权受到限制，俄罗斯不准备加入任何军事政治集团，因为一旦加入了这样的集团，国家的主权肯定会受到影响。”① 这一表态反映了俄罗斯对本国主权的珍视，以及它的独立行动倾向。最后，着重发展经济一体化。普京谈道，“我们不想把任何国家并入俄罗斯，因为这对我们来说只是额外的经济负担。但我们希望能在世界经济中发挥我们之间的天然竞争优势。……这里谈的唯一的出路是经济一体化”。② 俄罗斯之所以重视经济一体化，因为其在军事和政治领域对一体化的需求较小，而经济一体化能够给其带来更多获益。上述三个方面鲜明体现出俄罗斯对一体化的实用主义立场。

3. 注重参与范围更广的或者是与其他区域的地区一体化

后苏联空间的地区一体化在相当程度上需要作为地区主导国的俄罗斯付出更多的成本与代价，而其他区域的地区一体化既有利于实现俄罗斯的目标，也不需要付出过高的成本，因此，此时的俄罗斯对后者有更高的参与积极性。2005 年 5 月，普京表示，“我们既同欧盟国家，也同独联体国家发展一体化联系的努力是一个统一的有机过程，它应该导致在一个辽阔的区域里大大扩大共同的安全、民主和务实合作的和谐空间”。③ 11 月 17 日，普京发表文章指出，正如许多专家所评论的，亚太地区正在逐渐成为世界的经济和政治中心，俄罗斯要发展，就必须积极参与亚太地区的一体化进程，这是俄罗斯的战略选择。④ 可见，在后苏联空间之外，俄罗斯也注意发展同欧洲和亚太地区的一体化。

对于未来发展，普京指出，“我们感兴趣的是积极参与全球和地区一体化进程，开展紧密的经济贸易和投资合作，推广高新技术，把它们引入日常生活的各个领域。所有这一切都符合我们的战略目的。为了解决我们的国家任务，我们需要和平的、积极的国际关系环境。我们也将为此而努力奋斗。我重申，我们不希望从谁那儿夺走什么：我

① 〔俄〕普京：《答美国〈时代〉周刊记者问》，《普京文集（2002—2008）》，第 641 页。

② 〔俄〕普京：《答美国〈时代〉周刊记者问》，《普京文集（2002—2008）》，第 661 页。

③ 〔俄〕普京：《战胜纳粹主义的教训：思考过去，共同建设安全和人道的未来——载于法国〈费加罗报〉的文章》，《普京文集（2002—2008）》，第 202 页。

④ *Путин В. В.* Россия-АТЭС: широкие горизонты сотрудничества, 17 ноября 2005 года, http://archive.kremlin.ru/appears/2005/11/17/1213_type63382_97334.shtml.

们是可自给自足的国家。我们也不准备‘关闭大门’，不想使自己孤立于外部世界”。[①] 从这段表态中可以看到，俄罗斯既不打算自我封闭，也不准备局限在后苏联空间，而是对更大范围的一体化抱有兴趣。

（二）俄罗斯单独行动的意愿增强

齐甘科夫将2005年开始至2008年8月俄格冲突之间的俄罗斯对外政策定性为“独断的”（assertive）对外政策。[②] 与此相类似，本研究认为，与俄罗斯地区一体化意愿的减弱同时发生的，是俄罗斯单独行动意愿的增强。一方面，普京的第二任期开始后，以2004年9月的别斯兰事件为代表的恐怖袭击事件增多，国内的反恐形势更加严峻，内部问题压力增大；另一方面，来自主要西方国家的外部压力和空间内各国的离心倾向，都使俄罗斯更愿意单独采取行动。具体表现在如下方面。

1. 俄罗斯增加军费开支和整顿军备

2004年8月12日，俄财政部长库德林宣布，俄罗斯2005财政年度军事采购总量将同比增长40%，增加额度达700亿卢布（1美元约合29.1卢布）。普京对此解释说，俄罗斯这样做的目的是为了加强防御能力和提高强力部门的工作效率。[③] 同时，俄罗斯提高了军人的工资待遇，并提升了部队的武器装备水平。2005～2006年，俄罗斯将S－400型防空导弹系统、机动式“白杨－M”型洲际弹道导弹和“伊斯坎德尔”战术导弹系统装备相关部队。2006年5月29日，俄罗斯副总理兼国防部长伊万诺夫向普京总统汇报《2007～2015年国家武器计划》的起草情况时宣布，从2007年开始的9年时间里，将为国家武器计划拨款49390亿卢布（约合1830亿美元），其中63%的资金将用于批量采购有发展前景的武器装备。[④] 2007年8月17日，普京宣布，自1992年单方面取消的俄罗

---

① ［俄］普京：《关于俄罗斯到2020年的发展战略——在俄罗斯国务委员会扩大会议上的讲话》，《普京文集（2002—2008）》，第688页。

② Andrei P. Tsygankov, “Foreign Policy,” in Stephen K. Wegren eds., *Return to Putin's Russia: Past Imperfect, Future Uncertain*, Fifth edition, p. 235.

③ 何明：《俄罗斯大事记（2004年7—9月）》，《俄罗斯研究》2004年第4期，第92页。

④ 何明：《俄罗斯大事记（2006年4—6月）》，《俄罗斯研究》2006年第3期，第96～97页。

斯战略轰炸机远程巡逻飞行任务已经恢复。[①] 12 月 5 日，俄罗斯国防部长谢尔久科夫宣布，海军航母舰队已于当天恢复例行的远洋航行，将重返大西洋和地中海水域。[②] 俄罗斯在军事领域中的一系列动作表明其有意采取单独行动加强对自身安全的保护。

2. 反对国内问题的国际化和政治化

别斯兰事件发生后，俄罗斯在车臣问题和反恐问题上的立场更为坚决，反对国内问题的国际化，防止外部干涉。2004 年 9 月 9 日，俄罗斯外长拉夫罗夫指出，莫斯科坚决反对将车臣问题国际化，西方国家发表的言论是借别斯兰人质事件搞投机活动。9 月 12 日，俄罗斯国防部长伊万诺夫表示，俄罗斯将独立做出有关对境外恐怖活动基地实施预防性打击的决定。[③] 9 月 13 日，在莫斯科举行的俄联邦政府扩大会议上，普京发表讲话指出，“俄罗斯必须采取有力措施确保国家统一、巩固国家机构、加强人民对政权的信任和建立有效的内部安全体系”，以应对恐怖主义威胁。[④]

针对颜色革命过程中所反映出的外国组织干预国内政治的情况，2005 年 7 月 20 日，普京表示“俄罗斯将不会允许外国组织对俄罗斯国内的政治活动提供资助”。[⑤] 相应的法律手段也付诸实施。12 月 23 日，俄罗斯国家杜马通过了关于监督非政府组织的法案，该法案严格限制了俄罗斯的非政府组织接受国外资助，并制定了专门手续，处理国外非政府组织和社会团体在俄罗斯开办代表处等相关事宜。[⑥] 2008 年 5 月 6 日，即将卸任总统的普京签署法令，限制外国投资者进入 42 个“战略性经济部门”，其中包括能源、采矿、通信、航空和大众媒体等多个行业，[⑦] 加

① 周凡、于璐：《俄罗斯大事记（2007 年 7—8 月）》，《俄罗斯研究》2007 年第 5 期，第 97 页。

② 周凡、于璐：《俄罗斯大事记（2007 年 11—12 月）》，《俄罗斯研究》2008 年第 1 期，第 96 页。

③ 何明：《俄罗斯大事记（2004 年 7—9 月）》，《俄罗斯研究》2004 年第 4 期，第 93 页。

④ Выступление президента России Владимира Путина на расширенном заседании правительства с участием глав субъектов РФ 13 сентября 2004 года, 14. 09. 2004, http://www. ng. ru/politics/2004 - 09 - 14/1_speech. html.

⑤ 何明：《俄罗斯大事记（2005 年 7—9 月）》，《俄罗斯研究》2005 年第 4 期，第 94 页。

⑥ 何明：《俄罗斯大事记（2005 年 10—12 月）》，《俄罗斯研究》2006 年第 1 期，第 97 页。

⑦ 于璐、戚树霞：《俄罗斯大事记（2008 年 5—6 月）》，《俄罗斯研究》2008 年第 4 期，第 95 页。

强了对关键领域的控制。

3. 将工作重心投入到国内建设上

在2005年的国情咨文中，普京指出建设自由民主国家、推进联邦主体合并和促进经济自由化是俄罗斯面临的三大发展任务，[①] 显示出其工作重心放在了国内建设和经济发展方面。2006年2月，普京签署《关于打击恐怖主义措施的命令》，决定成立全国统一的国家反恐委员会。4月3日，俄罗斯财政部长库德林表示从2006年到2009年，财政部门将拨款788亿卢布用于首批经济特区的基础设施建设，以加快经济特区的发展进程。[②]

2007年12月，"统一俄罗斯党"在普京的亲自领导下赢得了国家杜马选举，随后的2008年3月，梅德韦杰夫成功当选为新一届俄罗斯总统，5月，国家杜马以高票通过了对普京的总理任命。俄罗斯由此顺利完成了过渡，开启了"梅普组合"的时代。然而，这一时代的对外特征以一场冲突与此前标识开来。2008年8月8日，俄罗斯与格鲁吉亚爆发冲突，显示出俄罗斯单独行动的意愿达到了高峰，这场冲突不仅严重恶化了俄格两国的关系，也使后苏联空间的地区一体化遇到前所未有的困难局面。

本章小结

2004年开始，颜色革命浪潮在后苏联空间蔓延，让俄罗斯感到了来自空间内外的巨大压力。这既是西方主要大国对俄罗斯实力恢复的反应，也是地区内国家向心力趋弱的表现。此后，北约和欧盟相继完成了东扩，压缩了俄罗斯的战略空间，使得俄罗斯同西方主要国家的关系逐渐下行，俄美双方在反导系统问题上争论不断，尽管俄罗斯同中国的关系保持良好状态，但整个体系结构中的主导观念仍然处于总体上不断恶化的状态。在地区内部，尽管次地区一体化取得了一定的成果，但各国的离心趋势却日渐明显。部分国家表现出明显的加入欧盟的愿望，一些国家同俄罗

① 〔俄〕普京：《2005年致联邦会议的国情咨文》，《普京文集（2002—2008）》，第180页。

② 何明：《俄罗斯大事记（2006年4—6月）》，《俄罗斯研究》2006年第3期，第96页。

斯的双边关系出现摩擦，这些都是地区结构中的主导观念出现恶化趋势的表现。而俄罗斯的国力在这数年间依然保持了明显的增强趋势，其在体系结构和地区结构中的相对权力地位上升，减弱了其通过发展地区一体化来增强自身实力的政策动力。由此，到 2008 年前后，后苏联空间的地区一体化出现迟缓发展和停滞的局面，俄罗斯的单独行动意愿增强，发展地区一体化的意愿减弱，仅仅维持着一体化的发展现状。2008 年 8 月，一场俄罗斯同格鲁吉亚的冲突彻底将后苏联空间的内外形势推入低谷。

本章讨论的是 2004 年至 2008 年年中俄罗斯对地区一体化的意愿和政策变化。回到本研究的分析框架，双重结构在这一阶段产生的是一种弱激励（激励 D 和激励 K，即两个最弱的激励组合），减弱了俄罗斯发展地区一体化的积极性，它只是维持地区一体化的发展现状，不愿意采取措施推动一体化的深化和扩大。与此同时，俄罗斯单独行动意愿增强，它不惜挥起武力的大棒，教训了地区内部“不听话”的格鲁吉亚。由此，本章验证了本研究的核心假设 2——“如果体系结构和地区结构提供的两种激励都位于‘弱激励’的低位，那么大国会持有消极支持一体化的态度，其行为表现为维持地区一体化的发展现状，不采取新的政策措施”。

第六章　俄罗斯重点发展经济一体化（2008～2013）

2008年8月的俄格冲突严重恶化了后苏联空间内的地区主导观念，独联体的发展也被蒙上了一层阴影。一场金融危机不仅改变了俄罗斯所处地区的内外形势，也促成了俄罗斯出台新政策。2011年，普京提出“欧亚联盟”方案，显示出俄罗斯对地区一体化的态度转为积极，并采取重点发展经济领域一体化的政策。

第一节　俄格冲突与金融危机的多重影响

2008年下半年，俄罗斯同格鲁吉亚的冲突以及席卷全球的金融危机，对后苏联空间的内外形势和俄罗斯的对外政策都产生了重要影响。

一　俄格冲突对双重结构的影响

2008年8月8日，就在北京奥运会开幕的同一天，俄罗斯与格鲁吉亚爆发了冲突，这场持续了仅5天的战争，最终以俄罗斯的后发制人告终。俄格冲突对后苏联空间的一体化前景以及俄罗斯与主要大国的关系均产生了重要影响。

（一）俄格冲突的原因和经过

俄罗斯与格鲁吉亚之间的突出问题是阿布哈兹和南奥塞梯。这两个格鲁吉亚的内部行政区一直具有较强的独立倾向，甚至谋求并入俄罗斯，而俄罗斯作为调停者在当地驻有维和部队，并同两个共和国政府具有较为密切的关系。进入2008年后，俄罗斯和格鲁吉亚围绕该问题龃龉不断，关系日趋紧张。

2008年2月20日，普京在独联体峰会召开前夕会见格鲁吉亚总统萨卡什维利，承诺俄罗斯不会承认阿布哈兹和南奥塞梯共和国为独立国家。[①] 4月，围绕俄罗斯与阿布哈兹和南奥塞梯正式建立经济联系的问题，格鲁吉亚反应强烈，先是中断了关于俄罗斯加入世贸组织的双边谈判，随后正式要求俄罗斯立即撤回在阿布哈兹冲突区残留的维和部队。5月8日，萨卡什维利总统宣布格鲁吉亚将不承认先前有关科索沃独立的认定，[②] 表明了本国已不再支持俄罗斯的立场。7月10日，萨卡什维利表示，俄罗斯对格鲁吉亚领土完整的侵犯是冷战结束后欧洲面临的最大挑战。8月5日，俄罗斯特使尤里·波波夫（Yuri Popov）表示，如果格鲁吉亚的南奥塞梯地区出现武装冲突，俄罗斯不会坐视不理。[③]

8月8日，格鲁吉亚政府军进攻南奥塞梯共和国，一场武装冲突就此爆发。俄罗斯维和部队营地被炸，导致人员伤亡，为此，俄罗斯外交部召开紧急会议，并要求联合国安理会召开紧急会议。格鲁吉亚总统萨卡什维利谴责俄罗斯轰炸格鲁吉亚领土，并宣布格鲁吉亚军队总动员。当天下午15点，俄罗斯总统梅德韦杰夫命令在当地的俄罗斯维和部队进行反击，驻扎在北高加索地区的俄罗斯第58集团军也在当日奉命进入南奥塞梯。俄罗斯总理普京宣称，格鲁吉亚在南奥塞梯的所作所为“具煽动性效果”。总统梅德韦杰夫在俄罗斯安全理事会的紧急电视发言中，誓言保护在南奥塞梯的俄罗斯公民。8月9日，南奥塞梯当局强烈要求俄罗斯承认其独立，格鲁吉亚抗议俄罗斯“入侵”南奥塞梯及袭击格境内的军事和民用设施。俄罗斯则部署军舰，防止格鲁吉亚船只靠近阿布哈兹。俄罗斯总理普京到达北奥塞梯首府弗拉季高加索，讨论援助问题，并亲自接见南奥塞梯难民。8月10日，在与美国国务卿赖斯的电话会议中，俄罗斯外交部长拉夫罗夫表示，格鲁吉亚必须从南奥塞梯撤军且放弃使用武力。8月12日，梅德韦杰夫总统宣布停止在格鲁吉亚的军事行动。[④] 至此，这场持续5天的冲突以格鲁

① 周凡、于璐：《俄罗斯大事记（2008年1—2月）》，《俄罗斯研究》2008年第2期，第97页。

② 于璐、戚树霞：《俄罗斯大事记（2008年5—6月）》，《俄罗斯研究》2008年第4期，第95页。

③ 于璐、戚树霞：《俄罗斯大事记（2008年7—8月）》，《俄罗斯研究》2008年第5期，第95~96页。

④ 于璐、戚树霞：《俄罗斯大事记（2008年7—8月）》，《俄罗斯研究》2008年第5期，第96~97页。

吉亚军队的溃败而结束。

（二）俄格冲突对后苏联空间内外形势的影响

俄格冲突仅仅持续了5天就以格鲁吉亚的失败而告终，其过程和结果显示出实力得到恢复的俄罗斯依然是后苏联空间无可争议的大国，也强化和凸显了在“一强多弱”的地区结构中俄罗斯具有的明显优势地位。这必然再次警醒了以美国为首的西方国家，俄格冲突原本就含有深刻的大国争夺背景，战争结束后，西方国家积极参与相关的后续处理，在不同程度上支持了格鲁吉亚，更显示了大国争夺的激烈。由此，俄格冲突不仅改变了后苏联空间的地区形势，也恶化了俄罗斯同主要西方国家的关系。

1. 俄格冲突对俄罗斯与西方关系的影响

俄格冲突是苏联解体后俄罗斯首次对外使用武力，反映了其反击美国战略围堵的强硬政策。[①] 美国等西方国家以及北约和欧盟也采取了多种方式介入俄格冲突的后续处理中。8月14日，法国和美国敦促俄罗斯和格鲁吉亚“立即”签署和平计划草案。15日，美国国务卿赖斯访问格鲁吉亚首都第比利斯，显示美国对格鲁吉亚的支持。同日，美国与波兰匆忙签署了部署导弹防御系统的初步决定，继续向俄罗斯施加压力。8月下旬开始，北约海军在黑海举行军事演习，意在向俄罗斯施压。9月1日，欧盟成员国领导人在布鲁塞尔专门就俄格冲突对策问题召开特别峰会，决定在俄罗斯军队彻底撤回到冲突前位置之前，暂时搁置与俄罗斯的双边关系框架协议谈判；欧盟决定向格鲁吉亚提供经济援助，帮助格鲁吉亚进行重建；欧盟领导人决定加速欧盟能源来源的多元化，以减少对俄罗斯的能源依赖，共同保护欧盟能源供应安全。[②] 9月，美国做出了推迟同俄罗斯进行民用核能合作的决定。

作为应对，俄罗斯一方面继续坚持自己的强硬立场，推动阿布哈兹和南奥塞梯的独立，巩固战争胜利的成果；另一方面也逐渐冷淡了同西方国家的关系。8月14日，梅德韦杰夫总统声称，只要符合联合国宪章

---

① 郑羽主编《多极化背景下的中俄关系（2012—2015）》，北京：经济管理出版社，2015，第12页。

② 郑羽主编《新普京时代（2000～2012）》，第286页。

规定，俄罗斯将支持南奥塞梯和阿布哈兹对其地位的任何决定。[①] 19日，梅德韦杰夫总统承诺，俄罗斯军队将在8月22日前撤出格鲁吉亚。21日，俄罗斯外长拉夫罗夫表示，俄罗斯将在南奥塞梯安全区部署军队。25日，俄罗斯国家杜马举行特别会议，全票通过了一项关于承认阿布哈兹和南奥塞梯独立的决议案。26日，梅德韦杰夫签署法令，承认阿布哈兹和南奥塞梯独立。9月9日，俄罗斯与南奥塞梯和阿布哈兹建立外交关系。9月17日，梅德韦杰夫同南奥塞梯总统科科伊特和阿布哈兹总统巴加普什签署三方友好协定。10月16日，俄外长指责联合国未向南奥塞梯和阿布哈兹提供援助，而仅援助格鲁吉亚。[②]

在与阿布哈兹和南奥塞梯推进合作的同时，针对美国、欧盟以及北约的反应，俄罗斯在坚持己见的同时，并没有示弱。8月21日，俄罗斯外长拉夫罗夫表示俄罗斯不会将北约拒之门外，未来与欧盟的合作将取决于布鲁塞尔。在表达合作意愿的同时，针对北约开始的军事演习，俄罗斯国防部宣布将暂时“冻结”与北约的军事合作。25日，梅德韦杰夫表示，俄罗斯准备断绝与北约的关系；总理普京表示，俄罗斯未见加入世贸组织的益处，但仍会寻求加入。26日，外长拉夫罗夫表示，俄罗斯最终会加入世贸组织，但应当是在正规、无歧视的条件下。27日，俄罗斯总理普京批准限制外国投资的35项工业技术名单。[③] 这些针锋相对的举动造成了俄罗斯同西方国家的关系日趋冷淡。

2. 俄格冲突对后苏联空间内部形势的影响

俄格冲突在后苏联空间内部造成恶劣影响。8月18日，格鲁吉亚宣布退出独联体。俄罗斯则寻求相关国家、地区组织和次地区组织支持自己的立场。9月2日，俄罗斯要求欧安组织发布报告，指明格鲁吉亚总统萨卡什维利是战争的罪魁祸首。9月5日，集体安全条约组织集体安全理事会发表声明，各成员国支持俄罗斯在促进地区和平与合作方面发挥积极作用并致力于确保南奥塞梯和阿布哈兹的持久安

① 于璐、戚树霞：《俄罗斯大事记（2008年7—8月）》，《俄罗斯研究》2008年第5期，第97页。

② 《俄罗斯大事记（2008年9—10月）》，《俄罗斯研究》2008年第6期，第97页。

③ 于璐、戚树霞：《俄罗斯大事记（2008年7—8月）》，《俄罗斯研究》2008年第5期，第97页。

全。[①] 10 月 7 日，白俄罗斯总统卢卡申科表示支持俄罗斯有关欧洲安全的提案。9 日，俄罗斯表示将以“优惠条件”向白俄罗斯提供军事装备。这实际上进一步加剧了后苏联空间的分裂，也影响了后苏联空间的地区一体化进程。10 月，在吉尔吉斯斯坦首都比什凯克举行的独联体峰会成为一次“分裂”的会议。俄格冲突的影响在这次会议上表现明显，一方面，它彰显了俄罗斯在后苏联空间依然具有无可比拟的巨大军事优势，使得各国不免暗自忌惮俄罗斯的“武力惩罚”，今天这根“大棒”教训了格鲁吉亚，明天可能就会挥向另一个挑战俄罗斯忍耐力的国家；另一方面，独联体的发展前景不免被蒙上了一层阴影，格鲁吉亚、乌克兰和阿塞拜疆的总统均缺席了本次峰会，尽管与会各国最终一致表示愿意进一步加强独联体一体化进程，但不可否认的是，“俄格冲突是独联体瓦解的危险信号”。[②] 受影响的不仅仅是独联体，俄罗斯推动的次地区组织也受到质疑甚至被抛弃。11 月，乌兹别克斯坦宣布退出欧亚经济共同体，理由是该组织缺乏工作效率，乌兹别克斯坦没有从中受惠，但这个时间点表明，乌兹别克斯坦的决策显然受到了俄格冲突的影响。由此，后苏联空间的地区一体化形势和地区结构中的主导观念都因为俄格冲突而更加恶化。

而俄罗斯之所以采取如此强硬、有些自我孤立甚至是不惜损害后苏联空间内外既有外交成果的做法，一方面与自 2007 年开始不断下行和严峻的内外形势有关，另一方面也同俄罗斯对自身所面对的各种形势和条件的认识有关。2008 年 7 月发布的《俄罗斯联邦对外政策构想》中明确表示，俄罗斯认识到本国对维护世界安全负有责任，也准备与其他国家开展合作，但如果伙伴国不愿意合作，俄罗斯也将不得不为了本国的国家利益独立采取措施。[③]

---

① Декларация московской сессии Совета коллективной безопасности Организации Договора о коллективной безопасности, 05. 09. 2008, https://odkb-csto. org/documents/statements/deklaratsiya-moskovskoy-sessii-soveta-kollektivnoy-bezopasnosti-organizatsii-dogovora-o-kollektivnoy/.

② 谭德峰、张玉国：《俄格冲突与俄罗斯独联体政策的未来》，《东北亚论坛》2009 年第 2 期，第 86 页。

③ Концепция внешней политики Российской Федерации, 12 июля 2008, http://archive. kremlin. ru/text/docs/2008/07/204108. shtml.

俄罗斯外长拉夫罗夫在2008年10月发表的一篇文章中比较全面地反映了俄罗斯在俄格冲突前后的状态。他在文中谈道，“所有迹象表明，我们站在了国际体系转型的最重要阶段”，“俄罗斯在国际关系领域中的意识形态是在理性思维和国际法的至高地位这两个基本立场上形成的”。在解释俄格冲突的原因时，拉夫罗夫指出俄罗斯“是在帮助弱者，帮助奥塞梯和阿布哈兹免受萨卡什维利的沙文主义和帝国主义的侵害”。为了安抚地区内各国的担忧，拉夫罗夫表示，“俄罗斯在高加索的行动获得了87%的民众支持，我们在任何其他地方也没有看到类似的形势，它将不会符合多米诺理论”，俄罗斯也“不打算把战争扩大到境外”。有关美俄关系，拉夫罗夫批评美国说，“你不能既妖魔化你的伙伴又期待与他进行合作”。“虽然单极世界仍然存在于神话水平上，但它仍然对国际关系造成不同程度的影响。很多国家相信它在政治、道德和其他关系中的真实性”，“遗憾的是，我们的美国伙伴试图通过冻结在八国集团框架中实施的措施达到在高加索事务中向我们施加压力的目的，我们从来都不赞成有选择的进行多边合作的做法”，“美俄关系建立在两个坚固的支柱上——国家利益和国际法。北约继续东扩对我们和所有欧洲大西洋关系是个问题”。[①] 以上这些表态让我们看到俄罗斯对单极体系、北约东扩等问题持否定立场。拉夫罗夫认为国际体系处在转型的关键期，而“俄罗斯站在其自身转型的初始阶段”，[②] 其中的逻辑在于俄罗斯在推动自身转型的过程中将逐步改变国际体系。这就解释了俄罗斯立场强硬的原因。

因此，俄格冲突是冷战后俄罗斯单独行动意识强烈的一个鲜明体现，甚至可以说是一个顶点，在这种情况下，它显然不惜损害已有的外交成果，对合作以及地区一体化等议题的积极性处于低点。

---

① Статья Министра иностранных дел России С. В. Лаврова «Лицом к лицу с Америкой: между неконфронтацией и конвергенцией» //Профиль. № 38. октябрь 2008 года, http://www. mid. ru/BDOMP/Brp _4. nsf/arh/B3C8684DEA14B242C32574E1002FD07B? OpenDocument.

② Статья Министра иностранных дел России С. В. Лаврова «Лицом к лицу с Америкой: между неконфронтацией и конвергенцией» //Профиль. № 38. октябрь 2008 года, http://www. mid. ru/BDOMP/Brp _4. nsf/arh/B3C8684DEA14B242C32574E1002FD07B? OpenDocument.

二　金融危机对双重结构的影响

就在各方为俄格冲突的后续处理争执不下之际，一场席卷全球的金融危机沉重打击了各国经济。为摆脱负面影响，俄罗斯逐渐转变自身立场，开始谋求同各国开展合作。

（一）金融危机对俄罗斯及其对外政策的影响

2008年9月16日，俄罗斯两大股市因大幅下跌而停盘。10月8日，俄罗斯股市全线暴跌，俄罗斯联邦金融监测局不得不很快宣布闭市，此时，股指已跌回至2005年夏初的水平。此后，金融危机导致资金外流现象严重，成为1998年金融危机以来的最严重威胁。[①] 2009年3月24日，俄罗斯地区发展部长巴萨尔金表示，俄半数城镇都受到了经济危机冲击。[②] 2008年10月中旬开始，俄罗斯采取多种方式，谋求摆脱金融危机的负面影响。

第一，俄罗斯在本国内部采取措施支持企业应对危机，加强市场协调。如动用国家财政收购企业股份，增加为小型企业提供的信贷便利，以政府资金帮助企业渡过难关；同时，组建负责金融市场发展事务的新协调和咨询小组，由第一副总理舒瓦洛夫直接负责，显示政府对问题的高度重视；为增加原油出口，俄罗斯降低了原油出口税，支持企业扩大出口增加外汇收入。11月5日，梅德韦杰夫总统发表国情咨文，提出完善国家管理机制的10项建议，从加强自身管理方面提高经济效率。[③] 12月4日，在名为“对话普京”的直播节目中，总理普京证实俄罗斯正在筹划建立多重外交经济政策。[④]

第二，俄罗斯同后苏联空间内的各国开展合作，共同应对危机。10月9日，梅德韦杰夫总统表示，独联体国家应以欧盟为鉴，开展金融政策合作，共同克服危机。[⑤] 在11月14日召开的独联体成员国政府首脑理

---

① 刁秀华：《国际金融危机影响下的俄罗斯有价证券市场》，《东北亚论坛》2009年第4期，第112页。

② 于璐：《俄罗斯大事记（2009年3—4月）》，《俄罗斯研究》2009年第3期，第137页。

③ Послание Президента РФ Федеральному Собранию, 05. 11. 2008, http://www. kremlin. ru/transcripts/1968.

④ 《俄罗斯大事记（2008年11—12月）》，《俄罗斯研究》2009年第1期，第136页。

⑤ 《俄罗斯大事记（2008年9—10月）》，《俄罗斯研究》2008年第6期，第97页。

事会上，俄罗斯推动独联体通过了《2020年前独联体经济发展战略》，制定了明确的时间表，规定第一阶段（2011年前）建成独联体自由贸易区，第二阶段（2015年前）建立创新空间，第三阶段（2020年）建成地区精加工工业市场。[①] 通过描绘蓝图，给各国树立信心，这是俄罗斯的首要举措。第二步是落实行动。12月22日，俄罗斯、哈萨克斯坦、亚美尼亚、塔吉克斯坦和吉尔吉斯斯坦五国总统举行非正式峰会，决定共同建立100亿美元的反危机基金；同时协议组建集体安全条约组织领导的快速反应部队，以维护成员国安全。2009年2月，欧亚经济共同体成员国在莫斯科开会，决定建立100亿美元（俄罗斯出资75亿美元）的欧亚经济共同体反危机基金和高技术中心，以共同应对金融危机。[②] 后苏联空间以两个主要的次地区组织为依托，加强空间内的地区合作，促进各国经济恢复。此外，俄罗斯对地区内国家还提供了相应的具体援助。2008年11月19日，俄罗斯政府向白俄罗斯提供首批10亿美元稳定贷款。[③] 2009年2月，俄罗斯与吉尔吉斯斯坦签署协议解决债务问题，并向吉提供20亿美元的国家贷款。[④] 俄罗斯在危难时刻挺身而出的表现，不仅显示了作为大国的担当，也提升了国家形象和影响力。

第三，俄罗斯采取主动姿态，修复同西方国家的关系，加强经济外交以应对危机。2008年10月22日，俄总统办公室表示因为此次全球金融危机根源于美国金融体系而支持美国主办二十国峰会（G20）。[⑤] 11月5日，梅德韦杰夫在发表国情咨文时，表示俄罗斯将继续发展与欧盟的多领域合作。[⑥] 11月14日，第22次俄罗斯－欧盟峰会在法国城市尼斯举行，这是俄格冲突后首次俄欧峰会，双方有意缓和紧张关系。在军事方面，俄罗斯主动提出裁减军队的计划，2008年11月13日，俄军总参

---

① *Лебедев С.* СНГ – территория реального сотрудничества //Международная жизнь. 2009. №2 – 3.

② 郑羽主编《新普京时代（2000～2012）》，第252页。

③ 《俄罗斯大事记（2008年11—12月）》，《俄罗斯研究》2009年第1期，第135页。

④ 于璐：《俄罗斯大事记（2009年1—2月）》，《俄罗斯研究》2009年第2期，第137页。

⑤ 《俄罗斯大事记（2008年9—10月）》，《俄罗斯研究》2008年第6期，第97页。

⑥ Послание Президента РФ Федеральному Собранию, 05. 11. 2008, http://www. kremlin. ru/transcripts/1968.

谋长马卡罗夫表示，未来三年将裁军16万人。[①] 2009年2月11日，集体安全条约组织秘书长博尔久扎表示，俄将积极协调成员国共同解决北约过境向阿富汗运输货物问题。[②] 6月27日，俄罗斯与北约同意恢复军事合作和政治对话。7月31日，俄罗斯副外长格鲁什科对北约新任秘书长拉斯穆森表示，俄罗斯希望能与北约建立紧密而有建设性的合作关系。[③]

由此看来，金融危机带来的困境让俄罗斯的态度有所软化。

（二）金融危机对体系结构和地区结构的影响

以美国雷曼兄弟公司申请破产保护为标志，2008年的金融危机全面爆发。金融市场急剧下跌，银行等金融机构出现挤兑风潮，市场疲软，经济出现衰退迹象。这场由美国次贷危机引发的全球金融危机，对包括美国、欧盟在内的众多国家造成不同程度的影响，各国不得不加强合作，共同采取措施拯救金融市场。因此，金融危机在一定程度上改变了俄罗斯与他国之间的关系，也影响了体系结构和地区结构的主导观念。

相比于大国，小国在金融危机面前更加脆弱，它们通常不得不求助于外部力量帮助稳定本国经济。但此次金融危机使主要西方国家自顾不暇，难于分身照顾其他地区的中小国家，由此，后苏联空间内的一些小国不得不求助于本地区的主导大国——俄罗斯，以尽快走出金融动荡和经济低谷。2008年11月6日，吉尔吉斯斯坦总理伊戈尔·丘季诺夫（Igor Chudinov）表示，吉尔吉斯斯坦国家经济发展前景的1/3倚仗于俄罗斯和哈萨克斯坦。[④] 2009年1月23日，亚美尼亚请求俄罗斯提供稳定贷款。这些表现以及欧亚经济共同体各国成立反危机基金的联合行动，表明在金融危机带来的经济形势恶化的压力下，地区内各国试图开展地区合作，希望在地区主导国带领下走出困境。此种诉求恰与俄罗斯希望共同应对危机的意愿相契合，由此消减了俄格冲突的负面影响，推动本已恶化的主导观念向良性方向发展。

而经济全球化导致金融危机很容易在各国蔓延，为应对金融危机，需要各国特别是主要大国通力协作。由此，金融危机促使西方主要大国

---

① 《俄罗斯大事记（2008年11—12月）》，《俄罗斯研究》2009年第1期，第135页。

② 于璐：《俄罗斯大事记（2009年1—2月）》，《俄罗斯研究》2009年第2期，第137页。

③ 龙腾：《俄罗斯大事记（2009年7—8月）》，《俄罗斯研究》2009年第5期，第136页。

④ 《俄罗斯大事记（2008年11—12月）》，《俄罗斯研究》2009年第1期，第135页。

开始试图同俄罗斯改善关系，其中最鲜明的表现是俄美关系的新发展。2009 年 1 月，美国新任总统奥巴马通过电话和信函等方式向梅德韦杰夫总统传达了恢复美俄关系的意愿，梅德韦杰夫给予了积极回应。3 月，美国国务卿希拉里·克林顿与俄罗斯外长拉夫罗夫在瑞士日内瓦举行会谈，因俄格冲突冷淡的俄美关系开始重启。4 月 1 日，二十国集团伦敦峰会期间，梅德韦杰夫与奥巴马举行了首次会晤，表示“要为两国关系设定新的起点”。[①] 7 月 6～8 日，奥巴马正式访问俄罗斯。两国签署《对进一步削减和限制进攻性战略武器问题的共同理解》《核领域合作联合声明》等文件，双方同意决定成立俄美总统发展合作委员会，并达成了同意经过俄罗斯国境向西方驻阿富汗军事力量提供补给的协议。这些都奠定了俄美关系的新基础。

2008 年的两大事件，显示了后苏联空间内外形势的复杂性，也促使俄罗斯重新审视自己的各方面政策和战略。随着各项措施的实施和国家间合作的开展，两大事件的影响逐渐减弱，俄罗斯开始重新评估自己所处的形势并制定新的战略政策。

第二节　俄罗斯国力的提升与经济领域的一体化

尽管后苏联空间的内外形势依旧复杂，但俄罗斯幸运地以较快速度摆脱了金融危机的负面影响，使国家实力得以恢复并跻身世界瞩目的新兴经济体行列。此时，体系结构也出现了新变化，中国跃升为世界第二大经济体，改变了超级大国的关注重点和体系结构中的主导观念。地区结构中的主导观念也呈现出有利于俄罗斯的新发展态势。由此，俄罗斯于 2011 年秋适时提出了“欧亚联盟”方案，有意推动经济领域一体化的新发展。

一　俄罗斯国力的再提升与体系结构提供的发展机遇

2009 年开始，整顿经济的措施日渐成效，俄罗斯逐渐从金融危机造成的急剧下滑中恢复过来，并实现了国力的再度提升。体系结构也因为

① 郑羽主编《新普京时代（2000～2012）》，第 287 页。

中国的快速发展出现了新的变化，为俄罗斯提供了新的发展机遇。

（一）国力的再提升和俄罗斯相对权力地位的变化

金融危机使各国更加重视彼此合作的价值，也让俄罗斯认识到自身经济的严重问题。随着国内经济局势的日趋平稳，2009年5月，在梅德韦杰夫总统的主持下，俄罗斯推出了《俄罗斯联邦2020年前国家安全战略》。在这一重要的综合性基础文件中，俄罗斯坚定地重申其国家发展的中期目标是成为世界五大经济体之一，长期目标是成为一个世界大国。[①]这就明确提出了俄罗斯未来十年的国家建设目标——继续推动本国国力的提升和国家的崛起。

此后的一些重要文件，也明确围绕这个发展目标制定。2009年7月14日，俄罗斯政府批准了2010～2012年经济发展方案，作为三年预算规划的基础，方案对俄罗斯经济表现的中度乐观估计是：2010年国内生产总值增长率为1%，2011年为2.6%，2012年达到3.8%，[②]体现出俄罗斯政府在保持稳定的基础上力求经济平稳增长。9月10日，梅德韦杰夫发表了《俄罗斯，前进》一文，强调俄罗斯要摆脱过度依赖能源的经济发展现状，减少腐败，克服官僚作风，并对国家进行现代化改革。俄罗斯应该成为一个依靠“智慧”而富裕起来的国家。[③] 11月12日，梅德韦杰夫将其对俄罗斯发展的理念凝聚在2009年的国情咨文中，明确提出俄罗斯必须进行全面改革，开启建立在民主价值和机制基础之上的“全面现代化”。[④]

为了推进现代化建设，俄罗斯政府的首要任务是尽快摆脱金融危机的影响。整个2009年，俄罗斯政府共投入4.2万亿卢布用于应对经济危机。[⑤]强大的资金支持和相关措施的有力配合，使俄罗斯较快从金融危机的打击中恢复过来。2010年1月25日，俄罗斯宣布偿清苏联所欠伦敦俱乐部的剩余外债。4月20日，普京在国家杜马发表2009年政府工

---

① Стратегия национальной безопасности Российской Федерации до 2020 года, 13 мая 2009 года, http://archive.kremlin.ru/text/docs/2009/05/216229.shtml.

② 郑羽主编《新普京时代（2000～2012）》，第164页。

③ *Медведев Д.* Россия, вперёд! http://www.kremlin.ru/news/5413.

④ Послание Президента Федеральному Собранию, 12.11.2009, http://www.kremlin.ru/transcripts/5979.

⑤ 龙腾：《俄罗斯大事记（2010年1—2月）》，《俄罗斯研究》2010年第2期，第140页。

作报告，认为俄罗斯较为平稳的度过了经济危机最危险的阶段，摆脱了衰退。[①] 此后，俄罗斯经济继续发展，2011 年 1 月 31 日，俄罗斯统计局发布消息称 2010 年俄罗斯国内生产总值增长 4%，达 44.5 万亿卢布，[②] 高于 2009 年制定的预算目标，令人欣喜。从表 6－1 中可以看到，金融危机使俄罗斯的国内生产总值下降了 1/4，但很快就得以恢复，2010 年俄罗斯的国内生产总值（GDP）无论是总量还是人均数值，都基本回到了危机前的水平，并且在 2011 年再次实现了比较平稳的增长。由此，俄罗斯在发展目标更为明确后，经济的发展促使其国力获得了再度提升。

一般而言，在地区内部，地区性战争可以改变“当地的权力分配并重组地区等级结构”，但“地区性战争无法改变世界政治的结构”。[③] 2008 年的俄格冲突，是一场地区性战争，其结果更多是对俄罗斯在地区内的主导地位构成影响，对世界格局的影响比较弱。但在金融危机之后，世界格局却孕育着新的变化。

表 6－1　2007～2011 年俄罗斯的国内生产总值（GDP）

年份	GDP（十亿美元）	人均 GDP（美元）	占全球 GDP 份额（%）
2007	1300	9050	2.29
2008	1661	11561	2.67
2009	1223	8511	2.07
2010	1525	10618	2.37
2011	1899	13239	2.67

资料来源：伊万·库什尼尔经济与法律学院（Институт экономики и права Ивана Кушнира）网站整理的数据，http://www.be5.biz/makroekonomika/gdp/gdp_russia.html。

体系结构的变化通常并不表现为单一国家的绝对增量，而是各国相对权力地位的变化所反映出的整个体系中主要大国实力分配的改变。以六个主要国家的国内生产总值做比较，从表 6－2 中可以看到，从 2007

① 郑羽主编《新普京时代（2000～2012）》，第 165、65 页。

② 胡彦：《俄罗斯大事记（2011 年 1—2 月）》，《俄罗斯研究》2011 年第 2 期，第 144 页。

③ 罗纳德·塔门、亚采克·库格勒：《权力转移与中美冲突》，陈琪、吴文成译，《国际政治科学》2005 年第 3 期，第 3 页。

年到2011年年末的五年时间里，整体上六大国的国内生产总值都出现不同程度的增加。金融危机发生后，2009年，俄罗斯、美国、德国和法国的国内生产总值都出现不同程度的下降，其中尤以俄罗斯的降幅最大，这也反映出俄罗斯的经济存在问题。但这五年间，最明显的变化在于2009年中国的国内生产总值略微超过了日本，而从2010年开始，中国把经济持续低迷的日本甩在了身后，成为世界第二大经济体，并且中国同超级大国美国之间的差距也呈缩小趋势。而欧洲各国因受欧元贬值和债务危机的影响，发展活力下降，一体化进程放缓。由此，“一超多强”的体系结构出现了“扁平化”的倾向，造成了俄罗斯在六国总和中所占的份额虽然存在微小的波动（表6－3），但其相对权力地位却呈现出下降趋势，或者更确切地说，其发展所能引起的关注大大降低了。

世界关注的重点对象变为实现关键性跃升的中国。中国跃升为世界第二大经济体，不仅是在数据上改变了各国权力对比的结果，也在多个方面搅动了体系结构和地区结构中的局势，也影响了俄罗斯的相对权力地位和战略空间。首先，美国为应对中国崛起，实施亚太再平衡战略，① 将战略重心转移到亚太地区，对俄罗斯的关注下降，为俄罗斯释放了战略空间，甚至是“迎来了战略机遇期”。② 其次，中国的跃升吸引了其他国家的注目，部分国家对中国存在担忧，所以在制定对华政策时追随美国，参与平衡中国，③ 另一些国家希望更多同中国合作，学习发展经验，这都使各国对俄罗斯的关注减少。最后，体系层次的变化将传导至地区层次，影响地区局势，为中国此后提出“一带一路”倡议和中俄在地区层次的协调埋下伏笔。④ 总之，俄罗斯的相对权力地位受到影响，出现下降，主导观念也出现了新的变化。

---

① *Sustaining U. S. Global Leadership: Priorities for 21st Century Defense*, Department of Defense, January, 2012.

② 李兴：《美国战略重心东移与中俄地缘安全合作》，《国际关系学院学报》2012年第4期，第108页。

③ 凌胜利：《中美主导权竞争探析：认知差异及化解之道》，《社会科学》2017年第3期，第20页；刘若楠：《美国权威如何塑造亚太盟国的对外战略》，《当代亚太》2015年第4期，第56页。

④ 顾炜：《中俄网状伙伴外交的概念内涵和实现路径》，《当代世界与社会主义》2015年第5期，第136～138页。

表 6－2　2007～2011 年主要国家的国内生产总值

单位：十亿美元

年份	俄罗斯	美国	中国	日本	德国	法国
2007	1300	14480	3504	4356	3324	2582
2008	1661	14720	4547	4849	3624	2832
2009	1223	14418	5105	5035	3298	2620
2010	1525	14958	5950	5495	3304	2565
2011	1899	15534	7314	5896	3628	2782

资料来源：伊万・库什尼尔经济与法律学院（Институт экономики и права Ивана Кушнира）网站整理的数据，http://www. be5. biz/makroekonomika/gdp/gdp_russia. html。

表 6－3　2007～2011 年主要国家的国内生产总值占六国总和的比重

年份	俄罗斯	美国	中国	日本	德国	法国
2007	4. 40%	49. 01%	11. 86%	14. 74%	11. 25%	8. 74%
2008	5. 15%	45. 67%	14. 11%	15. 04%	11. 24%	8. 79%
2009	3. 86%	45. 48%	16. 10%	15. 88%	10. 40%	8. 27%
2010	4. 51%	44. 26%	17. 61%	16. 26%	9. 78%	7. 59%
2011	5. 13%	41. 92%	19. 74%	15. 91%	9. 79%	7. 51%

资料来源：根据表 6－2 的数据做出。

（二）体系结构中主导观念的优化与俄罗斯的发展机遇

金融危机使各国将重心回到经济问题上，在一定程度上弥合了主要大国之间的分歧。以中国和俄罗斯为代表的新兴经济体，不仅在应对危机方面表现良好，而且借由彼此之间的合作推动了国际经济机制的建设。特别是中国的发展，改变了体系结构中各国相对权力地位的排序，优化了俄罗斯所面对的体系结构的主导观念，从而为俄罗斯提供了新的发展机遇。

2009 年 5 月出台的《俄罗斯联邦 2020 年前国家安全战略》提出，俄罗斯的对外政策要以双边和多边互利伙伴关系为基础，致力于寻求和谐，寻求与他国利益的吻合。[①] 在 2010 年 11 月的国情咨文中，梅德韦杰夫表示俄罗斯将与欧盟、美国、独联体国家和中国等一系列国家建立现

① Стратегия национальной безопасности Российской Федерации до 2020 года, 13 мая 2009 года, http://archive. kremlin. ru/text/docs/2009/05/216229. shtml.

代化的伙伴关系，促进俄罗斯在多领域的全面现代化。[①] 从以上表态中可以看到，俄罗斯为了推进国家的继续发展，主动提出同各国发展关系，这将有利于促进体系结构主导观念的优化。

1. 俄罗斯推动与中国的友好合作

2008 年 10 月，在金融危机影响逐渐扩散的背景下，中国国家总理温家宝访问了俄罗斯，中俄两国总理举行了第 13 次定期会晤。其间，双方签署了涉及能源、金融、航空、高新技术、人文等多领域的 14 份文件，[②] 推动了两国合作的开展，并在协同应对金融危机方面加强了交流。在主要大国中，中国同俄罗斯一样，很快从金融危机造成的负面影响中恢复过来，并使经济继续快速发展。中俄之间一直具有良好的友好合作关系，在双方的共同推动下，2009 年 6 月，作为新兴经济体突出代表的中国、俄罗斯、印度和巴西四国在俄罗斯进行了首次领导人会晤，标志着“金砖四国”合作机制正式启动。[③]

除搭建新的多边机制外，中俄双边层面的合作不断深化。2009 年 9 月，梅德韦杰夫总统对中国进行国事访问，两国元首共同发表《中俄关于全面深化战略协作伙伴关系的联合声明》和《中俄元首关于第二次世界大战结束 65 周年联合声明》，并共同出席了中俄石油管道竣工仪式。2009 年 10 月，第四届俄中经济工商界高峰论坛期间，俄中双方共签订价值 36 亿美元的意向书和协议。2010 年 5 月，中国国家主席胡锦涛访问莫斯科。2010 年 9 月，梅德韦杰夫总统进行了他自 2008 年 5 月就任总统以来的第二次访华。2010 年 11 月 23 日，中俄两国取消卢布和人民币双边贸易结算的限制。2011 年 6 月 15 日，中国国家主席胡锦涛到访俄罗斯，庆祝《俄中睦邻友好合作条约》签署 10 周年。高层的频繁互访和相互合作的推进都体现了俄罗斯同中国之间关系发展的友好水平。

---

① Послание Президента Федеральному Собранию, 30. 11. 2010, http://www. kremlin. ru/transcripts/9637.

② 《中俄总理第十三次定期会晤联合公报》，2008 年 10 月 29 日，http://news. xinhuanet. com/newscenter/2008 - 10/29/content_10269609. htm。

③ “金砖四国”最初是指巴西（Brazil）、俄罗斯（Russia）、印度（India）和中国（China），因四国英文名字的首字母组成的“BRIC”一词，与英文“砖块”的发音一样，所以被称为“金砖四国”，成为新兴经济体国家建立的合作机制的代表。2010 年 12 月，“金砖四国”正式吸收南非（South Africa）加入，“金砖四国”便改称为“金砖国家”（BRICS）。

2. 俄罗斯与西方恢复和重启关系

欧盟发展的疲软、中东变局的有利结果以及中国实力的快速提升，促使美国做出战略重心东移的决策，提出了亚太再平衡战略。这体现出超级大国的关注重点重新回到了体系层面的竞争，即关注体系中的“第二大国”，防止它挑战美国的霸权。在这种背景下，体系结构的变化为俄罗斯释放了一个较为宽松的发展空间，俄罗斯与西方的关系得到恢复和重启。

2009 年 3 月，美国一份智库报告指出，没有哪些国家能像俄罗斯一样对美国的成功影响巨大，采取迅速有效的措施加强俄美关系，对于推进美国的国家利益至关重要。[①] 这代表了美国重启俄美关系的基本立场。俄美两国有意将双边关系中的核心问题向前推进。2009 年 7 月双方决定成立俄美总统发展合作委员会，并就核领域合作和反导问题发表联合声明。2009 年 12 月 7 日，俄罗斯对《第一阶段削减战略武器条约》（START－1）的终止发表声明，强调各方须共同努力推动制定继承性条约。[②] 2010 年 4 月 8 日，俄美两国总统签署《关于进一步削减和限制进攻性战略武器措施的条约》（New START treaty），[③] 表明两国以实际行动履行《不扩散核武器条约》规定的有核国家努力实现核裁军等义务，共同强化核不扩散机制。10 月 1 日俄罗斯财政部长库德林证实，俄美已就解决俄罗斯加入世界贸易组织的所有问题达成一致。[④] 此外，美国也在一定程度上减少了对后苏联空间的介入，例如 2010 年 4 月，美国中央司令部司令戴维·彼得雷乌斯和美国驻哈萨克斯坦大使理查德·霍格兰德曾先后表示，美国没有在乌兹别克斯坦和哈萨克斯坦开设军事基地的计划。[⑤]

欧盟在金融危机和主权债务危机的双重影响下，不仅放慢了东扩的脚步，更集中精力于欧洲内部事务。在经济疲软的压力下，欧盟对俄罗

---

① Sasha Talcott, “Report from the Commission on U. S. Policy Toward Russia——The Right Direction for U. S. Policy toward Russia,” March 16, 2009, https://www.belfercenter.org/publication/report-commission-us-policy-toward-russia-right-direction-us-policy-toward-russia.

② 龙腾：《俄罗斯大事记（2009 年 11—12 月）》，《俄罗斯研究》2010 年第 1 期，第 148 页。

③ Договор между Российской Федерацией и Соединенными Штатами Америки о мерах по дальнейшему сокращению и ограничению стратегических наступательных вооружений, 8 апреля 2010г., http://news.kremlin.ru/ref_notes/512.

④ 《俄罗斯大事记（2010 年 9—10 月）》，《俄罗斯研究》2010 年第 6 期，第 135 页。

⑤ 《美称不在哈萨克斯坦和乌兹别克斯坦设军事基地》，http://news.sina.com.cn/w/2010－04－06/033920012325.shtml。

斯发展双方关系的诉求予以回应。2009 年 5 月，第 23 次俄罗斯－欧盟峰会在俄罗斯远东城市哈巴罗夫斯克举行，尽管未能达成书面协议，但双方就诸如金融危机、能源安全等一些热点问题和双边领域的新《伙伴关系与合作协定》等交换了意见。2009 年 11 月，在斯德哥尔摩举行的第 24 次俄罗斯－欧盟峰会上，俄欧就俄罗斯加入世界贸易组织问题达成共识，俄罗斯承诺减少温室气体排放。2009 年，欧盟是俄罗斯的最大贸易伙伴。欧盟《里斯本条约》于 2009 年 12 月正式生效后，欧盟宪法危机暂告一段落，欧盟也有意推动对外关系的新发展。2010 年 5 月底，第 25 次俄罗斯－欧盟峰会在俄罗斯城市罗斯托夫召开，为今后双边关系的发展拟定方向。会后双方发表联合声明，宣布启动“现代化伙伴关系倡议”。[①] 2010 年 12 月，在布鲁塞尔召开的第 26 次俄罗斯－欧盟峰会上，双方结束了关于俄罗斯入世的双边谈判，签署了欧盟支持俄罗斯加入世界贸易组织的谅解备忘录，这标志着俄罗斯入世问题取得了关键成就。

俄罗斯同北约也重启了对话和交流。2010 年 1 月 26 日，俄罗斯与北约国家军队领导人在布鲁塞尔召开了自 2008 年 8 月俄格爆发武装冲突以来的首次会议，这意味着双方在军事领域的交流得到恢复。尽管 2010 年 2 月批准的俄罗斯新军事学说仍然把北约东扩和战略导弹防御系统认为是俄罗斯面临的主要外部军事威胁，[②] 但双方关系显然已经走出了因 2008 年俄格冲突陷入的低谷。西方国家对俄罗斯“金砖国家”身份的认可也体现了国际环境对俄罗斯呈现出宽松状态。

综上所述，尽管经历了俄格冲突和金融危机带来的国力下滑和关系恶化，但从 2009 年开始，俄罗斯通过积极的政策措施，不仅摆脱了经济危机造成的负面影响，而且恢复了同主要国家特别是西方大国发展关系。特别是体系结构中主导观念的优化，为俄罗斯提供了一个新的发展机遇，外部环境的宽松有利于俄罗斯选择于己有利的政策，而其相对权力地位的下降趋势和金融危机中暴露出的问题，也都促使俄罗斯认识到加快国家发展的迫切性。因此，地区合作成为有利于俄罗斯实现全面现代化目标的一个具有吸引力的选择。

---

① Совместное заявление саммита Россия-ЕС по «Партнёрству для модернизации», 1 июня 2010 года, http://www.kremlin.ru/ref_notes/572.

② 郑羽主编《新普京时代（2000～2012）》，第 65 页。

二 地区一体化合作的推进及其影响

经济危机不仅使体系结构发生了有利于俄罗斯的变动，也使地区结构同样变得有利于俄罗斯。俄罗斯从金融危机中的率先恢复和“金砖国家”的身份获得，拉大了与地区内国家的差距，地区内部的主导观念也因为推进地区合作所产生的示范效应得到优化。因此，在体系结构和地区结构的双重激励下，俄罗斯提出了欧亚联盟方案。

（一）地区一体化合作的推进

俄格冲突在很大程度上黯淡了后苏联空间地区一体化的前景，但金融危机又使俄罗斯和地区内各国不得不相互合作，谋求继续推进地区一体化，特别是经济一体化，以共同应对危机。

1. 地区一体化的新发展

后苏联空间内既有的各种一体化合作机制在俄格冲突和金融危机后，都获得了不同程度的发展。

2008 年 11 月召开的独联体成员国政府首脑理事会会议通过了分为三个阶段执行的《2020 年前独联体经济发展战略》，成为金融危机后独联体一体化合作的指导方针。2009 年 5 月，独联体成员国政府首脑理事会会议通过了《〈2020 年前独联体经济发展战略〉第一阶段（2009 ~ 2011 年）实施计划》，开始启动具体的落实和实施进程。但 2009 年 8 月，格鲁吉亚正式退出独联体。自此，后苏联空间内不再具有一个涵盖全部国家的地区一体化机制，独联体的发展前景也因此更显弱势。2009 年 10 月，在摩尔多瓦首都基希纳乌举行的独联体峰会，只有 7 国总统出席，除哈萨克斯坦以外的 4 个中亚国家的总统均未到会，也从一个侧面反映出后苏联空间内存在着消极和悲观情绪。

俄罗斯也意识到扭转此种局面的重要性。2010 年 2 月，俄罗斯现代发展研究所出台了一份名为《俄罗斯在独联体的经济利益和任务》的报告，提出应该进一步加深独联体一体化进程，并以形成共同经济空间作为发展目标。[①] 2010 年在俄罗斯圣彼得堡举行的独联体峰会最终达成了

① Доклад Института современного развития: экономические интересы и задачи России в СНГ, февраль 2010 г. , http://www. insor - russia. ru/files/Intrest_Books_02. pdf.

20余份合作文件，尽管缓解了独联体的分裂趋势，但独联体的弱势发展却是长期存在、各方有目共睹的现实。

集中于安全领域的一体化合作，依旧保持了原有的发展水平，并向前有所推进。2009年6月，集体安全条约组织成员国元首在莫斯科签署《建立集体快速反应部队协议》，组建一支1.5万人的集体快速反应部队，其任务是抵御军事侵略和非传统安全威胁。8月，俄罗斯总统梅德韦杰夫与吉尔吉斯斯坦总统巴基耶夫签订了关于在吉境内建立新的俄军基地的备忘录。该基地使用期限为49年，并可视情况延长25年，将部署一个营的兵力，其训练设施将对所有集体安全条约组织成员国开放。[①] 9月，集体安全条约组织决定成立研究机构，搜集处理成员国安全形势情报，起草联合安全倡议。11月10日，独联体国家国防部长会议通过了有效期至2015年的军事合作计划协议。2010年7月13日，独联体国家决定建立集体空中防御体系，它的范围包括独联体所覆盖的欧洲、高加索和中亚地区。以军事安全合作为核心的上海合作组织，在这一时期也获得了一定的发展。2010年6月11日，上合组织各成员国首脑同意增强相互之间的合作，开启吸收新成员国加入该组织的进程，并决定给予吉尔吉斯斯坦人道主义援助。[②] 2011年6月25日，上海合作组织在哈萨克斯坦首都阿斯塔纳举行峰会，纪念该组织成立10周年。安全领域的一体化合作，将提升各国之间的互信，促进地区安全，有助于经济一体化的推进。

2. 经济一体化的亮点

2009年起，俄罗斯重点推动了俄白哈三国的经济一体化进程，使其成为后苏联空间内具有吸引力的经济一体化亮点。

对俄罗斯而言，在后苏联空间内推动经济一体化合作，不仅可以促进本国经济的恢复，而且将带动地区经济的增长，并提升本国在地区内的影响。2009年4月3日，俄副总理兼财长库德林表示，俄罗斯已向欧亚经济共同体提供了100亿美元的援助资金，因此俄罗斯暂时不会加入二十国集团推出的1.1万亿美元的经济刺激计划，[③] 显示出俄罗斯对后苏

① 龙腾：《俄罗斯大事记（2009年7—8月）》，《俄罗斯研究》2009年第5期，第136页。
② 龙腾：《俄罗斯大事记（2009年7—8月）》，《俄罗斯研究》2009年第5期，第136页。
③ 于璐：《俄罗斯大事记（2010年5—6月）》，《俄罗斯研究》2009年第4期，第135页。

联空间的重视。7月2日，俄罗斯总理新闻秘书德米特里·佩斯科夫表示俄罗斯希望加入世界贸易组织，但俄罗斯与哈萨克斯坦和白俄罗斯签订的关税同盟是俄罗斯的优先方向。[①] 俄罗斯的积极态度有力地推动了俄白哈三国经济一体化的深入开展。

2009年6月，俄罗斯、白俄罗斯和哈萨克斯坦三国就建立关税同盟的细节问题达成一致，三国总理还宣布准备以统一关税区的身份联合加入世界贸易组织。8月，白俄罗斯、哈萨克斯坦和俄罗斯三国成立统一的加入世界贸易组织谈判小组。11月27日，俄白哈三国领导人在明斯克举行关税同盟最高机构会议，决定于2010年1月1日实施统一关税，标志着俄白哈三国关税同盟正式启动。2010年3月26日，关税同盟委员会通过决议，最终确定了进口关税收入在成员国间的分配比重。2010年7月6日，《关税同盟海关法》在俄白哈三国正式生效，标志着三国关税同盟已经完成了第一阶段简化海关手续、通过共同关税法典的工作，三国的统一关境体系开始运转。此后，三国继续推进一体化合作。2010年12月10日，俄罗斯与白俄罗斯就原则性问题——石油关税问题达成一致后，俄罗斯、白俄罗斯和哈萨克斯坦三国签署了建立统一经济空间的协议。2011年7月11日，梅德韦杰夫总统批准了一套简化俄白哈关税同盟国家移民居留手续的协议。7月12日普京总理表示，组建关税同盟和统一经济空间的俄罗斯、白俄罗斯与哈萨克斯坦旨在建立世界经济的新极地。[②]

俄白哈三国的经济一体化也推动了双边合作的深化。白俄罗斯是后苏联空间内与俄罗斯关系最为密切的国家，俄白联盟也一直是区域内一体化合作发展较快的机制之一。俄白关系在俄白哈三国加强经济一体化的背景下，继续深化发展。2009年2月3日，俄罗斯与白俄罗斯签署防空合作协议。6月19日，普京总理宣布与白俄罗斯协议实施共同农业政策。[③] 8月28日，俄罗斯和白俄罗斯总统在明斯克进行会晤，同意在联盟国家框架下加速发展双边关系。9月8日，俄罗斯和白俄罗斯举行“西方－2009”联合军事演习，共有12500名军人、40架飞机和200辆

① 龙腾：《俄罗斯大事记（2009年7—8月）》，《俄罗斯研究》2009年第5期，第136页。
② 胡彦：《俄罗斯大事记（2011年7—8月）》，《俄罗斯研究》2011年第5期，第133页。
③ 龙腾：《俄罗斯大事记（2009年5—6月）》，《俄罗斯研究》2009年第4期，第136页。

战车参加。[①] 2010 年，尽管俄白之间因为天然气问题再度发生争端，但双方还是同哈萨克斯坦一起共同推动了统一关境体系的建立。2011 年 2 月 1 日，俄罗斯谴责欧盟和美国对白俄罗斯新的单方面制裁，[②] 给予白俄罗斯有力支持。3 月 15 日，白俄罗斯和俄罗斯签署关于建设白俄罗斯第一座核电站的协议，该核电站位于邻近立陶宛边境的格罗德诺（Grodno）地区，总造价约 94 亿美元，由俄罗斯帮助建设，白俄罗斯政府希望俄罗斯提供 90 亿美元贷款建设核电站。[③] 2011 年 9 月 22 日，俄罗斯与哈萨克斯坦两国宣布将会成立联合空中防卫系统，其模式与俄罗斯、白俄罗斯和亚美尼亚之间的现存系统相同。

（二）经济一体化的影响和俄罗斯相对权力地位的提升

2012 年欧亚发展银行的年报中曾这样谈道，“就过去 4 年间一体化的成功发展而言，我们应当感谢全球经济危机”，它使俄白哈三国认识到地区一体化的重要性和必要性。[④] 俄白哈三国关税同盟的建立，意味着后苏联空间内出现了第一个突破了自由贸易区水平的经济一体化合作机制，其运行很快收到了良好效果。从关税同盟 2010 年 7 月开始运作后的一年多时间里，成员国之间的外贸额增长了 40%，哈与俄的贸易额增长了 57%，哈与白俄的贸易额翻了一番。[⑤] 2011 年，俄罗斯对关税同盟伙伴国（白俄罗斯、哈萨克斯坦）的贸易总额达到了创纪录的 583.74 亿美元，同比增长 35.2%，快于同期俄罗斯对独联体国家 34.2% 和对欧亚经济共同体国家 32.1% 的贸易增长速度。[⑥] 这些数据反映出关税同盟对三国内部贸易的促进作用。

贸易的发展也为各国经济总量的增长做出了贡献，哈萨克斯坦的国内生产总值在 2010 年的统计中超过了乌克兰，2011 年同样持续增长（参见表 6－4）。白哈乌三国原本就是后苏联空间内除俄罗斯外经济实力

① 龙腾：《俄罗斯大事记（2009 年 9—10 月）》，《俄罗斯研究》2009 年第 6 期，第 147 页。
② 胡彦：《俄罗斯大事记（2011 年 1—2 月）》，《俄罗斯研究》2011 年第 2 期，第 145 页。
③ 《俄白签署核电站建设合作协议》，新华网，2011 年 3 月 16 日，http://news.xinhuanet.com/world/2011－03/16/c_121191191.htm。
④ Tatyana Valovaya, “Eurasian Economic Integration: Origins, Patterns, and Outlooks,” *Eurasian Integration Yearbook 2012*, p. 44.
⑤ 张冰：《欧亚联盟——独联体一体化的新尝试》，《中国经贸》2012 年第 3 期，第 87 页。
⑥ 程亦军：《俄白哈关税同盟初步绩效评析》，http://euroasia.cass.cn/news/513066.htm。

最强的国家，而哈萨克斯坦超过乌克兰，意味着哈萨克斯坦向着其地区大国的梦想又一次迈进。这实现了小国参加地区一体化的主要目标，不仅帮助自身摆脱经济危机的影响，也提振了本国的经济实力，有利于增强在地区内部的竞争力，提升本国的地区地位。这是地区一体化对小国产生的积极影响。

对俄罗斯这个地区内的大国而言，地区一体化的积极作用同样明显。首先，正如前文所引数据反映的，关税同盟的发展有利于扩大俄罗斯的贸易额，进而在一定程度上为俄罗斯国家实力的提升做出贡献。而俄罗斯国力的提升也改变了其在地区结构中的相对权力地位。用表 6－4 的数据可以做出图 6－1，从而更为直观地显示出俄罗斯与地区内国家实力对比的变化，在摆脱了金融危机的负面影响后，俄罗斯在地区内部的领先程度持续加大。俄罗斯在地区结构中的相对权力地位处于上升状态，并将增强俄罗斯对地区内各国的吸引力。

俄罗斯实力的增强，将不仅提升其供应地区合作机制的能力，也使其推动的地区一体化的前景变得更加可信。由此，地区一体化就开始发挥它的第二个也是更加重要的积极作用——优化地区主导观念。地区一体化合作的初步成绩具有示范效应，能够外溢到地区内，吸引其他国家参与地区一体化，并使各国相信俄罗斯是在善意地推动地区一体化，促进各国国力的提升。如果俄罗斯再施加相应的配合手段，关税同盟就将吸引更多的国家参与，从而增强后苏联空间的向心力和各国对地区主导国的依赖，这将有利于巩固俄罗斯的地区地位并推动一体化的发展和深化。

表 6－4 2007～2011 年后苏联空间内主要国家的国内生产总值

单位：十亿美元

年份	俄罗斯	乌克兰	白俄罗斯	哈萨克斯坦
2007	1300	143	45	106
2008	1661	180	61	135
2009	1223	117	49	116
2010	1525	136	55	149
2011	1899	163	60	188

资料来源：伊万·库什尼尔经济与法律学院（Институт экономики и права Ивана Кушнира）网站整理的数据，http://www.be5.biz/makroekonomika/gdp/gdp_russia.html。

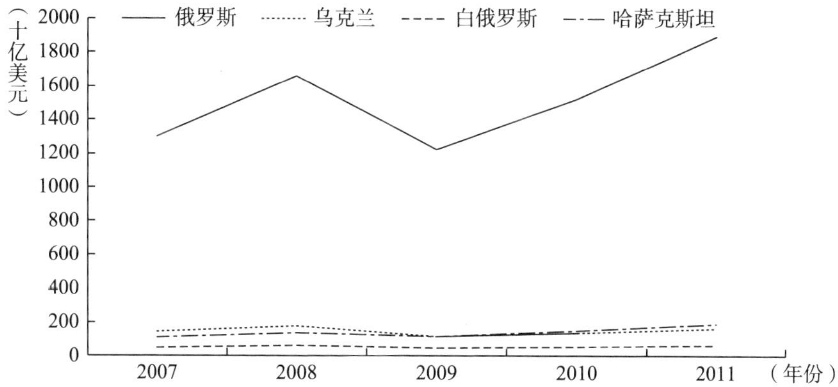

图 6－1 2007～2011 年后苏联空间内主要国家的国内生产总值

资料来源：根据表 6－4 的数据做出。

俄白哈三国关税同盟的发展就起到了这样的示范效应。2009 年 6 月 8 日，吉尔吉斯斯坦就曾表示愿意加入俄白哈关税同盟。[①] 2011 年 4 月，吉尔吉斯斯坦设立专门委员会，启动参与经济一体化的谈判，因为吉尔吉斯斯坦与俄白哈三国的贸易占吉对外贸易的 44.9%，[②] 吉尔吉斯斯坦显然希望通过加入关税同盟发展本国经济。对乌克兰的吸引力同样明显。2010 年 2 月，亚努科维奇当选乌克兰总统，此后乌俄关系开始回暖。关税同盟的发展促进了哈萨克斯坦经济的发展，对乌克兰产生了示范效应，[③] 而且乌克兰与俄罗斯的差距也在日益扩大，由此，观察家们认为 2011 年乌克兰对地区一体化的参与积极性会增强就不是没有根据的分析。[④]

俄罗斯也适时采取了相应的推动措施。2010 年，俄罗斯总统梅德韦杰夫与乌克兰总统亚努科维奇在基辅共同悼念了 20 世纪 30 年代乌克兰大饥荒的受害者，释放出推动关系发展的积极信号和主动姿态。2011 年

---

① 《俄罗斯大事记（2009 年 5—6 月）》，《俄罗斯研究》2009 年第 4 期，第 136 页。

② Natalia Maqsimchook, "Chronicle of Eurasian Regional Integration 2011," *Eurasian Integration Yearbook 2012*, p. 236.

③ 乌克兰和哈萨克斯坦是后苏联空间内除俄罗斯外最大的两个国家，因此，哈萨克斯坦国力的提升对乌克兰的示范效应尤其重要。

④ Natalia Maqsimchook, "Chronicle of Eurasian Regional Integration 2011," *Eurasian Integration Yearbook 2012*, p. 229；有关经济一体化对俄白哈乌四国影响的详细研究，也可参见 Viktor Ivanter, Valery Geets, Vladimir Yasinskiy, Alexander Shirov and Andrey Anisimov, "The Economic Effects of the Creation of the Single Economic Space and Potential Accession of Ukraine," *Eurasian Integration Yearbook 2012*, pp. 19－41。

3 月 16 日，俄罗斯总理普京在记者招待会上表示，如果乌克兰就加入关税同盟问题开始与有关国家谈判，俄罗斯将表示欢迎。4 月 12 日，普京在与乌克兰总理阿扎罗夫会面时称，乌克兰加入俄白哈关税同盟后，每年能获益 65 亿美元至 90 亿美元。[①] 8 月 12 日，俄方表示不接受乌克兰以“3 +1”形式（以非正式成员国的身份）加入俄白哈关税同盟，乌克兰只能以正式成员的身份加入关税同盟。8 月 24 日，梅德韦杰夫总统表示，乌克兰应当无条件履行俄乌天然气协议，如果乌克兰对价格存在异议，可以效仿白俄罗斯，在统一经济空间的条件下提出降低天然气价格的要求。[②] 之所以出现这些软硬兼施的“胡萝卜加大棒”性质的表态，显然是因为乌克兰的态度出现了松动，俄乌双方就乌克兰加入一体化进程的问题讨价还价。乌克兰积极性的提高体现了关税同盟在优化地区主导观念方面发挥着积极作用。

由此，当地区内各国继续支持一体化，愿意接受俄罗斯的整合和领导时，意味着地区主导观念正在优化，将有利于增强俄罗斯实施地区一体化的积极性。

第三节　欧亚联盟的提出与欧亚经济联盟的初期建设

欧亚联盟方案的提出体现了俄罗斯对后苏联空间的地区一体化所持有的积极态度。2012 年 1 月 1 日，俄白哈三国统一经济空间正式启动，欧亚联盟的发展进入新阶段。俄罗斯在此后的两年多时间里，积极推动了欧亚经济联盟的一体化建设。

一　欧亚联盟方案的提出

2011 年 10 月，就在普京宣布参加 2012 年总统大选之后不久，他专门为《消息报》撰文，提出了建设“欧亚联盟”的一体化方案。[③] 这是

① 胡彦：《俄罗斯大事记（2011 年 3—4 月）》，《俄罗斯研究》2011 年第 3 期，第 135、137 页。

② 胡彦：《俄罗斯大事记（2011 年 7—8 月）》，《俄罗斯研究》2011 年第 5 期，第 135 页。

③ *Путин В. В.* Новый интеграционный проект для Евразии — будущее, которое рождается сегодня. http://www.izvestia.ru/news/502761.

普京在宣布参选后有关外交政策方向的第一次正式表态。这篇文章发表后，很快得到了白俄罗斯总统卢卡申科和哈萨克斯坦总统纳扎尔巴耶夫的响应，表示支持欧亚联盟的一体化建设和发展。[①] 文章在俄罗斯国内外引起了广泛关注和热烈讨论。2011 年 10 月 28 日，俄罗斯重要智库——俄罗斯社会保守联盟组织专家、学者、社会组织负责人和学生社团代表在莫斯科国际关系学院召开了题为“一体化的发展，俄罗斯的欧亚方案”的联合会议。有学者认为，在独立了 20 年之后，俄罗斯有必要重新规划后苏联空间的发展方向，历史已经不再给俄罗斯等待的时间，也有学者认为乌克兰对俄罗斯的示好是启动一体化进程的有利时机。[②] 中国学者提出“欧亚联盟计划是俄长期以来有步骤、有谋划推进欧亚一体化进程的必然逻辑”，[③] 又或者说，“欧亚联盟是全球化背景下俄罗斯为自己勾勒的发展前景，是俄罗斯恢复大国地位、发挥对盟国影响的关键一步”，[④]“也完全符合普京的治国理念，即抓住因国际金融危机导致世界力量重新调整的契机，组建新的世界力量中心，以期最大限度地获取地缘政治经济利益，实现强国富民的蓝图”。[⑤]

实际上，“欧亚联盟”（Евразийский Союз）这一名词早在 1994 年就曾被哈萨克斯坦总统纳扎尔巴耶夫提出，他当时的主要想法是呼吁独联体各国加强一体化趋势，在经济、国防、生态、科教文等领域建立统一空间并采取相关机制，促进地区的安全和稳定并实现经济社会现代

---

① 普京的文章发表之后不久，哈萨克斯坦总统努尔苏丹·纳扎尔巴耶夫（Nursultan A. Nazarbayev）和白俄罗斯总统亚历山大·卢卡申科（Alexander G. Lukasenko）都在《消息报》上发表了署名文章，响应并支持普京提出的方案。参见 *Назарбаев Н. А.* Евразийский Союз: от идеи к истории будущего //Известия. 25 октября 2011г.；*Лукашенко А.* О судьбах нашей интеграции //Известия. 17 октября 2011г.。

② 2011 年 10 月 28 日，在莫斯科国际关系学院召开的讨论欧亚联盟方案的会议上，相当一部分与会者表达了需要重视历史经验的看法，笔者旁听了此次会议，另可参见 *ЦСКП*，Стенограмма конференции на тему: «Развитие через интеграцию. Российский проект для Евразии»，http://www.cskp.ru/recs/11360/。

③ 李新：《普京欧亚联盟设想：背景、目标及其可能性》，《现代国际关系》2011 年第 11 期，第 6 页。

④ 欧阳向英：《欧亚联盟——后苏联空间俄罗斯发展前景》，《俄罗斯中亚东欧研究》2012 年第 4 期，第 77 页。

⑤ 王树春、万青松：《试论欧亚联盟的未来前景》，《俄罗斯研究》2012 年第 2 期，第 201 页。

化。[①] 而十余年后，普京提出的“欧亚联盟”已经超越了纳扎尔巴耶夫的倡议。从普京提出的欧亚一体化的发展空间看，俄罗斯最宏远的目标是建立从葡萄牙的里斯本到俄罗斯东部重要城市符拉迪沃斯托克的横贯整个大陆的欧亚联盟，其具体的可预期目标是后苏联空间的一体化，启动标志是俄白哈三国统一经济空间的正式运行。[②] 无论是一体化的广阔发展空间还是将深度一体化作为最终目标，欧亚联盟方案体现出俄罗斯在发展地区一体化问题上的积极态度。

随后，俄罗斯着手推动欧亚联盟的建设。2011 年 10 月 18 日，在圣彼得堡举行了独联体国家政府首脑会议，会后签署了“自由贸易区条约”（阿塞拜疆、土库曼斯坦和乌兹别克斯坦三国未签署）。11 月 18 日，俄白哈三国共同签署了《欧亚经济一体化宣言》和《欧亚经济委员会条约》，并批准了《欧亚经济委员会章程》，宣布开启统一经济空间的建设。12 月 1 日，梅德韦杰夫批准了《欧亚经济委员会条约》。12 月 19 日，俄白哈成立欧亚经济委员会，负责一体化的一系列工作。2011 年 12 月 22 日，梅德韦杰夫总统发表 2011 年国情咨文，其中明确提出俄罗斯将沿着经济一体化的道路走下去，在俄白哈统一经济空间正式运行后，到 2015 年建立欧亚经济联盟，实现劳动力、商品、服务和资本的自由流动。[③]

以上这些表态和行动反映出俄罗斯对欧亚联盟发展的高度重视和积极态度。梅德韦杰夫在 2011 年的国情咨文中也回顾了俄罗斯在 2008 ~ 2011 年所经历的变化。为了应对严重的经济危机，俄罗斯改变了自己的外交姿态，同美国等西方国家缓和关系，同中国等新兴经济体开展合作，也在地区内部推动一体化进程，从而使得体系结构和地区结构中的主导观念均呈现优化发展的态势。尽管俄罗斯很快从金融危机中得到恢复，但中国的快速发展改变了各主要大国的相对权力地位，俄罗斯在体系结构中的地位在相对意义上下降，但在地区内部却拉大了同中小国家的差

---

① *Назарбаев Н. А.* Евразийский Союз: идеи, практика, перспективы. 1994—1997. М.: Фонд содействия развитию социальных и политических наук, 1997. С. 44 – 50.

② *Путин В. В.* Новый интеграционный проект для Евразии — будущее, которое рождается сегодня. http://www.izvestia.ru/news/502761.

③ Послание Президента Федеральному Собранию, 22.11.2011, http://www.kremlin.ru/transcripts/14088.

距，在地区结构中的相对权力地位上升。

由此，回到本书的分析框架，欧亚联盟所反映出的俄罗斯对地区一体化的积极推进态度，是双重结构带来的强激励（激励 A 和激励 J，即两个最强激励的组合）的结果。此时的俄罗斯，不仅意愿是强烈的，能力也处在高位，所以，地区一体化获得实质性推动，这也是 2012 年俄白哈三国统一经济空间正式运行后获得良好发展的重要基础。

2011 年 12 月 4 日，第六届国家杜马选举如期举行，“统一俄罗斯党”成功占据多数，成为第一大党，俄罗斯共产党位列第二。三个月后的总统大选中，普京再次成功入主克里姆林宫，梅德韦杰夫被任命为政府总理，从而确保了俄罗斯内外政策的平稳延续。俄罗斯在三国统一经济空间正式启动后，继续推动欧亚经济联盟的建设和发展。

二　欧亚经济联盟的初期建设

欧亚经济联盟是建设欧亚联盟的基础和重要步骤，俄罗斯对此高度重视，梅德韦杰夫曾指出欧亚经济联盟的建设“在很大程度上将决定着我们这些国家的未来”。[①] 因此，俄罗斯有意愿推动地区一体化。2012～2013 年的两年间，俄罗斯积极推动了欧亚经济联盟的建设，不断深化俄白哈三国的经济合作，并对既有的次地区机制进行整合，加深了后苏联空间的地区一体化水平。总之，地区一体化的发展不仅促进了各国国力的继续提升，也增强了地区一体化对空间内其他国家的吸引力，发挥了凝聚后苏联空间的作用。

（一）欧亚经济联盟在 2012～2013 年的初期建设

2012 年 1 月 1 日，俄白哈三国关税同盟升级为统一经济空间，不仅对俄白哈三国，而且对所有后苏联空间的国家来说都是历史里程碑。[②] 这一天起，共有涉及宏观经济和财政政策的 17 项协议正式生效，三国开始在新框架下继续加深一体化合作。2 月 1 日，作为全权负责欧亚经济一体化事务的执行和管理工作的超国家常设机构，欧亚经济委员会开始

---

① Послание Президента РФ Федеральному Собранию, 22. 11. 2011, http://www. kremlin. ru/transcripts/14088.

② *Путин В. В.* Новый интеграционный проект для Евразии — будущее, которое рождается сегодня. http://www. izvestia. ru/news/502761.

运作，此后几乎每个月都要召开3~4次会议讨论贸易、关税、协议落实等有关一体化建设的相关问题。根据欧亚经济联盟发展的路线图，欧亚经济委员会于2012年7月1日取代了关税同盟委员会，负责成员国之间贸易关系的谈判，三国各派三名代表参加委员会的工作，其成员包括三国的副总理。俄罗斯派出第一副总理伊戈尔·舒瓦洛夫直接参与活动，足见俄罗斯对该委员会的重视。俄白哈三国的经济一体化也借由欧亚经济委员会的建立和运作，推进了制度架构的建设。

2012年3月19日，欧亚经济共同体成员国在莫斯科举行峰会，各国在此前达成的《关于将欧亚经济共同体改组为新的一体化联合体协议》的基础上，讨论了改组方案的基本原则。这次峰会显示出俄罗斯重整后苏联空间内既存的次地区一体化机制的意愿。5月7日，普京签署《关于俄罗斯联邦对外方针的实施措施》，明确提出将发展独联体空间的一体化进程作为俄罗斯对外政策的关键方向。[①] 在此文件的指导下，俄罗斯不仅设计了“欧亚联盟”的路线图，还为参与欧亚联盟建设和发展的空间内国家提供了实质支持。普京2012年访问白俄罗斯时，再次表达了向白俄罗斯提供反危机基金贷款的决心，这笔贷款总额为30亿美元，用于支持白俄罗斯国内的经济改革，白俄罗斯已于2011年7月和11月分别接受了前期款项。俄罗斯还大幅降低了出售到白俄罗斯的天然气价格，2011年为每千立方米266美元，2012年直接降至168美元，2013年为166美元。[②] 低价的天然气供应有利于白俄罗斯发展经济和保障民众生活。2012年10月，普京访问塔吉克斯坦时，双方达成了延长俄驻塔第201基地租期的协议，俄罗斯还准备向塔吉克斯坦和吉尔吉斯斯坦提供15亿美元的军费支持。[③] 俄罗斯加大对地区经济发展和安全保障的投入，显示了其在发展地区一体化方面的积极性。

整体上看，2012年是后苏联空间一体化趋势显著增强的一年。[④] 进入2013年后，一体化的各项工作继续向前推进，在能源、金融、劳动力

① Подписан Указ о мерах по реализации внешнеполитического курса, http://www.kremlin.ru/acts/15256.

② 李自国:《欧亚经济联盟：绩效、问题、前景》,《欧亚经济》2016年第2期，第10页。

③ Киргизию и Таджикистан вооружат российскими деньгами //Коммерсантъ. №.209 (4994) .06.11.2012.

④ Tatyana Valovaya, “Greetings,” *Eurasian Integration Yearbook 2012*, p.13.

流动、货物运输等方面取得进展。2013 年 12 月 24 日，普京要求欧亚经济联盟条约草案在 2014 年 5 月 1 日前完成，以便留足各国议会完成批准程序的时间。这意味着欧亚经济联盟将按计划于 2015 年 1 月 1 日起正式运行，从而使欧亚一体化达到一个新的发展阶段。

（二）建设欧亚经济联盟的初期影响和问题

在俄罗斯的积极推动下，欧亚经济联盟建设很快取得初期进展，并产生多方面的影响，但也暴露出相应的问题。

1. 建设欧亚经济联盟的初期影响

建设欧亚经济联盟的影响表现在多个方面，不仅提升了参加国的经济实力，促进了联盟成员国之间的经济合作，也外溢到联盟之外，吸引其他国家申请加入，从而发挥了凝聚后苏联空间的作用。

第一，经济一体化对参加国具有提升作用。2012 年 9 月，俄罗斯外长拉夫罗夫在接受采访时指出，“最主要的一点是，一体化进程给参加国的民众带来了能够感受到的切实的收益”。[①] 根据欧亚经济委员会统计，关税同盟成员国 2012 年全年对外贸易总额达 9393 亿美元，同比增长 3.2%；成员国内部贸易总额达到 686 亿美元，同比增长 8.7%，其中白哈贸易额增幅最大，同比增长 15.1%；统一经济空间内成员国相互贸易增长达到外贸增长的 3 倍以上，前者增幅近 9%，后者为 3%。[②] 而贸易量的增长也为三国经济实力的提升做出了贡献。2012 年，参加经济一体化的俄白哈三国的国内生产总值继续增长，哈萨克斯坦则继续领先于乌克兰，保持了后苏联空间内仅次于俄罗斯的第二实力地位。

2013 年，尽管整体经济形势没有达到预期的增长目标，但根据欧亚经济委员会联席会议主席赫里斯坚科在 2013 年 9 月 25 日披露的数据，即便扣除能源产品，2013 年前 7 个月关税同盟成员国之间的贸易也增长了 3.6%。尽管这一增幅并不算高，但依然显示出关税同盟内形成的统一市场有利于各国的经济发展，并正在成为成员国经济增长的

① Интервью Министра иностранных дел России С. В. Лаврова журналу «Международная жизнь» “Российская дипломатия и вызовы XXI века”, 13 сентября 2012 года, http://www.mid.ru/BDOMP/Brp _ 4.nsf/arh/B372318C7259396F44257A7800478F33? OpenDocument.

② 林雪丹：《欧亚经济联盟呼之欲出》，《人民日报》2013 年 12 月 26 日。

动力。[①]

第二，经济一体化对后苏联空间具有凝聚作用。俄白哈三国的经济一体化合作在后苏联空间内产生了示范效应，一些国家希望加入一体化进程中，以实现本国的经济利益。这些加入申请的提出和通过谈判实现的一体化合作的扩大，起到了凝聚后苏联空间、增强向心趋势和巩固俄罗斯地位及影响力的作用，也更加优化了后苏联空间的主导观念。

2012 年，乌兹别克斯坦请求加入 2011 年 10 月 18 日通过的自由贸易区条约。吉尔吉斯斯坦加入关税同盟的问题也从 2012 年起进入谈判阶段。2013 年 11 月 20 日，在莫斯科召开的欧亚经济委员会理事会会议上审议通过了吉尔吉斯斯坦加入关税同盟的“路线图”，还决定成立关于亚美尼亚加入关税同盟的工作组。12 月 24 日，俄白哈三国在欧亚经济委员会最高理事会元首级会议上签署了吸收亚美尼亚加入关税同盟和统一经济空间的决议和声明。亚美尼亚是 2013 年 9 月决定加入关税同盟的，各项积极工作的开展使其加入的进度超过了吉尔吉斯斯坦。在此次欧亚经济委员会最高理事会元首级会议上，亚美尼亚决定加入关税同盟，继而参与建立欧亚经济联盟。根据欧亚开发银行的初步估计，如果亚美尼亚加入关税同盟，那么两年内该国的国内生产总值将每年增加 4% ~ 4.5%。[②] 为欢迎亚美尼亚加入，俄罗斯也做出决定，把出口亚美尼亚的天然气价格从每千立方米 270 美元下调至 189 美元。[③]

除了上述谈到的几个国家外，对俄罗斯而言，更为振奋的消息来自乌克兰。2013 年 11 月 21 日，乌克兰总统亚努科维奇宣布暂停与欧盟缔结联系国协定的筹备工作，这是在欧盟已经站在家门口时对入盟行动的紧急叫停。这一决定不仅令西方错愕，更在乌克兰国内激起了强烈的反对声浪。随后，乌克兰同俄罗斯签署了合作协议，俄罗斯大幅降低了对乌克兰的天然气供应价格，并以购买乌克兰国债的方式向乌提供 150 亿美元的财政支持。2013 年 12 月 24 日，乌克兰已经获得了首批 30 亿美元

---

① 《欧亚经济委员会最高理事会在阿斯塔纳开会》，http://news.xinhuanet.com/world/2013-09/26/c_117509301.htm。

② 《俄白哈三国签署亚美尼亚加入关税同盟和统一经济空间的“路线图”》，http://www.mofcom.gov.cn/article/i/jyjl/m/201312/20131200439392.shtml。

③ 黄翱：《普京调整俄内外政策谋求破局》，《东方早报》2013 年 12 月 26 日。

的款项，看起来这是俄罗斯用经济手段收买了亚努科维奇，但事情远不是看起来这么简单。在持续多年的争取乌克兰的拉锯战中，人们习惯性地认为摇摆的乌克兰天平的左右两侧是不断扩大、实力强大的欧盟与曾经强大、如今在恢复期的俄罗斯，但随着后苏联空间地区一体化的开展，特别是俄白哈三国统一经济空间的示范效应，天平的两侧已经逐渐变成了欧盟与未来的“欧亚联盟”。从一体化本身的发展而言，高度一体化的欧盟显然代表着更高的发展水平，却也意味着加入欧盟需要乌克兰做出更多的改变，其成本也同样是高昂的。从实际意义上说，乌克兰的工农业产品在欧盟市场上的竞争力并不大，反而在以俄白哈三国统一经济空间为基础的“欧亚联盟”中具有较强的优势，特别是“欧亚联盟”未来所覆盖的中亚市场，对乌克兰而言，更具有吸引力。所以，欧亚联盟是一个成本较小而收益较大的“实惠”选择，尽管欧盟是乌克兰不可能放弃的追求，但乌克兰也不可能偏废其一。因此，亚努科维奇的决策尽管饱受非议并引发了国内局势的混乱，但他在实际利益面前不得不做出将倾斜于西方的乌克兰向欧亚联盟方向拉回一些的平衡性决策。这些新变化反映出俄罗斯通过地区一体化的发展增加了自己手中的砝码，以地区组织为依托增强了本国的吸引力和竞争力。

综上所述，欧亚联盟的建设和发展不仅为地区一体化的参加国提供了经济获益，也发挥了凝聚后苏联空间的作用，而这也能反过来更进一步激励俄罗斯在地区一体化问题上采取积极立场。

2. 欧亚经济联盟存在的问题

尽管欧亚经济联盟的发展取得了一定的成绩，但其本身存在的问题却不能忽略。同时，欧亚经济联盟的发展前景不仅取决于一体化进程本身，也受到后苏联空间内外形势的影响，更与俄罗斯的意愿存在关联。三个成员国之间的分歧无法忽略，并且很多矛盾在一体化推进的过程中已经暴露。

第一，俄白哈三国从一体化发展中的收益存在差别，导致彼此分歧增大。2010 年就曾几次险些导致合作破裂。2010 年 5 月 28 日，白俄罗斯总理西多尔斯基表示，由于无法调和的分歧，白俄罗斯将取消与俄罗斯和哈萨克斯坦关于关税联盟的谈判。俄罗斯总理普京对此表态说，俄罗斯与哈萨克斯坦在没有白俄罗斯的情况下将更容易加入世界贸易组织。[①] 7月5日，俄罗斯第一副总理舒瓦洛夫表示，俄罗斯将与哈萨克斯坦一道在俄白哈三国关税同盟框架内，运用所赋予的权力保留出口税，白俄罗斯总统卢卡申科则再三重申对俄哈的联合行动持反对意见。[②] 而数据显示白俄罗斯是2010年以来的最大赢家，因为它成功增加了出口。[③]

第二，地区内各国的发展程度和目标诉求都不相同，不平衡性依然明显。2009年，俄白哈三国曾以关税同盟的集体身份开展加入世界贸易组织的谈判，但受相关规定的限制，最后又改为单独入世。2011年12月16日，世界贸易组织成员国部长级会议批准俄罗斯加入世界贸易组织，俄罗斯的先行一步受益于其经济发展在三国中的领先地位。而地区一体化的发展需要解决大量的实际问题，各方能否持续性地开展协作共同面对也是其中的关键之一。此外，鉴于俄罗斯的优势地位，各国在希望依赖一体化的同时也还存在着被俄罗斯控制的担心，“心存忧虑的国家也包括积极支持普京欧亚联盟设想的哈萨克斯坦和白俄罗斯，它们对关税联盟内部决策大多由俄罗斯说了算的状况并不满意”。[④]

表6-5 2009~2013年俄白哈三国经济情况比较

国别＼年份	2009	2010	2011	2012	2013
俄罗斯	1222.6 -7.8%	1524.9 4.5%	1904.8 4.3%	2017.5 3.4%	2096.8 1.3%
白俄罗斯	49.2 0.2%	55.2 7.7%	59.7 5.5%	63.6 1.7%	71.7 0.9%
哈萨克斯坦	115.3 1.2%	148.0 7.3%	188.0 7.5%	203.5 5.0%	231.9 6.0%

说明：每个单元格第一行为GDP总量（单位：十亿美元），第二行为GDP增长率。

资料来源：世界银行网站，http://data.worldbank.org。

第三，地区外的主要力量对欧亚经济联盟的发展持有不同态度，这

① 《俄罗斯大事记（2010年5—6月）》，《俄罗斯研究》2010年第4期，第137页。

② 《俄罗斯大事记（2010年7—8月）》，《俄罗斯研究》2010年第5期，第136页。

③ Nicu Popescu, *Eurasian Union: The Real, the Imaginary and the Likely*, Chaillot Paper, September 2014, p. 13.

④ *Яровой А.* Таможенный союз: чем больше информации, тем больше понимания // Эксперт. 2011. 11-12. С. 10-11.

成为欧亚联盟发展的外部环境变数。2009～2013 年，主要西方国家忙于从金融危机的负面影响中恢复，无暇在后苏联空间投入更多的精力，这给一体化的发展提供了较为宽松的环境和良好的契机。但即便是在比较和缓的气氛中，欧盟内部也仍然存在着有关俄罗斯的欧亚联盟方案是在与欧盟的“东方伙伴关系”计划争抢民心的言论，① 美国前国务卿希拉里·克林顿更在卸任前曾直言美国要阻止俄罗斯恢复苏联。② 如果外部环境趋于紧张，即体系结构的主导观念恶化时，主要力量将更为积极地介入后苏联空间，将对欧亚联盟的发展构成考验。

就发展目标而言，俄罗斯对一体化的积极支持体现在欧亚联盟是一个包含经济、军事、政治等多领域的一体化组织。但在现阶段，各国的主要目标依然局限在欧亚经济联盟的建设，这一方面是因为后苏联空间存在集体安全条约组织开展军事和安全合作，另一方面也因为经济一体化是最容易实现、最具吸引力的合作领域。各国避免引入敏感的政治话题，为的是更加集中地推进经济合作。2013 年 12 月 24 日，哈萨克斯坦总统纳扎尔巴耶夫表示，成立欧亚经济联盟并非“试图恢复解体的苏联。没有回到过去，也不会回到过去，这是我们所有国家共同的统一立场”。③ 但这种自我限制的性质将使经济一体化的成果能否“外溢”到政治领域成为一个让人怀疑的问题。如果出现推进政治一体化的诉求，是否会把经济一体化的成果毁于一旦，也是让人们对欧亚联盟的前景产生担心的重要原因。

本章小结

2008 年的一场俄格冲突显示了俄罗斯强烈的单独行动意愿，其结果不仅恶化了俄罗斯同主要大国的关系，也在地区内部造成了不利影响，地区一体化进程陷入低谷。但随后发生的金融危机，在重创了俄罗斯经

① 《英报：普京“欧亚联盟”设想“抢民心”》，http://news.china.com.cn/rollnews/2011-10/08/content_10522584.htm。

② 参见中国新闻周刊相关报道，《普京再造独联体》，2013 年 1 月 9 日，http://newsweek.inewsweek.cn/magazine.php?id=6284&page=2。

③ 黄翱：《普京调整俄内外政策谋求破局》，《东方早报》2013 年 12 月 26 日。

济的同时，也改变了后苏联空间的内外环境，促使俄罗斯重新开始推动地区一体化的发展。俄白哈三国关税同盟的逐步推进，为各国带来经济获益的同时，也增加了后苏联空间的凝聚力。由此，俄罗斯高调提出欧亚联盟的发展方案，并推动俄白哈统一经济空间的运行和欧亚经济联盟的建设，表现出对后苏联空间地区一体化的积极支持。普京在 2013 年 12 月发表的国情咨文中表示，俄罗斯将始终不渝地推进欧亚一体化进程。[①] 然而，欧亚经济联盟的发展很快就在 2014 年遇到了前所未有的挑战，各种问题也被放大，俄罗斯在发展一体化方面需要破局。

本章主要讨论了从 2008 年下半年到 2013 年年底之间俄罗斯在后苏联空间地区一体化问题上的态度变化，从 2008 年的维持现状政策转为积极支持的立场，并提出了更具雄心的建设欧亚联盟的发展方案。作为欧亚联盟大框架的基础部分，欧亚经济联盟启动初期建设，并取得了一定的积极成果，这种有步骤、有计划推动一体化发展的行动，显示了俄罗斯对地区一体化具有比较正面的态度。由于俄格冲突的影响并未散去，俄罗斯很难在政治和安全领域取得任何一体化进展，所以结合本国与地区的需要，俄罗斯将重点放在发展经济领域的一体化上。回到本书提出的分析框架，这一时期，俄罗斯在体系结构中的相对权力地位因中国的标志性崛起而下降，在地区结构中的相对权力地位因较快摆脱金融危机的影响而上升，在双重结构中的主导观念因美俄关系恢复和中小国家需要俄罗斯帮助应对金融危机都在逐渐优化。由此，双重结构对俄罗斯提供了一种强激励（激励 A 和激励 J，即两个最强的激励组合），再次验证了本书的研究假设 1——“如果体系结构和地区结构提供的两种激励都位于‘强激励’的高位，那么大国会持有积极支持地区一体化的立场，并采取相应的参与和推动一体化发展的行动，也就是符合因变量中积极支持态度的表现情况。”

① Послание Президента Федеральному Собранию, 12. 12. 2013, http://www.kremlin.ru/transcripts/19825.

第七章　俄罗斯发展地区一体化的新思路（2014～2019）

谁也未曾料到，当欧亚经济联盟不断加快建设步伐时，一场乌克兰危机的发生和演变给后苏联空间的内外形势带来重大改变。俄罗斯遭受西方的严厉制裁，经济受到重创，与西方的关系也跌入冷战结束以来的最低谷。同时，地区内部形势发生变化，分化更加明显。这些都加重了欧亚经济联盟面临的障碍，迫使俄罗斯不得不寻求突破，推动欧亚经济联盟向外拓展。在世界大变局的背景下，俄罗斯综合考虑地区内外形势，提出了发展地区一体化的新思路。

第一节　双重结构与欧亚经济联盟的困境

自普京 2011 年 10 月提出建设欧亚联盟的方案以来，俄罗斯、白俄罗斯和哈萨克斯坦三国在经济领域加快一体化步伐，推进作为欧亚联盟方案重要基础的欧亚经济联盟的建设。2014 年 5 月，俄白哈三国签署《欧亚经济联盟条约》,[①] 迈出建设欧亚经济联盟的关键一步。与此同时，乌克兰危机持续发酵，改变了双重结构中的主导观念，俄罗斯国力也受危机影响出现下行，这些都加剧了俄罗斯和欧亚经济联盟的困境。

一　乌克兰危机对双重结构的影响

2013 年 11 月，当乌克兰总统亚努科维奇做出暂时中止与欧盟签署联系国协定的决定时，他一定没有想到这“一脚急刹车”以及之后同俄罗斯签署合作协议的决策不仅葬送了自己的总统生涯，也给乌克兰、后苏联空间和整个国际局势带来巨大影响。这种短时期内的大幅度摇摆激化

① Договор о Евразийском экономическом союзе, http://economy.gov.ru/minec/about/structure/depSNG/agreement-eurasian-economic-union.

了乌克兰国内的矛盾。[①] 2013 年 11 月 22 日，乌克兰亲欧派组织民众在基辅进行反政府示威。乌克兰国内局势出现动荡，一场危机就此爆发。

（一）乌克兰危机及其在体系结构中造成的影响

从 2013 年 11 月 22 日反政府示威爆发，到 2014 年 2 月 22 日亚努科维奇被议会罢免总统职务的近三个月时间里，乌克兰危机主要局限在国内，表现为国内政治势力斗争引发的局势动荡。支持和反对政府的群众在相关政治派别的支持下发起针锋相对的抗议。2014 年 1 月，面对严峻的国内局势，亚努科维奇向反对派让步，内阁全体辞职。但抗议并没有就此平息，并随后演变为街头流血冲突。2 月 21 日，亚努科维奇与反对派签署和解协议，2 月 22 日，亚努科维奇被议会免去总统职务。乌克兰政权更迭。

乌克兰国内局势的动荡激化了已经长期存在的各种矛盾。位于乌克兰南部的克里米亚地区逐渐成为各方斗争的新焦点。2014 年 3 月 1 日，俄罗斯议会批准了普京总统提出的在克里米亚地区使用俄罗斯军队的请求。美国则针对性地宣布在资金、能源、技术等方面援助乌克兰。克里米亚地方议会于 2014 年 3 月 11 日通过了克里米亚独立宣言。3 月 16 日，克里米亚和塞瓦斯托波尔举行全民公决，宣布独立并要求加入俄罗斯。俄罗斯顺势于 3 月 18 日收回了克里米亚共和国和塞瓦斯托波尔市，从而改变了乌克兰危机的性质，使其影响扩大到地区和整个国际体系。

克里米亚成功入俄，使乌克兰东部地区的亲俄势力看到了脱离乌克兰独立的希望。2014 年 4 月 7 日，乌克兰东部顿涅茨克地区的亲俄者宣布独立，拟效仿克里米亚采取全民公决的方式加入俄罗斯。为避免国家分裂，乌克兰政府对乌东部两州采取武力行动。5 月，乌克兰举行总统选举，波罗申科在危急时刻当选为乌克兰总统。然而局势的动荡并未缓解，乌克兰危机开始出现长期化的趋势。

2014 年 9 月，乌克兰政府与乌东部地区代表签署《明斯克协议》，实现停火。但这份停火协议并未得到切实执行，零星冲突仍然继续。11

---

① 邢广程：《2015 年的乌克兰危机与俄罗斯的选择》，《现代国际关系》2015 年第 2 期，第 8 页。

月，乌克兰总统波罗申科宣布废除乌克兰东部特殊地位法并实行经济封锁，俄罗斯随后向乌东部地区运送了人道主义援助物资。乌克兰局势再度紧张。2014 年 12 月 22 日，诺曼底四方——俄罗斯、乌克兰、法国和德国领导人举行电话会议，商讨外交解决乌克兰危机的可能性。2015 年 1 月底至 2 月初，德法两国领导人相继与普京进行电话会谈和直接会面，共同尝试和平解决乌克兰危机。2015 年 2 月 12 日，诺曼底四方在明斯克峰会上达成基本共识，签署了新的《明斯克协议》。由此，乌克兰危机高潮暂落，乌克兰问题久拖不决。

乌克兰危机的发生和演变给俄罗斯带来多方面的影响。首当其冲的是俄罗斯经济。按照世界银行的统计，2013 年俄罗斯国内生产总值 GDP 的总量为 2.3 万亿美元，2014 年减至 2.06 万亿美元，2015 年锐减至 1.37 万亿美元。[①] 特别是在 2014 年年末，受技术革新、供求关系变化等多重因素的影响，国际油价出现大幅下跌，加上西方对俄罗斯加大制裁，俄罗斯经济出现严重下滑，外汇储备急剧缩减，资本外流严重，2014 年俄罗斯资本净流出额达到 1515 亿美元，为 2013 年 610 亿美元的近 2.5 倍，[②] 外国直接投资也在 2014 年下降 70%，只有区区 190 亿美元。[③] 与石油价格紧密联系的俄罗斯卢布，在 2014 年年底出现大幅度贬值，从 1 美元兑换 32 卢布急速贬值到 1 美元兑换近 70 卢布的历史性低位。俄罗斯央行也曾采取多项措施，开展卢布保卫战。但直到 2014 年 12 月 25 日，俄罗斯财长西卢阿诺夫才宣告“卢布危机结束”，[④] 汇率维持在 1 美元兑换 60 多卢布的位置上。2015 年 3 月后，卢布趋于平稳，维持在 1 美元兑换 50～60 卢布的汇率区间（见图 7－1）。

然而，俄罗斯经济并没有因卢布的趋稳而得到恢复。此后的数年间，俄罗斯经济都在低位徘徊，衰退或停滞成为对俄罗斯经济整体状况的界定。例如，2013 年俄罗斯国内生产总值 GDP 占全世界总量的比重为 2.9%，2014 年为 2.5%，而 2015 年和 2016 年则分别只占全世界总量

---

① 世界银行网站，http://data.worldbank.org/country/russian－federation。

② 《俄 2014 年资本净流出额达 1515 亿美元》，新华网，http://www.xinhuanet.com/world/2015－01/17/c_1114027467.htm。

③ Прямые иностранные инвестиции в Россию в 2014г. упали на 70%，https://rusevik.ru/news/254343.

④ 《俄宣布卢布危机结束》，《环球时报》2014 年 12 月 26 日。

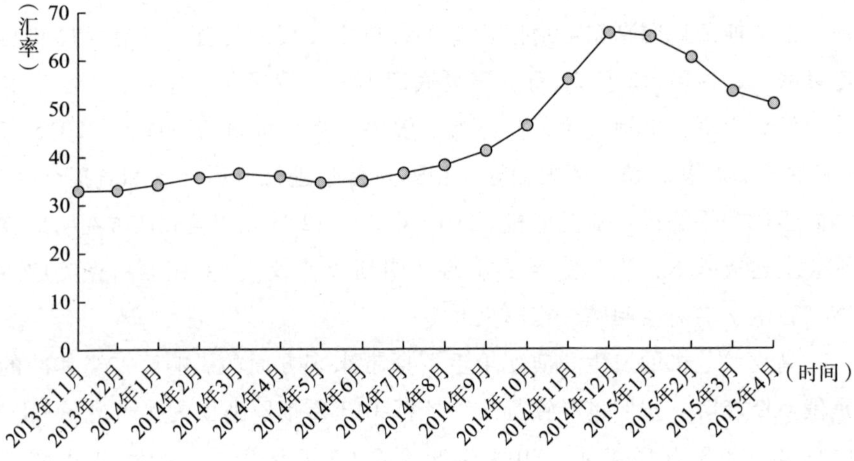

图 7-1 2013 年 11 月至 2015 年 4 月卢布与美元汇率变化

资料来源：Динамика курса USD ММВБ, руб.，https://news.yandex.ru/quotes/2002.html。

的 1.8% 和 1.6%。[①] 2013 年俄罗斯的 GDP 增速为 1.79%，2014 年为 0.74%，2015 年和 2016 年均为负增长，2017 年才略有回升（参见表 7-1）。由于经济低迷，俄罗斯在体系结构中的相对权力地位呈下降趋势（参见表 7-2 和表 7-3），所谓的"金砖国家"身份褪色不少。

表 7-1 2013～2017 年俄罗斯的国内生产总值（GDP）

年份	GDP（十亿美元）	GDP 年增速	人均 GDP（美元）
2013	2297	1.79%	16007
2014	2064	0.74%	14126
2015	1368	-2.83%	9347
2016	1285	-0.23%	8759
2017	1578	1.55%	10743

资料来源：世界银行网站，http://data.worldbank.org/country/russian-federation。

① 数据来源于 http://be5.biz/makroekonomika/gdp/ru.html#main，笔者比对过世界银行公布的相关数据，两者基本一致，数据可用。

表 7－2　2013～2017 年主要国家的国内生产总值

单位：十亿美元

年份	俄罗斯	美国	中国	日本	德国	法国
2013	2297	16692	9607	5156	3753	2811
2014	2064	17428	10482	4850	3891	2852
2015	1368	18121	11065	4395	3376	2438
2016	1285	18624	11191	4949	3478	2465
2017	1578	19391	12238	4872	3677	2583

资料来源：世界银行网站，http://data. worldbank. org。

表 7－3　2007～2011 年主要国家的国内生产总值占六国总和的比重

年份	俄罗斯	美国	中国	日本	德国	法国
2013	5.70%	41.40%	23.83%	12.79%	9.31%	6.97%
2014	4.97%	41.93%	25.22%	11.67%	9.36%	6.85%
2015	3.36%	44.45%	27.14%	10.78%	8.29%	5.98%
2016	3.06%	44.35%	26.65%	11.79%	8.28%	5.87%
2017	3.56%	43.73%	27.60%	10.99%	8.29%	5.83%

资料来源：根据表 7－2 的数据做出。

而导致这种变化的原因，除了长期存在的过度依赖能源的经济结构单一性问题外，与美欧等西方国家对俄罗斯的经济制裁密切相关。尽管“在美国决策者眼中，今日的俄罗斯充其量只是一个地区性强国而不是全球性大国，不可能对美国的全球性霸权构成实质性挑战”，[①] 但乌克兰危机特别是克里米亚入俄挑战了美国与西方主导的国际规范和秩序，所以必须对俄罗斯施加制裁。2014 年 3 月，克里米亚并入俄罗斯后，欧盟和美国随即宣布对俄罗斯实施制裁，主要方式是冻结个人财产和禁止发放旅游签证等；4 月，美欧启动第二阶段制裁，制裁名单中的人数规模不断增加，且不仅涉及政府官员，还包括企业高管等个人，受影响的企业数量也逐渐扩大。2014 年 7 月，马来西亚航空 MH17 航班在顿涅茨克地区坠毁，美欧等国认为是俄罗斯所为，随即加大了对俄罗斯的制裁力度，制裁范围包括了俄罗斯的重要能源巨头和多家银行。不仅是美国和欧盟，

① 冯玉军：《乌克兰危机：多维视野下的深层透视》，《国际问题研究》2014 年第 3 期，第 58 页。

日本也加入了对俄罗斯的经济制裁行列。

除经济制裁外，美欧等西方国家还采取多种措施在外交上孤立俄罗斯。2014 年 2 月，很多西方国家元首拒绝出席索契冬奥会开幕式。2014 年 6 月，原本由俄罗斯轮值主办的八国峰会没能迎来西方七国的客人，八国集团（G8）将俄罗斯踢出，变成了七国集团（G7），七国领导人没去索契而是集体撇开普京，在布鲁塞尔举行了峰会。原定于 2014 年 6 月举行的欧盟 - 俄罗斯峰会也被取消。2014 年 9 月，北约在英国威尔士举行峰会。从峰会的讨论内容和最终成果上看，自冷战结束以来，北约第一次将俄罗斯明确认定为“对手”，认为俄罗斯是大西洋安全的主要挑战，并决定组建一支名为“尖峰”的快速反应部队，增加在东欧的军事存在，同时开始在乌克兰部署武器甚至人员，对俄罗斯形成压力。①

面对西方不断加码的制裁和强力施压，俄罗斯也有力回应。2014 年 7 月 22 日，普京在俄罗斯联邦安全会议上指出，西方国家企图破坏俄罗斯的社会政治形势，搞“颜色革命”，资助政变。② 2014 年 8 月 7 日，俄罗斯宣布从当日起，全面禁止从欧盟、美国、澳大利亚等国进口农产品和乳制品等。禁令立即生效，为期一年，打响了对西方的“食品战”。同日还宣布禁止乌克兰航空的航班飞经俄罗斯，以增加相关的运营成本。2014 年 9 月，俄罗斯开始减少对波兰、罗马尼亚等部分国家的天然气供应。

从以上进程中我们可以看到，乌克兰危机在体系结构中造成的最大影响是恶化了俄罗斯与美欧等西方国家的关系。尽管将此态势称作“新冷战”③

---

① Wales Summit Declaration, http://www.nato.int/cps/en/natohq/official_texts_112964.htm.

② Заседание Совета Безопасности, 22 июля 2014г., http://www.kremlin.ru.

③ 美国一些学者在讨论乌克兰危机引发的世界局势变动时使用了“新冷战”的提法，参见 Robert Legvold, “Managing the New Cold War: What Moscow and Washington Can Learn from the Last One,” *Foreign Affairs*, July/August, 2014; Stephen F. Cohen, The New Cold War and the Necessity of Patriotic Heresy: US Fallacies May Be Leading to War with Russia, August 12, 2014, http://www.thenation.com/article/180942/new-cold-war-and-necessity-patriotic-heresy#; 俄罗斯学者也有文章在使用“新冷战”这一词，*Вячеслав Дашичев*, Украинская трагедия и новая холодная война США против России, 8.07.2014, http://www.km.ru/world/2014/07/08/proti-vostoyanie-na-ukraine – 2013 – 14/744384 – ukrainskaya-tragediya-i-novaya-kholodnaya; *Леонид Доброхотов*, Итак, новая холодная война? 07/04/2014, http://www.geopolitica.ru/node/4509#.VDVtPHExiAE。

可能有些夸大，但不可否认的是俄罗斯与西方关系跌至冷战结束以来的最低谷，双方相互挥舞制裁与反制裁的大棒，难以看到转圜的空间。总之，乌克兰危机对俄罗斯的外交形势产生了巨大影响，并严重恶化了体系结构中的主导观念。

（二）乌克兰危机在地区结构中造成的影响

在地区层次，乌克兰危机造成的影响同样巨大。尽管各界对俄罗斯的行动褒贬不一，但俄罗斯在乌克兰危机中的最大收获，恐怕只有克里米亚和塞瓦斯托波尔的“回归”。这一“回归”让俄罗斯彻底解决了困扰多年的黑海舰队存续问题，不仅维持了俄罗斯在黑海地区的战略地位和军事存在，而且使俄罗斯能够维持其对中东、西亚等地区的辐射性影响，甚至可以说在本质上改善了俄罗斯在黑海地区、欧洲和世界上的地缘政治地位。但这仅仅是危机影响的一个极小方面。就整个后苏联空间来看，乌克兰危机的地区影响涉及三个主要方面。

第一，乌克兰危机导致俄罗斯与乌克兰的关系破裂，乌克兰更加坚定地走上了“脱俄入欧”之路。2014 年 3 月 24 日和 6 月 27 日，乌克兰与欧盟签署了联系国协定的经济部分和政治部分。9 月，乌克兰议会批准了联系国协定，波罗申科总统将乌克兰加入欧盟的时间表定在 2020 年，在此期间，乌克兰将在经济、政治、安全等多个领域与欧盟和北约开展合作，乌欧关系由此进入新的发展阶段。2014 年 12 月，美国国会参议院通过“支持乌克兰自由法案”，给予乌克兰、格鲁吉亚和摩尔多瓦三国以北约之外盟友的地位。[①] 作为回应，12 月 23 日，乌克兰废除了亚努科维奇政府签署的不结盟地位法案，为加入欧盟和北约扫除法律障碍。2015 年 3 月，乌克兰总统波罗申科签署了关于允许外国军队入境参加 2015 年乌克兰军演的法律，并在 2015 年年内与美国和北约国家举行了多次联合演习。2016 年 1 月，欧盟与乌克兰的自贸区协定正式生效。6 月，乌克兰通过一项修正案，将加入北约作为外交政策目标。这些进展表明乌克兰远离了俄罗斯，与美欧等西方国家加强了合作。

第二，乌克兰危机在重创俄罗斯经济的同时，也拖累了地区各国的经济，给欧亚经济联盟的发展蒙上阴影。受局势动荡和经济制裁的多重

① 《美通过“支持乌克兰自由”法案》，新华社莫斯科 2014 年 12 月 12 日电。

影响，不仅俄罗斯和乌克兰的经济受到重创，与俄罗斯开展紧密经济合作的白俄罗斯、哈萨克斯坦、吉尔吉斯斯坦等国的经济也都严重下滑。后苏联空间内主要国家的国内生产总值在2015年至2016年几乎都缩水30%（参见表7-4）。俄罗斯经济的下行，使得在俄务工人员的收入锐减，相应减少了寄回本国的金额，由此拖累了乌兹别克斯坦、吉尔吉斯斯坦等国的国民收入。欧亚经济联盟内部的贸易额也明显下降，2014年1~10月，哈萨克斯坦与俄白两国的贸易总额比上年同期减少了19.3%，其中出口缩减12.1%，进口减少21.7%。[①] 在经济下行的压力下，俄罗斯自顾尚且不暇，对欧亚经济联盟的投入也顺势减少，这不仅降低了俄罗斯自身的吸引力，也对欧亚经济联盟的发展构成负面影响。经济的下行也直接影响了欧亚经济联盟内部的关系。例如，2014年12月，白俄罗斯总统卢卡申科批评俄罗斯限制白俄罗斯向其供应食品的政策是绝对的“愚蠢和无脑”，并威胁用美元进行贸易结算。[②] 2015年1月1日起，白俄罗斯恢复了与俄罗斯交界段的边防检查。所以，“地缘政治危及了欧亚经济联盟的经济基础，而不是经济一体化产生了地缘政治结果”。[③]

表7-4 2013~2017年后苏联空间内主要国家的国内生产总值

单位：十亿美元

年份	俄罗斯	乌克兰	白俄罗斯	哈萨克斯坦
2013	2297	183	76	237
2014	2064	133	79	221
2015	1368	91	57	184
2016	1285	93	48	137
2017	1578	112	54	159

资料来源：世界银行网站，http://data.worldbank.org。

① *Рустем Фаляхов*, Россия заплатит за союзников, 2014.12.23, http://www.gazeta.ru/business/2014/12/23/6356133.shtml.

② Лукашенко: ситуация с ограничением поставок белорусского продовольствия в Россию-абсолютная политика, притом глупая и безмозглая, 2014.12.19, http://www.belta.by/ru/all_news/president/Lukashenko-situatsija-s-ogranicheniem-postavok-belorusskogo-prodovolstvija-v-Rossiju—absoljutnaja-politika-pritom-glupaja-i-bezmozglaja_i_689886.html.

③ 理查德·萨克瓦：《欧亚精英如何以全球视角看待欧亚经济联盟的作用》，宋阳旨译，《国外理论动态》2017年第2期，第105页。

第三，乌克兰危机进一步加剧了地区内部的分化，是否与俄罗斯或欧亚经济联盟合作成为划分地区不同部分的标准，地区分裂态势被固定下来。乌克兰危机对后苏联空间内的各国来说，震动巨大。以格鲁吉亚、乌克兰为代表的国家，看到“摇摆”的后果如此严重，就在远离俄罗斯的道路上更加坚定。而以白俄罗斯、哈萨克斯坦为代表的国家，虽然继续保持同俄罗斯的紧密合作，但也“需要重新评估俄罗斯的行为”，[①] 并在不同领域存在怀疑心理或寻求替代方案。在政治和安全领域，因不同程度地存在与乌克兰相似的问题，各国对矛盾激化增大的担忧明显增加。例如，哈萨克斯坦北部与俄罗斯接壤的地区生活着大量的俄罗斯族人，如果他们效仿克里米亚举行公投，也将成为哈萨克斯坦政府面临的最棘手问题。又如，白俄罗斯总统卢卡申科和哈萨克斯坦总统纳扎尔巴耶夫都是执政多年的国家最高领导人，他们同样担心本国的反政府势力被外国支持，从而出现动摇政府执政基础和导致国家混乱的情况。在外交领域，各国受危机影响开始调整对外政策。乌克兰危机使很多国家认识到要加强多领域的对外联系，实现本国外交的多向发展和平衡发展，借此才能在保持独立的同时，实现国家发展的目标。这种调整直接影响了各国在参与“一带一路”建设中的选择。总之，乌克兰危机使后苏联空间的分化和分裂趋势被固定下来，形成持续性影响。

可以说，乌克兰危机使地区结构中的主导观念出现恶化，俄罗斯的相对权力地位也呈现下降趋势。从具体问题上看，乌克兰危机以及俄乌关系的破裂使乌克兰不再有加入欧亚经济联盟的可能，这对欧亚经济联盟的发展是一个重大打击。“乌克兰脱俄入欧，重挫了俄罗斯苦心经营多年的独联体一体化进程，最大限度地削弱了俄罗斯在前苏联地区的影响力，前所未有地离间了俄罗斯同传统盟友的关系。”[②] 因此，乌克兰危机加剧了欧亚经济联盟面临的困境，强化了双重结构对欧亚经济联盟发展的制约。

二　双重结构对欧亚经济联盟发展的制约

除乌克兰危机产生的多重影响外，双重结构中的一些变化也对欧亚

---

① 亚历山大·利布曼：《乌克兰危机、俄经济危机和欧亚经济联盟》，《俄罗斯研究》2015 年第 3 期，第 42～43 页。

② 陈玉荣：《从克里索契之行看乌克兰危机走势》，《当代世界》2015 年第 6 期，第 31 页。

经济联盟的发展形成制约。

（一）体系结构对欧亚经济联盟的压力

“一超多强”的体系结构表明俄罗斯是以强国的身份立于国际舞台。既然是强者，俄罗斯的国家目标就当然地包含向更强国家的追求，也就是要提升本国的国家实力。所以欧亚经济联盟不仅要完成整合地区合作的功能，也需要能够对俄罗斯的发展提供助推力。但俄罗斯的任何提升，都很容易招致体系中的超级大国的警惕和遏制。而作为强者的俄罗斯，受实力所限，难以阻隔来自地区外部的地缘经济与地缘政治压力。

这种压力首先来自美国。美国早在1992年就指出，其“首要目标是防止出现一个新的竞争对手”，“出现一种与苏联相似的威胁”。[①] 因此，俄罗斯每次想要重新整合后苏联空间的举动都有可能被美国视为是在恢复苏联。欧亚经济联盟的建设也不例外，美国对此抱有警觉，甚至可以说“导致美国重新返回对俄罗斯战略遏制轨道的根本因素是俄罗斯建立欧亚联盟的计划”。[②] 而乌克兰危机不过是给美国遏制俄罗斯提供了绝佳的机会和正当的理由。所以，乌克兰危机后美国对俄罗斯不断加码的制裁，也不仅仅是“就事论事”，而是有着充分的战略考虑。2016年起，围绕美国大选的问题，美国多次对俄罗斯加大制裁。美国指责俄罗斯利用黑客干预大选。持续进行的“通俄门”调查不仅成为绑在当选总统特朗普身上的“绳索”，更使得美国政府不断进行人事变动。2017年7月，美国国会以压倒性多数通过了严厉的“对俄制裁法案”，此后采用冻结俄罗斯实体和个人的资产、禁止提供文化交流资助、列出可能受制裁的人员名单和提出指控等方式继续加大对俄罗斯的制裁。[③] 这些事态发展都表明即便是乌克兰危机暂告平静，美国也没有对俄罗斯“松绑”的意思，即便特朗普本人曾多次意图改善美俄关系，但也因美国国内强大的反俄和恐俄情绪而作罢。

在美国的带领下，北约以及其他欧洲国家同俄罗斯的关系陷入低谷。

---

① “Excerpts from Pentagon’s Plan: Prevent the Re-Emergence of a New Rival,” *New York Times*, March 8, 1992.

② 郑羽主编《多极化背景下的中俄关系（2012～2015）》，第31页。

③ 冯绍雷：《“对俄制裁案”和俄罗斯与西方关系的未来》，《欧洲研究》2018年第1期，第3～4页。

2014年9月，北约通过《战备行动计划》增强了在其东部成员国中的军事力量存在。2015年2月，北约将快速反应部队的人数从1.3万人扩充至3万人，并在保加利亚、爱沙尼亚、拉脱维亚、立陶宛、波兰和罗马尼亚等6个国家成立指挥和控制部门。2016年7月，北约峰会宣布从2017年起向波兰和波罗的海三国派驻四个营的多国部队。而从2014年起，北约及美国在欧洲特别是东南欧举行了多次大规模联合军演。这些行动的目的都无疑是在向俄罗斯施压。

与西方这种持续存在的压力相比，来自中国的地缘经济压力在这一时期更加明显。随着中国在2010年的经济总量跃居世界第二位，全世界的目光都被中国的快速发展所吸引。作为国际体系中的两个强国，中国的发展显然比俄罗斯取得了更大的成就，由此也招致美国越来越严厉的打压，包括亚太再平衡等战略的实施，都不仅压缩着中国的外交空间，也恶化了中国在东侧亚太地区的外交环境。为应对美国的压力，也为求更大的发展，中国在2013年9月和10月分别提出了共建“丝绸之路经济带”和“21世纪海上丝绸之路”的倡议。这一被统称为“一带一路”的地区合作倡议，将后苏联空间内的各国作为首要的合作对象，并且还要拓展更大范围的合作，这无疑代表了中国对后苏联空间更为积极的介入，对俄罗斯以及后苏联空间的发展来说，既是机遇也是挑战。

尽管中俄已经互为对方的全面战略协作伙伴，双边关系也达到历史最高水平，但必须客观地看到，中国的“一带一路”倡议对俄罗斯形成了一定的地缘经济压力。俄罗斯的发展势头不如中国，自然在吸引力方面有劣势，特别是在乌克兰危机导致俄罗斯经济困境的背景下，中国的比较优势就更加明显。而这种压力也并非完全是俄罗斯怀揣恶意的“想象”。2014年10月，针对中国提出筹建亚洲基础设施投资银行（简称“亚投行”，英文缩写AIIB）的倡议，哈萨克斯坦和乌兹别克斯坦成为亚投行的首批意向创始成员国，后苏联空间内的各国只有这两个国家最早签署了备忘录。这一实际行动反映出后苏联空间的中小国家在俄罗斯和欧亚经济联盟以外选择经济合作对象的意愿，也从一个侧面显示了中国的吸引力。

所以，尽管介入方式和主攻领域有所不同，但美国、欧盟等西方国家以及来自东侧的中国，它们作为体系结构中最主要的行为体，对俄罗斯和欧亚经济联盟的压力在持续增大。

（二）地区结构对欧亚经济联盟的限制

“一强多弱”的地区结构对欧亚经济联盟的限制也非常明显，主要表现在两个方面。

第一，“一强多弱”的结构在赋予俄罗斯优势地位的同时，却容易产生诸多问题。首先，俄罗斯经济形势的变化有可能对整个联盟产生巨大影响。当西方因乌克兰危机加大对俄罗斯的制裁以及俄罗斯采取反制裁措施后，俄罗斯经济大幅下滑，也间接拖累了白俄罗斯和哈萨克斯坦两国（参见表7－4），直接削弱了一体化的效果。其次，“一强多弱”的结构使俄罗斯容易出现自我膨胀和患得患失的心理。俄罗斯因地区优势地位有可能自我膨胀，因为无论俄罗斯怎样被削弱，总归是“瘦死的骆驼比马大”，联盟内的其他国家与俄罗斯相比，完全不在一个数量级。历史遗留的帝国惯性更使俄罗斯可能对联盟内其他国家采取“家长作风”。而“一强多弱”的结构也意味着俄罗斯必须承担相应的地区责任，付出最多的合作成本。有媒体指出，2014年与白俄罗斯、哈萨克斯坦、亚美尼亚和吉尔吉斯斯坦四国的一体化将花费俄罗斯52亿美元，而一体化的收益却远未显现。[①] 类似的抱怨之声不时出现，恰恰反映了俄罗斯的患得患失心理。最后，“一强多弱”的结构使参与一体化进程的小国心理复杂：既想依靠俄罗斯推动经济发展，少予多取，又怕成为俄罗斯的附庸，丧失本国的独立和自由。这种矛盾心理极大地影响了欧亚经济联盟在后苏联空间内的吸引力，那些中小国家都多少怀有对俄罗斯帝国历史的惨痛记忆。

第二，经济模式趋同和内部活力匮乏，削弱了欧亚经济联盟的发展效果。尽管欧亚经济联盟采取了地区经济一体化的合作思路，但参加国都是原苏联地区国家，历史遗留的经济发展模式存在严重趋同的问题。尽管各国自苏联解体以来经历了痛苦的经济转型，但仍然存在相当多的类似弊病，例如俄罗斯和哈萨克斯坦经济结构依然不合理，存在对能源的过度依赖。在一体化启动之初，经济模式趋同的负面影响并不明显，

① *Рустем Фаляхов*, От Евразии одни убытки, 2014. 10. 21, http://www. gazeta. ru/business/2014/10/17/6264305. shtml.

毕竟当取消关税和其他贸易壁垒，商品、劳务、资金等要素能够在各国间自由流动时，内部贸易获得的刺激是巨大的，这也是俄白哈三国关税同盟在2009年启动之初能够快速推动各国经济发展的重要原因。但经济模式趋同，使得内部贸易总量和发展空间都十分有限，例如俄罗斯的商品流通总额超过4000亿美元，但同期与欧亚经济联盟内部成员国之间的商品流通额只有700亿美元，① 又如2011年至2014年间，联盟内部贸易的增速分别为34%、7.5%、-5%和-8%，② 2013年和2014年的负增长固然有乌克兰危机的影响，但此前增速的断崖式下滑，明显反映出联盟内部贸易结构单一，远未能达到经济一体化的目标。此外，联盟内部各国之间发展的不平衡性日渐突出，白俄罗斯的经济增长明显落后于哈萨克斯坦（参见表7-4），这也影响了联盟内部的凝聚力。由此，内部活力的匮乏直接引发了经济增速放缓，黯淡了一体化的发展前景。

归结起来，欧亚经济联盟的发展在广度和深度方面存在矛盾。一方面，由于多种地区一体化机制激烈竞争，如果欧亚经济联盟深化经济一体化合作，甚至将合作拓展至政治和安全领域，即需要更多主权让渡的话，联盟的发展在地理空间上将相当狭小，不可能吸引更多的国家参与。例如，欧亚经济联盟为与欧盟竞争，需要通过深化一体化来提升经济吸引力，但这样做只能迫使相关国家必须“选边站队”，只能选择一个深度一体化组织。乌克兰危机已经显示出任何摇摆都有可能给相关国家带来颠覆性的严重后果。换句话说，欧亚经济联盟深化一体化将很有可能减少它所能吸引的国家数目，即只能做成“小而精”的一体化。

另一方面，如果欧亚经济联盟希望吸引更多的国家参与，那么它就只能维持在自由贸易区等较低的合作水平上，对“纵向-深度”的“牺牲”有可能换取在“横向-广度”上实现拓展。在乌克兰危机等地区内外形势的影响下，欧亚经济联盟内除俄罗斯外的其他成员国对深化多领

---

① *Игорь Зубков*, Гражданин Евразии, 2014.12.22, http://www.rg.ru/2014/12/23/suleimanov.html.

② Формирование Евразийского экономического союза: риски и шансы. Ежегодный доклад интеграционного клуба при председателе совета федерации федерального собрания Российской федерации за 2014 год. http://council.gov.ru/media/files/41d5396c20ab708f2baa.pdf.

域合作持谨慎态度。[①] 因此，在加深合作深度的方面实际上也存在困难。

俄罗斯在2011年提出建设欧亚经济联盟时主要有三个目标：推动俄罗斯经济持续增长、实现周边安全和政治稳定、提升俄罗斯的国际地位。但不过两年多的时间，上述三个目标都不同程度地遇到了阻碍。且从欧亚经济联盟本身来看，采取统一货币等深度经济一体化措施存在困难，[②] 遑论从经济外溢到政治安全领域的一体化。所以，为了解决这一发展难题，欧亚经济联盟只能从拓展合作广度上寻求突破。

第二节 欧亚经济联盟的向外拓展

欧亚经济联盟拓展合作广度的核心是增加新的经济合作对象。新经济体的出现，可以为欧亚经济联盟的发展注入新鲜血液，增加生产资料来源和扩大消费市场，在增加贸易规模和扩大合作范围的同时，[③] 减少经济模式趋同的负面影响，增加经济活力，也能够在一定程度上减弱"一强多弱"的结构性问题，带动各参加国的经济发展，增加联盟的实力和竞争力，以应对外部的地缘竞争和多种挑战。普京在2011年提出欧亚联盟方案时，其最初设想就不是一个封闭性的联盟，而是一个横跨欧亚大陆的广阔合作空间，最宏大的目标是西起葡萄牙的里斯本，东至俄罗斯远东城市符拉迪沃斯托克。[④] 而且，参与欧亚经济联盟的各国也一直强调彼此合作的开放性，欢迎其他国家参与。[⑤] 因此，增加新的合作对象是欧亚经济联盟发展的必然需要，也符合其发展逻辑。

一 "三步并进"的拓展路径

2015年1月1日，欧亚经济联盟正式启动，但由于乌克兰危机以及

---

① 王志：《欧亚经济联盟：进展与挑战》，《俄罗斯研究》2018年第6期，第37～38页。

② *Игорь Зубков*, Гражданин Евразии, 2014.12.22, http://www.rg.ru/2014/12/23/suleimanov.html.

③ *Кира Латухина*, Пять с плюсом, 2014.12.23, http://www.rg.ru/2014/12/23/integracia-site.html.

④ *Путин В. В.* Новый интеграционный проект для Евразии — будущее, которое рождается сегодня. http://www.izvestia.ru/news/502761.

⑤ Назарбаев: ЕАЭС открыт для сотрудничества с Евросоюзом, 2014.12.24, http://forbes.kz/news/2014/12/24/newsid_75897.

双重结构的制约，欧亚经济联盟从诞生之日起就开始了向外拓展的步伐。欧亚经济联盟采取“三步并进”的拓展思路，即扩充联盟成员、建立自由贸易区和开展机制对接合作三个步骤同时推进，[①] 以求增加新的合作对象。

（一）扩充联盟成员

尽管普京充满雄心的方案将欧亚联盟的发展空间几乎涉及整个欧亚大陆，但欧亚经济联盟从启动之日起的主要发展对象还是后苏联空间内的国家。这一方面是因为在客观上，各国历史上存在的紧密联系使发展地区一体化具有较好的经济基础；另一方面也是因为在主观上，各国确实需要通过开展经济一体化带动本国的发展。俄白哈三国在启动一体化初期的经济增长，对地区内国家参与一体化进程起到了示范和刺激作用。吉尔吉斯斯坦、亚美尼亚、乌兹别克斯坦甚至包括危机前的乌克兰都曾在2012年至2013年表达过同俄白哈关税同盟开展经济合作的意愿，甚至开启了相关谈判。

但从俄罗斯的立场和行动上看，欧亚经济联盟在扩充成员方面有如下三个选择标准。第一，优先考虑后苏联空间内的国家。因为这些国家都是通常意义上的中小国家，任何一个国家的加入都不会改变俄罗斯在联盟内的优势地位，因而也就不会影响俄罗斯的主导作用。而地理邻近不仅增加了合作的必要性和可能性，也使实现地区和平与国家发展成为各国的共同需要，且邻国之间通常有贸易便利化的强烈需求。第二，优先考虑与联盟内国家具有较好合作基础的国家。除俄白哈三国外，后苏联空间仍然有9个国家，但不同国家的发展水平、与俄白哈之间的经济联系和政治关系等存在差别。那些已经同俄罗斯等国开展了较为密切合作的国家，或者是作为欧亚经济共同体、集体安全条约组织和独联体等相关机制 员的国家，将成为优先考虑的合作对象。第三，申请入盟的

---

① 欧亚经济委员会发表的报告中提出，国际合作有助于解决欧亚经济联盟有关经济发展的关键问题，具体方式包括：发展新成员国，建立自由贸易区，签署和落实国际协议和备忘录，与第三方国家、国际组织和一体化进程开展合作，推动成员国在超国家水平上与世贸组织发展关系等。本研究在理解角度上存在差别，但基本涉及了上述方式。Евразийская экономическая интеграция: цифры и факты, 2015 Первое Полугодие, http://www.eurasiancommission.org/ru/Documents/EEC_dig_facts.pdf.

国家应当意愿坚定，并愿意做出努力达到入盟标准。如果某个国家自身没有加入欧亚经济联盟的意愿，那么即便俄罗斯和欧亚经济联盟意愿强烈，扩充成员的程序都不可能启动。而且任何地区组织都存在加入的标准或门槛，所以仅有意愿还不够，申请加入的国家还应该通过修改法律、调整政策等方式努力达到加入的标准。

由此，欧亚经济联盟于2015年1月2日和8月12日分别完成了亚美尼亚和吉尔吉斯斯坦的入盟程序，实现了初步扩员。乌兹别克斯坦在2015年同俄罗斯建立工作组商讨谈判等相关问题，塔吉克斯坦则在2015年热烈讨论了本国加入欧亚经济联盟的各种潜在的积极和消极后果。①

（二）建立自由贸易区

作为经济一体化的初级阶段，建立自由贸易区可以便利区内国家之间的贸易往来，促进商品、人员、服务和资本的自由流动，在促进经济发展的同时增进各国的相互了解，且因为一体化程度不高，并不会要求参加国让渡过多的主权，所以是目前各主要国家和经济体最常用的合作方式。作为低程度的一体化方式，自由贸易区可以在不给对象国增加选择难题的基础上开展经济合作。所以，建立自由贸易区是欧亚经济联盟比较容易进行的拓展方式，也有助于扩大欧亚经济联盟的影响。

但选择哪些国家优先建立自由贸易区是这一拓展方式需要着重考虑的问题。普京在2014年年底的讲话中提到了几个重要的优先合作对象，如越南、土耳其、以色列和印度等。② 除普京提到的国家外，2015年2月，埃及与欧亚经济联盟就建立自贸区问题成立了工作组。③ 叙利亚也在2015年启动了同欧亚经济联盟的谈判。分析上述国家的特点，可以初步把握欧亚经济联盟在建立自贸区的合作对象上具有哪些选择标准。

第一，合作对象在相关地区或次地区具有重要的影响力，部分国家甚至可以被认为是地区大国。地区大国本身具有一定的经济体量，同其

① Таджикистан еще не определился относительно своего членства в ЕАЭС, 2015. 5. 14, http://www. interfax. ru/world/441574.

② Выступление на заседании Высшего Евразийского экономического совета, 2014. 12. 23, http://kremlin. ru/events/president/news/47311.

③ Министр: Каир ждет подписания с ЕАЭС договора о ЗСТ до конца 2016 года, 2015. 8. 11, http://ria. ru/world/20150811/1178402663. html.

建立自由贸易区，开展经济合作，能够带来比较可观的经济收益。同时，地区大国政治影响力强，同其合作可以起到示范效应和带动作用，对所在地区产生辐射性影响，增加其他国家与欧亚经济联盟合作的信心和意愿。埃及尽管尚未完全走出局势动荡的阴影，但作为传统的中东强国，埃及是地中海和北非地区最重要的国家，对北非地区和阿拉伯世界具有重大影响。同埃及建立自贸区，有助于促进欧亚经济联盟同西亚和非洲国家开展合作。位于东南亚地区的越南，是一个发展中经济体，具有巨大的劳动力和销售市场，这是吸引欧亚经济联盟的重要因素。[①] 与越南达成自贸区协议，可以增加欧亚经济联盟的贸易规模，预计可在 2013 年 36.6 亿美元的基础上于 2020 年前达到 100 亿美元的商品流转额。越南的独特区位优势也使俄罗斯和欧亚经济联盟在“转向亚太”[②] 过程中能够突破东北亚，在东南亚建成一个示范性合作样板。以色列、土耳其等国也都同样是所在地区的重要国家，同其建立自贸区既有实际利益，也有带动作用。

第二，对象国都与俄罗斯存在某种密切联系，历史和现实中的合作基础良好。例如，越南与欧亚经济联盟的自贸区谈判进展迅速，一方面在于冷战时期越南同苏联曾有过紧密合作，各方彼此熟悉；另一方面则是近年来俄罗斯与越南的双边关系迅速发展。俄罗斯和越南在石油和天然气、军事技术等领域的合作不断深化，俄罗斯恢复了在越南金兰湾的军事存在。两国高层互访频繁：2012 年，梅德韦杰夫访问越南；2013 年 11 月，普京对越南进行正式访问；2015 年 4 月，梅德韦杰夫再次访问越南。在高层密切接触的同时，民间交往也不断增加。到越南旅游的俄罗斯游客人数每年都在增长。这些紧密联系为欧亚经济联盟与越南建立自贸区进而促进与东南亚各国的合作起到了推动作用。又如以色列，其国民中有相当一部分数量的人口是在苏联解体后回迁到以色列的，这种联系有利于欧亚经济联盟推动同以色列的合作。而像印度等国，不仅历史上与俄罗斯合作密切，更在冷战结束后近 30 年里，在金砖国家集团、二

---

① Вьетнам и Российская Федерация — геополитика Таможенного союза важнее экономики, http://eurasia-eansu.org/?p=597.

② Baladas Ghoshal, “The Russian Pivot to Asia Pacific,” *Institute of Peace and Conflict Studies (India)*, http://www.ipcs.org/issue-brief/china/the-russian-pivot-to-asia-pacific-242.html.

十国集团（G20）等不同机制化平台上建立起紧密的合作联系，这些都为建立自贸区的顺利谈判打下扎实基础。

第三，与对象国的自贸区建设不会导致欧亚经济联盟内部的权力格局发生实质改变。尽管“一强多弱”的结构会带来一定的问题和负面影响，但俄罗斯始终非常重视并努力维护其在欧亚经济联盟内的主导性地位，因此，与欧亚经济联盟建立自由贸易区的新经济体必须符合三点要求：首先，新经济体不能从根本上动摇俄罗斯的地区主导性地位，即它的体量、实力和吸引力等指标不能超过俄罗斯，不能破坏欧亚经济联盟的组织结构；其次，新经济体不能过强的同时，却也应该具备一定的体量，可以减少“一强多弱”结构的负面影响，推动欧亚经济联盟的内部结构更加“扁平化”，换句话说，就是不再单纯依靠俄罗斯提供公共产品；最后，俄罗斯至少在某一方面具有相对于新经济体的优势，而新经济体不能在经济方面具有超越俄罗斯的完全优势。所以，这是一个把握“度”的重要问题。以印度为例，尽管印度人口众多、领土面积广阔，经济发展也较为迅速，但印度在军事和国防发展方面非常需要同俄罗斯开展合作，欧亚经济联盟与印度建立自贸区不会影响俄罗斯在欧亚经济联盟内的主导地位。而越南的情况也比较类似。俄罗斯《政治阶级》杂志主编特列季亚科夫（Виталий Третьяков）认为，与越南达成建立自贸区的协议，其地缘政治的考虑明显重于经济，因为越南是地区最重要的国家之一。[①] 也正是出于维护地区主导地位的考虑，俄罗斯对同中国在上海合作组织框架内开展经济合作并不十分积极，像中国这样庞大和具有领先优势的经济体并不是欧亚经济联盟建立自贸区的优先选择对象。[②]

（三）开展机制对接合作

在地缘经济和地缘政治竞争日趋激烈的背景下，俄罗斯及欧亚经济

---

① Вьетнам и Российская Федерация — геополитика Таможенного союза важнее экономики, http://eurasia - eansu. org/? p = 597.

② 2015 年 5 月 9 日，中国明确将建立自贸区作为与欧亚经济联盟发展合作的最终目标，俄方对此表达了合作意愿，但这是一个较为遥远的最终目标，与本研究在此讨论的优先选择问题并不矛盾。参见《中国明确将最终与欧亚经济联盟建立自贸区》，新华网，http://news. xinhuanet. com/city/2015 - 05/10/c_127783836. htm。

联盟不能错失发展机遇，也必须做出调整和改变，适应形势的各种新变化。因此，仅仅通过扩充联盟成员和建立自由贸易区两种方式拓展对外合作，并不能解决俄罗斯和欧亚经济联盟的全部问题。因为这两种方式所选择的合作对象，大都是中小国家或者是仅在某方面有优势的国家，无论从理论逻辑上还是现实需要上看，如果不能为欧亚经济联盟解决同大型经济体或有强劲实力的经济体开展合作的问题，那么俄罗斯仍将在目前开展的经济合作中付出更多的成本，而未必能获得更大的收益，或者无法较为高效地摆脱困境。

因此，欧亚经济联盟选择了第三种拓展方式，即以机制对接的合作方式开展同其他的地区发展倡议和地区机制的合作。2015 年 5 月，中俄两国就“丝绸之路经济带”和欧亚经济联盟的对接合作问题达成共识。在双方发表的联合声明中，俄方表示“支持丝绸之路经济带建设，愿与中方密切合作，推动落实该倡议”，中方则表示“支持俄方积极推进欧亚经济联盟框架内一体化进程，并将启动与欧亚经济联盟经贸合作方面的协议谈判”。在表达合作意愿的同时，双方更进一步明确了贸易、投资、交通基础设施、产能合作等优先项目领域，并提出启动对话机制和成立工作组，推动和协调对接合作。[①]

这种机制对接的合作方式，从两个角度有助于欧亚经济联盟解决同优势经济体合作的问题。一方面，机制对接为欧亚经济联盟开辟了更广阔的合作空间，既可以实现不改变俄罗斯在欧亚经济联盟内部优势地位的基本要求，不触动“一强多弱”的权力结构，也可以增加新的经济体来消减欧亚经济联盟内部结构的负面影响，从而在相当程度上解决欧亚经济联盟同优势经济体开展合作的问题。机制对接合作使欧亚经济联盟既可以在一定程度上保持独立，推动自身的建设发展，又可以同具有强大经济优势的中国及更广泛的地区开展合作，减少欧亚经济联盟各成员国成为经济强国能源供应附庸的担忧。另一方面，机制对接合作可以在一定程度上解决欧亚经济联盟同其他地区机制，特别是在覆盖范围和功能领域存在一定重合的地区机制之间的竞争与合作问题。围绕欧亚地区

① 《中华人民共和国与俄罗斯联邦关于丝绸之路经济带建设和欧亚经济联盟建设对接合作的联合声明》，新华网，2015 年 5 月 9 日，http://news.xinhuanet.com/2015－05/09/c_127780866.htm。

各国的发展与合作，目前存在上海合作组织、欧亚经济联盟、“丝绸之路经济带”等多个地区机制和合作倡议，也相应地在地理范围重叠的基础上存在一定的机制之间的竞争。乌克兰危机已经显示出不同地区机制间恶性竞争的严重后果，欧亚经济联盟显然不希望重蹈覆辙。所以，机制对接合作这一拓展方式，在增量方面为欧亚经济联盟的发展提供了同新的强势经济体合作的路径，同时在减量方面为欧亚经济联盟的发展缓解了同其他地区机制的恶性竞争。

而中俄关系的高水平发展以及既有的良好合作基础，都使开展机制对接合作成为彼此的需要。在上海合作组织扩容的问题上，中俄两国也达成共识并开始启动。特别是印度的加入，在俄罗斯看来可在相当程度上起到平衡中国影响的作用，这是俄罗斯一直积极支持印度加入上合组织的重要原因之一。由此，欧亚经济联盟同“丝绸之路经济带”可以通过上海合作组织的平台开展合作，加快机制对接建设，这也是中俄两国联合声明中提出的重要合作途径。鉴于欧亚经济联盟和“丝绸之路经济带”具有覆盖地域存在重合、合作领域比较接近的特点，因此，两者的对接建设和相互合作与不同地区的地区机制和地区组织间开展合作的方式存在差别，其发展将有助于走出一条机制间合作共赢、协调发展的新路。

整体上看，出于对自身经济竞争力不足的担忧，开展机制对接合作并不是俄罗斯的最初计划。但乌克兰危机后的形势发展迫使俄罗斯必须做出适应和调整，以应对经济困难和主要挑战。通过开展机制对接合作，欧亚经济联盟可以引入强势的新经济体，这是对扩充联盟成员和建立自由贸易区方式的有益补充。“三步并进”地向外拓展有助于推进欧亚经济联盟自身的持续发展。

二　欧亚经济联盟向外拓展的影响与问题

欧亚经济联盟从自身需要出发，以扩充联盟成员、建立自由贸易区和开展机制对接合作这三种方式向外拓展，给地区和国际形势带来新的影响和变化。

（一）欧亚经济联盟向外拓展的影响

欧亚经济联盟向外拓展的积极影响表现在三个方面。

首先，欧亚经济联盟的稳固发展和壮大，不仅有利于成员国自身的经济发展，也有利于整个后苏联空间的和平与稳定。特别是对于缺少出海口、地理条件不利的中亚内陆国家，参与欧亚经济联盟有助于实现经济利益。[①] 各成员国借助欧亚经济联盟与其他国家建立自贸区，可以促进同这些国家双边关系的发展；而借助与其他地区机制的对接合作，可以参与到更广泛的地区经济合作中，有利于各国扩大对外联系，促进经济发展。

其次，欧亚经济联盟向外拓展经济合作，不仅能够产生经济效应，也可以获得政治成果，不仅可以将俄罗斯及欧亚经济联盟的影响拓展至世界其他地区，也有助于增加欧亚经济联盟及各成员国对世界事务和全球治理的参与，“提供了一种更强的集体话语权”。[②]

最后，欧亚经济联盟与其他机制开展对接合作，有可能改变大国之间以及不同地区机制或地区组织之间的竞争与合作模式，也可能创设出一条地区机制间合作的新路径。例如，欧亚经济联盟与“一带一路”对接，不仅可以推动基础设施建设，也可以使俄罗斯从地区发展中获益，对俄罗斯而言是机遇。所以，对接合作有可能影响大国关系，甚至重塑世界格局。[③]

任何事物都具有两面性，欧亚经济联盟的向外拓展在带来积极影响的同时，也将不可避免地带来消极影响。

第一，成员国的增加将影响欧亚经济联盟的行动效率。集体行动的困境意味着数目有限的行为体更容易达成一致，俄罗斯此前抛开欧亚经济共同体，专心推动与白俄罗斯和哈萨克斯坦的关税同盟建设，其中的重要原因之一正是三个国家更容易协商，一旦成员国数目增多，分歧也就可能明显增大。因为每个国家的发展水平、现有条件和基本诉求是不一致的，任何一项政策的推出都是谈判、博弈和妥协的结果，单从技术

---

① Таджикистан еще не определился относительно своего членства в ЕАЭС, 2015. 5. 14, http://www.interfax.ru/world/441574.

② 理查德·萨克瓦：《欧亚精英如何以全球视角看待欧亚经济联盟的作用》，宋阳旨译，《国外理论动态》2017 年第 2 期，第 99 页。

③ I. Makarov and A. Sokolova, “Coordination of the Eurasian Economic Union and the Silk Road Economic Belt: Opportunities for Russia,” *International Organisations Research Journal*, Vol. 11, No. 2, 2016, pp. 40 – 57.

上讲，成员国的增多就会增加谈判的复杂性，所以欧亚经济联盟的自身建设会在一定程度上受到成员国增加的负面影响。例如，当欧亚经济联盟意图推动统一货币这样的让渡经济主权的深度一体化时，并没有获得各成员国的积极和明确的支持。①

第二，欧亚经济联盟的拓展有可能加剧相关地区的地缘政治和地缘经济竞争。例如，越南被认为是欧亚经济联盟进入东南亚的“大门”，② 欧亚经济联盟与越南建立自贸区，将扩大俄罗斯在东南亚地区的影响。这一方面使俄罗斯可以“跳过”中国同东南亚国家开展直接合作，另一方面在中美聚焦于东南亚地区开展大国竞争的同时，俄罗斯更深程度的介入将给大国在东南亚地区的竞争与合作带来重要影响。因此，俄罗斯有观点认为，需要观察中国和美国的反应，美国并不喜欢越南与欧亚经济联盟接近。③ 由此，欧亚经济联盟的拓展将可能加剧大国在相关地区的竞争。

第三，对建立自由贸易区的合作对象的选择，有可能导致相关国家调整彼此间关系，并引发一定的连锁性问题。例如，欧亚经济联盟已将伊朗纳入合作对象的考虑范围，并在2015年5月就完成了与伊朗自贸协议的专家级审议。④ 但这有可能影响俄罗斯与阿塞拜疆的关系，⑤ 其是否会影响欧亚经济联盟与以色列的合作谈判，也有待进一步观察。又如，叙利亚已经明确表达了加入欧亚经济联盟的意愿，并开始与俄罗斯方面进行相关谈判。但叙利亚的加入很难给白俄罗斯和哈萨克斯坦等国带来经济收益，却只能证明欧亚经济联盟首先是个政治

---

① 2015年5月8日媒体援引吉尔吉斯斯坦经济部长的谈话，欧亚经济联盟各国总统认为统一货币在可预见的将来具有实行的可能，但在现阶段仍然只是一个建议，没有任何具体的讨论。吉尔吉斯斯坦的经济部长也没有披露哪个国家反对这项提议。参见 Лидеры стран ЕАЭС обсудили введение единой валюты на территории союза, 2015.5.8, http://www.gazeta.ru/business/news/2015/05/08/n_7179205.shtml。

② *Айгерим Тукушева*, Министр ЕЭК: Вьетнам-ворота ЕАЭС в Юго-Восточную Азию, 2015.5.21, http://pravo.zakon.kz/4713491-ministr-ejek-vetnam-vorota-eajes-v-jugo.html.

③ *Ирина Джорбенадзе*, ЕАЭС открывается для Вьетнама, 2015.5.29, http://www.rosbalt.ru/exussr/2015/05/29/1403309.html.

④ 《欧亚经济联盟专家级审议通过与伊朗自贸协议》，商务部网站，http://www.mofcom.gov.cn/article/i/jyjl/j/201505/20150500982333.shtml.

⑤ *Марат Елемесов*, В поле зрения ЕАЭС появился Иран, http://riss.ru/smi/16613/.

联合。[①] 这将给欧亚经济联盟自身的经济发展带来负面影响，也不利于内部关系的稳定。目前叙利亚问题远未彻底解决，欧亚经济联盟与叙利亚的合作将使局势更加复杂化。

（二）欧亚经济联盟向外拓展的问题

尽管“三步并进”的拓展方式给欧亚经济联盟谋划了一个广阔的发展空间，但这其中也存在诸多问题。

第一，加入欧亚经济联盟的国家要成为完全意义上的成员还有相当多的工作要做。例如，亚美尼亚尽管取消了同俄白哈三国之间的关境，但在地理上与俄罗斯并不接壤，中间隔着格鲁吉亚和阿塞拜疆，因此过境运输就需要采取特别安排，实行相关法律规则的过渡期估计需要 8 年时间，[②] 这期间的艰难以及可能出现的变数可想而知。而且加入欧亚经济联盟，意味着新成员国将与联盟内其他成员国一起协调政策和行动，这对申请国是一个较高要求，实现起来也具有难度。且随着一体化的不断发展，很多国家已经不同程度地参与到某些地区一体化机制中或与相关机制开展了程度不同、方式各异的合作，不可能为了加入欧亚经济联盟而中断或放弃其他的合作进程。因此，以经典一体化模式发展的欧亚经济联盟，其扩充成员国的选择空间本就有限。而乌克兰危机的发生和发展，使欧亚经济联盟在后苏联空间内的成员扩充受到极为不利的影响，有可能成为下一个成员国的国家似乎只有乌兹别克斯坦和塔吉克斯坦，但这两国是否具有积极意愿值得怀疑。所以“扩充联盟成员”的方式是一个难以长期持续推行的选择。特别是在现有成员国不愿意进行任何政治合作的背景下，“深化欧亚经济联盟的范围，或者扩大其成员的数量都是不大可能的”。[③]

第二，在地缘经济和地缘政治竞争持续激烈的情况下，欧亚经济联盟是否具有持续的吸引力和竞争力令人怀疑。建立自由贸易区通常可以

---

① *Анна Федякини*, Дамаск попросился в Союз, 2015. 7. 21, http://rg.ru/2015/07/22/siria.html.

② *Рустем Фаляхов*, Россия заплатит за союзников, 2014. 12. 23, http://www.gazeta.ru/business/2014/12/23/6356133.shtml.

③ 亚历山大·利布曼：《乌克兰危机、俄经济危机和欧亚经济联盟》，《俄罗斯研究》2015 年第 3 期，第 53 页。

对相关经济体的发展起到推动作用，所以“建立自由贸易区”的拓展方式相较“扩充成员国”的方式更具吸引力，因为它实现起来相对容易。即便俄罗斯和欧亚经济联盟设定了较高的选择标准，但建立自贸区的拓展方式在对象国的选择空间方面仍然相当广阔。但若要持续发挥自贸区对经济发展的推动作用，需要解决相当多的问题，且并不是所有问题都能够在先期谈判中就预料到并做出合理安排的。而欧亚经济联盟自身的经济发展受到工业结构、能源价格等多种因素的影响，① 经济结构的调整很难在短期内完成，且能源价格的不稳定和持续低位运行已经对各国的经济发展造成重创。较早开始与欧亚经济联盟进行自贸区谈判的对象都是与俄罗斯的双边关系较好、历史渊源较深和地缘政治考虑更多的国家，但它们与欧亚经济联盟内其他国家的合作潜力并不明显，这不仅拖慢了谈判的进展，也给欧亚经济联盟内部关系的稳定埋下隐患。如果欧亚经济联盟自身增长乏力，将很难吸引更多的国家与其开展实质性的经贸合作，所谓的超过 30 个国家表达了合作兴趣也不过是一种姿态性的示好。②

第三，地域范围重合的地区机制间开展对接合作，以及不同地区的机制和组织之间开展地区间或跨地区合作，不仅具有多边合作的复杂性，更因为各地区的特点不同、机制和组织的运行规则各异、希望开展合作的主要领域存在差别等因素而增加了合作难度。例如，中国能够同俄罗斯达成“带盟对接”协议，很大程度上是因为中俄两国分别是“一带”和“一盟”中的主导国家，但东南亚国家联盟这种典型的扁平化“均势”结构，就很难高效地实现同欧亚经济联盟的对接合作。尽管俄罗斯通过举行俄罗斯 - 东盟峰会，加强了同东南亚国家的合作，也表示愿意推动欧亚经济联盟同东盟加强经贸合作。但东盟中没有哪个国家像俄罗斯一样具有主导性地位，所以也就没有哪个国家能够单独替东盟做出决

① 根据欧亚经济委员会的报告，在世界经济的占比中，欧亚经济联盟的天然气和石油开采量排名世界第一，发电量为世界第三，煤的开采量占世界第六位。联盟各国的经济对能源的严重依赖由此可见。Евразийская экономическая интеграция: цифры и факты, 2015 Первое Полугодие, http://www.eurasiancommission.org/ru/Documents/EEC_dig_facts.pdf.

② Евразийская экономическая интеграция: цифры и факты, 2015 Первое Полугодие, http://www.eurasiancommission.org/ru/Documents/EEC_dig_facts.pdf.

定，如此一来，集体行动的困境显然会拖慢谈判的进度，这两个地区组织开展经贸合作将是一个漫长的谈判过程，很有可能最先实现的仍然是欧亚经济联盟与某个东南亚国家的自贸区建设。因此，相比其他两种方式，开展机制对接合作在操作层面上会遇到更多的阻碍，不仅考验着决策者的外交智慧，也需要付出长期的努力和持久的耐心。

综上可见，相当多的问题都将影响欧亚经济联盟的生命力和拓展前景。

第三节　俄罗斯提出“大欧亚伙伴关系”

在俄罗斯看来，欧亚经济联盟的向外拓展是面对形势变化不得不采取的步骤。但外交经验老道的俄罗斯，更愿意化被动为主动，力争掌握地区一体化的主动权与主导权，因此它转变思路，提出了建设“大欧亚伙伴关系”的倡议。2016 年 6 月 17 日，俄罗斯总统普京在圣彼得堡国际经济论坛上发表演讲，表示将与中国启动欧亚全面经贸合作伙伴关系的谈判，以期在未来建立大欧亚伙伴关系。[①] 2016 年 6 月 25 日，普京访华之际，中俄双方发表联合声明，表示两国主张在开放、透明和考虑彼此利益的基础上建立欧亚全面伙伴关系，[②] 从而为双方深化合作设置了新议程。准确认识俄罗斯提出的“大欧亚伙伴关系”，有助于理解俄罗斯在发展地区一体化问题上的新思路，也有利于中国同俄罗斯加强战略协作，推动构建欧亚伙伴关系。

一　“大欧亚伙伴关系”与俄罗斯的思路变化

俄罗斯原本拥有自己的欧亚地区合作框架，即 2011 年提出的欧亚联盟方案及其后被付诸实践的欧亚经济联盟。然而，受俄罗斯自身经济困难、联盟内经济结构同一化和外部压力逐渐增大等内外多重因素的影响，欧亚经济联盟作为合作框架已经不能完全满足俄罗斯及欧亚经济联盟成

---

① Владимир Путин выступил на пленарном заседании Петербургского международного экономического форума. 17 июня 2016 года, http://www.kremlin.ru/events/president/news/52178.

② 《中华人民共和国和俄罗斯联邦联合声明（全文）》，新华网，http://news.xinhuanet.com/politics/2016－06/26/c_1119111908.htm。

员国的需要。为求改变，自2014年下半年起，俄罗斯采取了吸纳小国加入欧亚经济联盟、建立自由贸易区和开展对接建设等方式，为欧亚经济联盟增加了多种类型的经济合作新伙伴。然而，这些措施却并未收到期待中的立竿见影的效果，甚至可以说“到2016年，该机制最初的发展势头已经消失殆尽”。[①] 而且面对俄美关系、俄欧关系短期内难以转圜和中国的“一带一路”建设取得令人瞩目成就的现实，俄罗斯不仅感到自己的战略空间仍在被不断压缩，而且在经济全球化的浪潮中存在被继续边缘化的风险。这些都迫使俄罗斯必须做出更大的改变。普京在2016年6月抛出“大欧亚伙伴关系”，表明俄罗斯有意在拓展合作空间和发挥主导作用方面做出更大的努力。

（一）建立“大欧亚伙伴关系”的战略意图

“大欧亚伙伴关系”概念的提出，承继此前欧亚经济联盟向外拓展的思路，继续为俄罗斯和欧亚经济联盟解决引入新的合作经济体的路径问题。俄罗斯迫切需要开展合作的新经济体主要包括两大类型，即具有实力优势的强势经济体和成熟的集团性经济体。

第一，具有实力优势的强势经济体能够为俄罗斯和欧亚经济联盟的发展提供强劲的推动力。此前，俄罗斯一直对与中国这样的经济大国进行经济领域的深度合作或经济一体化存有疑虑，担心成为中国发展的能源附庸。2015年启动的“带盟对接”建设，虽然体现了双方弥合分歧、深度合作的积极意愿，也迈出了开创性的步伐，但因为“一带一路”与欧亚经济联盟不具有对称性的实体架构而在操作层面上遇到了困难。由此，俄罗斯考虑用一个新的概念——“大欧亚伙伴关系”来重新规划和概括与中国等经济实力强势的国家开展合作。“构建概念制高点是推动俄罗斯提出大欧亚伙伴关系的重要因素”，[②] 在这一新框架下，俄罗斯掌握了设置议程的主动权，既坚持了欧亚经济联盟的高准入规则，保证了其在欧亚经济联盟中的主导性地位，也打开了同其他国家特别是经济大国进行合作的大门，提升了合作的质量。

---

① E. 维诺库罗夫：《欧亚经济联盟：发展现状与初步成果》，《俄罗斯研究》2018年第6期，第4页。

② 赵华胜：《中国与大欧亚伙伴关系》，《国际问题研究》2017年第6期，第17页。

第二，成熟的集团性经济体能够为俄罗斯和欧亚经济联盟提供广阔的合作空间。相较于欧盟、东盟等其他地区的合作机制，欧亚经济联盟无疑是年轻的，其不成熟性使欧亚经济联盟在合作内容、推进程度和发展理念等方面同其他地区的合作进程存在差异。加上地理距离的限制等因素，欧亚经济联盟很难同其他地区的成熟的集团性经济体（特别是欧盟）启动类似“带盟对接”建设的合作进程，这就需要探索新的地区间合作模式。以一个新议程框定合作的目标和步骤，有助于推动不同地区机制之间开展合作。而集团性经济体通常都由多个国家组成，在同一框架下合作，可以实现规模效应，并高效地打通同多个国家之间的合作渠道。因此，俄罗斯提出“大欧亚伙伴关系”的合作倡议，有助于在保持自身主动性的基础上同成熟的集团性经济体开展合作，为本国和欧亚经济联盟拓展合作空间。

所以，“大欧亚伙伴关系”的战略意图主要包含两个方面：维护俄罗斯对合作议程的设置权，为俄罗斯和欧亚经济联盟寻找合作的新伙伴。

（二）“大欧亚伙伴关系”的继承性

从目前的官方表态和学界解读上看，“大欧亚伙伴关系”与俄罗斯在此前提出的有关欧亚地区合作的倡议和方案具有相当程度的继承性和逻辑衔接。

第一，主导地位一致。俄罗斯一向把自己视作欧洲和亚洲的联结者，[①]可以在两大洲的合作进程中发挥重要作用，特别是引领性作用。然而，冷战后的相当长时期内，俄罗斯被亚洲一体化和欧洲一体化的主要发展进程排除在外。因此，创立一个由本国主导的地区一体化进程，组织建立一个地区机制或地区组织，而不是加入其他已经建立运行的地区机制，一直是俄罗斯参与地区合作的主要思路，俄白联盟、独联体、欧亚经济共同体等地区机制中，俄罗斯都发挥着主导作用。2016 年提出的大欧亚

① 部分学者在讨论“大欧亚伙伴关系”的提出背景时，指出了“欧亚主义”思潮的影响，参见李自国《大欧亚伙伴关系：重塑欧亚新秩序?》，《国际问题研究》2017 年第 1 期，第 75 页；庞大鹏《俄罗斯的“大欧亚伙伴关系”》，《俄罗斯学刊》2017 年第 2 期，第 9 页；赵华胜《中国与大欧亚伙伴关系》，《国际问题研究》2017 年第 6 期，第 15～20 页；杨雷《俄罗斯大欧亚伙伴关系倡议的形成、实践及其影响》，《欧亚经济》2017 年第 6 期，第 68 页。

伙伴关系与2011年提出的欧亚联盟一样，俄罗斯都希望在其中占据主导地位，引领地区合作。

第二，覆盖范围相近。普京2011年抛出的“欧亚联盟”，是一个宏大方案，目标是建立从葡萄牙到远东地区的横跨欧亚大陆的大联盟。大欧亚伙伴关系在宏大目标上也是要推动跨洲范围的合作，其目标对象涉及整个欧亚大陆。在初始阶段，受欧亚主义的影响，大欧亚伙伴关系将以后苏联空间为核心，继而拓展地理范围，寻求与中国、伊朗等其他地区的国家开展合作。这与欧亚经济联盟的地理拓展范围相一致，符合俄罗斯的一贯逻辑。

第三，发展逻辑相承。欧亚联盟方案在2011年提出后，俄罗斯开始推动其初步步骤——“欧亚经济联盟”的建设，其思路和发展逻辑是先做容易推进的经济领域，之后再扩展至其他领域。而此次提出的“大欧亚伙伴关系”，是以欧亚经济联盟成员国为基础，继而扩展地理空间和合作对象，并丰富合作的内涵。在某种意义上，“大欧亚伙伴关系”可被视作俄罗斯欧亚联盟方案的“第二步”，是“欧亚经济联盟的自然延伸”,[①] 被融合进俄罗斯推动地区一体化和地区合作的总体思路中，具有继承性。

（三）“大欧亚伙伴关系”的独特性

在具有逻辑继承特点的同时，“大欧亚伙伴关系”同俄罗斯此前的发展倡议也具有一定的区别，其独特性表现在三个方面。

第一，“大欧亚伙伴关系”具有选择性、阶段性和延展性。通常，在不同的语境下，“欧亚”所指的范围存在较大的差别。[②] 所以，“大欧亚伙伴关系”中的“欧亚”，同样是一个具有弹性的概念，这就为俄罗斯在挑选合作伙伴时提供了选择空间，也对合作赋予了延展性的特点。从普京在圣彼得堡经济论坛上的演讲中可以看到，他最先提到的中国、

① 张昊琦：《俄罗斯的“大欧亚”战略构想及其内涵》，《现代国际关系》2017年第6期，第19页。

② 以下两篇论文对“欧亚”概念从领域维度和时间维度分别进行了详尽阐述，展示了“欧亚”概念的复杂性。参见万青松《大国政治的欧亚时刻——地缘政治经济视域下“欧亚”认知的演进及其寓意》，《俄罗斯研究》2016年第1期，第3~52页；封帅《世界历史中的欧亚空间——源起、建构与衰朽》，《俄罗斯研究》2019年第5期，第28~72页。

印度、巴基斯坦、伊朗等国，都是同俄罗斯关系比较友好的合作对象，这反映出一种“亲疏有别”的差异化思路。由此，与欧亚联盟方案抛出时过于宏大的特点不同，“大欧亚伙伴关系”自提出之时就天然地具有阶段性和延展性，先同友好国家开展合作，之后才是东盟以及欧盟等距离稍远、范围更广的合作。这也反映了一种“先易后难”的渐进性思路，俄罗斯先从容易达成合作共识的对象出发，取得先期成果后，再发展具有一定难度的合作对象。而且俄罗斯也在此过程中获得了主动性，如果没有适合的新的合作对象，俄罗斯也可以暂缓推动这一框架下的地区合作，集中力量夯实已有的合作基础。

第二，“大欧亚伙伴关系”是俄罗斯面对外部刺激做出的应激反应。这种外部刺激来自两个方面。一方面，美国不断推进其地区合作计划，并对俄罗斯加大制裁。2015 年 9 月，美国国务卿克里与中亚五国外长在纽约会晤，11 月，六方在乌兹别克斯坦的撒马尔罕发表联合声明，确认了“C5 +1”机制（中亚 5 国 + 美国），显示出美国对中亚的重视。这不仅损害了俄罗斯自身的经济实力，也将进一步削弱俄罗斯仅存的战略空间。俄罗斯此时提出的合作倡议显然具有针对和指向美国的特点。① 俄罗斯国家杜马国际事务委员会第一副主席列昂尼德 · 卡拉什尼科夫（Леонид И. Калашников）将“大欧亚伙伴关系”解读为对美国经济扩张的绝佳回应。② 另一方面，这种刺激也来自俄罗斯的全面战略协作伙伴中国。中国自身的经济增长和其所提出的“一带一路”倡议持续增加的吸引力，都促使“不甘落后”的俄罗斯提出“大欧亚伙伴关系”这一新合作框架，不仅可以避免被边缘化，也能够获得议程设置的主动权。无论是应对美国的“迫不得已”，还是面对中国的“见贤思齐”，相较 2011 年的欧亚联盟方案，“大欧亚伙伴关系”在最初并不是主动为之的战略谋划，俄罗斯的被动应对特点更为明显。

第三，“大欧亚伙伴关系”具有不确定性和可塑性。俄罗斯此前提

① *Александр Агеев, Евгений Логинов и Светлана Борталевич.* Большое евразийское партнерство: встречный Транстихоокеанскому партнерству российский проект. // Экономические стратегии. 2016, №5, С. 1 – 12.

② Депутат: большое евразийское партнерство станет ответом на экспансию США. https://ria.ru/economy/20160617/1449005095.html.

出的地区合作方案，很明显地因循经济一体化理论，以构建地区一体化机制或地区组织（如欧亚经济联盟）为目标。但“伙伴关系”本身是一个缺乏清晰界定的概念，[①] 中国、俄罗斯、美国等国家所倡导和推动建立的伙伴关系也存在差别。与之相类似，“大欧亚伙伴关系”也缺乏清晰的界定。有学者认为“大欧亚伙伴关系在设计之初，不仅仅是经济机制，还是凝聚地区国家政治共识、协调大国利益的舞台”；[②] 也有学者认为，俄罗斯的“大欧亚”战略构想是“转向东方”政策的延续；[③] 还有学者指出，俄罗斯的目标“并不是要从根本上转向东方，而是解决自己跟西方的问题”。[④] 无论怎样解读，“大欧亚伙伴关系”的不确定性已经赋予其可变性和可塑性，俄罗斯有关欧亚地区合作的这一新倡议将根据形势的变化出现新的调整，其发展也将受到各方互动和各种形势的影响。

二　欧亚伙伴关系与俄罗斯的地区一体化新思路

“大欧亚伙伴关系”提出后，立刻得到了中国的积极响应。在俄罗斯与中国共同探索推动构建欧亚伙伴关系的过程中，俄罗斯在地区一体化问题上的新思路日渐显现。

（一）从欧亚全面伙伴关系到欧亚经济伙伴关系

能迅速得到中国的积极响应，对俄罗斯来说，可谓“大欧亚伙伴关系”取得的第一步重要进展。2016 年 11 月 16 日，在欧亚政府间委员会召开的会议上，俄罗斯总理梅德韦杰夫表示“欧亚全面伙伴关系为欧亚经济联盟和上海合作组织成员国提供了加入的可能性”，并表示俄中双方就这一伙伴关系的构建基础进行了联合研究。[⑤] 2017 年 4 月，俄罗斯外交部在其发布的《俄罗斯 2016 年外交概览》中，继续使用了“欧亚全

---

① 陈永：《中美倡导的伙伴关系比较研究：演变过程与概念界定》，《国际政治研究》2016 年第 5 期，第 109 ~ 112 页。

② 李自国：《大欧亚伙伴关系：重塑欧亚新秩序？》，《国际问题研究》2017 年第 1 期，第 82 页。

③ 张昊琦：《俄罗斯的“大欧亚”战略构想及其内涵》，《现代国际关系》2017 年第 6 期，第 18 ~ 19 页。

④ 庞大鹏：《俄罗斯的“大欧亚伙伴关系”》，《俄罗斯学刊》2017 年第 2 期，第 16 页。

⑤ 《俄总理说俄继续致力于与中国构建欧亚全面伙伴关系》，新华网，http://news.xinhuanet.com/world/2016 - 11/17/c_129366708.htm。

面伙伴关系”的提法。[①] 到2017年年中，中俄双边文件对这一议题的名称做了调整。2017年7月4日，中俄双方在习近平主席访俄期间于莫斯科签署了《中华人民共和国商务部与俄罗斯联邦经济发展部关于欧亚经济伙伴关系协定联合可行性研究的联合声明》。[②] 11月1日，《中俄总理第二十二次定期会晤联合公报》发表，其中明确提出：双方商定支持在欧亚大陆建立经济伙伴关系，积极评价两国相关部门就中俄《欧亚经济伙伴关系协定》联合科研所开展的工作；双方强调，将积极落实两国元首达成的共识，在开放、透明和考虑彼此利益的基础上，为推动地区一体化进程，继续就建立“欧亚经济伙伴关系”制定相关措施。[③] 至此，“欧亚全面伙伴关系”明确变成了“欧亚经济伙伴关系”（Евразийское экономическое партнёрство），两者之间的最大区别不在地域范围和参加国，而主要体现在合作领域。“欧亚经济伙伴关系”的概念反映出中俄两国将欧亚伙伴关系的构建聚焦于经济领域的共同意愿。

对俄罗斯方面来说，自普京提出“大欧亚伙伴关系”以来，俄罗斯国内对这一议题的很多讨论都围绕经济合作展开。[④] 俄罗斯愿意聚焦于经济领域构建伙伴关系，主要出于以下三点原因。

第一，国际形势并未出现俄罗斯期待的变化。2016年11月，特朗普当选为美国新一任总统后，俄罗斯对俄美关系回暖抱有期待。但特朗普在2017年执政后，俄罗斯的希望逐渐落空，在美国国内政治的严重束缚下，美国不仅没有改善美俄关系的实际举动，反而延长了对俄罗斯的制裁。这导致俄罗斯的国际环境并没有发生明显好转，这不仅为俄罗斯经济的恢复和发展制造了障碍，也使俄罗斯很难放开手脚做出更大的作为。

---

① Внешнеполитическая и дипломатическая деятельность Российской Федерации в 2016 году. http://www. mid. ru/ru/activity/review.

② 《中俄签署〈关于欧亚经济伙伴关系协定联合可行性研究的联合声明〉》，中华人民共和国商务部网站，http://www. mofcom. gov. cn/article/ae/ai/201707/20170702604249. shtml。

③ 《中俄总理第二十二次定期会晤联合公报（全文）》，新华网，http://news. xinhuanet. com/2017－11/01/c_1121891023. htm。

④ *Марк Энтин и Екатерина Энтина*, Всеобъемлющее Большое Евразийское партнерство: уход от реальности или возвращение к ней. http://www. eurocollege. ru/alleurope/2006/115/Editorial. html; *Александр Агеев*, *Евгений Логинов и Светлана Борталевич*, Большое евразийское партнерство: встречный Транстихоокеанскому партнерству российский проект. //Экономические стратегии. 2016, №5, С. 1－12.

考虑到美国的立场，很多国家在是否同俄罗斯开展合作的问题上仍然会犹豫不决，因此，构建欧亚全面伙伴关系就变成一个难以在短期内实现的目标，反而会因为目标过于宏大而削弱各国的参加意愿，聚焦或许是更为务实的选择。

第二，俄罗斯需要维护在欧亚地区仅存的优势领域。在狭义的欧亚地区，即后苏联空间，俄罗斯的吸引力和影响力呈现下降的趋势。这不仅来自外部的竞争压力，如竞争对手美国、欧盟等的战略挤压和战略协作伙伴中国在合作中潜移默化的影响，也受制于俄罗斯自身实力的下降。俄罗斯面临着一种愈加明显的两难选择，一方面它与地区内的其他中小国家一样需要同更多的国家特别是有实力的国家开展合作，但另一方面各国与其他国家的合作又将影响俄罗斯在地区内的吸引力。因此，如果是构建欧亚全面伙伴关系，那么它仅存的优势领域——军事和安全方面就有可能受到来自中国这种更为全面的大国行为体的侵蚀，其在欧亚地区的影响力将进一步被削弱。因此，聚焦或许很保守，但却是更为明智的选择。

第三，优先发展经济领域既是俄罗斯的当前急需，也契合其惯常思路。改变俄罗斯当前的经济困境，从根本上应该是从改变国内的经济结构入手，但发展的惯性和改革的难度使俄罗斯更愿意从外部寻找解决问题的办法。发展经济合作，无论是对维护俄罗斯仅存的优势领域，还是恢复和进一步拓展影响力都大有裨益。所以，俄罗斯更愿意集中力量优先发展经济领域，构建欧亚经济伙伴关系。而将构建欧亚经济伙伴关系作为未来发展欧亚全面伙伴关系的第一步，与此前为构建欧亚联盟而优先发展欧亚经济联盟一样，都体现了俄罗斯的惯常思路，即选择最急需并且最容易实现的部分先做起来，形成示范效应后再做更难攻克的部分。

而对于中国来说，优先发展欧亚经济伙伴关系，恰可以发挥其在经济领域的优势，并可以利用现有的机制和平台开展合作。例如，在“一带一路”框架下建立的丝路基金、亚洲基础设施投资银行等，都可以在完成各自合作功能的同时为欧亚经济伙伴关系的构建积累经验、夯实基础、拓展合作。因此，聚焦于经济领域也符合中国的国家利益和实际需要，中俄两国能够就此达成一致，将构建欧亚经济伙伴关系作为双方合作的新议程，并成为构建欧亚全面伙伴关系的基础。

（二）欧亚伙伴关系的构建

从俄罗斯与中国围绕欧亚伙伴关系的互动来看，欧亚伙伴关系的构建呈现三个方面的特点。

第一，经济合作是构建欧亚伙伴关系的主要内容。作为构建欧亚伙伴关系的第一步，欧亚经济伙伴关系的构建聚焦于经济领域，意在推动欧亚地区各国的经济合作。相较于安全、军事等高级政治领域，经济合作的低级政治色彩显然更易于吸引更多的国家参与其中。除俄罗斯和中国外，其他可能参与共同构建的国家中，既有需要刺激经济发展的白俄罗斯和中亚国家，也有韩国、新加坡等经济较为发达的国家。不同的国家在能源、人力、资金、技术等方面各具优势，在市场潜力和发展空间方面也各具特点。因此，开展经济合作不仅符合各国的实际需要，也可以发挥优势互补的积极作用。

目前现存的各种组织和机制为构建欧亚经济伙伴关系奠定了扎实的基础。包括东盟、上海合作组织和欧亚经济联盟在内的地区组织，在其组织内部和成员国之间已经开展了丰富多样的经济合作。中国推动的“一带一路”建设，创设的亚投行等新合作平台，也为地区经济合作注入新的动力。较为成熟的机制与新合作框架之间开展对接建设，例如欧亚经济联盟与“一带一路”进行的对接建设，特别是以项目合作的方式进行对接，不仅有助于减少繁冗的规则协调谈判，也可以化整为零地实现示范性和引领性项目的完成，从而推动欧亚经济伙伴关系的构建。

第二，中俄合作是构建欧亚伙伴关系的重要基础。冷战后近30年的历史已经表明，中俄双边关系的稳定和双边合作的开展不仅符合两国各自的国家利益，也对地区和世界局势的稳定具有重要影响。中俄两国共同倡议构建欧亚经济伙伴关系，并率先着手开展联合研究和制定相关措施，不仅表明中俄两国具有的积极意愿，也使中俄合作成为构建欧亚伙伴关系持续进程的重要基础。作为欧亚地区最重要的两个国家，中俄合作不仅可以有效减少地区中小国家做出“选边站队”的选择，促进地区稳定，而且可以发挥双引领的作用，为地区合作提供持续动力，从而吸引更多的国家参与构建欧亚伙伴关系。

第三，在大框架下开展网状伙伴合作是构建欧亚伙伴关系的主要路径。有学者曾将中国周边伙伴关系网络的结构特点总结为“形式的多样性和程度的层次性”,[①] 中国的全球伙伴关系网络也具有这个特点。基础意义上的伙伴关系无论其定位如何，通常都以双边关系为核心，中国的全球伙伴关系网络无论其形式和层级多么丰富多样，实际上也是以中国为中心的辐射全球的双边伙伴关系网。而在地区层次上构建欧亚经济伙伴关系，双边伙伴关系网显然仅仅只是基础。中俄共同构建欧亚伙伴关系，是在中俄双边合作的基础上，通过发挥各自的优势和辐射作用，在不同领域开展网状伙伴合作，从而构建出多组三边或四边的“小多边伙伴关系”，并建立真正意义上的伙伴关系网络。例如目前正在推进的中俄蒙三方合作，就是以中俄蒙经济走廊项目为契机推动的小多边伙伴合作，其经验可以向外推广。而已经进行了十余次的中俄印三国外长会晤，对推动中国、俄罗斯和印度三个大国的合作起到了积极作用，也属于小多边合作的范畴。

由此，在具体项目、机制建设与网状伙伴合作之间，欧亚伙伴关系的构建可以探索出一种相互促进模式。这种模式具有两条实现路径。其一，由具体项目起步，在项目顺利推进的基础上，各国可以探索建立合作机制。例如，是否可以在中吉乌铁路项目基础上探索建立中国、吉尔吉斯斯坦和乌兹别克斯坦三国之间的合作机制。之后，将新的合作机制同既有的合作机制进行对接建设，不同的合作机制之间建立地区间合作模式，从而发展网状伙伴合作，推动欧亚伙伴关系的构建。其二，在双边伙伴关系的基础上，加入新的合作对象，开展网状伙伴合作，推动建立新合作机制或开展既有机制的对接建设，并在机制框架内设立具体项目，在项目落地的同时实现对政策的落实。由此，这种相互促进的模式将有助于推动欧亚地区合作和构建欧亚伙伴关系。

（三）俄罗斯发展地区一体化的新思路

尽管与中国共同构建欧亚伙伴关系有助于促进地区的稳定和发展，但俄罗斯并没有因此而忽视欧亚经济联盟的发展及其主导的大欧亚伙伴关系的建设。2018 年 5 月，欧亚经济联盟正式接纳摩尔多瓦为观察员国，这是欧亚经济联盟的首个观察员国。2018 年 5 月 17 日，中国正式与

① 刘博文、方长平：《周边伙伴关系网络与中国周边安全环境》，《当代亚太》2016 年第 3 期，第 95 页。

欧亚经济联盟签署了《中华人民共和国与欧亚经济联盟经贸合作协定》，形成了与欧亚经济联盟开展合作的制度性安排。同日，伊朗也与欧亚经济联盟签署了建立自由贸易区的临时协议。2019 年 10 月，欧亚经济联盟与新加坡和塞尔维亚先后签署了关于建立自由贸易区的协定。与埃及、印度、以色列等国的谈判仍在进行中。尽管这些国家大多并不与欧亚经济联盟内的各国接壤，但自贸协议的达成将有力地推动各方之间的经济合作。而它们与俄罗斯的良好关系正是促成自贸协议得以率先达成的重要基础，俄罗斯以这些国家为“据点”，推动与相关国家和地区的合作，不断建设大欧亚伙伴关系。

这些进展显示了俄罗斯在发展地区一体化问题上的新思路。

第一，伙伴关系成为发展地区一体化的重要补充形式。中俄在 2016 年 11 月发布的联合公报中提出，“双方愿通过在欧亚大陆构建互利的经济伙伴关系等方式深化经济一体化”。[①] 也就是说，建立伙伴关系成为发展经济一体化的重要补充方式。这与以欧洲一体化为典型代表的传统地区一体化路径不同，不再执着追求严格的自由贸易区、关税同盟等经济一体化的具体合作形式，而是以“伙伴关系”这种更为模糊的形式推动地区合作。在推动欧亚经济联盟与相关国家建立自由贸易区的缓慢过程中，发展伙伴关系可以降低参与经济一体化的门槛和标准，有助于扩大合作的范围和空间。

第二，领域聚焦为发展地区一体化提供核心动力。传统的地区一体化因循欧洲一体化的发展路径，强调一体化具有外溢功能，在经济一体化的基础上将拓展至政治、安全等领域，使国家逐步让渡主权并最终形成超国家的地区架构。然而，这一路径被证明在欧亚地区很难实现，俄罗斯主动将一体化聚焦于经济领域，也不再勾勒过于久远的目标，可以减少各国参与构建欧亚伙伴关系的顾虑和地区一体化的发展阻力。这有助于形成一种认识，即俄罗斯推动地区一体化，是在追求获得实际的经济收益，而非对小国的控制或势力范围的追求。这也符合俄罗斯的实用主义外交原则。

① 《中俄总理第二十一次定期会晤联合公报（全文）》，外交部网站，https://www.fmprc.gov.cn/web/gjhdq_676201/gj_676203/oz_678770/1206_679110/1207_679122/t1413731.shtml。

第三，复合性成为地区一体化发展的空间特点。冷战后近 30 年的实践已经表明，俄罗斯不可能固守一个完整的后苏联空间，地区一体化也很难凭借单一机制在全空间实现发展。所以，“大欧亚伙伴关系”的提出和欧亚伙伴关系的构建，都表明俄罗斯已经不再局限于后苏联空间，而是拓展了地区一体化的空间范围。但新的地理空间也注定是复合性的，这种复合性表现在不同机制推动了不同空间范围的一体化，而不同空间内的权力结构存在差别，不同空间是同时存在的，在成员国构成和空间范围上可以存在交集。例如，俄罗斯维持在欧亚经济联盟内的唯一主导地位，并以此为基础建设大欧亚伙伴关系，但在欧亚伙伴关系的空间内，俄罗斯可以接受与中国等国家分享引领性地位。

从俄罗斯提出大欧亚伙伴关系到与中国共同构建欧亚伙伴关系的发展历程中，我们发现俄罗斯在地区一体化问题上采取了新思路。俄罗斯维持着本国在“基本盘”或者说核心地区——欧亚经济联盟内的主导性地位，同时为拓展合作对象和发展空间，俄罗斯降低了一体化的合作深度，并接受了复合性一体化空间的存在和一体化的多元发展。俄罗斯以降低发展目标为代价来换取合作空间拓展的新思路，是俄罗斯应对双重结构中形势变化的政策选择，也再次印证了俄罗斯一贯具有对“空间”的执着偏好。

本章小结

2014 年，乌克兰危机及克里米亚并入俄罗斯的结果，严重恶化了后苏联空间的内外形势。俄罗斯的经济在西方制裁下遇到严重困难，与美国等西方国家的关系也跌入冷战结束以来的最低谷，并且持续无法出现转圜的机会。双重结构对原本实现快速发展的欧亚经济联盟带来了新的压力和制约，俄罗斯在自身陷入困境的同时，不得不推动欧亚经济联盟采取“三步并进”的思路向外拓展，通过扩充成员引入后苏联空间内部的中小国家，以建立自由贸易区的方式同距离较远的空间外国家开展经济合作，与中国达成“带盟对接”协议开展机制对接合作以解决引入强势经济体合作的问题。欧亚经济联盟的向外拓展取得了一定的效果，但也面临着来自美国、中国等多方面的压力。俄罗斯为解决合作空间和引入新经济体的问题，提出了“大欧亚伙伴关系”的合作倡议，意在更大范围的欧亚合作中发挥设置议程的引领性作用。“大欧亚伙伴关系”得到中国的响应，俄罗斯同中国共同推动构建欧亚伙伴关系。这些变化体现了俄罗斯在发展地区一体化问题上的新思路。

本章主要讨论了2014～2019年俄罗斯在后苏联空间地区一体化问题上的态度变化。这一时期，俄罗斯经济在西方的严厉制裁下面临困境，使其在体系结构中的相对权力地位下降，但受俄罗斯经济拖累和乌克兰危机的影响，后苏联空间的主要国家——哈萨克斯坦、乌克兰、白俄罗斯等都面临更为严峻的困境，所以俄罗斯在地区结构中的相对权力地位略有提升。但因为乌克兰危机的负面影响，体系结构中的主导观念和地区结构中的主导观念都不断恶化，这些都使俄罗斯在推动以欧亚经济联盟为机制载体的地区一体化进程上倍感乏力。回到本书的分析框架，双重结构在这一阶段产生的是一种中档激励（激励B和激励K，即一个次强和一个最弱的激励组合），促使俄罗斯不再执念追求传统的一体化模式，相较于此前2011～2013年的时间段在发展一体化的积极性上有略微减弱，从而再次验证了本研究的核心假设3。

在俄罗斯自身虚弱的同时，美国通过“C5＋1”机制密切与中亚的合作、对乌克兰予以支持，以及中国“一带一路”的积极进展等，都对俄罗斯形成压力，迫使俄罗斯在一体化问题上转变思路。“大欧亚伙伴关系”的提出，显示了俄罗斯以空间换实效的一体化新思路，俄罗斯支持的一体化不再局限于后苏联空间，而是更广范围的欧亚地区，俄罗斯在核心地区保持主导地位的同时，接受了与其他国家共同引领一体化合作的框架安排。后苏联空间已经不可避免地断裂，但在更广阔的欧亚地区，一体化进程将呈现复合性发展的特点。

结　论

从1991年12月苏联解体至今，时间已经走过了近30年，俄罗斯的国家发展在此过程中几经起落，对外政策也进行过多次调整。本书的核心任务是解释俄罗斯对后苏联空间发展地区一体化的态度和政策的变化。换句话说，本书的目标在于寻找后冷战时期俄罗斯在后苏联空间一体化问题上政策变化的影响因素，归纳和总结其政策变化特点，进而判断俄罗斯的政策走向和后苏联空间一体化的发展前景。作为本书的结论部分，本章将从内容回顾、研究的基本贡献与不足、理论研究的进展方向和现实实践的发展前景等多个方面进行全面总结。

第一节　双重结构对俄罗斯一体化政策的双重影响

一　全书回顾

本书从层次分析、地区、地区主义和地区一体化等基本概念入手，比较全面地梳理了国家参与或支持地区一体化发展的原因。但这些从不同角度、不同层次出发的既有观点，在解释俄罗斯对待后苏联空间发展一体化的政策变化时，或多或少地遇到了问题。由此，本书试图构建一个新的分析框架，以更好地解释俄罗斯的政策和行为。

本书将关注点落于结构因素对国家对外政策的影响。对于失去了超级大国地位的俄罗斯而言，仅仅考虑国际格局即体系结构的影响是不够的，特别是在“后苏联空间是一个由主权国家组成的地区次体系”的情况下，俄罗斯在制定其地区一体化政策时，还必须考虑地区结构的状况。由此，本研究认为存在一个影响俄罗斯政策意愿的双重结构。这一双重结构由“一超多强”的体系结构和“一强多弱”的地区结构共同组成，且每种结构的变动情况都表现为物质性和社会性两个方面。物质性结构的变化由俄罗斯在每一结构中的相对权力地位的变动进行衡量，社会性结构的变化则由每一结构中的主导观念的变动进行衡量。由此，体系结构和地区结构的不同变动情况，分别对俄罗斯的地区一体化政策和意愿提供不同激励，从而影响了俄罗斯的态度立场和政策选择。

本书将 1991 年至今的近 30 年时间划分为 6 个阶段分别考察，以验证分析框架的可行性，展示了双重结构对俄罗斯地区一体化政策的影响。具体说来，本书解释了俄罗斯在后苏联空间发展地区一体化的问题上出现政策变化的原因。

第一阶段，俄罗斯从抛弃“小伙伴”到回到后苏联空间、提出重新一体化，是因为它需要借助地区一体化改变相对权力地位不断下降的趋势。此时，主要大国同俄罗斯的关系从苏联解体初期的亲密逐渐向理性方向发展，同时地区内部的向心趋势不断增强，各国需要俄罗斯带领它们走出独立之初面临的困境，因此，积极推动地区一体化成为俄罗斯在 20 世纪 90 年代中期的战略选择。

第二阶段，受 1998 年金融危机的影响，俄罗斯的国力严重削弱，与西方大国的关系因北约东扩等问题逐渐恶化，地区内部呈现分裂趋势。由此，20 世纪末的俄罗斯只好无奈地选择一种有限支持的政策，推动最容易进行的次地区一体化——俄白联盟向前发展，而所有国家参与的独联体一体化则基本陷于停滞。

第三阶段，进入 21 世纪后，俄罗斯的国力明显提升，反对恐怖主义成功地发挥了凝聚俄罗斯与主要大国关系和增强后苏联空间内向心趋势的作用。此时，俄罗斯对地区一体化较为积极，但限于能力和形势，主要采取了分领域推动的政策，分别推动不同领域次地区一体化的发展和深化。

第四阶段，从 2004 年开始，颜色革命在后苏联空间不断蔓延，负面影响也逐渐显现。北约和欧盟的相继东扩，显示出国际和地区形势的紧张变化。俄罗斯国力的继续提升，使地区一体化作为一种政策工具的吸引力逐渐减少，最终在 2008 年年中爆发了俄格冲突，显示出俄罗斯单独行动的意愿逐渐增强。在地区一体化问题上俄罗斯维持现状，没有新的政策出台。

第五阶段，2008 年下半年开始，受金融危机的影响，俄罗斯同空间内外各国的关系大都出现了回暖局面，其国力也较快地从金融危机的打击中得到恢复，双重结构的形势变化对俄罗斯提供了更强的激励。2011年秋，俄罗斯提出了欧亚联盟的发展战略，显示出在地区一体化问题上的积极态度，特别是重点发展经济领域一体化的意愿。

第六阶段，2014 年的乌克兰危机使俄罗斯在地区内外面临着前所未有的困境，也拖累了欧亚经济联盟的发展。体系和地区两个层次的困境迫使俄罗斯不得不推动欧亚经济联盟向外拓展，以扩充成员、建立自由贸易区和开展机制对接合作三步并行的方式，促进欧亚经济联盟同新经济体开展合作。双重结构中形势的新变化促使俄罗斯提出了发展地区一体化的新思路，即在不损害俄罗斯在核心地区的主导地位的背景下，在新的框架下开展欧亚合作，建设“大欧亚伙伴关系”。这一倡议得到了中国的响应，两国共同建设欧亚经济伙伴关系。俄罗斯的新思路将影响地区一体化的前景。

通过表 8 -1，我们可以更为清楚地回顾本书的实践验证部分。对照本书在第一章提出的观察指标（参见表 1 -2），我们可以综合把握俄罗斯的立场变化。从“参加对象”这一指标看，1991 ~1996 年，俄罗斯转变立场意图推动整个后苏联空间的地区一体化，而从 1997 年开始的 3 个时间段内，都是部分后苏联空间国家参与的一体化，直到 2011 年提出欧亚联盟方案，俄罗斯将一体化的期望参加国数量显著提升，甚至明显突破了后苏联空间。所以，20 世纪 90 年代中期和 21 世纪第二个十年开始后的时间里，俄罗斯的态度相较其他时间都更为积极。从“涉及领域”这一指标看，从 20 世纪末的最后几年起，特别是 21 世纪初开始，俄罗斯有意分领域发展地区一体化，欧亚经济联盟的建立和共建欧亚经济伙伴关系的思路，都表明俄罗斯试图重点发展经济领域，所以相较全领域的一体化目标来说，分领域或者单领域发展一体化的政策措施都表明俄罗斯的积极性有一定减弱。当然，也必须指出，主动选择单领域重点发展与被迫关注某个领域的发展还是存在积极性上的差别，前者的目标仍然是宏大的全领域一体化，只是优先打好单领域的基础，所以在主动选择状态下，俄罗斯的积极性更强。在“发展程度”这一指标上，俄罗斯在冷战后的大部分时间里都是因循传统的地区一体化思路，追求逐渐深化一体化的发展水平，力求最终建立超国家机构，但形势的发展迫使俄罗斯在发展程度的目标上做出巨大退缩，以伙伴关系代替了国家联盟，显示了一体化的新思路。在“实质步骤”这一指标上，1997～1999年和2004～2007年，俄罗斯推动一体化的实际步骤相对缺乏，落实政策文件的积极性和手段相较其他时期存在不足，体现出有限支持或维持现状的立场。

表8－1 双重结构对俄罗斯地区一体化政策的影响

	体系结构		地区结构		俄罗斯的政策立场
结构性质 时间	相对权力地位	主导观念	相对权力地位	主导观念	——
1991～1996	下降	恶化	下降	优化	积极支持
1997～1999	下降	恶化	下降	恶化	有限支持
2000～2003	上升	优化	上升	优化	分领域推动
2004～2007	上升	恶化	上升	恶化	维持现状
2008～2013	下降	优化	上升	优化	单领域重点发展
2014～2019	下降	恶化	上升	恶化	一体化的新思路

二 双重结构对俄罗斯地区一体化政策的推动

从整体上观察俄罗斯的地区一体化政策，可以看到除苏联解体后最初的短暂时间外，俄罗斯都具有发展地区一体化的意愿，但其意愿程度和积极性存在差别，并在实践上反映为采取了不同的发展思路和政策。经验事实表明，双重结构推动了俄罗斯地区一体化政策的演变。

第一，比较而言，俄罗斯更在意的是它在体系结构中的相对权力地位，发展地区一体化的核心目标是提升其在体系中的权力地位。

一方面，“一强多弱”的地区结构相当稳定。从中长期发展来看，地区内部不可能出现某个国家迅速崛起，从而撼动俄罗斯的地区地位并导致地区层次的权力转移；而近30年的分化重组，也使空间内的其他所有国家几乎不可能形成一个反俄罗斯联盟，也就不可能彻底改变地区结构的状态。所以，俄罗斯的“一强”地位很难发生变化。另一方面，尽管俄罗斯目前的国际地位和国家实力早已不及当年，但无论是其数百年的历史经验，还是其国家与民族的雄心和决心，都意味着俄罗斯不可能甘于现状，它必然要追求再度崛起，也更为在意参与国际体系的竞争。

发展地区一体化的核心目标是提升俄罗斯的国家实力，增强其在国际体系中的竞争力，同时为其国内发展创造良好的周边环境。因此，当俄罗斯在体系结构中的相对权力地位下降时，更能推动俄罗斯采取地区一体化政策。但俄罗斯在体系结构中相对权力地位的上升并不必然导致它对一体化态度的反转，但会改变其政策内容和实施方式的选择。所以，在比较意义上，俄罗斯在体系结构中相对权力地位的变动，是更为重要的观察俄罗斯政策变化的指标。

第二，比较而言，地区结构中的主导观念优化更能激励俄罗斯发展地区一体化，而“一超多强”的体系结构为俄罗斯发展地区一体化提供了空间。

地区结构中主导观念的优化，意味着更多的国家愿意同俄罗斯发展友好关系，这会增强俄罗斯地区一体化政策的进取性，所以，当地区结构中的主导观念优化时，俄罗斯对地区一体化的态度较为积极，反之，俄罗斯的政策将更为保守。而体系结构中的主导观念则不存在明显的规律性影响。并且主导观念的变化很难单独影响俄罗斯的立场和政策，必须同物质性的相对权力地位的变动相结合，共同发挥影响。在“一超多强”的体系结构中，超级大国最为关注“第二大国”，所以体系中“第二大国”的身份尤为重要。在俄罗斯没有达到“体系第二”的地位前，俄罗斯实际上是有空间和时间来发展地区一体化的，只是做多大规模、多深程度的一体化是需要俄罗斯考虑的重要问题。在这个意义上说，2010 年后，中国成为体系第二大国，也就当然地可以作为俄罗斯的“挡箭牌”，有利于俄罗斯发展地区一体化。俄罗斯也利用了这个机遇，推动了欧亚经济联盟的建设。

第三，俄罗斯的“强国”身份使其无法排除外部力量对地区的影响，但“一强多弱”的地区结构也赋予俄罗斯较大的自由选择权。

在“一超多强”的体系结构中，超级大国和其他强国都能对后苏联空间发展地区一体化产生影响，俄罗斯不能忽略也无法排除任何一种影响。而地区一体化的推进有助于空间内的各国以集体声音对外，从而在一定程度上能够减少外部势力对地区内部事务的影响，这是推动俄罗斯实行地区一体化政策的重要原因。与此同时，“一强多弱”地区结构的稳定性意味着在俄罗斯主导的地区一体化进程中，加入空间内的任何一个新国家，因为都是小国家，所以不会改变地区结构和俄罗斯的强势地位。由此，俄罗斯在同谁发展地区一体化、发展怎样程度的地区一体化方面具有较大的选择权和自由度，俄罗斯完全可以选择那些实施亲俄政策的国家发展更深程度的次地区一体化，这是造成后苏联空间内次地区一体化机制繁多的一个重要原因。同时，俄罗斯不支持那些有可能损害其地区主导地位的次地区一体化，并且能够在不损害核心范围主导地位的同时为地区一体化机制引入新的经济体，正如欧亚经济联盟向外拓展时的方式选择。所以，在这个意义上说，“一强多弱”的地区结构强化了俄罗斯对地区一体化政策的选择。

三　双重结构对俄罗斯地区一体化政策的制约

双重结构在推动俄罗斯选择地区一体化政策的同时，也制约了俄罗斯实行地区一体化政策的效果。

第一，“一超多强”的体系结构使俄罗斯的“不进则退”在体系和地区层面都产生负面影响。

在“一超多强”的体系结构中，超级大国相对权力地位的下降通常会在体系层次产生更多影响，对地区层次的影响相对滞后。但俄罗斯作为“强国”，需要同时面对超级大国和其他体系强国的竞争，一旦不能取得进步，其影响将在地区层次和体系层次同时显现。

首先，俄罗斯自身实力不足，损害了自我和他者的信心。20 世纪 90 年代中后期，原本具有非常良好的推动地区一体化的条件，因为地区结构初步成形并开始发挥作用，中小国家除了俄罗斯以外没有更多的选项。但 1998 年金融危机的打击和俄罗斯国力的下降，不仅使俄罗斯无法实现在地区一体化上的承诺，打击了自信心，也使地区中小国家心里打鼓，丧失了对“俄罗斯照顾小兄弟”的信心。

其次，俄罗斯比较优势不足，体系层次的劣势打击了地区层次的优势。2004 ~2008 年，俄罗斯国力不断提升，原本可以增强自身吸引力，为何地区内部的向心趋势还会减弱？这主要是因为外部力量对后苏联空间的介入日趋增多，中小国家获得了更多选择，而俄罗斯没有比较优势，虽然处于上升状态，但在多方面明显落后于西方，到 2010 年时，其他体系强国如中国等已经明显在诸多方面强于俄罗斯，当这些强国介入后苏联空间时，俄罗斯原本的优势也显得“黯淡”。由此，俄罗斯在体系层次竞争中的失利传导到地区层次，并被进一步放大，即便俄罗斯又下定决心提出欧亚联盟的发展方案，也并不具有明显的吸引力。

最后，真空已经丝毫不存在，外部力量的影响日趋增强。俄罗斯与后苏联空间内中小国家的关系，越来越成为俄罗斯与西方关系恶化的导火索，俄格冲突后俄罗斯与西方关系尚可以转圜，但乌克兰危机后至今无法回暖。也就是说，地区内部事务造成的外部影响逐渐上升，甚至影响了体系层次的大国竞争，这种上升反映了外部力量已经深度介入后苏联空间的现实，俄罗斯已经不可能排除或者推回外部力量的影响。

从苏联解体至今近 30 年的中长时段来看，俄罗斯的核心目标是提升相对权力地位，重塑大国辉煌。然而，逆水行舟、不进则退，与其他大国相比，俄罗斯的增长幅度并不大，并且增长的持续性、稳定性和内源性都不足，很多增长是由科技进步和外界变化如石油价格的上升而带来的。所以，俄罗斯在绝对意义上有进步，但在相对意义上进步不大，甚至是错失了改变经济结构的战略机遇期和实现决定性发展的黄金期。在自身实力不足和不具备比较优势的背景下，加上其他强国不断增多的介入和竞争，俄罗斯推行的地区一体化政策和主导建立的机制很难让中小国家获得信心，其发展也受到严重制约。

第二，“一强多弱”的地区结构助长了俄罗斯的“任性”，俄罗斯亲手打破了地区空间的完整性，并阻碍了一体化成果的外溢。

俄罗斯是后苏联空间内最具实力的国家，所以地区结构赋予其较大的自由选择权，使其可以选择那些体量小的亲俄国家发展地区一体化，在不损害地区结构的同时，扩大地区一体化的参与范围和影响力。但这一地区结构却同时助长了俄罗斯的“任性”，使其在政策方式的选择上缺乏长远思维和全局考虑。

世纪之交的数年间，俄罗斯在实力不足时被迫采取有限支持地区一体化的政策，发展俄白联盟，在实力有所恢复后，又结合自身实力的特点，采取分领域推动地区一体化的方式分别发展欧亚经济共同体和集体安全条约组织。尽管有无奈的成分，但这是俄罗斯自己的政策选择，从实际结果看，与古阿姆集团的影响可谓是“殊途同归”，俄罗斯用建立次地区机制的方式亲手打破了地区空间的完整性。如果俄罗斯在 21 世纪初实力不断上升后能够尽快推动地区一体化取得实际成果的话，那么俄罗斯还有一定的机会重塑完整的地区空间。但俄格冲突、乌克兰危机以及克里米亚并入俄罗斯等一系列事件，都逐步固定了空间的分裂，也恶化了地区内部的主导观念。即便俄罗斯推动欧亚经济联盟取得了初期成就，也很难使经济一体化的成果外溢到政治和安全领域。而即便将一体化聚焦于经济领域，也只是停留在浅层次一体化的阶段。由此，俄罗斯主导的地区一体化在广度和深度上面临两难，寻求拓展空间后，也未能切实解决问题，甚至可能丧失主导性地位。迫于形势，俄罗斯调整思路，以发展伙伴关系推动地区合作，而不再执着于传统的地区一体化路径。

所以说，地区结构在推动俄罗斯选择一体化政策的同时，也制约了俄罗斯一体化政策的效果。从整体上看，俄罗斯在后苏联空间发展地区一体化的问题上，意愿是较为一贯的，但态度的强弱和积极性的高低存在差别，发展思路比较传统，主要是学习欧洲的经验，但却因为存在“投机取巧”的心理，也受制于无法持续增长的能力，不得不在困境下转变思路。

综上所述，双重结构对俄罗斯的地区一体化政策具有双重影响。这是本书在解释具体问题方面的微薄贡献。

第二节 理论总结：大国的地区一体化政策

正如在导论和第一章所阐述的，俄罗斯的地区一体化政策在理论上归属于对“大国的地区一体化政策”这一议题的研究。所以，在理论总结部分，我们首先回顾本书的理论贡献与不足，然后从整体上讨论“大国的地区一体化政策”的相关研究问题。

一 本书的理论贡献与不足

本书在理论方面的特点和基本贡献体现在三个方面。第一，本书搭建起双重结构的分析框架，但并没有停留在静态分析上，而是强调结构变动的动态性影响。本书对结构变动的讨论没有囿于单一的物质性结构或者单一的社会性结构，将二者结合进行分析，有助于增强分析框架的可行性和理论价值。第二，本书在一定程度上丰富了有关国家参与地区一体化原因的解释，特别是“具有一定实力的大国为何参与地区一体化”是本书的主要贡献；本书也部分回答了“崛起国家应该选择怎样的地区战略”的问题，这对中国的地区战略选择具有参考意义，也就增强了本书的理论价值和应用价值。第三，本书实际上展示了大国在复兴或崛起的过程中面对着来自地区内外的双重压力，也在地区和体系两个层次上开展双层博弈。在这一过程中，地区一体化可以成为大国处理周边关系和促进自身发展的一种战略选择，但战略实施的效果与双层博弈和大国自身的发展密切相关。

本书还存在一些不足，并留有一些问题未能解决，这是进一步研究的方向。

第一，现实的发展只有近 30 年，所提供的经验时间有限，因此，在本书提出的分析框架中，还有相当多的双重结构的变动情况及其激励程度并没有得到验证。在其他变动情况下，双重结构提供的激励与俄罗斯的地区一体化政策是否具有相关性还有待进一步证明，这是影响分析框架有效性的重要方面。同时，本书采用的是单一国家、单一地区的长时段、多情境研究，没有引入其他大国和其他地区的类似案例，也就未能进行比较研究。因此，本书提供的分析框架是否能够在其他地区得到验证是需要继续开展深入研究的问题。

第二，正如本书在搭建分析框架时所指出的，在全部 16 种双重结构的变动情况组合中，“光谱”的两端容易区分，但在“光谱”中间，各种不同的变动情况究竟哪一种产生的激励程度更强，是一个目前无法进行量化标识、逻辑推导和经验验证的问题。且体系结构与地区结构相比，在相同情况下哪种结构产生的影响更为强烈，也很难进行量化比较。本书虽然无法完成这些工作，并留有缺憾，但作为未来研究的拓展方向，笔者将继续跟进。

第三，本书为了保证逻辑的简洁，对相对权力地位变动的评估比较简单，采用的是国内生产总值这一单一指标，也没有充分展开相对权力地位与主导观念之间相互关系的讨论。这些都是本书存在的不足，也是改进的方向。回到最初的分析层次上，本书选择了体系和地区两个层次切入，并没有详细涉及领导者个人层次和国家内部层次的讨论。虽然在这近 30 年间，俄罗斯可以被简约地划分为叶利钦时代和普京时代，但两者仍然存在很大区别，对俄罗斯的地区一体化政策也存在个人特点的影响。所以，笔者相信这两个分析层次都能提供一些有意思的研究结果，进一步研究也可以从这两个层次着手。

二 研究大国地区一体化政策的重要问题

本书的主要研究对象国是俄罗斯，其地区一体化政策可以作为研究大国地区一体化政策的重要案例。通过对俄罗斯的研究，笔者认为我们对大国地区一体化政策的研究，需要充分重视如下问题。

第一，大国的能力与意愿是否存在背离。通常来说，地区所辖的空间范围，或者说参加国的数量，会影响地区一体化进程的效果。范围过大将增加地区的复杂性并引发集体行动的困境，范围过小则无法形成规模效应并阻碍一体化的发展，所以，在怎样的地理范围内推动地区一体化考验着大国的外交智慧。而地区一体化进程在怎样的范围上启动，与大国的能力密切相关，特别是在只有一个大国推动的地区一体化进程中，如果其他国家都要靠大国提供公共产品，那么当大国能力不足却需要推动较大范围的一体化时，一体化进程很容易受挫并将损害大国的实际利益和声望。一体化进程涉及的地区范围通常意味着大国影响力的实际辐射区，所以，大国通常有意愿也有雄心推动更大范围的一体化进程，但意愿和能力的背离会损害一体化进程的发展。正如俄罗斯的案例所显示的，俄罗斯时常雄心满满，提出要推动全空间的一体化，但最终只做了一小块地区，这不仅损害了自身的威望，也降低了一体化进程的吸引力。并且过早表露出过于宏大的雄心，也会招致体系大国的打压和竞争。因此，循序渐进是大国地区一体化政策推行和落实的有效方式。

第二，大国的地理位置是在地区内部还是地区外部。大多数情况下，国家对自己所在地区的一体化进程予以高度关注，所以当大国位于地区内部时，它采取地区一体化政策的积极性较高。大国在能力上的优势，意味着它不可能置身于其所在地区的一体化进程之外，并且一旦它参与其中，必然被要求提供更多的公共产品、参与或引导议程设置等。所以，大国通常都是其所在地区的一体化进程的领导性力量，在地区内部的大国无法避开这一发展路径，也必然会制定某种地区一体化政策。由于地区一体化通常能够给大国带来经济收益、地区和平及巩固地位等好处，所以大国对所在地区的一体化通常都具有支持性立场，政策也比较明确。这在俄罗斯的案例中得到鲜明体现。而当大国位于地区外部时，它对地区一体化的立场可以表现为多种形态。它可能很淡漠，认为该地区的一体化与本国无关，从而没有明确的立场；也可能持反对意见，因为地区一体化可能损害大国的利益，比如产生挑战大国地位的新崛起国家，此时大国将采取一定的干扰行动；大国也可能怀有积极参与的立场，希望成为一体化的一部分，正如俄罗斯将中亚合作组织纳入本国主导的欧亚经济共同体一样，大国的参与改变了相关地区的一体化进程。因此，大国在地区内还是地区外的不同地理位置，影响了大国的地区一体化政策。

第三，地区结构影响大国地区一体化政策的目标和方式。当大国位于地区外时，大国参与地区一体化必须考虑该地区现有的地区结构，如果这一结构中存在一个大国，那么大国需要特别注意与这个地区大国的关系。而当大国位于地区内时，地区结构中的大国数量决定了地区一体化的基本形态。如果大国是唯一的，那么它就必然是一体化的中心，既有权力，也有责任；如果大国并不唯一，那么与其他大国如何相处、如何分享权力、竞争与合作究竟哪种占优，决定了地区一体化的发展前景。因此，大国在制定地区一体化政策时，不仅要考虑能力、意愿和地理位置，还需要关注地区结构的形态。当然，地区结构不是一成不变的，次地区一体化与地区一体化的逻辑既有联系，也存在差别。在俄罗斯的案例中，欧亚经济联盟是以俄罗斯为单一中心的地区一体化进程，但在遇到困境后，俄罗斯选择与中国共建欧亚经济伙伴关系时，欧亚经济伙伴关系所辖范围的地区结构就变为两个大国合作领导，地理上不再局限于后苏联空间，而是更具弹性和宏观性的欧亚地区。此时，欧亚经济联盟将转变为一种次地区一体化机制，比较而言，欧亚经济伙伴关系的范围更大、更具地区性，但在紧密程度上，欧亚经济伙伴关系比欧亚经济联盟要松散许多、一体化程度也低许多。所以，大国的地区一体化政策能够反过来影响并塑造地区结构。

除上述三个问题外，本书有关俄罗斯案例的研究以及现实的发展对“大国的地区一体化政策”的理论研究提出了一些新问题。

第一，层次分析法的理论进展目前很难取得重大突破。划分出的层次数目已经相对固定，国际现实的发展也没有创设或提供新的分析层次，这不仅框定了地区一体化的相关研究，也限制了部分研究在层次拓展方面取得进步。

第二，后苏联空间近30年的实践，塑造出一种多类型次地区一体化机制并存的发展状态，这些次地区一体化机制在参加国数量、组织结构、聚焦领域、发展水平等方面存在差别，相互之间既有竞争也存在合作。一方面，多种次地区机制削弱了全空间的地区一体化机制，影响了独联体的发展，但另一方面，多种次地区机制相互作用，推动并提升了整个地区的一体化合作。因此，后苏联空间的实践为我们在理论上研究多种次地区一体化机制共存和竞争性多边主义[①]等问题提供了典型案例，有利于促进次地区一体化相关问题的理论研究。

第三，中国与俄罗斯达成的“带盟对接”协议以及两国共建欧亚经济伙伴关系等进程，都是推动跨地区和广域地区合作的努力，对这些实践进程的跟踪和研究也将有助于推动理论研究的发展。

2017年以来，以英国“脱欧”、美国“退群”为代表，大国的地区一体化政策出现了明显调整，逆全球化和逆地区化趋势掀起一阵高潮。这些变化给理论研究提出了新的课题。英国退出欧盟，是否会引发连锁性的逆地区化过程，还是仅仅是大国对地区一体化政策的调整？2019年，围绕英国退出欧盟的问题，不仅在英国国内，也在整个欧洲引发激烈争论，其过程艰难而漫长，由此，大国退出一体化进程的路径、方式、条件等相关问题值得理论界深入研究。[②] 英国的岛国地理条件使它可以置身于欧洲一体化进程之外，而身处其中的美国，又重新与加拿大和墨西哥进行贸易谈判并达成新协议，这些过程是“逆地区化”还是“地区化的升级版”值得思考。在理论上，我们通常把地区化作为全球化的逆

---

① 有关竞争性多边主义的相关研究更多围绕国际秩序、金融领域或者亚太案例，欧亚地区的案例很少涉及。参见 Julia C. Morse and Robert O. Keohane, “Contested Multilateralism,” *Review of International Organizations*, Vol. 9, No. 4, 2014, pp. 385 - 412；朱杰进《金砖银行、竞争性多边主义与全球经济治理改革》，《国际关系研究》2016年第5期，第101～112页；贺凯《亚太地区的制度制衡与竞争性多边主义》，《世界经济与政治》2018年第12期，第60～83页。

② 有关英国“脱欧”和美国“退群”的学理性研究，可参见任琳《“退出外交”与全球治理秩序——一种制度现实主义的分析》，《国际政治科学》2019年第1期，第84～115页；温尧《退出的政治：美国制度收缩的逻辑》，《当代亚太》2019年第1期，第4～37页。

过程来看待，认为一些国家是为了应对全球化的挑战而选择在地区层次上开展合作，那么以英国退出欧盟为代表的逆地区化，是否同地区化一样也是一种全球化的逆过程，还是说逆地区化可以被视作对全球化的积极回应，是为了更好地融入全球化而退出地区化，并且大国与小国采取逆地区化政策的缘由、具体方式和影响也存在差别。这些问题都需要在理论上进行新的研究和阐释。

第三节　俄罗斯与欧亚地区一体化的前景

本书始终强调作为后苏联空间内毋庸置疑的最强者，俄罗斯的立场和政策对后苏联空间发展地区一体化具有重要影响。然而经过近 30 年的探索和发展，无论是俄罗斯，还是后苏联空间内的其他国家，都已经不再局限于在后苏联空间这个地理范围内发展地区一体化，而是在范围更广、边界更为模糊的欧亚地区发展一体化。无论从哪个角度，俄罗斯都在欧亚一体化进程中扮演着重要角色，与欧亚地区一体化的前景息息相关。

一　俄罗斯在欧亚地区一体化中的角色

近 30 年来，俄罗斯努力的核心目标是维护本国的大国地位；在后苏联空间，俄罗斯维护大国地位的努力表现为维护本国的主导国身份，地区一体化政策是俄罗斯选择的维护主导国地位的重要手段。然而，我们若以地区或次地区一体化机制的效能作为评价标准，那么近 30 年来，俄罗斯所能主导的地理范围在整体上是逐渐缩小的，但在核心地区或者基本盘面上，因为一体化机制取得了实效，俄罗斯的主导性角色又是增强的。但无可挽回的是，俄罗斯已经不再可能成为完整的后苏联空间的主导者，后苏联空间的分裂已经被彻底固定下来，想要逆转非常困难。所以，俄罗斯只在欧亚经济联盟所辖的地区范围内具有主导性影响，在后苏联空间以及更广阔的大欧亚地区，俄罗斯在一体化进程中的角色具有复合性。

第一，俄罗斯不能单独主导，但也不能忽视俄罗斯的影响。无论我们是在狭义还是在广义上使用“欧亚地区”这一词语，地区一体化进程中的欧亚地区已经不再仅仅只有俄罗斯一个大国，中国作为重要主体参与其中，意味着俄罗斯不可能单独主导欧亚地区一体化，更何况还有美国、欧盟甚至是日本等外部行为体的介入。所以，俄罗斯只能是领导者之一。但我们也不能因此忽视俄罗斯。这不仅是因为俄罗斯仍然是一个大国，也是因为俄罗斯主导建立的欧亚经济联盟仍然在相当一部分地理范围内发挥着重要作用。欧亚地区任何一种地区一体化或次地区一体化机制的发展，都绕不开同欧亚经济联盟的互动，因此，我们需要重视俄罗斯。

第二，俄罗斯仍将发挥正反两方面的作用。正如过去近30年的实践所显示的，当俄罗斯对地区一体化的态度积极时，它会主动发挥正面作用，愿意在资金保障、制度设计、人才供给等方面提供公共产品，推动一体化的发展。但当俄罗斯的态度淡漠或消极时，一体化进程就会受到负面影响。特别是在大范围的欧亚地区，如果俄罗斯不能作为领导者之一受到应有的尊重，或者俄罗斯没能发挥它期待中的作用，又或者它在核心区的主导性地位受到挑战，那么俄罗斯就可能在欧亚一体化中发挥消极影响，甚至是破坏性影响。因此，如何引导俄罗斯更多地发挥正面作用，是所有期待欧亚地区一体化发展的相关国家需要注意的问题。

第三，俄罗斯在不同领域的作用能力存在差别。俄罗斯国家能力在经济领域和军事领域的不平衡发展，从苏联时期延续至今，并在解体后的近30年间也未能得到根本调整。这一“老大难”问题不仅影响了俄罗斯的持续发展，也传导到地区层面，影响了地区一体化进程。后苏联空间一体化实践的一个重要经验，就是俄罗斯在经济方面的相对弱势使其无法持续提供地区一体化发展所需的公共产品。受此影响，在欧亚地区一体化进程中，俄罗斯发挥作用的能力在不同领域存在差别。我们不能因为一体化最初启动于经济领域，就忽视经济相对弱势的俄罗斯的作用，也不能因为军事或政治领域一体化的目标过于遥远，而忽视军事安全对一体化发展的保障性作用。所以，在欧亚地区一体化进程中，应当注重发挥俄罗斯在军事安全领域中的优势，防止恐怖主义等三股势力的负面影响，塑造有利于地区一体化发展的和平环境。

俄罗斯在欧亚地区一体化中的复合性角色如此重要，但其作用的发挥仍然与俄罗斯的立场和政策紧密相关。任何对外政策的目标都是维护国家利益，如果地区一体化无法实现俄罗斯的国家利益，或者双重结构中的形势继续发生改变，俄罗斯对欧亚地区一体化的态度仍会发生强弱变化，俄罗斯的立场也可能发生改变，并将影响欧亚地区一体化的前景。

第一，如果不能持续提高俄罗斯在双重结构中的相对权力地位，特别是在体系结构中的相对权力地位的话，欧亚经济伙伴关系的建设以及欧亚经济联盟的发展将难逃此前各种地区机制的命运——有可能出现发展迟缓或停滞甚至是不了了之的情况。归根结底，俄罗斯的主要目标是实现其在国际体系中的大国梦想。从主观方面来说，因其在地区结构中的突出地位，俄罗斯必须为地区一体化的最初启动和发展埋单，一体化进程能否持续推进，且不说是否能够给所有参与方都带来收益，单单是俄罗斯能否从一体化进程中获得长期收益的前景预期，就将影响俄罗斯发展一体化意愿的持续性。所以，俄罗斯人担心的“再次为所有人埋单（again pay for everyone）”的情况并非不可能出现，而这是他们不愿意看到和不愿意做的事情。

第二，与相对权力地位的变动密切相关的是俄罗斯的能力问题，这与俄罗斯的经济形势紧密相连，其中的重点问题是俄罗斯以能源为主的经济结构。在2009年5月梅德韦杰夫总统公布的《俄罗斯联邦2020年前国家安全战略》文件中，俄罗斯指出自身经济存在巨大问题，公开承认在未来的长时期中以能源为主的经济结构难以改变，同时也第一次公开表示将利用能源优势增加政治影响力。[①] 但“一招鲜”未必能“吃遍天”，在外部形势严峻的背景下，经济结构的问题暴露无遗。2014年乌克兰危机后，美欧对俄罗斯实施制裁，加上油价下跌，导致此后数年间俄罗斯的经济一直低位徘徊。2019年，俄罗斯的国内生产总值为109.3615万亿卢布（约合1.69万亿美元），同比增长1.3%。[②] 然而逆水行舟不进则退，相比世界其他国家，尤其是主要大国，俄罗斯已经明显落后了。但改变经济结构并非一朝一夕之事，曾有的战略机遇期（如

① Стратегия национальной безопасности Российской Федерации до 2020 года, 13 мая 2009 года, http://archive.kremlin.ru/text/docs/2009/05/216229.shtml；冯绍雷：《从俄格冲突到国际金融危机的“危机政治经济学”——俄罗斯与大国关系的变迁及其对中国的启示》，《俄罗斯研究》2009年第3期，第81页。

② 俄罗斯国家统计局网站，https://www.gks.ru/。

21 世纪初近十年的高油价阶段）也没能很好把握，所以在更大范围的欧亚地区发展一体化，俄罗斯仍有极大可能扮演一种能源供给者的角色，这对俄罗斯自身经济的长远发展没有任何好处，也对欧亚地区一体化的长远发展构成隐患，俄罗斯很可能因能源供给者身份而丧失领导地位，也无法从一体化进程中持续获益，从而减损其推动欧亚地区一体化的意愿。

第三，地区一体化对俄罗斯而言，是促进国家发展、实现国家利益的工具，而不是发展目标本身。也即是说，俄罗斯并不具有地区主义的理念，更远未到达意识形态的高度，它对地区一体化的支持立场或政策选择，仅仅是出于国家利益的考虑。这从其在近 30 年中的立场变化就可以看出，俄罗斯的地区一体化政策与其外交风格一样，具有实用主义的特点。这也从另一个侧面反映出，俄罗斯之所以在苏联解体后的近 30 年间都或多或少地具有推动地区一体化发展的意愿，是由于其丧失了超级大国的地位。从这个意义上说，只要俄罗斯还没有真正的复兴或崛起，没有达到其期望中的国际地位，它都将具有不同程度的推动地区一体化发展的意愿。

从历史上看，后苏联空间内有关建立自由贸易区的协定早在 1994 年就曾签署过，但包括俄罗斯在内的很多国家最终并未批准，因此，它并未产生实际效果。而有关俄罗斯、白俄罗斯、哈萨克斯坦和乌克兰四国建立统一经济空间的想法，普京早在 2003 年就曾提出过，但乌克兰危机的发生已经使它很难实现。其中的艰难可想而知，而俄罗斯的态度又是其中的关键。正如 2008 年的一篇文章所评论的，“如果莫斯科不表现出强烈的积极性，那么俄哈一体化的方案都只能是在‘顽石之下水不流（под лежачий камень вода не течет）’的原则下发展”。[①] 因此，俄罗斯的态度将在很大程度上影响欧亚地区一体化进程。

二 欧亚地区一体化的发展趋势

尽管作为大国的俄罗斯对欧亚地区一体化在历史与现实等多方面都具有重要影响，但俄罗斯一国的意愿并不能决定欧亚地区一体化的发展

① *Ростовский М.* Тень интеграции //Московский комсомолец. №156. 21 июля 2008.

方向和发展前景，就像俄罗斯仅凭一国之力不能实现欧亚地区一体化一样。欧亚地区一体化的发展，既受到各种行为体主观意愿和具体政策的影响，也被一些客观因素框定了发展路径与方向。

第一，欧亚地区一体化发展的体系环境很难在短期内发生剧变。尽管中国已经跃升为世界第二大经济体，但相较于超级大国美国，中国的实力差距依然明显，所以，“一超多强”的体系结构很难在短期内发生急剧变化，欧亚地区一体化依然发生在这样的体系环境中。且体系结构对俄罗斯和中国的压力将持续存在。正如俄罗斯多次以语言和行动表示的那样，俄罗斯不会为了换取西方解除制裁而就克里米亚做任何交易。[①]尽管美国总统特朗普曾做出转圜美俄关系的尝试，但回顾冷战结束以来的历史，美国实际上从没有接受过新俄罗斯，并从一开始就防范着俄罗斯的复仇主义。[②] 所以，迫于国内外形势的压力，美国不可能做出大的改变。这也就意味着体系结构对俄罗斯的压力将持续存在，俄罗斯也就必须以坚定毅力维持其仅有的影响范围和大国地位。而作为参与欧亚地区一体化的大国，中国也面临着来自美国的巨大压力，中美贸易战显示了体系层次上大国竞争的激烈程度和广泛影响，所以中国也需要和平发展的欧亚地区作为稳固的周边环境。美国、欧盟、日本等对欧亚地区的竞争性介入也在不断增强，例如美国在中亚推动的“C5 + 1”机制等，都将影响欧亚地区的一体化进程。

第二，欧亚地区一体化发展的地区结构正在悄然变化。尽管“一国主导”是所有大国发展地区一体化时期待的结构环境，但俄罗斯的困境迫使其引入新的行为体，特别是强势的经济体，所以中国逐步成为欧亚地区一体化的重要主体。中国与欧亚经济联盟签署的经贸合作协定已经于 2019 年 10 月 25 日正式生效，正如各国总理在联合声明中所表示的，“《协定》的生效是建设共同经济发展空间、实现‘一带一路’倡议与欧亚经济联盟对接，以及‘一带一路’倡议与大欧亚伙伴关系倡议协调发

① 《俄总统新闻秘书：俄不会为换取西方解除制裁就克里米亚做任何交易》，2017 年 3 月 16 日，俄罗斯卫星通讯社，http://sputniknews.cn/politics/201703161022108129/。

② James Goldgeier, “25 Years after the Fall: A Quarter-century Later, The Collapse of the USSR Still Provides a Lesson for U. S. -Russia Relations,” Dec. 23, 2016, https://www.usnews.com/opinion/world-report/articles/2016-12-23/25-years-after-soviet-union-collapse-lessons-for-us-russia-relations.

展的重要举措”。[①] 中国通过建设“一带一路”和与俄罗斯共同建设欧亚经济伙伴关系等方式加强与欧亚地区国家的合作，各方建设共同的经济发展空间使中国有望成为欧亚地区一体化发展的领导力量之一。中亚五国在 2018 年重启中亚峰会，并在 2019 年 12 月再度举行峰会，显示出中小国家以团结姿态主导次地区合作进程的意图。所以，欧亚地区的结构正在悄然发生着变化，由传统的俄罗斯主导后苏联空间的单中心结构，变为由多种主导力量、多种地区机制和次地区机制并存的复合型结构。这意味着无论是中国、俄罗斯这样的大国，还是哈萨克斯坦等中小国家，在制定本国有关欧亚地区发展一体化的政策时，都必须考虑到地区结构正在出现的变化，既考虑本国的利益，也需要尊重他国的需求，一体化的真正发展需要寻求多种利益的平衡点，并以共赢为发展方向。

第三，欧亚地区一体化发展的复杂性持续增加。苏联解体的重要原因之一是各国、各民族存在迥然不同的诉求，这些要求并不会因为苏联的解体而变得一致起来，也就决定着在地区一体化问题上，各国的目标、利益和诉求并不一致。所以，在不同领域、不同主体的推动下，后苏联空间出现了多种地区机制和次地区机制并存的局面。再加上时间这一维度，诉求的一致性更加难以实现。如今，地理范围又扩大为更广义的欧亚地区，目标和诉求就更加多元。多种机制并存的局面很难改变，复杂性因此不断增加。例如上海合作组织将印度和巴基斯坦扩充为成员国，明显增加了集体行动的困境和组织自身的复杂性。同时，原有的问题和矛盾并没有得到解决，反而时常激化出焦点。俄罗斯与乌克兰在 2018 年年底曾围绕刻赤海峡再起争执。而美国、日本等国家提出的“印太战略”也让欧亚地区的发展更加复杂。[②] 这些问题不仅再次印证了欧亚地区具有碎片化的特点，也意味欧亚地区一体化的发展在消解复杂性方面需要解决诸多问题。

本书的研究起点始于后苏联空间与欧洲地区和东亚地区在一体化发

① 《关于 2018 年 5 月 17 日签署的〈中华人民共和国与欧亚经济联盟经贸合作协定〉生效的联合声明（全文）》，新华网，2019 年 10 月 25 日，http://www.xinhuanet.com/2019-10/25/c_1125154042.htm。

② 赵华胜：《印太战略与大欧亚：认知与应对》，《俄罗斯东欧中亚研究》2019 年第 2 期，第 27~46 页。

展程度上的差别，但现实的发展使后苏联空间的一体化逐步演变为更大范围的欧亚地区一体化，所以在展望发展趋势时，我们仍旧需要回到比较的视野上来看待欧亚地区一体化的发展。

在横向比较上，后冷战时代的30年间，欧洲一体化以欧洲联盟作为“唯一”的一体化机制，呈现地域范围不断扩大的发展趋势，是一个求“合”的进程。但国家数目的增多，导致不平衡发展的问题愈加严重，所以在客观上出现了“多速欧洲”的现象。[①] “单制”与“多速”的矛盾放大了新老欧洲在主观上的不同诉求，埋下了逆地区化和欧洲“分裂”的伏笔。所以，当经济疲软、难民危机等负面因素不断累积后，欧洲一体化的脆弱性逐渐暴露出来，并以英国退出欧盟显现危机。与欧洲不同，后苏联空间的一体化或者说欧亚一体化从近30年的中长时段看，是一个整体上求“分”的进程，尽管存在求“合”的意愿，但“分”成为实际的结果。人们已经不再习惯于认识完整的后苏联空间，而是从地理上分割为中亚、外高加索、“东欧”等不同部分来看待。而多种机制的不断建立，在表达各国不同诉求的同时，也不断推动着分裂趋势。除俄罗斯是大国外，其他国家都是中小国家，彼此之间的经济发展水平差距不大，呈现一种大体“均速”的发展。但多种机制的背后是愈加复杂的大国竞争和小国雄心，小国对大国的不同选择、小国自己的抱团和大国能力的差别将有可能导致欧亚地区出现“多速”发展的趋势。例如乌克兰选择了欧盟，白俄罗斯更倾向于同俄罗斯合作，各国对中国的“一带一路”和美国、日本提出的地区议程的不同参与，都可能使各国获得不同程度的发展。如果出现“多制”与“多速”相结合的前景，那么欧亚地区的分裂趋势将被进一步固定下来。所以，欧亚一体化对“合”的追求走出了一条与欧洲一体化完全不同的道路，“合”的前景面临着相当多的挑战。

然而也不必过于悲观。从结构比较上看，冷战后的欧洲一体化在较长时期以德、法、英三个大国为核心推动力，只因近期的英国退出欧盟而出现重回“双发动机”的前景。但要看到，整个欧洲一体化的历史主

---

① 丁纯、张铭心、杨嘉威：《“多速欧洲”的政治经济学分析——基于欧盟成员国发展趋同性的实证分析》，《欧洲研究》2017年第4期，第1～17页。

要是在德法两国的共同推动下前进的。而欧亚地区已经出现了从“单一中心”结构向“双中心”结构发展的趋势，如果能真正做到中俄齐心、共同建设好欧亚伙伴关系，那么即便复杂性不断增加，欧亚地区一体化的主流仍能从中显现。如果能够防止“多速”与“多制”相结合，那么互联互通和大范围合作的前景仍然有望达成。而从纵向比较看，欧亚地区一体化目前处于机遇期，主要大国俄罗斯有需求并以欧亚经济联盟为基础，中国提供了“一带一路”的框架，也有能力提供更多公共产品，中小国家等各方都重视，不同机制有助于实现多方要求，相较其他时期更有发展潜力和优势。应当借此趋势推动欧亚合作的发展，但需要控制大国竞争以促进地区的整体发展。

综合来看，俄罗斯始终是国际舞台上一个具有重要影响的大国，即便其国家发展经历起伏，但这也不能构成我们轻视它的原因。后苏联空间的各国曾经共同组成了一个超级大国苏联，其地区一体化的发展不可避免地让人们回想起历史，但现实和未来的发展却更具价值。作为后苏联空间内最强大的国家，俄罗斯对地区一体化的意愿和其推动地区一体化发展的政策与行动，都是影响后苏联空间一体化发展的重要因素。因此，对俄罗斯的研究具有重要的理论意义和现实价值，后苏联空间及更大范围的大欧亚地区的一体化发展必将有别于历史，也将不同于世界其他地方的发展路径，值得持续跟踪和关注。

参考文献

中文原著

陈玉刚:《国家与超国家——欧洲一体化理论比较研究》,上海:上海人民出版社,2001。

仇发华:《地区多边安全合作:西欧与东北亚比较研究》,北京:世界知识出版社,2009。

冯绍雷:《制度变迁与对外关系——1992 年以来的俄罗斯》,上海:上海人民出版社,1997。

耿协峰:《新地区主义与亚太地区结构变动》,北京:北京大学出版社,2003。

宫少朋等主编《冷战后国际关系》,北京:世界知识出版社,1999。

侯敏跃、〔俄〕亚历山大·利布曼主编《转型时代联邦主义与地区主义研究》,上海:上海人民出版社,2009。

李垂发、迮丽珍编著《独联体国家经济统计手册》,北京:时事出版社,1994。

林勋建主编《政党与欧洲一体化》,北京:当代世界出版社,2000。

柳丰华:《"梅普组合"的外交战略》,北京:中国社会科学出版社,2012。

柳丰华:《俄罗斯与中亚——独联体次地区一体化研究》,北京:经济管理出版社,2010。

潘广云:《独联体框架内次区域经济一体化问题研究》,北京:北京师范大学出版社,2011。

庞中英:《中国与亚洲——观察、研究、评论》,上海:上海社会科学院出版社,2004。

秦亚青:《霸权体系与国际冲突:美国在国际武装冲突中的支持行为(1945~1988)》,上海:上海人民出版社,1999。

宋玉华:《开放的地区主义与亚太经济合作组织》,北京:商务印书馆,2001。

孙壮志:《中亚五国对外关系》,北京:当代世界出版社,1999。

王逸舟主编《中国国际关系研究（1995～2005）》，北京：北京大学出版社，2006。

肖欢容：《地区主义：理论的历史演进》，北京：北京广播学院出版社，2002。

许志新：《重新崛起之路——俄罗斯发展的机遇与挑战》，北京：世界知识出版社，2005。

俞正樑、陈玉刚、苏长和：《21世纪全球政治范式》，上海：复旦大学出版社，2005。

郑羽主编《独联体（1991～2002）》，北京：社会科学文献出版，2005。

郑羽主编《独联体十年——现状·问题·前景》，北京：世界知识出版社，2002。

郑羽主编《新普京时代（2000～2012）》，北京：经济管理出版社，2012。

资中筠主编《冷眼向洋：百年风云启示录》，北京：生活·读书·新知三联书店，2001。

中文译著

〔美〕阿诺德·沃尔弗斯：《纷争与协作——国际政治论集》，于铁军译，北京：世界知识出版社，2006。

〔俄〕安德兰尼克·米格拉尼扬：《俄罗斯现代化之路——为何如此曲折》，徐葵等译，北京：新华出版社，2002。

〔英〕安特耶·维纳、〔德〕托马斯·迪兹主编《欧洲一体化理论》，朱立群等译，北京：世界知识出版社，2009。

〔英〕巴里·布赞：《美国和诸大国：21世纪的世界政治》，刘永涛译，上海：上海人民出版社，2007。

〔英〕巴里·布赞、〔丹〕奥利·维夫：《地区安全复合体与国际安全结构》，潘忠岐等译，上海：上海人民出版社，2009。

〔俄〕鲍里斯·叶利钦：《午夜日记——叶利钦自传》，曹缦西、张俊翔译，南京：译林出版社，2001。

〔俄〕鲍里斯·叶利钦：《总统笔记》，李垂发等译，北京：东方出版社，1995。

〔美〕彼得·卡赞斯坦：《地区构成的世界——美国帝权中的亚洲和欧

洲》，秦亚青、魏玲译，北京：北京大学出版社，2007。

〔美〕查尔斯·库普乾：《美国时代的终结：美国外交政策与21世纪的地缘政治》，潘忠岐译，上海：上海人民出版社，2004。

〔美〕戴维·卡莱欧：《欧洲的未来》，冯绍雷等译，上海：上海人民出版社，2003。

〔德〕迪特·卡塞尔、保罗·J.J. 维尔芬斯主编《欧洲区域一体化：理论纲领、实践转换与存在的问题》，许宽华等译，武汉：武汉大学出版社，2007。

〔俄〕格·萨塔罗夫等：《叶利钦时代》，高增讯等译，北京：东方出版社，2002。

〔英〕赫德利·布尔：《无政府社会——世界政治秩序研究》，张小明译，北京：世界知识出版社，2003。

〔美〕杰弗里·曼科夫：《大国政治的回归：俄罗斯的外交政策》，黎晓蕾、李慧容等译，北京：新华出版社，2011。

〔美〕康威·汉得森：《国际关系——世纪之交的冲突与合作》，金帆译，海口：海南出版社，2003。

〔英〕克里斯托弗·希尔：《变化中的对外政策政治》，唐小松、陈寒溪译，上海：上海人民出版社，2007。

〔美〕肯尼思·华尔兹：《国际政治理论》，信强译，上海：上海人民出版社，2003。

〔美〕理查德·罗斯克兰斯、阿瑟·斯坦主编《大战略的国内基础》，刘东国译，北京：北京大学出版社，2005。

〔美〕罗伯特·A. 帕斯特编《世纪之旅：世界七大国百年外交风云》，胡利平、杨韵琴译，上海：上海人民出版社，2001。

〔美〕罗伯特·阿特：《美国大战略》，郭树勇译，北京：北京大学出版社，2005。

〔美〕罗伯特·基欧汉：《霸权之后——世界政治经济中的合作与纷争》，苏长和等译，上海：上海人民出版社，2001。

〔美〕罗伯特·基欧汉、约瑟夫·奈：《权力与相互依赖》（第3版），门洪华译，北京：北京大学出版社，2002。

〔美〕罗伯特·基欧汉主编《新现实主义及其批判》，郭树勇译，北京：

北京大学出版社，2002。

〔美〕罗伯特·吉尔平：《全球政治经济学：解读国际经济秩序》，杨宇光、杨炯译，上海：上海人民出版社，2003。

〔俄〕罗伊·麦德维杰夫：《普京——克里姆林宫四年时光》，王晓玉、韩显阳译，北京：社会科学文献出版社，2005。

〔俄〕罗伊·麦德维杰夫：《普京总统的第一任期》，王尊贤译，北京：社会科学文献出版社，2007。

〔英〕马丁·怀特著，〔英〕赫德利·布尔、卡斯滕·霍尔布莱德编《权力政治》，宋爱群译，北京：世界知识出版社，2004。

〔意〕玛丽娅·格拉齐娅·梅吉奥妮：《欧洲统一 贤哲之梦——欧洲统一思想史》，陈宝顺等译，北京：世界知识出版社，2004。

〔美〕曼瑟尔·奥尔森：《集体行动的逻辑》，陈郁等译，上海：格致出版社，2011。

〔俄〕米哈伊尔·戈尔巴乔夫：《戈尔巴乔夫回忆录》，述弢等译，北京：社会科学文献出版社，2003。

〔法〕妮科尔·涅索托、〔意〕吉奥瓦尼·格雷维：《2025 年世界将发生什么》，范炜炜译，北京：东方出版社，2010。

〔美〕乔治·弗里德曼：《未来 100 年大预言：21 世纪各国大派位》，魏宗雷、杰宁娜译，深圳：海天出版社，2009。

〔美〕塞缪尔·亨廷顿：《文明的冲突与世界秩序的重建》，周琪等译，北京：新华出版社，2002。

〔美〕小约瑟夫·奈：《理解国际冲突：理论与历史》，张小明译，上海：上海人民出版社，2002。

〔日〕星野昭吉：《全球化时代的世界政治：世界政治的行为主体与结构》，刘小林、梁云祥译，北京：社会科学文献出版社，2004。

〔美〕亚历山大·温特：《国际政治的社会理论》，秦亚青译，上海：上海人民出版社，2000。

〔俄〕叶·普里马科夫：《大政治年代》，焦广田译，北京：东方出版社，2001。

〔俄〕伊戈尔·科尔奇诺夫：《首席翻译眼中的首脑外交》，达洲译，北京：世界知识出版社，2000。

〔美〕约翰·米尔斯海默：《大国政治的悲剧》，王义桅、唐小松译，上海：上海人民出版社，2003。

〔美〕詹姆斯·多尔蒂、小罗伯特·普法尔茨格拉夫：《争论中的国际关系理论》（第五版），阎学通等译，北京：世界知识出版社，2003。

〔美〕朱迪斯·戈尔茨坦、罗伯特·基欧汉编《观念与外交政策：信念、制度与政治变迁》，刘东国、于军译，北京：北京大学出版社，2005。

〔美〕兹比格纽·布热津斯基：《大棋局——美国的首要地位及其地缘战略》，上海：上海人民出版社，1998。

中文论文（原创）

陈小鼎：《国际关系研究层次的上升与回落》，《世界经济与政治》2008年第7期。

陈新明：《俄罗斯与独联体国家关系：新趋势与新战略》，《俄罗斯中亚东欧研究》2009年第4期。

陈永：《中美倡导的伙伴关系比较研究：演变过程与概念界定》，《国际政治研究》2016年第5期。

陈玉荣：《从克里索契之行看乌克兰危机走势》，《当代世界》2015年第6期。

成志杰：《网状伙伴外交机制：中俄合作的新路径》，《俄罗斯研究》2015年第3期。

程亦军：《俄白哈关税同盟初步绩效评析》，http://euroasia. cass. cn/news/513066. htm。

刁秀华：《国际金融危机影响下的俄罗斯有价证券市场》，《东北亚论坛》2009年第4期。

丁纯、张铭心、杨嘉威：《"多速欧洲"的政治经济学分析——基于欧盟成员国发展趋同性的实证分析》，《欧洲研究》2017年第4期。

封帅：《世界历史中的欧亚空间——源起、建构与衰朽》，《俄罗斯研究》2019年第5期。

冯绍雷：《从俄格冲突到国际金融危机的"危机政治经济学"——俄罗斯与大国关系的变迁及其对中国的启示》，《俄罗斯研究》2009年第3期。

冯绍雷：《“对俄制裁案”和俄罗斯与西方关系的未来》，《欧洲研究》2018 年第 1 期。

冯绍雷：《普京倡建“欧亚联盟”地区一体化前景可期》，《中国社会科学报》2011 年 10 月 20 日，第 14 版。

冯玉军：《乌克兰危机：多维视野下的深层透视》，《国际问题研究》2014 年第 3 期。

耿协峰：《新地区主义的核心价值》，《国际经济评论》2004 年第 2 期。

顾炜：《意识形态、地区战略与苏联的崛起》，《俄罗斯学刊》2013 年第 2 期。

顾炜：《中俄网状伙伴外交的概念内涵和实现路径》，《当代世界与社会主义》2015 年第 5 期。

顾志红：《评俄罗斯的新独联体政策》，《俄罗斯中亚东欧研究》2006 年第 2 期。

贺凯：《亚太地区的制度制衡与竞争性多边主义》，《世界经济与政治》2018 年第 12 期。

胡键：《中亚的“帝国后遗症”及其治理新机制》，《世界经济研究》2004 年第 2 期。

胡延新：《国内“独联体”问题研究综述》，《东欧中亚研究》1995 年第 2 期。

黄登学、王骏腾：《俄罗斯的欧亚一体化政策：目标、风险及影响因素》，《当代世界社会主义问题》2018 年第 3 期。

姜毅：《俄罗斯对独联体的政策》，《东欧中亚研究》1995 年第 4 期。

解建群编《独联体的国际地位及前景》，《国外理论动态》2004 年第 2 期。

李巍：《层次回落与比较政治学的回归》，《世界经济与政治》2008 年第 7 期。

李巍、王勇：《国际关系研究层次的回落》，《国际政治科学》2006 年第 3 期。

李新：《普京欧亚联盟设想：背景、目标及其可能性》，《现代国际关系》2011 年第 11 期。

李兴：《美国战略重心东移与中俄地缘安全合作》，《国际关系学院学报》

2012 年第 4 期。

李勇慧：《2018 年俄罗斯亚太外交——兼论印太战略与大欧亚伙伴关系战略构想的关系》，《俄罗斯学刊》2019 年第 2 期。

李自国：《欧亚经济联盟：绩效、问题、前景》，《欧亚经济》2016 年第 2 期。

凌胜利：《中美主导权竞争探析：认知差异及化解之道》，《社会科学》2017 年第 3 期。

刘丰：《结构分析的范围与限度》，《世界经济与政治》2008 年第 7 期。

刘军：《空间、帝国与俄罗斯国家安全》，《华东师范大学学报》（哲学社会科学版）2011 年第 4 期。

刘军：《全球化与俄罗斯外交政策的形成——从戈尔巴乔夫到普京》，《俄罗斯中亚东欧研究》2004 年第 4 期。

刘若楠：《美国权威如何塑造亚太盟国的对外战略》，《当代亚太》2015 年第 4 期。

柳丰华：《普京时期俄罗斯的独联体政策》，《国际论坛》2008 年第 5 期。

柳丰华：《俄罗斯在中亚：政策的演变》，《国际政治研究》2007 年第 2 期。

欧阳向英：《欧亚联盟——后苏联空间俄罗斯发展前景》，《俄罗斯中亚东欧研究》2012 年第 4 期。

潘广云：《独联体框架内的次地区经济一体化》，《欧洲研究》2005 年第 1 期。

潘广云：《“古阿姆”集团的演变及其对独联体的影响》，《国际问题研究》2007 年第 1 期。

秦亚青：《层次分析法与国际关系研究》，《欧洲》1998 年第 3 期。

尚劝余：《国际关系层次分析法：起源、流变、内涵和应用》，《国际论坛》2011 年第 4 期。

宋伟：《霸权体系与美国国家利益：以美国对地区一体化的战略为例》，北京大学博士学位论文，2007 年 6 月。

宋以敏：《俄罗斯的对外政策目标及其制约因素》，《国际问题研究》1992 年第 3 期。

谭德峰、张玉国：《俄格冲突与俄罗斯独联体政策的未来》，《东北亚论坛》2009年第2期。
唐贤兴：《追求"大国复兴"的俄罗斯对外战略》，《太平洋学报》1999年第3期。
田景梅、田东风：《〈莫斯科条约〉与美俄核裁军》，《现代国际关系》2004年第5期。
万青松：《大国政治的欧亚时刻——地缘政治经济视域下"欧亚"认知的演进及其寓意》，《俄罗斯研究》2016年第1期。
王郦久：《俄罗斯的独联体政策及其走势》，《现代国际关系》2005年第11期。
王郦久：《试析俄罗斯外交政策调整》，《现代国际关系》2010年第12期。
王树春、万青松：《试论欧亚联盟的未来前景》，《俄罗斯研究》2012年第2期。
王新俊、王用林：《独联体十年发展与俄罗斯的选择》，《俄罗斯研究》2001年第4期。
王彦：《独联体地区安全结构分析》，《俄罗斯中亚东欧研究》2011年第3期。
王彦：《后苏联空间地区化视角下的俄白联盟》，《西伯利亚研究》2007年第1期。
王正泉：《俄罗斯围绕外交构想的三次争论》，《国际观察》1998年第2期。
王志：《欧亚经济联盟：进展与挑战》，《俄罗斯研究》2018年第6期。
吴其胜：《国际关系研究中的跨层次分析》，《外交评论》2008年第1期。
吴征宇：《关于层次分析的若干问题》，《欧洲》2001年第6期。
邢广程：《2015年的乌克兰危机与俄罗斯的选择》，《现代国际关系》2015年第2期。
许志新：《独联体向"灰色区域"演变——论俄罗斯对独联体政策的危机》，《欧洲研究》2005年第3期。
叶自成：《中国实行大国外交战略势在必行——关于中国外交战略的几点思考》，《世界经济与政治》2000年第1期。
叶自成、刘东方：《俄罗斯的"门罗主义"评析》，《国际政治研究》1996年第1期。

张冰：《欧亚联盟——独联体一体化的新尝试》，《中国经贸》2012 年第 3 期。

张昊琦：《俄罗斯的“大欧亚”战略构想及其内涵》，《现代国际关系》2017 年第 6 期。

张弘：《“古阿姆”与独联体的未来走向》，《国际论坛》2009 年第3 期。

赵华胜：《印太战略与大欧亚：认知与应对》，《俄罗斯东欧中亚研究》2019 年第 2 期。

赵龙庚：《俄罗斯在前苏联地区安全环境的变化及对策》，《和平与发展》1996 年第 1 期。

赵乾坤：《大国权力与地区规范——中国与东盟关系研究》，外交学院博士学位论文，2006 年 5 月。

郑润宇：《从俄哈视角解读阿斯塔纳峰会前后的欧安组织》，《国际观察》2011 年第 3 期。

郑润宇：《从俄罗斯全球战略视角剖析俄哈关系安全模式》，《俄罗斯研究》2011 年第 5 期。

郑羽：《俄罗斯的独联体政策：十年间的演变》，《东欧中亚研究》2001 年第 4 期。

朱锋：《区域主义与东亚安全》，《当代亚太》1998 年第 4 期。

朱杰进：《金砖银行、竞争性多边主义与全球经济治理改革》，《国际关系研究》2016 年第 5 期。

左希迎：《层次分析的反思与研究领域的拓展》，《世界经济与政治》2008 年第 7 期。

中文论文（翻译）

C. 比留科夫：《“丝绸之路”与欧亚一体化两大战略项目相结合的前景》，《俄罗斯研究》2015 年第 6 期。

E. 维诺库罗夫：《欧亚经济联盟：发展现状与初步成果》，《俄罗斯研究》2018 年第 6 期。

〔俄〕阿·弗·鲁金：《俄罗斯的对外政策和安全问题》，《现代国际关系》1993 年第 11 期。

〔俄〕西夫科夫、莫罗佐夫：《俄罗斯 21 世纪地缘政治利益的实现》，杨伟民译，《国外社会科学文摘》2000年第9期。
赫特、索德伯姆：《地区主义崛起的理论阐释》，《世界经济与政治》2000年第1期。
理查德·萨克瓦：《欧亚精英如何以全球视角看待欧亚经济联盟的作用》，宋阳旨译，《国外理论动态》2017年第2期。
罗纳德·塔门、亚采克·库格勒：《权力转移与中美冲突》，陈琪、吴文成译，《国际政治科学》2005年第3期。
亚历山大·利布曼：《乌克兰危机、俄经济危机和欧亚经济联盟》，《俄罗斯研究》2015年第3期。

中文文件

《俄罗斯联邦内政外交大事记（1990～2004年）》，北京：世界知识出版社，2006。
《国际形势年鉴》，上海：上海教育出版社，2001。
《普京文集——文章和讲话选集》，北京：中国社会科学出版社，2002。
《普京文集（2002～2008）》，北京：中国社会科学出版社，2008。
梅孜主编《美俄关系大事实录》（1991～2001），北京：时事出版社，2002。

中文报纸和网站

参考消息
东方早报
光明日报
人民日报
文汇报
中国日报
中华人民共和国外交部网站，http://www.fmprc.gov.cn/mfa_chn
新华网，http://www.xinhuanet.com
新浪网，www.sina.com.cn

英文文献

Alexander Libman and Evgeny Vinokurov, *Holding-Together Regionalism*:

Twenty Years of Post-Soviet Integration, Basingstoke-New York: Palgrave Macmillan, 2012.

Anatolii' Ivanov, "Integratsiia integratsii' (Иванов А. Интеграция интеграций)," *Litovskii' kur'er*, No. 45, November 10, 2011.

Baladas Ghoshal, "The Russian Pivot to Asia Pacific," Institute of Peace and Conflict Studies (India), http://www.ipcs.org/issue-brief/china/the-russian-pivot-to-asia-pacific-242.html.

Barry Buzan, Ole Waver and Jaap de Wilde, *Security—A New Framework for Analysis*, London: Lynne Rienner Publisher, 1998.

Bill Clinton, "Remembering Yeltsin," *Time*, Vol. 155, Jan. 1, 2000.

Bobo Lo, *Vladimir Putin and the Evolution of Russian Foreign Policy*, Oxford: Blackwell Publishing, 2003.

Brian White, Richard Little and Michael Smith, eds., *Issues in World Politics*, Macmillan Press Ltd., 1997.

Bruce M. Russett, *International Regions and the International System: A Study in Political Ecology*, Chicago: Rand McNally & Company, 1967.

Bruce Russett and Harvey Starr, *World Politic: A Menu for Choice*, New York: W. H. Freeman, 1992.

Charles A. Kupchan, "After Pax Americana: Benign Power, Regional Integration, and the Sources of a Stable Multipolarity," *International Security*, Vol. 23, No. 2, Fall 1998.

Christian Thorun, *Explaining Change in Russian Foreign Policy: The Role of Ideas in Post-Soviet Russia's Conduct towards the West*, Basingstoke [England]; New York: Palgrave Macmillan, 2009.

Daniel L. Byman and Kenneth M. Pollack, "Let Us Now Praise Great Men: Bringing the Statesman Back In," *International Security*, Vol. 25, No. 4, 2001.

Dave Bhavna, ed., *Politics of Modern Central Asia*, v. 4, The Changing Geopolitical Context, London: Routledge, 2010.

David A. Lake and Patrick M. Morgan, eds., *Regional Orders: Building Security in a New World*, University Park: Penn State University Press, 1997.

Dmitry Trofimov, "Russia and the United States in Central Asia: Problems, Prospects and Interests," *Central Asia and the Caucasus* Vol. 19, No. 1, 2003.

Ejaz Akram, *The Political Economy of Regionalism in Southwest Asia: The Case of the Economic Cooperation Organization*, Washington, D. C.: The Catholic University of America, 2003.

Elvira Kurmanalieva and Konstantin Fedorov, "The Impact of Global Financial and Economic Instability on the CIS," *Eurasian Integration Yearbook 2012*, Almaty, 2012.

Ernst B. Haas, *The Uniting of Europe: Political, Social and Economic Forces 1950 – 1957*, Stanford, CA: Stanford University Press, 1958.

Ernst B. Haas, *The Web of Interdependence: The United States and International Organization*, Englewood Cliffs, N. J.: Prentice Hall, 1970.

Geoffrey Hosking, *Russia: People and Empire*, Cambridge, Mass.: Harvard University Press, 1997.

Gordon Mace and Jean-Philippe Thérien, *Foreign Policy and Regionalism in the Americas*, Boulder: Lynne Rienner Publishers, 1996.

G. Gorodetsky, ed., *Russia between East and West: Russian Foreign Policy on the Threshold of the Twenty-first century*, London: Frank Cass, 2003.

G. John Ikenberry, "Getting Hegemony Right," *The National Interest*, No. 63, Spring 2001.

G. John Ikenberry, "Illusions of Empire: Defining the New American Order," *Foreign Affairs*, Vol. 83, No. 2, March/April 2004.

Hanna Ojanen, *The Plurality of Truth: A Critique of Research on the European Integration*, Aldershot: Ashgate Publishing Ltd., 1998.

Hans Morgenthau, *Politics among Nations*, New York: Knopf, 1978.

Hedley Bull, *The Anarchical Society: A Study of Order in World Politics*, New York: Columbia University Press, 1977.

Henry Kissinger, "A Memo to the Next President," *Newsweek*, September 19, 1988.

I. Makarov and A. Sokolova, "Coordination of the Eurasian Economic Union and the Silk Road Economic Belt: Opportunities for Russia," *International Organisations Research Journal*, Vol. 11, No. 2 (2016).

Jack S. Levy, *War in the Modern Great Power System, 1495 – 1975*, Lexington: University Press of Kentucky, 1983.

Jakob Hedenskog et al., eds., *Russia as a Great Power: Dimensions of Security under Putin*, Routledge, 2005.

James Goldgeier, "25 Years after the Fall: A Quarter-century Later, the Collapse of the USSR Still Provides a Lesson for U. S. -Russia Relations," Dec. 23, 2016, https://www.usnews.com/opinion/world-report/articles/2016-12-23/25-years-after-soviet-union-collapse-lessons-for-us-russia-relations.

James N. Rosenau, *The Scientific Study of Foreign Policy*, London: Frances Printer, 1980.

Jan Tinbergen, *International Economic Integration*, 2nd rev. ed., Amsterdam-London-New York: Elsevier, 1965.

John Gaffney eds., *Political Parties and the European Union*, London and New York: Routledge, 1996.

John Newhouse, "Europe's Rising Regionalism," *Foreign Affairs*, Vol. 76, No. 1, 1997.

Joseph S. Nye, Jr., *Bound to Lead: The Changing Nature of American Power*, New York: Basic Books, 1990.

Joseph S. Nye, *Peace in Parts: Integration and Conflict in Regional Organization*, Boston: Little, Brown, 1971.

Joseph S. Nye, Jr., *Soft Power the Means to Success in World Politics*, New York: Public Affairs, 2004.

Julia C. Morse and Robert O. Keohane, "Contested Multilateralism," *Review of International Organizations*, Vol. 9, No. 4, 2014.

Karl W. Deutsch, et al., *Political Community and the North Atlantic Area: International Organization in the Light of Historical Experience*, Princeton, N. J.: Princeton University Press, 1957.

Ken Booth and Steve Smith, eds., *International Relations Theory Today*, University Park: Pennsylvania State University Press, 1995.

Kenneth N. Waltz, *Man, the State, and War: A Theoretical Analysis*, New York: Columbia University Press, 1959.

Kenneth N. Waltz, *Theory of International Politics*, New York: McGraw-Hill, 1979.

Kerry A. Chase, "Economic Interests and Regional Trading Arrangements: The Case of NAFTA," *International Organization* 57, winter 2003.

Klans Knorr and Sidney Verba, eds., *The International System: Theoretical Essays*, Princeton: Princeton University Press, 1961.

Louise Fawcett and Andrew Hurrell eds., *Regionalism in World Politics: Regional Organization and International Order*, Oxford, UK: Oxford University Press, 1995.

L. J. Cantori and S. L. Spiegal, *The International Politics of Regions: A Comprehensive Approach*, Eaglewood Cliffs, N. J.: Prentice-Hill, 1970.

Mazen Labban, "The Struggle for the Heartland: Hybrid Geopolitics in the Transcaspian", *Geopolitics*, Vol. 14, No. 1, 2009.

Michael Banks, "Systems Analysis and the Study of Regions," *International Studies Quarterly*, 13 (4), December 1969.

Michael Mandelbaum ed., *The New Russian Foreign Policy*, New York: Council on Foreign Relations, 1998.

Nana Poku and Lloyd Pettiford, eds., *Redefining the Third World*, Macmillan: St. Martin's Press, 1998.

Neil Malcolm et al., *Internal Factors in Russian Foreign Policy*, New York: Oxford University Press, 1996.

Nicholas J. Spykman, *American Strategies and World Politics*, New York: Harcourt Brace Jovanovich, 1942.

Nicu Popescu, "Eurasian Union: the Real, the Imaginary and the Likely," Chaillot Paper, September 2014.

Olivier Roy, *The New Central Asia: The Creation of Nations*, London and New York: I. B. Tauris Publishers, 2000.

P. Kubicek, "Russian Foreign Policy and the West," *Political Science Quar-*

terly, Vol. 114, No. 4 (1999 - 2000).

Richard J. Stoll and Michael D. Ward, eds., *Power in World Politics*, Boulder and London: Lynne Rienner, 1989.

Robert A. Dahl, *Who Governs? Democracy and Power in an American City*, New Haven, Conn.: Yale University Press, 1961.

Robert D. Putnam, "Diplomacy and Domestic Politics: The Logic of Two-level Games," *International Organization*, Vol. 42, No. 3, 1988.

Robert J. Art, "A Defensible Defense: America's Grand Strategy after the Cold War," *International Security*, Vol. 15, No. 4 (Spring 1991).

Robert Keohane, *International Institutions and State Power: Essays in International Relations Theory*, Boulder: Westview Press, 1989.

Robert Legvold, "Managing the New Cold War: What Moscow and Washington Can Learn from the Last One," *Foreign affairs*, July/August, 2014.

Roger E. Kanet, *Russian Foreign Policy in the 21st Century*, New York: Palgrave Macmillan, 2011.

Samuel Huntington, "The Lonely Super Power," *Foreign Affairs*, Vol. 78, No. 2, March/April 1999.

Shaun Breslin et al., *New Regionalism in the Global Political Economy*, *Warwick Studies in Globalisation*, London: Routledge, 2002.

Stephen D. Krasner, *International Regimes*, Beijing: Peking University Press, 2005.

Stophen F. Cohen, *The New Cold War and the Necessity of Patriotic Heresy: US Fallacies May Be Leading to War with Russia*, August 12, 2014, http://www.thenation.com/article/180942/new-cold-war-and-necessity-patriotic-heresy#.

Stephen K. Wegren eds., *Return to Putin's Russia: Past Imperfect, Future Uncertain*, Fifth edition, Lanham [etc.]: Rowman & Littlefield Publishers, 2013.

Sustaining U. S. Global Leadership: Priorities for 21st Century Defense, Department of Defense, January, 2012.

Tatyana Valovaya, "Eurasian Economic Integration: Origins, Patterns, and

Outlooks," *Eurasian Integration Yearbook 2012*, Almaty, 2012.

Thomas Pedersen, "Cooperative Hegemony: Power, Ideas and Institutions in Regional Integration," *Review of International Studies*, Vol. 28, No. 4 (Oct., 2002).

William C. Wohlforth, "The Stability of a Unipolar World," *International Security*, Vol. 24, No. 1, Summer 1999.

"Excerpts from Pentagon's Plan: Prevent the Re-Emergence of a New Rival," *New York Times*, March 8, 1992.

英文文件

European Council common strategy of 11 December 1999 on Ukraine (1999/877/CFSP), Official Journal of the European Communities, L 331/1, 23. 12. 1999.

网站数据

伊万·库什尼尔经济与法律学院（Институт экономики и права Ивана Кушнира), http://www. be5. biz/makroekonomika/gdp/gdp_russia. html

世界银行网站, http://data. worldbank. org. cn/? display = default

俄文文献

Арефьев А. Л. Русский язык на рубеже XX-XXI веков. [Электронный ресурс]. М., Центр социального прогнозирования и маркетинга, 2012.

Болезнь российского президента отразила нездоровье СНГ //Известия. No. 049. 18 – 03 – 1998.

Быков А. Н. Исторический шанс России-евразийская интеграция и трансконтинентальная кооперация. К 15-летию распада СССР и обр азования СНГ, Российский экономический журнал. 2006. № 5/6.

Быков А. Н. Постсоветское пространство: стратегии интеграции и новые вызовы глобализации. СПб. Алетейя, 2009.

Быков А. Н. Россия и СНГ: вызовы глобализации и стратегия евразийс кой интеграции. М. ИМЭПИ РАН, 2005.

Валестани И. Проблемы интеграции и формирования региональной системы на постсоветском пространстве. М. Эпикон, 2002.

Вардомский Л. Б. Регионализация постсоветского пространства: факторы, особенности, тенденции. М. Ин-т экономики, 2008.

Воробьев В. П. Проблемы развития и реформирования СНГ. М.: Восток-Запад, 2009.

Вячеслав М. Как и почему развалился Советский союз //Независимаягазета. 20 апреля 2001г.

Глинкина С. П. Страны СНГ между Россией и ЕС. М. [б. и.], 2007.

Джорбенадзе И. ЕАЭС открывается для Вьетнама, 2015. 5. 29, http://www. rosbalt. ru/exussr/2015/05/29/1403309. html.

Дипломат. акад. МИД России, Вопросы теории и истории международных отношений. М. [б. и.].

Доклад Института современного развития. Экономические интересы и задачи России в СНГ, февраль 2010 г., http://www. insor-russia. ru/files/Intrest_Books_02. pdf.

Елемесов М. В поле зрения ЕАЭС появился Иран, http://riss. ru/smi/16613/.

Жильцов С. С., *Воробьев В. П.*, *Шутов А. Д.* Эволюция политики России на пост-советском пространстве. М.: Восток-Запад, 2010.

Жирнов О. А. Политика России на постсоветском пространстве: Прошлое, настоящее, будущее. (обзор) //Актуальные проблемы Европы: Научн. журнал, М.: ИНИОН, 2011. №2: Евросоюз и Росстя: Политика на постсоветском пространстве.

ИМЭМО РАН. Тематический раздел тенденции в развитии СНГ: экономика и политика России и государств ближнего зарубежья. М., 2000.

Иванов И. С. Внешняя политика России в эпоху глобализации: Статьи и выступления. М.: ОЛМА-ПРЕСС, 2002.

Иванов И. С. Россия и современный мир (Внешняя политика Москвы на пороге XXI века) //Независимая газета. 20. 01. 2000.

Караваев А. Возможна ли интеграция? //Республика. №20, 30 Мая 2008.

Ковальский Н. А. Европа и Россия: проблемы Южного направления Средиземно-морье-Черноморье-Каспий. М. Интердиалект, 1999.

Корнев С. Русский регионализм: сегодня и завтра. http://www. apn. ru/publications/article20979. htm.

Латухина К. Пять с плюсом, 2014. 12. 23, http://www. rg. ru/2014/12/23/integracia-site. html.

Лебедев С. СНГ-территория реального сотрудничества //Международная жизнь. 2009. №2 – 3.

Лебедева О. В. Многосторонняя дипломатия в современных междунар одных отношениях. //Право и управление. XXI век, 2015, №1 (34).

Лукашенко А. О судьбах нашей интеграции //Известия. 17 октября 2011г.

Лукьянов Ф. Крепкие объятия соперничества, 18 – 06 – 2009. http://www. globalaffairs. ru/redcol/0/11848. html.

Мигранян А. Подлинные и мнимые ориентиры во внешней политике //Российская газета. 2 августа 1992г.

Назарбаев Н. А. Евразийский Союз: идеи, практика, перспективы. 1994 – 1997. М.: Фонд содействия развитию социальных и политич еских наук, 1997.

Назарбаев Н. А. Евразийский Союз: от идеи к истории будущего //Известия. 25 октября 2011г.

Обретение будущего стратегия 2012. http://www. riocenter. ru/files/Finding_of_the_Future% 20. Summary. pdf.

Открытое письмо Владимира Путина к российским избирателям //Коммерсант. №32 (1917) . 25. 02. 2000.

Паньков В. С. Интеграция и дезинтеграция на постсоветском простр анстве //Мир перемен. . 2007. №3.

Песцов С. К. Современный международный регионализм: сравнитель ная историческая динамика. Владивосток: Мор. гос. ун-т, 2004.

Пихоя Р. Г., *Журавлев С. В.*, *Соколов А. К.* История современной Ро ссии. Десятилетие либеральных реформ: 1991 – 1999гг. М.: Новый хронограф, 2011.

Пихоя Р. Г., *Соколов А. К.* История современной России: кризис коммунистической власти в СССР и рождение новой России. Конец 1970 – х – 1991гг. М., Российская политическая энциклопедия (РОС СПЭН), Фонд Первого Президента России Б. Н. Ельцина, 2008.

Путин В. В. Новый интеграционный проект для Евразии—будущее, которое рождается сегодня. http://www.izvestia.ru/news/502761.

Развитие интеграционных процессов в СНГ, http://file.qip.ru/file/77694235/2132869a/5ballov-11801.html.

Ростовский М. Тень интеграции //Московский комсомолец. №156. 21 июля 2008.

Служба внешней разведки Российской Федерации. Россия-СНГ: нуждает ься ли в корректировке позиция Запада? М., 1995.

Стратегия для России (2) (Тезисы Совета по внешней и оборонной политике) //Независимая газета. 27 мая 1994 г.

Стратегия для России (Некоторые тезисы для доклада Совета по внешней и оборонной политике) //Независимая газета. 19 августа 1992 г.

Стратегия развития отношений РФ с ЕС на среднесрочную перспект иву (2000 – 2010 гг.), http://www.mgimo.ru/files2/y11_2013/243404/4.4.strategy_russia_relations_eu.htm.

Тренин Д. Интеграция и идентичность: Россия как «новый Запад». М.: Изд-во «Европа», 2006.

Тукушева А. Министр ЕЭК: Вьетнам-ворота ЕАЭС в Юго-Восточную Азию, 2015.5.21, http://pravo.zakon.kz/4713491-ministr-ejek-vet-nam-vorota-eajes-v-jugo.html.

Фаляхов Р. Россия заплатит за союзников, 2014.12.23, http://www.gazeta.ru/business/2014/12/23/6356133.shtml.

Федякина А. Дамаск попросился в Союз, 2015.7.21, http://rg.ru/2015/

07/22/siria. html.

ЦСКП, Стенограмма конференции на тему: «Развитие через интеграцию. Российский проект для Евразии». http://www. cskp. ru/recs/11360/.

Цыганков А. П. Внешняя политика России от Горбачева до Путина: формирование национального интереса. М. : Научная книга, 2008.

Чубайс А. Б. Миссия России в XXI веке //Независимая газета. 1 октября 2003.

Шумский Н. Н. Региональные экономические объединения постсоветских государств: организационно-правовое обеспечение процессов интеграции. Минск: Беларус. Наука, 2010.

Шутов А. Д. Постсоветское пространство. ДА МИД РФ. М. , 1999.

Эпоха Ельцина. Очерки политической истории. М. : Вагриус, 2001.

Яровой А. Таможенный союз: чем больше информации, тем больше понимания //Эксперт. 2011. 11 – 12.

俄罗斯官方文件、领导人讲话等

Внешняя политика России: Сб. документов. 1990 – 1992. М. : Междунар. Отношения, 1996.

Внешняя политика России: Сб. документов. 1993. Кн. 1: Январь-май. М. : Междунар. Отношения, 2000.

Внешняя политика России: Сб. документов. 1993. Кн. 2: Июнь-декабрь. М. : Междунар. Отношения, 2000.

Внешняя политика России: Сб. документов. 1994: Кн. 1: Январь-май. М. : Междунар. Отношения, 2000.

Внешняя политика России: Сб. документов. 1994. Кн. 2: Июнь-декабрь. М. : Междунар. Отношения, 2000.

Внешняя политика России: Сб. документов. 1995. М. : Междунар. Отношения, 2000.

Внешняя политика России: Сб. документов. 1996. М. : Междунар. Отношения, 2001.

Внешняя политика России: Сб. документов. 1997. М.: Междунар. Отношения, 2001.

Дипломатический вестник (1998, 1999, 2000, 2001, 2002, 2003, 2004).

俄罗斯外交部网站，http://www. mid. ru/bdomp/sitemap. nsf

俄罗斯总统网站，http://www. kremlin. ru

1994～1997年国情咨文，来源于 http://www. consultant. ru

俄罗斯外交部外交学院网站，http://www. dipacademy. ru

欧亚经济共同体网站，http://www. evrazes. com

俄文主要媒体与网站

独立报，Независимая газета

消息报，Известия

俄罗斯报，Российская газета

生意人报，Коммерсантъ

俄罗斯电视1台，http://www. 1tv. ru

http://www. gazeta. ru

http://www. newsru. com

http://lenta. ru

http://www. consultant. ru

http://docs. cntd. ru

http://press-archive. ru

http://stra. teg. ru

后　记

设想过很多次这本书的后记如何写，但真到动笔之时，却又百感交集，不知从何谈起。本书的内容涉及两个方面：从议题领域看，本书的归属是地区主义与地区一体化；从区域国别看，本书的立足点是俄罗斯与欧亚地区。将两者结合起来，不仅能够反映本书的特点与价值，也是对我多年学习研究历程的一种总结。

本书的选题最初源自我对地区主义与地区一体化的浓厚兴趣。然而，众所周知的是这一领域在理论和实践方面都存在明显的欧洲中心主义，比较视野的研究也大多涉及东亚、北美与欧洲，后苏联空间或欧亚地区时常被忽略。所以，当我的俄语背景恰与我的议题兴趣相结合时，这一选题以及作为成果的本书可以作为地区主义与地区一体化研究的一个案例。而作为一本研究俄罗斯及欧亚地区的专著，本书的特色同样鲜明，使用了国际关系理论的相关概念，在认可俄罗斯及欧亚地区特殊性的同时，也强调它们的普遍性与可比性，以使有关该地区的研究不仅是"就事论事"，而且能够引发更多的思考。因此，本书在沟通国际关系理论研究与区域国别研究上做了一些工作。

从我萌生写作这一选题的想法到今天，已经过去了十年，但很惭愧，我不能说这本书是十年磨一剑的成果。它的部分内容在此期间以不同形式得以呈现。首先是我的博士学位论文，博士论文搭建了有关这一研究选题的最基础框架，但其内容仅写到 2013 年年底，只涉及了地区结构对俄罗斯一体化政策的影响。作为研究的起点和研究历程的真实反映，本书的部分小节仍能隐约看到当时的我在驾驭材料的能力方面存在不足。

由于我的博士论文属于单一框架、单一案例的中长时段研究，所以我很难从中拆出部分章节加以发表，这不仅使我放弃了"炒冷饭"，而且促使我加强阅读和学习以寻找更多的理论视角丰富我对俄罗斯和欧亚地区的研究。所幸，现实实践的发展为我的持续研究提供了许多新素材。在修改书稿的过程中，我从不同的角度和理论框架对欧亚地区整合的相关互动加以阐述，所发表的多篇论文不仅跟踪了形势的新变化，也反映了研究的不断深入。我将这些研究成果加以归纳梳理，在大幅修改了理论框架、扩充了篇幅内容、调整了时间分期后，我的书稿得以中标国家社科基金后期资助项目。此后，根据专家评审意见，我补充了新的章节，对既有章节进一步完善，从而使本书最终得以呈现，也算是对过去十年间自己最有兴趣的研究问题的一个交代。

长线作战的结果使得我会奉上一份长长的感谢名单，但也难免有所遗漏，请原谅“奔四”的我记忆力有所衰退，对某些帮助可能只是不记得具体事件，却一直记得真情实感。

首先感谢我的导师罗艳华教授。自 2007 年进入北京大学国际关系学院攻读硕士学位以来，罗老师在学习、工作、生活等诸多方面给予了我无私的帮助和指导。2014 年博士毕业离京后，罗老师依然关心我的成长。每次回京返校，与罗老师的长谈都是我获益良多、愉悦且难忘的时光。

感谢北京大学国际关系学院在硕博士阶段对我的教育和培养。张小明教授、王正毅教授、王逸舟教授和王缉思教授在访问我工作单位时，还都亲切关心我的工作和成长。感谢张小明老师、王正毅老师、关贵海老师、陈绍锋老师、梅然老师、于铁军老师、王栋老师、宋伟老师在我博士论文写作和修改过程中给予的指导。我的博士论文曾有幸得到北京大学研究生院设立的“才斋奖学金”项目的资助，感谢捐赠方北大青鸟集团。博士二年级时，我曾赴俄罗斯进行了为期一年的学习交流，感谢国家留学基金委提供的资助和北京大学提供的项目渠道。

我的学习经历中有南开大学打下的深深烙印。本科毕业论文《欧洲安全机制的区域主义分析》成为期刊接收发表的第一篇文章，感谢吴志成教授的指导。感谢南开大学周恩来政府管理学院，感谢张睿壮老师、韩召颖老师、王翠文老师在我学术成长路上的关心和帮助。而我对地区主义和地区一体化的兴趣，最初源自佟家栋教授讲授的《欧盟概论》全校通选课。

2014 年 7 月，我离开北京南下到上海社会科学院国际问题研究所工作。所长王健研究员、原常务副所长刘鸣研究员、副所长余建华研究员和李开盛研究员、编辑部主任傅勇研究员给予了我很多指导。张健荣副研究员、李立凡副研究员、廉晓敏博士与我同做俄罗斯和欧亚研究，对我给予了许多关心和帮助。本所吴前进研究员、崔宏伟研究员及很多老师包容和支持了我，使我能够很快适应上海的工作和生活。在此期间发表的论文、获得的奖项、中标的课题等，得益于老师们和同事们的支持和帮助，在此再表感谢。

2017 年 9 月，本书的初稿获得了国家社科基金后期资助项目的立项，感谢匿名评审专家提出的重要修改意见。感谢上海社科院科研处和上海市哲社办相关老师在我申请、鉴定和结项程序中提供的支援。

本书的部分内容在国内的一些学术期刊上发表过。感谢《世界经济与政治》、《外交评论》、《国际问题研究》和《国外理论动态》等期刊约请的匿名评审专家对这些论文提出的宝贵修改意见，感谢编辑部老师对我提升写作水平的指导。

本书的写作和我的学术成长离不开专业领域中多位老师的指导和帮助。博士学位论文的匿名评阅人提出了中肯的修改意见，使我得以完善学位论文。中央党校国际战略研究所的李云龙老师和中国社科院世界经济与政治研究所的王鸣鸣老师作为校外专家拨冗参加了我的论文答辩。无论是求学期间，还是工作后，我在各类会议或论坛上发表过与本书选题相关的阶段成果和部分思考，感谢诸多老师提出的意见和建议。感谢清华大学社科学院的鲍鸥老师、吉林大学历史系的杨翠红老师和辽宁大学的崔铮老师在莫斯科留学期间对我的关心和照顾。感谢中国社会科学院俄欧亚所的肖斌老师多年来的支持和鼓励。感谢潘光老师、赵华胜老师、汪宁老师、刘军老师、杨成老师、张昕老师、章自力老师、强晓云老师等上海俄欧亚学界的诸多前辈和老师们，在我初到上海滩时对我多加鼓励，也在这些年不断关心和督促我的成长。工作以来，结识了许多俄欧亚研究界的前辈师长，程伟教授、邢广程研究员、冯玉军教授、姜毅研究员、庞大鹏研究员等诸多老师都在不同场合给予了我鞭策和鼓励。我还记得在沈阳初次见到程伟老师时，他说："小顾，我看过你那篇论文……"意外之余，更多的是温暖和感动，学界前辈的肯定鼓励着我继续前进。

感谢中山大学的王学东老师、兰州大学的曾向红老师。感谢我的博士同学蒋翊民、戚凯、李亚男、李珉窥、南江、王疆婷、李帅虎，感谢我的本科同学左希迎。感谢曾在北大求学的梁亚滨、谷宁、樊超、徐刚、陈拯、熊洁、荆宗杰、于润生等师兄师姐和李侃、郝江东、费海汀等师弟师妹，感谢曾在南开求学的刘丰、黄琪轩、刘伟伟、黄海涛、陈小鼎、华翔等师兄和刘若楠、陈永、高婉妮等师弟师妹。感谢我的博士宿舍邻居黄圆晴、留俄期间的室友邢梅、俄语系博士赵婷廷。感谢凌胜利、韦进深、马斌、封帅、孙超、万青松、沈晓晨等学友。他们以各自的方式关心着我、帮助着我，给我打气，促我进步。

感谢社会科学文献出版社的宋浩敏女士。师姐一直关心着我。没有师姐认真、负责且具有指导性的工作，这本书无法获得国家社科基金后期资助项目的立项，也不能顺利出版。

感谢我的父母对我人生路上各种选择的尊重和近乎“放养”的教育方式。父亲若还在，今年要七十岁了，但我的些许进步或懒惰，他都会知道。希望能有更多的时间陪伴母亲多走一些地方，所以也还需提高工作效率。

感谢我的先生高昂博士。虽然我们的学科无法对话，但他在学术上的专注对我是一种示范。感谢他包容了我的惰性和缺点，希望我们在各自的学术道路上都能取得更多进步。感谢公婆对我的疼惜和爱护。修改书稿期间，婆婆意外手术，公公也没有喊我回郑州照顾，我的内心多有愧疚。

这是我的第二本学术著作。本书迁延许久，却仍然充满不足。但它凝聚了我的学术兴趣，显示了我对相关问题的思考，也记录了我的学术成长历程。书中有许多错漏和不足，恳请各方批评指正。

顾　炜

2020 年 2 月 14 日于上海梅陇镇

图书在版编目(CIP)数据

双重结构与俄罗斯的地区一体化政策 / 顾炜著. --
北京 : 社会科学文献出版社, 2020.6
国家社科基金后期资助项目
ISBN 978 -7 -5201 -6408 -5

Ⅰ. ①双… Ⅱ. ①顾… Ⅲ. ①一体化 - 对外政策 - 研
究 - 俄罗斯 Ⅳ. ①D851.2

中国版本图书馆 CIP 数据核字(2020)第 046050 号

国家社科基金后期资助项目
双重结构与俄罗斯的地区一体化政策

著 者 / 顾 炜

出 版 人 / 谢寿光
责任编辑 / 宋浩敏
文稿编辑 / 袁宏明

出 版 / 社会科学文献出版社 · 国别区域分社 (010) 59367078
地址: 北京市北三环中路甲 29 号院华龙大厦 邮编: 100029
网址: www. ssap. com. cn
发 行 / 市场营销中心 (010) 59367081 59367083
印 装 / 三河市龙林印务有限公司

规 格 / 开 本: 787mm × 1092mm 1/16
印 张: 23. 25 字 数: 369 千字
版 次 / 2020 年 6 月第 1 版 2020 年 6 月第 1 次印刷
书 号 / ISBN 978 -7 -5201 -6408 -5
定 价 / 98. 00 元